일러두기

- 이 책은 2022년 한국영상자료원이 1990년대 한국영화의 산업적 환경과 작품·영화인 등을 개괄하기 위해 기획한 것으로, 1부는 김형석(총론)·김경욱(영화장르)·장병원(영화미학), 이도훈(독립영화)·김혜선(배우)·정종화(영화문화)·김익상(영화기술)이 참여하였으며, 영화인의 인터뷰를 재구성한 2부는 허남웅이 담당하였다.

- 2부를 구성하는 인터뷰는 2008년 중앙대학교 첨단영상대학원에서 진행한 BK21 프로젝트 〈한국영화, 열정을 말하다〉를 통해 기록된 영화제작자·감독 17인의 인터뷰 영상에서 발췌한 것으로, 본 자료는 2021년 중앙대학교 명예교수 주진숙에게 기증을 받았다.

- 책의 기획과 구성, 책임편집은 한국영상자료원 학예연구팀장 정종화, 연구원 이수연이 맡았다. 화보 〈사진으로 보는 1990년대 한국영화의 순간들〉과 부록 〈안방극장 경쟁의 본격적인 막이 오르다〉, 〈1990년대 영화 시장의 규모와 흥행작들〉은 이수연이 정리했다.

- 한국영상자료원에서 기증과 수집을 통해 보유하고 있는 사진은 별도의 출처를 표기하지 않았으며, 그 외에는 사진 설명에 출처를 표시하였다.

- 영화의 작품명과 연도는 한국영상자료원 한국영화데이터베이스(KMDb)를 따랐다. 감독명과 개봉연도는 각 장마다 해당 영화가 맨 처음, 주요하게 언급될 때 (감독명, 개봉연도) 형태로 병기했다. 감독명, 개봉연도, 배우 이름 등 영화 관련 정보는 ( ) 안에 표기하되, 본문 괄호와 구분되도록 작은 글씨로 표기하였다.

- 맞춤법과 띄어쓰기는 국립국어원의 《표준국어대사전》을 따랐다. 논문 및 영화 등의 작품명은 〈 〉, 문헌이나 저서명·정기간행물(학회지 포함)·신문명은 《 》, 직접 인용은 " ", 강조 및 간접 인용은 ' '로 표기했다.

- 인명이나 지명은 국립국어원의 외래어 표기용례를 따랐다. 단, 널리 알려진 이름이나 표기가 굳어진 명칭은 그대로 사용했다.

★ ★ ★
1990년대 한국영화

우리가 알고 있는 한국영화의 모든 것

김형석 김경욱 장병원 김혜선
이도훈 정종화 김익상 허남웅

한국영상자료원 엮음

앨피

한국영상자료원은 한국영화의 유산을 보존하고 그 가치를 현재화하기 위해 다양한 사업을 펼치는 기관입니다. 그중 한국영화의 역사를 기록하는 책을 만드는 작업은 특히 영상자료원이 중요하게 여기는 일입니다. 때로는 찬란했고 때로는 어두웠던 한국영화의 과거를 지금의 우리뿐 아니라 미래의 독자들에게도 전하는 의미 있는 일이기 때문입니다. 영상자료원은 2020년 기획하고 발간한 《21세기 한국영화: 웰메이드 영화에서 K-시네마로》를 시작으로, 한국영화의 역사와 정보를 더 체계적이고 대중적인 화법으로 전달하고자 노력하고 있습니다. 올해는 그 두 번째 작업으로 1990년대의 한국영화산업과 문화 그리고 영화계를 움직인 사람들을 소개하는 책을 만들었습니다.

이 책에 참가한 필자들이 공통되게 이야기하는 것처럼, 1990년대의 한국영화는 격동의 시기였고, 2000년대의 르네상스로 가는 과도기였으며, 변혁과 빅뱅 같은 말이 그 어느 때보다 맞아떨어지는 시기이기도 했습니다. 1990년대 초중반은 '기획영화'라는 새로운 방법론으로, 1990년대 후반은 '한국형 블록버스터'라는 이정표를 세우며 산업 패러다임이 신속하게 전환되었고, 장르적 · 미학적 차원 모두 새로운 정체성을 찾아냈습니다. 배우 매니지먼트가 기업화되고, 디지털 기술이 도입되는 등 현재 한국영화계의 양상들이 시작된 것도 바로 이때부터입니다. 정치적 실천에 집중했던 독립영화 지형도 1990년대의 단편영화가 상징적으로 보여 주듯 영화의 미학적 완성도를 중요하게 고려하기 시작했습니다. 영화문화도 그 어느 때보다 풍성해졌습니다. 영화는 1990년대의 대중문화를 주도했으며, 시네마테크와 영화제라는 장에 영화청년들이 결집했던 것도 이때의 흥미로운 현상이었습니다. 이처럼 영화계 안팎에서 불어온 변화의 기운과 창작자의 열정이 만나면서 한국영화는 새로운 차원으로 옮겨 갔습니다. 서구 영화의 상업적 스케일과 예술적 지평, 그 어느 것이든 해볼 만하다는 자신감이 생긴 것입니다.

1990년대는 한국영화 역사상 가장 역동적인 시기였습니다. 한국영화계가 언제 그렇지 않은 적이 있느냐고 반문할 수 있지만, 1990년대가 보여 준 역동성은 정책과 자본의 문제를 넘어 새롭게 등장한 사람들이 만들어 낸 질적으로 다른 변화에 기반했습니다. 그런 점에서 이 책의 2부에 수록된 당시 영화계 인력들의 인터뷰 내용은 1990년대 한국영화산업을 입체적으로 그려 볼 수 있는 흥미로운 자료가 될 것입니다. 프로듀서, 투자자, 감독 등 새로운 방식으로 영화계를 조직하고 이끈 사람들의 이야기는 1990년대가 2000년대 한국영화의 르네상스를 배태하고 있었다는 확신이

들게 합니다. 아카이브 사진을 활용한 화보 면도 소개하고 싶습니다. 1990년대 영화계의 주요 사건을 포착한 이미지들은 이 시기가 1980년대의 것들이 잔존하는 동시에 21세를 예비하고 있었음을 잘 보여 줍니다.

앞으로도 한국영상자료원은 한국영화의 유산을 현재와 미래로 잇는 작업을 꾸준히 진행하겠습니다. 한국영화의 문화적 가치가 더 많이 향유되고 알려질 수 있도록 많은 관심과 독려 부탁드립니다.

2022년 12월

한국영상자료원 원장 김홍준

차 례

1부 변화와 개방의 시대 속 한국영화

총론 **격동의 풍경, 1990년대 한국영화의 변화상** | 김형석 |

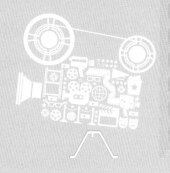

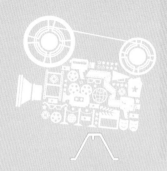

2부 1990년대 한국영화산업의 빅뱅
: 영화제작자 14인의 인터뷰

강우석 강제규 김승범 김조광수 변영주 신 철 심재명
오기민 유인택 이 은 이춘연 장윤현 차승재 황기성 |허남웅|

1부

변화와 개방의 시대 속 한국영화

격동의 풍경,
1990년대 한국영화의 변화상

| 김형석 |

90년대 한국영화

한국영화사상 최고의 격동기

한국영화에서 1990년대는 말 그대로 '격동기'였다. 1980년대까지 힘겹게 유지되었던 구체제는 무너지고 새로운 토대가 형성되었다. 한국영화의 산업, 시스템, 문화, 관객 그리고 크리에이티브까지 모든 것이 바뀌었다. 변화의 원인은 안과 밖, 모두에 있었다. 먼저 충무로는 변해야 했다. 1960년대 황금기 이후 한국영화는 장기 침체에 들어갔다. 1970년대의 유신 체제와 1980년대의 신군부 독재 속에서 심의와 검열 및 3S(sports, sex, screen) 정책이 난도질한 우리 영화는 '방화邦畫'라는 멸칭으로 불리며 수많은 문제점을 드러내고 있었다. 그럼에도 새로운 한국영화에 대한 열망은 존재했고, 이른바 '코리안 뉴웨이브'의 움직임이 1980년대에 꿈틀대기 시작했다. 1987년 민주항쟁 이후 급변한 사회도 한국영화를 혁신시키는 동력이 되었다. 이러한 변화의 내적 요구가 구체화된 시기가 1990년대였다. 여기엔 강한 외적 요인도 작용했다. 1988년에 시작되어 1990년대 초에 완성된 할리우드 직배 시스템*은 대한민국의

---

* 1990년대까지 한국의 영화 배급 시스템은 크게 직접배급 방식과 간접배급 방식으로 나누어진다. 직접배급(직배)은 영화 제작사 또는 외국영화 수입사에서 상영할 극장과 직접 계약을 맺고 필름을 제공하는 것을 말한다. 이에 비해 간접배급 방식은 각 지역의 배급사가 영화의

열악한 영화산업 구조를 뒤흔들었다. 이른바 '세계화' 시대에, 이어지는 IMF 구제금융 시기와 '신자유주의'의 흐름 속에서, 한국영화는 환골탈태해야 했다.

돌아보면 놀라운 것은, 10년 동안 집약적으로 이룬 변화상이었다. 지방 흥행업자들의 토착자본은 대기업과 금융자본으로 바뀌었고, 멀티플렉스가 등장했으며, 인디펜던트independent가 자리잡았다. 비디오 시장이 급성장했고, 케이블TV의 시대가 열렸으며, '한국형 블록버스터'라는 용어가 등장했다. 영화진흥공사는 영화진흥위원회로 바뀌었고, 예술영화 상영관이 영화광 문화 속에서 생존할 수 있었으며, 국제영화제가 생겼다. 영화 주간지가 생겼고, 사설 시네마테크에 영화청년들이 몰려들기 시작했으며, 긴 세월 동안 한국영화의 족쇄였던 검열이 철폐되었다. 또한, 스크린쿼터를 둘러싸고 한국영화의 '종 다양성'이라는 담론이 제기되었다. 미국 영화산업의 압박과 충무로 내부의 모순이라는 이중의 사슬에도 불구하고, 한국영화는 10년의 짧은 기간 동안 놀라운 역동성을 보여 주며 전무후무한 속도로 달리고 있었다.

상승 곡선만 그린 건 아니었다. 1990년대 한국영화사는 전형적인 '도전과 응전'의 연속이었다. 직배 영화가 시장을 장악할 때 기획영화가 등장했고, 자본의 혼란기에 대기업과 금융권 자본이 유입되었으며, 관객 수가 줄어들 즈음 멀티플렉스가 생기기 시작했다. IMF로 대기업이 썰물처럼 빠졌지만, 〈쉬리〉(강제규, 1999)의 핵폭

'판권'을 구매하고 국내 6개 권역(서울(개봉관 제외), 경기 강원, 충청, 광주 호남(제주 포함), 부산 경남, 대구 경북) 극장에 영화 필름을 제공한다.

탄급 흥행으로 '한국형 블록버스터'가 등장했고, 2000년대 초 한국영화의 성장으로 이어졌다. 1990년대 '10년'의 시간은 이전의 한국영화사 30년에 맞먹는 변화의 속도를 보여 주었고, 그 과정에서 다양한 힘들이 각자의 비전을 가지고 충돌했으며, 그 변증법적 과정은 21세기 '한국영화 르네상스'로 이어졌다.

흥행 고난기, 저점에서 반등으로

데이터만 놓고 본다면, 1990년대 한국영화가 거둔 성과는 그리 크다고 말하기 어렵다. 관객 수나 매출액은 1980년대에 비해 늘지 않았고, 직배의 영향으로 한국영화의 입지는 크게 좁아졌다. 이 시기 한국영화의 시장성은 간단한 도표만 봐도 알 수 있다. **표1**을 보면 10년 중 〈쉬리〉가 메가 히트를 기록한 1999년의 39.7퍼센트를 제외하면 한국영화 점유율은 20퍼센트 전후였다. 최저점을 기록한 1993년은 15.9퍼센트였는데, 이것은 1973년에 18.9퍼센트를 기록한 이래 20년 만에 10퍼센트 대로 떨어진 수치였다.* 한국영

표1 1990년대 관객 수 및 한국영화 점유율

단위: 만 명

	1990	1991	1992	1993	1994	1995	1996	1997	1998	1999
총 관객 수	5,346	5,220	4,771	4,823	4,835	4,513	4,220	4,752	5,018	5,472
외국영화 관객 수	4,265	4,114	3,839	4,054	3,842	3,569	3,244	3,540	3,759	3,300
한국영화 관객 수	1,081	1,106	872	769	993	944	976	1,212	1,259	2,172
한국영화 점유율(%)	20.2	21.2	18.5	15.9	20.5	20.9	23.1	25.5	25.1	39.7

※ 연도별 《한국영화연감》 참조

---

* 이하 이 글에서 기본적인 통계 자료는 영화진흥위원회의 연도별 《한국영화연감》을 참조했다.

화 관객 수는 1992년부터 1996년까지 5년 연속 1천만 명 이하였는데, 기획영화가 등장하고 체계적인 배급 시스템이 등장한 시기였는데도 실질 관객 수는 매우 저조했던 셈이다.

이것은 한국영화만의 사정은 아니었다. 1990년대에는 극장 시장의 파이 자체가 좀처럼 늘어나지 않았다. **표1**에서 보는 것처럼 1990년대는 5천만 명 대에서 시작된 총 관객 수가 1992년부터 4천만 명 대로 떨어져 1998년이 되어서야 다시 5천만 명 대로 회복된다. 여러 이유가 있었다. 먼저 상영관이 줄었다. 대극장과 소극장(객석 300개 이하)을 합쳐 1990년에 789개였던 극장 수는 멀티플렉스의 등장(1998년) 전인 1997년까지 497개로 -37퍼센트를 기록했다. 그리고 이 시기 관객들에겐 "영화 본다"보다 "비디오 본다"가 훨씬 더 친숙했다. 1980년대 말부터 꾸준히 상승한 비디오 시장은 1993년이 되면 VCRvideo cassette recorder 보급률은 80퍼센트, 대여점 수 약 3만 4천 개에 달했다. 1995년 케이블TV가 생긴 후에도 한동안 비디오는 가장 대중적인 엔터테인먼트였고, 영화보다 큰 규모의 산업이었다.

한국영화는 이중고를 겪어야 했다. 전체적인 시장의 정체 속에서 할리우드 직배 영화의 위세로 인해 그 입지는 점점 좁아졌다. **표2**는 1990년대 흥행 50위까지의 영화들인데, 미국영화가 35편으로 70퍼센트를 차지하고, 한국영화가 12편, 프랑스영화가 2편, 일본영화가 1편이다. 35편의 미국영화 중 29편이 직배 영화(82.9퍼센트)이니, 1990년대 흥행 판도에서 직배의 파워는 압도적이었다 할 수 있다. 반면 1980년대 큰 인기를 끌었던 홍콩영화는 그 기세가 약해졌다. 1990년대 초 〈용형호제 2〉(성룡 · 진훈기, 1990), 〈황비홍〉(서극,

표 2 1990년대 영화 흥행 50

단위: 명

	영화 제목	연도	국적	관객 수		영화 제목	연도	국적	관객 수
1	쉬리	1999	한국	2,448,399	26	식스 센스	1999	미국	797,761
2	타이타닉	1998	미국	1,971,780	27	다이하드 2	1990	미국	772,536
3	사랑과 영혼	1990	미국	1,683,263	28	뮬란	1998	미국	771,194
4	아마겟돈	1998	미국	1,170,252	29	보디가드	1992	미국	747,238
5	클리프 행어	1993	미국	1,118,583	30	스타워즈 에피소드 1	1999	미국	746,654
6	미이라	1999	미국	1,114,916	31	타잔	1999	미국	726,542
7	쥬라기 공원	1993	미국	1,063,352	32	편지	1997	한국	724,747
8	서편제	1993	한국	1,035,741	33	페이스오프	1997	미국	716,107
9	잃어버린 세계	1997	미국	1,001,279	34	포레스트 검프	1994	미국	705,143
10	늑대와 춤을	1991	미국	984,978	35	약속	1998	한국	704,600
11	다이하드 3	1995	미국	979,666	36	텔미썸딩	1999	한국	685,935
12	콘에어	1997	미국	979,100	37	장군의 아들	1990	한국	678,946
13	원초적 본능	1992	미국	970,180	38	접속	1997	한국	674,933
14	인디펜던스 데이	1996	미국	923,223	39	인정사정 볼것 없다	1999	한국	664,861
15	라이온 킹	1994	미국	920,948	40	토이 스토리 2	1999	미국	664,180
16	터미네이터 2	1991	미국	919,444	41	에어 포스 원	1997	미국	663,415
17	더 록	1996	미국	906,676	42	맨 인 블랙	1997	미국	662,106
18	주유소 습격사건	1999	한국	905,500	43	알라딘	1993	미국	647,266
19	매트릭스	1999	미국	897,882	44	러브레터	1999	일본	645,615
20	트루 라이즈	1994	미국	874,664	45	딥 임팩트	1998	미국	637,387
21	스피드	1994	미국	874,225	46	투캅스 2	1996	한국	636,047
22	나홀로 집에	1991	미국	869,820	47	미션 임파서블	1996	미국	622,237
23	투캅스	1993	한국	860,433	48	여고괴담	1998	한국	621,032
24	제5원소	1997	프랑스	857,752	49	이집트 왕자	1998	미국	613,973
25	쉰들러 리스트	1994	미국	847,259	50	레옹	1995	프랑스	606,875

※ 연도별《한국영화연감》참조, 서울 관객 기준, 외국영화 연도는 한국 개봉 연도

표 3 1990년대 한국영화 흥행 30

단위: 명

	영화 제목	연도	관객 수		영화 제목	연도	관객 수
1	쉬리	1999	2,448,399	16	8월의 크리스마스	1998	422,930
2	서편제	1993	1,035,741	17	퇴마록	1998	419,201
3	주유소 습격사건	1999	905,500	18	미술관 옆 동물원	1998	412,472
4	투캅스	1993	860,433	19	노는 계집 창	1997	411,591
5	편지	1997	724,747	20	닥터봉	1995	376,443
6	약속	1998	704,600	21	자귀모	1999	362,935
7	텔미썸딩	1999	685,935	22	장군의 아들 2	1991	357,697
8	장군의 아들	1990	678,946	23	비트	1997	349,781
9	접속	1997	674,933	24	유령	1999	347,965
10	인정사정 볼것 없다	1999	664,861	25	마누라 죽이기	1994	344,900
11	투캅스 2	1996	636,047	26	조용한 가족	1998	343,946
12	여고괴담	1998	621,032	27	링	1999	332,324
13	해피엔드	1999	546,071	28	태양은 없다	1999	329,778
14	결혼이야기	1992	526,052	29	남부군	1990	324,169
15	은행나무 침대	1996	452,580	30	테러리스트	1995	320,919

※ 연도별 《한국영화연감》 참조, 서울 관객 기준

1991), 〈동방불패〉(정소동·당계례, 1992) 등이 인기를 끌었으나, 1997년 홍콩 반환을 앞두고 점차 활력을 잃어 극장가의 마이너리티가 되었다. 일본영화 개방도 큰 영향을 주진 못했는데, 1999년에 개봉된 〈러브레터〉(이와이 슌지, 1994) 정도만 흥행력을 보여 주었다. 프랑스영화로는 할리우드 장르 영화를 지향하는 뤽 베송의 〈레옹〉(1994), 〈제5원소〉(1997) 정도가 흥행했다.

흥미로운 것은 흥행의 분포다. 1990년대는 연간 총 관객 수가 4천만~5천만 명 대로 그 변화가 크지 않았는데, 흥행작의 절반 이상 (50편 중 26편)이 1990년대 후반부 3년(1997~1999)에 몰려 있다. 이것은 1990년대 중반 프린트 벌수 제한이 풀리고 배급 시스템이 정착하면서 텐트폴tentpole 영화의 와이드 릴리즈가 본격화된 결과다. 직배 영화만의 얘기가 아니다. 서울 관객 기준 1990년대 한국영화 흥행 순위를 살펴보아도, 30편 중 19편이 1997~1999년에 집중된다.

요약하면 1990년대 한국 극장가의 절대 강자였던 '할리우드 영화'는 한국영화를 변화시키는 강력한 '외부의 힘'이었고, 그에 대한 도전과 순응과 절충을 통해 1990년대 한국영화사는 시작된다. 1980년대부터 조금씩 변화를 위한 빌드업을 했던 한국영화는 1990년대에 격랑에 휩싸였고, 언제나 자국의 영화산업이 사라질 수도 있다는 위기감 속에서 빠른 속도로 체질 개선을 해 나간다.

시스템의 지각 변동

직배의 지배

'1990년대' 한국영화를 이야기할 때 물리적 시간으로는 1990년부터 1999년까지의 10년을 의미하겠지만, '1990년대적' 한국영화를 이야기하려면 1988년부터 시작하는 것이 적절하다. 1990년대 전반기까지 이뤄진 급격한 변화의 가장 큰 요인이라면 크게 할리우드 영화의 직배, 금융실명제, 비디오산업의 발달, 케이블TV의 등장을 꼽을 수 있으며,[1] 그중에서도 직배 영화의 등장은 한국영화의 구체제를 뿌리째 흔들 만한 파급력이 있었다. 1988년부터 시작되었지만 그전부터 직배의 토대는 차곡차곡 쌓이고 있었다. 한국 시장은 수입쿼터 제도로 인해 외화 상영 편수가 철저히 통제되고 있었는데, 1985년 7월 1일부터 시행된 5차 영화법으로 외화 수입이 자유화되었다. 이 시기 할리우드는 미국영화수출협회MPEAA를 내세워 수입 개방을 강력하게 요구했다. 그들은 기존 한국의 외화 수입 제한은 불공정 교역 행위라고 주장했고, 그 결과 외국영화 수입가 상한선 철폐, 스크린쿼터 폐지, 미국영화 배급 지사 설치 등 총 16개의 미국 측 요구 사항을 가지고 1차 한미영화협상이 1985년 10월에 열린다.[2] 1986년 9월엔 할리우드 메이저 스튜디오의 연락사무소 같은 기능을 하는 미국영화수출조합AMPEC이 들어와 상황을 살폈고, 1987년 7월 1일부터 6차 영화법이 시행되었다. 외국의 영화사가 한국에서 영업을 할 수 있게 되었고, 그 결과 '직배'의 법적 근거가 생겨 유니버설, 파라마운트, MGM/UA의 영화를 배급하는 UIPunited international pictures가 상륙한다. 그리고 서울 올림픽 기간인 1988년 9월 24일에 UIP가 직배하는 〈위험한 정사〉(애드리안 라인, 1987)가 전국 11개 극장에 걸린다.

직배의 상륙에 대해 충무로 세력들은 다른 입장이었다. 표면적으로는 '직배 반대'라는 슬로건 아래 하나가 된 것처럼 보였지만, 영화인들의 이해관계는 달랐다. 현장의 영화인들에게 직배 영화는 한국영화를 위협하는 힘이었고, 극장업자들에겐 흥행의 새로운 동력이었다. 이 과정에서 극장 방화 사건 같은 충돌이 일어났지만, 직배 영화는 승승장구했다. 결정적 계기는 1990년에 개봉한 〈사랑과 영혼〉(제리 주커, 1990)이었다. 서울 관객 168만 명을 동원한 이 영화의 흥행 성적은 1998년 〈타이타닉〉(제임스 캐머런, 1997) 개봉 전까지 최고 기록이었고, 직배가 시작된 지 2년 만에 한국은 UIP의 여섯 번째로 큰 시장이 되었다. 이후 20세기 폭스, 워너브러더스, 콜럼비아 트라이스타 그리고 디즈니까지 1992년이 되면 모든 직배사가 들어와 시장을 장악한다. 극장 매출액을 기준으로 한 표 4 와 그림 1 을 보면 1990년대에 직배 영화가 한국영화 시장에서 어느 정도의

표 4 한국영화와 외국영화의 매출액 비교

단위: 억 원

연도	전체 매출	한국영화	외국영화	직배 영화	직배/외국(%)	직배/전체(%)	직배/한국
1990	1,391	268	1,123	267	23.8	19.2	1.00
1991	1,584	321	1,263	327	25.9	20.6	1.02
1992	1,635	288	1,347	538	39.9	32.9	1.87
1993	1,790	275	1,515	683	45.1	38.2	2.48
1994	1,883	381	1,502	787	52.4	41.8	2.07
1995	1,925	393	1,532	648	42.3	33.7	1.65
1996	2,028	455	1,573	872	55.4	43.0	1.92
1997	2,384	600	1,784	1,012	56.7	42.4	1.69
1998	2,584	629	1,955	1,133	58.0	43.8	1.80
1999	2,862	1,128	1,734	1,087	62.7	38.0	0.96

※ 연도별《한국영화연감》참조.
※ 직배/한국 항목은 직배 영화와 한국영화의 매출 대비로, 직배 영화가 한국영화의 몇 배인지를 보여 준다

그림 1 한국영화와 외화의 매출액 변동 추이

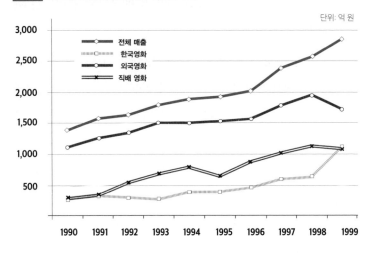

단위: 억 원

※ 연도별《한국영화연감》참조

힘을 발휘했는지 알 수 있다.

1990년대에 한국의 영화시장은 1990년 1,391억 원에서 1999년 2,862억 원으로 10년 동안 약 2배 가량 매출이 증가했다. 〈쉬리〉가 개봉한 1999년을 제외하면, 상승세를 주도한 것은 외화였고, 한국영화의 점유율은 1998년까지 20퍼센트 대를 넘어서지 못했으며 10퍼센트 대로 떨어질 때도 있었다. 외화 시장 확산의 중심에는 단연 할리우드 직배 영화의 흥행력이 있었다. 전체 매출액에서 할리우드 직배 영화의 매출액이 차지하는 비율은 1990년 19.2퍼센트에서 시작해서 1998년엔 43.8퍼센트에 달했다. 한국영화 매출액과 비교해 보면, 1990년에 한국영화가 근소한 차이로 앞섰지만 이후 그 격차는 크게 벌어지고 1993년에 오면 직배 영화의 매출액이 한국영화의 2.48배에 이른다. 1990년대 10년을 통틀어 한국영화산업의 극장 매출액은 총 2조 66억 원인데, 그중 직배 영화는 7,354억 원으로 36.6퍼센트였고 한국영화는 4,738억 원으로 23.6퍼센트였다. 자국 영화 시장 전체를 합해도, 직접 배급되는 할리우드 메이저 스튜디오 영화의 흥행력을 따라가지 못했던 10년이었다.

직배 영화의 영향력은 단지 흥행에 관련된 문제만이 아니다. 1988년 UIP가 상륙하면서 시작된 '직배'라는 배급 방식은 이전까지 한국영화가 긴 세월에 걸쳐 구축한 권역 중심의 배급 시스템을 뒤흔들 위력이 있었다. 한국의 배급망은 1960년대 초부터 영화사가 직접 배급하는 개봉관을 제외하면 6개 권역으로 나뉘어 있었다.(① 서울 ② 경기, 강원 ③ 부산, 경남 ④ 대구, 경북 ⑤ 광주, 전남북, 제주 ⑥ 대전, 충남북) 지역 배급업자는 영화사에 일정한 금액을 지불하고 지역 판권을 구입하여 해당 지역의 상영권을 확보하는 방식이었다.[3] 간접 배급 방식인데, 이 시스템이 할리우드 직배의 영향력과 멀티플렉스의 등장으로 무너진다.

직배를 시작했던 UIP의 기본 전략은, 인구 30만 명 이상의 도시에 있는 극장은 기본적으로 직접 배급을 하는 것이었다. 지역 배급업자를 거치지 않고 영화사가 극장과 직거래를 하는 방식으로, 극장 입장에선 상업성 높은 영화를 지속적으로 공급 받을 수 있고, 배급사는 전국을 대상으로 배급망을 형성하고 시장분석을 할 수 있다는 장점이 있었다. 한국영화 최초로 합리적이며 명확한 배급 분석의 틀이 만들어진 셈인데, 그것이 직배의 결과물이라는 점은 아이러니였다. 충무로는 직배에 저항하면서 한편으론 자극을 받았다. 배급 시스템이 변해야 한다는 필요성을 느꼈고, 이후 대기업이 적극적으로 영화산업에 들어오면서 새로운 배급의 지형도가 형성된다.

관객의 반응은 업계와 조금은 달랐다. 직배 영화가 완전히 뿌리를 내린 1992년 실시된 설문조사(530명 대상)를 보면, "직배 영화의 개념을 얼마나 알고 있느냐"는 질문에 '잘 알고 있다'가 32.1퍼센트, '어렴풋이 안다'가 56.6퍼센트, '전혀 모른다'가 11.3퍼센트였다. 관객들은 의외로 직배 영화에 대한 인식이 강하지 않았고, "영화를 선택할 때 직배 영화라는 점이 얼마나 영향을 미치느냐"는 질문에 '좋은 영화라면 상관없다'가 80퍼센트를 차지했다. 그리고 "직배 반대 운동에 대해 어떻게 생각하느냐"에 대해선 '공감한다'가 10.7퍼센트, '반대보다는 한국영화의 질을 높여야 한다'가 65.4퍼센트를 차지했다.[4]

이처럼 직배는 한국 시장에서 빠르게 관객 속으로 파고들어가 성공을 거두었고, 1990년 할리우드 영화의 시장 순위 13위였던 한국은 1991년엔 9위, 1992년에 5위로 급상승했다.[5] 직배 영화의 이런 성공은 극장에서의 횡포로 드러나기도 했고, 그 피해자는 한국영화였으며, 미국 측의 거듭되는 통상 압력과 스크린쿼터 폐지 요구는 1990년대 말에 거대한 투쟁의 흐름으로 이어졌다.

대기업 전성시대

충무로가 대기업과 만난 건 1980년대 초로, 그 계기는 VCR이었다. 삼성전자, 대우전자, LG전자(당시 금성사) 등 가전 3사는 한국에 홈비디오 시장이 열리자 영화산업과 관계를 맺기 시작했다. 그 관계가 영화제작으로 이어지기까진 10년의 시간이 걸렸고, 이후엔 영상문화 전반으로 확산되었다. 그 과정은 크게 보면 '하드웨어 → 소프트웨어 → 미디어(플랫폼)'의 이행 과정이었다. 당시 기업들은 영화가 아닌 영상산업의 관점에서 판세를 읽고 있었던 셈이다. 단순히 소프트웨어의 재생 장치를 만들던 기업들이 비디오 출시 사업에 뛰어들기 시작했고, 판권 확보를 위해 투자했다. 이후 공동제작이나 전액 투자 등 좀 더 적극적인 방식으로 영화제작에 개입하기 시작한 기업들은 극장이나 케이블TV 등으로 플랫폼을 확장했다. 놀라운 건 이 역동적인 과정이 5년도 안 되는 짧은 시간 안에 이뤄졌다는 점으로, 20개가 넘는 기업이 이 흐름에 참여했다.

본격적인 시작은 1992년이었다.[6] 삼성은 〈결혼이야기〉(김의석, 1992)에 1억 5천만 원을, 대우는 〈미스터 맘마〉(강우석, 1992)에 3억 원을 투자하여 둘 다 성공을 거둔다. 이 시기 대기업이 충무로와 밀착하게 된 배경엔 크게 세 가지 이유가 있었다. 첫 번째는 직배의

표 5 1990년대 대기업 영상산업 진출 상황

	관련 계열사	극장	비디오	미디어
삼성	삼성영상사업단	호암아트홀, 명보극장, 씨넥스, 서울극장	스타맥스, 드림박스	캐치원, Q채널
대우	대우전자 영화사업부	씨네하우스, 대한, 스카라, 부영	우일영상, 세음미디어	DCN
LG	LG 미디어	스카라	미디아트	
SK	미도영화사	르네상스극장	SKC	
현대	금강기획	씨네플러스, 명보	무빅스	현대방송
제일제당	제이콤	CGV		
롯데	롯데쇼핑	롯데시네마		
동양	동양미디어	메가박스		투니버스
벽산	동양영화사	중앙극장, 부영, 대성, 혜성		
두산	오리콤	연강홀	골든베어	DSN
미원	상암기획			
쌍용	씨네드림			
해태	코래드			
한화	한컴			
계몽사	영프로덕션			
건영		건영옴니시네마		
새한			새한홈비디오	
진로				GTV
동아				동아TV
나산				광주방송
청구				대구방송
코오롱				A&C코오롱

※ 계열사나 브랜드, 채널 등을 소유하는 방식으로 영화계에 진출한 기업들 중 주요 사례만 선별함
※ 삼성은 영상사업에 오스카픽춰스, 서우영화사, 나이세스 등 여러 계열사가 있었으나, 1995년 말 통합된 조직인 '삼성영상사업단'으로 표기함
※ 관련 계열사는 영화제작, 배급, 외화 수입 등에 관련된 회사로, 상암기획, 오리콤, 코래드, 한컴 등은 광고 회사로서 그룹 내 영상사업 부분을 맡음
※ 극장 부분은 직접 소유 경영하는 경우 외에 단기 임대사업 부분도 포함시킴

영향이다. 대기업은 비디오 시장을 매개로 수동적인 입장에서 영화산업과 관계를 맺고 있었는데, 직배로 작품 수급에 큰 어려움을 겪는다. 흥행성 높은 작품을 직배사가 대부분 소유하게 되자, 외화는 물론 한국영화도 비디오 판권료가 급증하게 된 것이다. 1990년대 초 한국영화 제작비는 5~6억 원 수준이었는데, 판권료가 3억 원 이상으로 치솟고 있었다. 이에 대기업은 영화제작에 적극적으로 참여하는 방식으로 판권 확보에 나선다. 두 번째는 플랫폼의 증가다. 케이블TV나 위성방송처럼 극장과 비디오 외에도 수익을 창출할 수 있는 창구가 늘어났다. 세 번째는 당시 충무로의 변화다. 토착자본을 토대로 하는 구체제는 조금씩 약화되고 있었고, '기획영화'로 상징되는 새로운 영화 세대는 자금 조달 능력이 떨어진 충무로보다는 대기업 자본을 끌어들였다.[7]

1992년 이후 한국영화산업에서 대기업의 비중은 급속하게 커진다. 1992년 6편으로 전체 제작 편수의 6.2퍼센트에 머물던 대기업 참여 작품 비중은, 1993년 7편(10.9퍼센트), 1994년 20편(30.7퍼센트), 1995년 13편(20.3퍼센트), 1996년 20편(30.7퍼센트)으로 점차 늘어난다. 1997년엔 총 제작 편수 59편 중 27편(45.7퍼센트)에 참여했으니 절반에 가까운 셈이다. 여기서 흥행작 대부분이 대기업 참여작이라는 점을 감안하면, IMF 구제금융 사태로 영상사업 부분을 정리하기 전까지 대기업들이 한국영화에 끼친 영향은 5

---

* 1992년 이전 대기업의 영상산업 진출 과정은 일반적으로 세 시기로 나뉜다.
1기(1982~1985): 가전 3사가 하드웨어 중심으로 진출한 시기.
2기(1986~1989): VCR 보급률이 급속히 올라가면서 소프트웨어 사업에 뛰어드는 시기.
3기(1990~1991): 비디오산업에 본격적으로 진출하는 시기. 판권료 급상승.

년 정도의 짧은 기간이었지만 매우 컸다. 이런 영향력이 가능했던 건, 젊은 세대로 물갈이된 충무로와 현실적인 지점에서 결합할 수 있었기 때문이다. 직배 이후 압도적인 할리우드 영화의 점유율 앞에서, 극장들은 한국영화 없이도 돈을 벌 수 있는 상황이 되었다. 영화인들에겐 자국 영화의 퀄리티를 높이는 것이 시급해졌고, 이때 대기업도 영상사업에 대한 새로운 비전을 지니고 있었다. 방향은 조금 달랐지만 영화인과 기업인의 이해관계가 같은 시기에 만나 시너지효과를 만들어 낸 셈이다. 물론 초반엔 갈등 요소도 있었다. 영화계와 만나는 대기업 실무진들은 프로젝트에 대한 확신이 있었지만, 기업의 결정권자를 설득하는 과정은 만만치 않았다. 그래도 계속 성공 사례가 데이터로 쌓였고, 1990년대 중반 이후가 되면 대기업은 '영화계'의 일원이 된다.

대기업의 진출로 많은 변화가 있었지만, 가장 중요한 건 배급이었다. 배급 체제의 확립은 곧 한국의 영화산업이 어떤 '룰'에 의해 운영되고 있다는 걸 보여 주는 가장 확실한 증거였다. 기존의 배급 방식으로는 영화가 흥행해도 투자한 대기업은 그 수익을 온전히 가져갈 수 없는 시스템이었기에 이 부분은 더욱 중요했다. 대표적인 영화제작 투자 기업이었던 삼성과 대우는 지속적인 물량을 확보할 수 있는 시점이 된 1990년대 중반부터 배급에 뛰어든다. 여기에 강우석 감독이 이끄는 시네마서비스와 금융자본을 토대로 하는 일신창투까지 결합했고, 1998년 즈음이 되면 기업(삼성영상사업단)-충무로(시네마서비스)-금융(일신창투)의 3강 체제를 이룬다. 여기에 직배사까지 가세해 '배급'이라는 화두를 놓고 다투면서, 배급전쟁은 2000년 이후 더 뜨거운 양상으로 확전된다.

표 6 1990년대 대기업 제작 참여 주요작

기업	영화 제목	연도	제작사	기업	영화 제목	연도	제작사
삼성	결혼이야기	1992	익영영화		남자는 괴로워	1995	익영영화
	키드캅	1993	씨네월드		테러리스트	1995	선익필름
	그 섬에 가고싶다	1993	박광수필름		아름다운 청년 전태일	1995	씨네2000
	태백산맥	1994	태흥영화		지독한 사랑	1996	씨네2000
	장미빛 인생	1994	태흥영화		그들만의 세상	1996	씨네2000
	게임의 법칙	1994	세양필름		나에게 오라	1996	선익필름
	비상구가 없다	1995	모가드코리아		꽃잎	1996	미라신코리아
	총잡이	1995	김의석필름		진짜 사나이	1996	익영영화
	개같은 날의 오후	1995	순필름		불새	1997	선익필름
	돈을 갖고 튀어라	1995	서우영화사		산전수전	1999	태원
	영원한 제국	1995	대림영상	SK	하얀전쟁	1992	대일필름
	맨?	1995	익영영화		아래층 여자와 위층 남자	1992	미도영화사
	깡패수업	1996	우노필름		박봉곤 가출사건	1996	영화세상
	코르셋	1996	명필름		꽃을 든 남자	1997	MBC 프로덕션
	정글스토리	1996	프리시네마		아름다운 시절	1998	백두대간
	세친구	1996	오스카픽춰스	LG	공룡선생	1992	미디아트
	비트	1997	우노필름	벽산	구미호	1994	신씨네
	처녀들의 저녁식사	1998	우노필름	해태	헤어드레서	1995	한국비전센타
	약속	1998	신씨네	한보	사랑하기 좋은날	1995	한맥엔터테인먼트
	태양은 없다	1999	우노필름	미원	천재선언	1995	영화세상
	쉬리	1999	강제규필름	코오롱	헝그리 베스트 5	1995	영프로덕션
	건축무한 육면각체의 비밀	1999	지맥필름	제일 제당	인샬라	1996	제이콤
대우	미스터 맘마	1992	신씨네		바리케이드	1996	제이콤
	101번째 프로포즈	1993	신씨네		산부인과	1997	제이콤
	투캅스	1993	강우석프로덕션		해피엔드	1999	명필름
	그 여자, 그 남자	1993	익영영화	동양	너희가 재즈를 믿느냐	1996	동양미디어
	세상밖으로	1994	익영영화		깊은 슬픔	1997	동양미디어
	헐리우드키드의 생애	1994	영화세상	한화	고스트 맘마	1996	황기성사단
	커피 카피 코피	1994	대우전자	진로	학생부군신위	1996	박철수필름
	너에게 나를 보낸다	1994	기획시대		지상만가	1997	씨네텍
	마누라 죽이기	1994	강우석프로덕션	현대	패자부활전	1997	라앤리
	손톱	1995	성연엔터테인먼트	쌍용	전사 라이언	1997	씨네드림

※ 삼성과 대우는 모든 작품을 수록하지 않음
※ 〈깊은 슬픔〉은 동양(동양미디어)과 현대(금강기획)가 50대 50으로 투자한 작품임
※ 코오롱이 투자한 〈헝그리 베스트 5〉는 계몽사의 계열사인 영프로덕션에서 제작함

하지만 1997년 말 IMF로 공황 상태가 되면서 대부분의 기업들은 영화산업에서 철수한다. 삼성영상사업단은 해체되었고, 대우도 영화산업에서 손을 뗐다. 반면 제일제당은 CJ엔터테인먼트 시대를 열며 1998년 멀티플렉스 CGV강변 11을 개관했다. 동양(오리온)은 1999년 미디어플렉스를 설립하며 멀티플렉스 메가박스와 케이블 채널인 온미디어와 투자배급사인 쇼박스의 체제를 갖춰 나갔다. 그리고 1999년 롯데쇼핑시네마사업본부의 롯데엔터테인먼트가 출범하면서 2000년에 이르러 대기업 3강 시스템이 구축된다.

기획영화라는 발명품

1990년대 한국영화가 빠르게 변한 데에는 할리우드 직배나 대기업 자본 같은 외부의 힘과 함께 충무로 내부의 힘도 작용했다. 흔히 '기획영화'라는 명칭으로 불리는 1990년대 초, 정확히 말하면 1992년 〈결혼이야기〉부터 시작된 새로운 흐름을 통해 한국영화는 비로소 '현대화'될 수 있었던 것이다. 이전까지 충무로는 주먹구구식으로 영화를 만들었다고 해도 과언이 아니다. 어떤 배우로 어떤 장르를 만들면 흥행한다는 식이었고, 지방 배급업자를 통해 자본을 조달했다. 1980년대에 비디오 판권이 부분적으로 제작비에 도움을 주었지만, 큰 변화는 없었다. 이때 등장한 기획영화는 한마디로 '프로듀서 중심의 영화제작 시스템'이었다. 어떤 소재를 왜 선택하여 어떤 방식으로 누가 만들 것인지를 명확하게 규정한 후 프로덕션에 들어갔다. 여기서 프로듀서의 역할은 영화의 크리에이티브를 담당하는 인력에 자본을 연결시키고, 합리적인 스케줄 안에서 시장규모에 맞는 영화를 만들어 내는 것이었다.

조짐은 1980년대 말부터 있었다. 새로운 마인드의 영화인들이 등장했다. 1988년에 신철이 '신씨네'를 설립했고, 배우 김일우가 대표였던 '우영'은 〈달콤한 신부들〉(강우석, 1989)을 기획해 세원필름에서 제작했다. 1990년엔 '한국영화기획정보센터'나 '시네포럼' 같은 기획 집단이 등장했으며, 1991년엔 영화사 기획실 직원과 전문 인력들이 참여한 '한국영화기획실모임'이 만들어졌다. 여기서 기획영화의 흐름을 이끈 중심은 신씨네였다. 첫 작품은 황기성사단에서 제작한 〈행복은 성적순이 아니잖아요〉(강우석, 1989). 인터뷰와 리서치를 토대로 10대의 현실을 구체적으로 담아낸 이 영화는 흥행에 성공했고, 이후 청소년영화의 붐이 시작된다. 예필름에서 제작한 〈단지 그대가 여자라는 이유만으로〉(김유진, 1990), 모가드코리아에서 만든 〈베를린 리포트〉(박광수, 1991)를 거쳐 도달한 〈결혼이야기〉는 3년의 개발을 거친 작품이었다. 익영영화사의 창립 작품이기도 한 〈결혼이야기〉는 여러 면에서 '처음'이었다. 이 영화는 대기업(삼성전자)이 제작비의 절반인 3억 원의 예산을 지원했다. 단순한 비디오 판권 확보가 아닌, 제작 전에 프로젝트에 투자한 방식이었다. 제작과 기획이 분리된 것도 선구적이었다. 제작사는 익영영화사였지만, 제작 과정은 신씨네가 자율성을 지니고 총괄했다. 삼성전자의 가전제품이 소품으로 사용되었는데, PPLproduct placement의 초기적 형태였다.[8]

〈결혼이야기〉를 통해 드러난 기획영화의 특성들은 다음과 같다. 먼저 프리프로덕션 단계의 치밀함이다. 시나리오를 쓰기 전에 소재를 발굴하여 철저한 자료수집과 사전조사 과정을 거쳤다. 지금은 당연한 과정이지만, 1990년대 초만 해도 낯선 방식이었다. 〈결혼이야기〉는 실제 신혼부부 커플의 인터뷰를 거친 후에 시나리오 작업에 들어갔고, 만족할 만한 결과물이 나오지 않아 여러 차례 작가를 교체했으며, 결국 박헌수 작가가 합류해 퇴고를 거듭한 끝에 총 7개월 만에 시나리오가 완성되었다. 두 번째로 '기획영화 〈결혼이야기〉'는 당대의 트렌드를 적절히 반영했고, 이것은 영화의 테마뿐만 아니라 스타일과 미술과 소품까지 아울렀다. 그 결과, 이 영화는 독창성과 참신함을 지닌 영화로 대중에게 호소할 수 있었고, 이 과정엔 명확하게 타깃을 정한 마케팅과 홍보가 있었다.[9] 1960년대부터 30년 동안 형성된 제작 방식은 폐기되고, 기획과 제작과 마케팅으로 이루어진 새로운 패러다임이 한국영화계에 등장한 것이다.

〈결혼이야기〉는 52만 6천 명(이하 모두 서울 관객 수)을 동원하며 1992년 한국영화 흥행 1위에 올랐고, 신씨네가 직접 제작한 첫 영화 〈미스터 맘마〉는 22만7천 명으로 2위를 기록한다. 1990년 흥행 1위가 〈장군의 아들〉(임권택), 1991년은 〈장군의 아들 2〉(임권택)였다는 걸 감안하면, 한국영화 흥행의 방향이 하루아침에 180도 바뀐 것 같았고, 로맨틱코미디는 가장 중요한 트렌드가 되었다. 〈그대안의 블루〉(이현승, 1992)도 빼놓을 수 없는 작품이다. 아트디렉터 출신의 감독이 보여 주는 세련된 비주얼과 함께 페미니즘 이슈로 화제가 되었는데, 이 영화가 던지는 '여성의 일과 사랑'이라는 화두는 평단의 논쟁으로 이어졌다. 〈결혼이야기〉도 마찬가지였지만, 기획영화는 이전까지 한국영화가 다루지 않았던 여성의 현실에 대한 접근이 돋보였다. 〈그대안의 블루〉는 모범 사례였고, 그 흐름은 〈네온속으로 노을지다〉(이현승, 1995), 〈개같은 날의 오후〉(이민용,

1995), 〈무소의 뿔처럼 혼자서 가라〉(오병철, 1995), 〈301, 302〉(박철수, 1995), 〈코르셋〉(정병각, 1996) 등 다양한 '여성 이야기'로 이어진다.

세대교체의 측면도 빼놓을 수 없다. 신철, 이춘연, 유인택, 안동규, 심재명, 오정완, 차승재, 김미희 등의 프로듀서는 한국영화의 시스템을 완전히 바꿔 놓았고, 강우석은 감독과 프로듀서를 겸하며 이후엔 배급과 상영을 아우르는 영향력을 보여 주었다. 도제 시스템도 무너지기 시작했다. 〈결혼이야기〉의 김의석 감독과 시나리오를 쓴 박헌수, 신씨네에서 〈101번째 프로포즈〉(1993)을 연출한 오석근, 〈그대안의 블루〉의 이현승 등은 모두 한국영화아카데미 출신이었다. 이후 독립영화 단체 출신이나 유학파나 단편영화로 각광을 받은 감독들이 데뷔하는 사례들이 늘어났다. 프로듀서가 제작 전반을 조율하는 가운데 감독은 연출에 전념할 수 있는 기획영화의 시스템이기에 가능한 일이었다.

이외에도 1992년에 설립된 심재명의 '명기획'(1995년 제작사 '명필름'으로 전환)이나 1994년의 '올댓시네마'(채윤희) 같은 마케팅 전문 회사가 생겼고, 배병수 같은 캐스팅 디렉터가 등장했으며, 스타서치(황정욱), BASIC(하용수), 액터랜드(김민숙) 등의 배우 에이전시가 활동했다. 기획영화의 여파 속에서 한국영화 시스템은 디테일을 갖춰 가고 있었고, 긴 기간 동안 침체기를 겪던 충무로는 드디어 산업적으로 '옳은 길'로 들어서고 있었다.

충무로, 자본의 시대

〈결혼이야기〉로 대기업 자본을 충무로로 진입시킨 신씨네는 〈은행나무 침대〉(강제규, 1996)로 금융자본과 한국영화의 만남을 주선한다. 영화에 처음으로 투자한 창업투자회사(이하 창투사)는 애니메이션 〈아마게돈〉(이현세, 1996) 제작에 참여한 신보창투였지만, 〈은행나무 침대〉에 9억 원의 제작비를 투자한 일신창투는 이후 1999년까지 4년 동안 한국영화의 중요한 투자사이자 배급사가 되었다. 창투사 자본의 진출은 정부의 정책 변화가 있었기에 가능했다. 1995년 3월 통상산업부는 영상산업을 제조업에 준하는 업종으로 분류했다. 이로써 과거 서비스업으로 분류되었을 때에는 받지 못했던 금융과 세제 혜택을 받을 수 있게 되었고, 무담보 투자로 자본이 영화계에 유입될 수 있는 길이 열렸다.[10] 1996년에 약 50개 정도의 창투사가 있었는데, 실질적으로 활동하는 20~30개 회사 중 10곳이 영화산업에 관심을 보였다. 영화라는 상품은 자본을 회수할 수 있는 기간이 1년 정도로 짧았고, 회수된 자본은 또다시 투자될 수 있어 고부가가치 산업으로 미래가치가 있었다. 1990년대 영화산업은 꽤 매력적인 비즈니스였던 것이다.

　1998년부터 창투사의 본격적인 진입이 시작되어 국민기술금융, 미래창투, 삼부파이낸스 등이 진출해 충무로의 든든한 금고 역할을 했고, 1999년엔 무한기술투자, KTB네트워크 등이 들어온다. 문성근, 이창동, 유인택, 명계남 등 영화인들이 모여 만든 유니코리아 문예투자를 비롯해, 영화진흥기금 등 각종 공적자금도 있었다. IMF로 대기업이 빠져나가면서 생긴 자본의 공백이 더 넘치게 채워졌다. 여기엔 당시 한국영화의 회복세가 하나의 이유였다. 1993년 점유율 15.9퍼센트를 기록하며 바닥을 쳤던 한국영화는 조금씩 회복해 1997년에 25.5퍼센트, 1998년에 25.1퍼센트를 기록한다. 그리고 1999년 2월 13일에 개봉한 〈쉬리〉에 이어 〈인정사정

표 7 1990년대 일신창업투자 한국영화 투자 내역

연도	영화 제목	제작사	총 제작비	투자 규모	공동 투자
1996	은행나무 침대	신씨네	23억 원	9억 원	장은창업투자
	본투킬	순필름	17억 원	7억 원	한림창업투자
	피아노맨	한맥엔터테인먼트	17억 원	7억 원	장은창업투자
1997	체인지	드림써치	16.5억 원	5.5억 원	
	할렐루야	태원	15.5억 원	3.5억 원	
	접속	명필름	17억 원	6억 원	명필름
	모텔 선인장	우노필름	11.5억 원	4억 원	
1998	8월의 크리스마스	우노필름	16억 원	5억 원	
	조용한 가족	명필름	15억 원	4억 원	명필름
	퇴마록	폴리비전	20.5억 원	11억 원	한국기술금융
	키스할까요	태원	15억 원	12억 원	
	투 타이어드 투 다이	드림써치	14억 원	14억 원	
	해가 서쪽에서 뜬다면	명필름	18억 원	12억 원	한국기술금융
1999	닥터 K	프리시네마	18억 원	13억 원	산은캐피탈
	내 마음의 풍금	시네힐	18억 원	18억 원	
	북경반점	영화세상	13억 원	13억 원	
	유령	우노필름	23억 원	23억 원	

※ 길민정의 서강대학교 석사논문 〈한국 영화산업의 자본 변동에 따른 경제적 특성 연구〉(1998)에 실린 표를 토대로 내용을 추가했음. 일신창업투자에서 제공한 내역임

볼것 없다〉(이명세, 1999), 〈주유소 습격사건〉(김상진, 1999) 등의 흥행으로 1999년 점유율은 무려 39.7퍼센트에 달했다. 당시 영화산업은 반등 중이었고, 일종의 벤처산업이었으며, 그렇게 한국영화에 '자본의 시대'가 열렸다. 1999년 삼부파이낸스 횡령 사건처럼 찬물을 끼얹는 일도 있었지만, 1990년대 말에 유입된 창투사들은 2000년 이후에 더욱 영화계와 밀착하며 KM컬쳐, 아이픽쳐스, 코리아픽

쳐스, KTB엔터테인먼트 등으로 이어졌다.* 그리고 1999년엔 영상 전문 투자조합 방식이 등장했다. 기존의 창투사가 개별 프로젝트에 투자했다면, 투자조합은 여러 기관의 돈을 모아 더 큰 규모의 펀드를 조성해 수익을 창출했다. 이 방식은 2000년 이후 한국영화 르네상스를 만들어 낸 중요한 토대가 된다.

뉴 마켓, 뉴미디어

1990년대 한국영화산업의 가장 큰 특징은 플랫폼의 확장이다. 오로지 극장에서만 수익을 창출할 수 있었던 영화산업은 1980년대에 VCR이 보급되고 홈 미디어 시장이 생기면서 판권을 매개로 새로운 비즈니스를 시작한다. 1988년 서울올림픽을 계기로 VCR 보급률은 20퍼센트를 넘었으며(21.2퍼센트), 1990년엔 36퍼센트, 1991년엔 44퍼센트, 1992년엔 57퍼센트, 1993년엔 80퍼센트에 달한다. 그 결과 비디오 판매와 대여로 구성되는 비디오 시장이 급성장하여 극장산업을 압도한다. **표 8** 을 보면 1990년대 영화산업의 중심이 영화관이 아니라 홈 엔터테인먼트였다는 걸 명확히 알 수 있는데, 비디오 시장 매출이 1조 원 이상이었던 1993~1995년은 극장 매출의 5배 이상이었고, 대여점은 3만 개 이상이었다(1993년 3만 5,670개, 1994년 3만 5,510개, 1995년 3만 1,529개). 이후 대여점은 줄어들지만 대여와 동시에 비디오를 볼 수 있는 이른바 '비디오방'은 점점 늘어나 1996년엔 약 4천 개에 달한다. 1인당 영화 관람

---

* 국민기술금융의 투자심사역이었던 박무승은 KM컬쳐를 설립했고, 무한기술투자의 최재원은 아이픽쳐스를 만들었다. 미래창투는 코리아픽처스로, KTB네트워크는 KTB엔터테인먼트로 이어졌다.

편수가 1년에 0.9~1.2편에 지나지 않았던 1990년대에, 비디오라는 매체는 대중이 영화를 접하는 가장 중요한 통로였던 셈이다.

　1990년대 비디오 시장은 기획영화 제작의 지렛대 역할을 했다는 점에서도 중요하다. 우일영상(대우), 스타맥스(삼성), SKC(SK) 등 대기업 계열사에 비디오 출시를 맡겼던 할리우드 메이저 스튜디오들이 1990년대 직배와 함께 직접 브랜드를 만들면서 국내 판권 시장에 비상이 걸렸다. 1980년대 말에 4~5천만 원 정도였던 한

표 8 1990년대 비디오산업과 극장산업 매출 비교[11]

단위: 억 원

	1990	1991	1992	1993	1994	1995	1996	1997	1998	1999
비디오 매출	5,261	7,362	8,500	10,597	10,968	10,676	9,400	8,300	7,950	8,200
극장 매출	1,391	1,584	1,635	1,790	1,883	1,925	2,028	2,384	2,584	2,862
비디오+극장 매출	6,652	8,946	10,135	12,387	12,851	12,601	11,428	10,684	10,534	11,062
비디오 매출/극장 매출	3.8	4.6	5.2	5.9	5.8	5.5	4.6	3.5	3.1	2.9

그림 2 1990년대 비디오산업과 극장산업 매출 변동

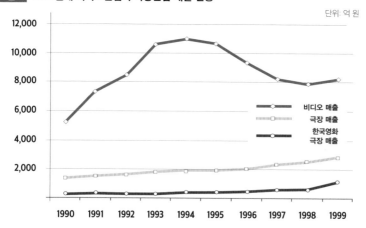

※　비디오 매출은 위의 표. 극장 매출은 연도별 《한국영화연감》 참조

국영화 판권료는 1억 원을 넘어섰고, 곧 2~3억 원으로 치솟았다. 이 시기 대기업은 판권 확보를 위해 직접투자에 나서게 되는데, 그 첫 성과가 삼성이 비디오 출시사 드림박스를 통해 3억 원을 투자한 1992년 작품 〈결혼이야기〉였고, 같은 해 대우는 우일영상을 통해 〈미스터 맘마〉에 3억 원을 투자한다.

비디오 시장의 성장과 함께 1990년대 중요한 변화는 뉴미디어의 등장이었다. 극장, TV, 비디오 같은 '올드미디어' 외에 영화를 볼 수 있는 윈도window가 늘어난 것이다. 가장 대표적인 것이 1995년에 개국한 케이블TV였다. 종합유선방송에 대한 논의는 1980년대부터 있었지만 관련 법령 완비와 현실적인 토대 구축에 10년 넘는 시간이 필요했고, 1991년 시험 방송을 거쳐 1995년에 드디어 첫 방송이 시작되었다. 월 시청료 1만 5천 원에 20개 채널을 볼 수 있었던 케이블TV는, 개국 첫해에 전체 TV 대수 중 3.9퍼센트인 55만 6천 대의 가입자를 확보하고 출발해 10년간 꾸준한 성장세를 보인다. 2004년엔 1,276만 9천 대, 전체 TV 대수의 73.4퍼센트가 케이블 TV 가입자였으니 엄청난 양적 발전이라 할 수 있다.[12]

케이블TV가 끼친 가장 큰 영향은 플랫폼의 확대일 것이다. 1995년 개국 당시 삼성·대우·현대 등의 대기업이 참여했으나 가시적 성과를 거두진 못한 채 1990년대 말 철수하고, CJ나 오리온 등의 기업이 이를 인수하면서 이른바 '미디어 기업'으로 거듭난다. 이들은 영화 쪽에선 제작과 배급 및 극장을 수직 통합하고, 여기에 케이블TV를 아우르면서 시너지 효과를 만들어 내기 시작했다. 2000년 이후 케이블TV 채널들은 자체 제작을 통해 다양한 콘텐츠를 생산하게 되는데, 그 토대가 1990년대에 만들어진 셈이

며, 이후 등장하는 IPTV나 OTT의 조상을 따져 본다면 케이블TV
일 것이다.

이외에도 수많은 '꿈의 매체'들이 미래를 바꿀 것이라는 기대
속에 등장해 '뉴미디어' 시대를 선포했다. 케이블TV나 PC통신이
나 비디오텍스 등이 유선 매체라면, HDTV나 DBS(위성방송) 등은
무선 매체였다. 새로운 저장 매체도 등장했다. 비디오테이프의 한
계를 넘어 고화질과 고음질을 재현하려는 시도의 결과물로, 그 시
작은 레이저디스크LD였다. 1990년에 첫선을 보인 레이저디스크
는 한동안 적잖은 타이틀이 이 형태로 나왔지만 대중화되진 못했
다.[13] 개인용컴퓨터PC를 통해 영화를 보는 VCD 시장도 잠시 인기
를 끌었지만, 광디스크 방식의 저장 매체가 대중화된 건 1990년대
말에 나온 DVD다. 비디오 대여점 시장이 추락하는 가운데 등장한
DVD는 2000년대 초 고객에게 직접 대여하거나 판매하는 셀스루
sell through 시장을 개척하며 한동안 위세를 떨치다가 곧 다운로드
나 스트리밍 같은 VOD 방식에 밀려난다. 돌아보면 약 10여 년의
짧은 시간 동안 VHS→LD→VCD→DVD→VOD로 홈 엔터테인먼트
시장이 급격히 변화한 것이다.

멀티플렉스 시대 개막

1990년대 한국영화 신에 제일제당(이후 CJ엔터테인먼트)이 남긴 두
가지 업적이 있다면, 첫 번째는 1995년 스티븐 스필버그와 제프리
카젠버그 · 데이비드 게펜이 설립한 '드림웍스SKG'에 지분투자를
한 것이다. 이 회사의 총 자본금 20억 달러 중 3억 달러(당시 환율
로 2,400억 원)를 투자해 드림웍스 영화의 (일본을 제외한) 동아시아

新生극장
급부상

- CGV 강변11
- 씨네플러스
- 씨넥스

극장 판도가 바뀐다. 작년 겨
울 이후 새로 문을 연 영화관들

◇매표구부터 쾌적한 「CGV 강변11」. 훤히 들여다 보
이는 매표실에, 안내 모니터까지 가동한다.

국내 1호 멀티플렉스 'CGV 강변 11'은 11개 관을 가지고 있었으며, 매표소 인테리어(위)나 극장의 구조(아래) 자체가 기존 극장과는 전혀 달랐다. | 사진 출처: (위)《조선일보》, 1998년 5월 15일자 15면

판권을 확보하고 지분에 대한 이익금을 배당 받는 조건이었는데, 이로써 한국영화는 산업적으로 글로벌 마켓과 한층 더 밀착되고 미국 시장을 개척할 토대를 만들었다.

　두 번째 업적은 1998년에 한국 최초의 멀티플렉스인 CGV강변을 개관한 것이다. 스티븐 스필버그는 CJ의 이미경 부회장에게 한국에도 빨리 멀티플렉스를 만들라고 권유했다고 하는데, 당시 많은 반대를 무릅쓰고 CJ와 홍콩의 골든하베스트 · 호주의 극장 체인 빌리지 로드쇼가 합작한 CGV 극장 체인이 서울 강변역 테크노마트에서 출범한다. 물론 1980년대부터 단관 시스템에서 벗어나려는 시도는 있었다. 이른바 '복합관'이 등장했고, 그 수는 1990년대에 꾸준히 늘어났다. 하지만 멀티플렉스는 극장 구조나 인테리어, 관람 환경에서 기존의 극장과 본질적으로 달랐다. 훨씬 쾌적하고 깨끗했으며 영화에 몰입할 수 있었다. 이후 멀티플렉스는 메가박스와 롯데시네마까지 가세하여 3파전이 펼쳐지며 기하급수적으로 늘어난다.

멀티플렉스는 영화 관람 문화 자체를 바꾸었다. 관객들은 영화보다 극장을 먼저 선택하게 되었고, 극장에 온 후에 여러 상영작 중 하나를 골랐다. 쇼핑몰과 연계되어 시너지효과를 만들어 냈고, 각종 할인 외에 다양한 마케팅과 서비스가 제공되었다. 부정적인 면도 있었다. 1994년 프린트 벌수 제한이 폐지되면서 독과점이 우려되었고, 1998년 여름 〈고질라〉(롤랜드 에머리히, 1998)가 서울에 51개의 스크린을 확보하면서 그 우려는 현실이 되었다. 이런 상황에서 등장한 멀티플렉스는 초기엔 다양성을 내세웠지만, 머지 않아 몇 편의 흥행작이 상영관 대부분을 차지하면서 독과점의 온상이 된다. 하지만 대세는 거스를 수 없었고, 상영관 중 멀티플렉스가 차지하는 비율은 급상승해 2009년엔 90퍼센트를 넘기게 된다.

한국형 블록버스터란 무엇인가

1990년대 초반에 대기업이, 중반에는 창투사가 들어오면서 충무로에 생긴 가장 표면적인 변화는 제작비 상승이었다. 1990년대 초에 평균 5~6억 원이던 한국영화의 편당 제작비는 1995년에 10억 원(이하 마케팅 비용 포함), 1998년엔 15억 원, 1999년엔 19억 원으로 상승했다. 제작 편수는 1995년 65편에서 1998년엔 43편, 1999년엔 49편으로 감소세였다. 그 결과, 편수는 줄었어도 영화산업 전체에 투입되는 자본은 오히려 늘어났다고 할 수 있다.

이때 '한국형 블록버스터'가 도착했다. 이 표현을 처음 사용한 영화는 박광춘 감독의 〈퇴마록〉(1998)이었는데, 마케팅을 위한 홍보 문구이긴 했지만 한국영화가 처음 '블록버스터'라는 단어와 만나는 예언적 순간이었다. 할리우드에서 유래한 영화 용어 '블록버스터blockbuster'는, 말 그대로 하나의 블록을 날려 버릴 만한 흥행적 위력을 지닌 영화를 의미한다. 많은 예산이 투여되어 거대한 스케일과 화려한 스펙터클을 내세우는 테크놀로지 중심의 '상품'으로, 대대적인 마케팅이 수반되고 흥행 시즌에 개봉하기 마련이다. 그렇다면 〈퇴마록〉이 블록버스터를 자칭한 건 어느 정도 적절해 보인다. 이 영화는 당시로서는 혁신적인 컴퓨터그래픽으로 스펙터클을 내세웠고, 베스트셀러를 토대로 강한 장르 요소를 결합시킨 대작이었으며, 여름 시즌(8월 15일)에 개봉해 전국에서 약 150만 명의 관객과 만났다.

'한국형 블록버스터'를 완전히 실천한 영화는 그로부터 1년 후에 나왔다. 설 시즌에 개봉한 강제규 감독의 〈쉬리〉였다. 전국 관객 582만 명을 동원하며 〈타이타닉〉의 기록을 깬 이 영화의 흥행 요인은 크게 다섯 가지로 요약된다. ① 시나리오 단계에서 관객의 트렌드를 정확하게 겨냥했다. 분단 문제를 다루면서도 '총기액션' 장르를 선택해 영화적 재미를 만들었다. ② 과감한 투자가 있었다. 마케팅 비용을 제외한 이 영화의 순제작비는 27억 원으로, 이는 1999년 평균 순제작비인 14억 원의 2배에 달한다. 투자를 담당한 삼성영상사업단은 〈쉬리〉를 '고위험, 고수익'의 관점에서 바라보고 과감하게 결정했다. ③ 국내 최대 규모의 영화를 반드시 성공시키겠다는 열정으로 배우와 제작진이 강하게 결집했다. 이러한 현장 분위기는 영화의 퀄리티로 직결되었다. ④ 배우의 흥행력을 최대한 이용할 수 있는 캐스팅(한석규,

'한국형 블록버스터'의 유행을 불러온 〈쉬리〉는 1990년대와 2000년대를 잇는 가교 역할을 하는 작품이다. | 〈쉬리〉(제작 강제규필름, 제공 삼성픽쳐스, 강제규, 1999)

최민식, 송강호)을 했고, 감독과 배우와 투자사와 스태프 모두 철저한 분업화 아래 각자의 임무를 다했다. ⑤ 마케팅 단계에서 블록버스터로서 규모를 강조하며 궁금증을 유발했고, 개봉 이후 관객이 몰린 후엔 '흥행작'이라는 점을 강조해 신드롬을 조성했다.[14] 지금 보면 비법이랄 것도 없는 평범한 분석처럼 보이지만, 〈쉬리〉의 성공 방식은 이후 한국영화의 기본기가 되었다. 이어지는 〈건축무한 육면각체의 비밀〉(유상욱, 1999), 〈자귀모〉(이광훈, 1999), 〈유령〉(민병천, 1999) 등의 작품들도 〈쉬리〉의 후광 속에서 관객들에게 '블록버스터'로 인식되었다.

〈쉬리〉는 한국영화의 산업적 가능성을 한 단계 높였다는 점에

서 중요했다. 〈쉬리〉는 국내 관객의 잠재력을 끌어올렸으며, 동시에 해외시장을 개척했다. "파이를 늘려야 한다"는 강제규 감독의 말은 충무로의 금과옥조가 되었다. 같은 수익을 거두더라도 더 많은 제작비를 투자한 영화가 더 중요하다는 인식이 생긴 것이다. 손익분기점을 맞추기 위해 더 많은 관객을 모아야 하고, 그만큼 관객층을 발굴하게 되며, 그 결과 영화산업의 규모가 커지기 때문이다.[15] 이러한 '규모의 경제학'에 입각해 한국영화는 계속 몸집을 불려 갔고, '한국영화 사상 최고 제작비'는 수시로 갱신되었다. 물론 총제작비 120억 원의 〈성냥팔이 소녀의 재림〉(장선우, 2002)이 흥행에 실패하며 잠시 브레이크가 걸렸지만, 한국영화는 '웰메이드'라는 새로운 화두를 제시하며 〈살인의 추억〉(봉준호, 2003), 〈올드보이〉(박찬욱, 2003) 같은 작품을 선보였다. 그리고 〈실미도〉(강우석, 2003)가 첫 번째 '천만 영화'가 되면서 흥행 대폭발의 시대가 열린다. 1992년 기획영화의 등장에서 1998년 한국형 블록버스터를 거쳐 2000년대 초의 웰메이드 영화까지, 10년 동안 충무로는 숨가쁘게 상업적 패러다임을 바꿔 가며 질주한 셈이다.

코리안 인디펜던트

독립 제작 시스템의 실험

1990년대에 '독립영화'라고 하면 크게 두 가지 범주로 나눌 수 있다. 첫 번째는 서울영화집단(→서울영상집단)이나 장산곶매, 민족영화연구소, 노동자뉴스제작단, 바리터 같은 1980년대 영화운동

단체에서 시작된 비제도권 독립영화다. 정치적이며 사회적인 테마를 다루는 이들의 작업은 1990년대에도 지속되었다. 두 번째는 제도권 안에서의 독립영화다. 이것은 1985년부터 시행된 5차 개정영화법에 근거하는데, 이 법의 5조2항은 '영화의 독립 제작'에 관한 내용으로 예탁금을 걸고 영화제작업자로 등록하지 않더라도 영화를 제작할 수 있는 길을 열었다. 그 결과, 1980년대 말부터 1990년대 초까지 충무로엔 독립 제작이라는 새로운 흐름이 형성된다.

1980년대의 가장 대표적 사례는 배용균프로덕션의 〈달마가 동쪽으로 간 까닭은?〉(배용균, 1989)이겠지만, 효시 격인 작품은 이규형시네마의 〈청(블루스케치)〉(이규형, 1986)일 것이다. 이외에도 진유영 감독이 뉴버드프로덕션에서 만든 〈지금은 양지〉(1988), 〈89 인간시장 오! 하나님…〉(1989), CM랜드의 〈가슴을 펴라〉(최원영,1987) 등이 있고, 1989년에 설립된 시네피아가 제작한 〈회색도시 2〉(안재석, 1989), 〈자전거를 타고온 연인〉(연태완, 1991)까지 1980년대에 독립 제작 시스템 안에서 청춘영화 장르를 중심으로 몇몇 시도가 있었다.

1990년엔 제작사 140곳 중 40곳이 독립 프로덕션일 정도로 이들은 충무로의 새로운 세력이 되었다. 이 시기에 나온 작품들은 두 개의 흐름을 형성했는데, 먼저 1980년대의 연장선상에 있는 청춘영화들이 등장했다. '청기사 그룹'의 〈비오는 날 수채화〉(곽재용, 1990), '영화그룹 마루'의 〈겨울꿈은 날지 않는다〉(최성식, 1991), M&R의 〈달은…해가 꾸는 꿈〉(박찬욱, 1992) 등 새로운 감각으로 젊은 관객들에게 호소하는 작품들이 하나의 흐름을 형성했다. 두 번째는 리얼리즘 영화들로, 비제도권 독립영화와 상당 부분 문제의식과 테마를 공유한다. 정지영 감독이 '남 프로덕션'에서 만든 〈남부군〉

(1990)이 대표적인데, 이태의 원작을 토대로 '빨치산'을 반공이 아닌 휴머니즘의 관점에서 다루었다. '한국영화독립제작소 물결'의 〈꼴찌부터 일등까지 우리반을 찾습니다〉(황규덕, 1990)는 교육 문제를, 한국영화 최초로 국민주를 모금했던 '새빛영화제작소'의 〈부활의 노래〉(1990)는 광주민주화항쟁을, '영필름'의 〈가슴에 돋는 칼로 슬픔을 자르고〉(홍기선, 1992)는 '멍텅구리 배'라는 인권유린 현장을 다룬다.

매체 실험을 하는 그룹도 있었다. 한국영화아카데미 출신들이 결성한 '영화공장 서울'은 〈네 멋대로 해라〉(오석근, 1992)를 제작하며 16mm로 촬영해 35mm로 블로우업을 했다. 그들이 16mm 필름을 선택한 건 4:3이라는, 텔레비전과 동일한 화면 비율 때문이었다. 그들은 영화에 머물지 않고 뮤직비디오나 다큐멘터리 등도 시도했으며, 때에 따라선 35mm 작업도 병행했다. 매체를 자유롭게 넘나드는 '충무로 속의 충무로'를 지향한 것이다. 영화공장 서울의 대표인 김태균은 독립 프로덕션의 특징을 네 가지로 요약한다. ① 공동 출자나 국민주 방식 등을 통한 재투자 구조 ② 자본과 제작과 운영이 분리된 상호보완적 수평 관계 ③ 사회성에 기반을 둔 예술성 있는 작품 제작 ④ 신인 위주의 연기자 발굴.[16] 이는 당시 독립 프로덕션들에 대체적으로 해당되는 특징으로, 특히 자본과 제작을 분리하는 부분은 기획영화와도 맞닿는 지점이다. 독립 프로덕션 시스템은 제작에선 실험성을 인정 받았지만, 배급과 상영이라는 현실 앞에서 오래가지 못했다. 〈남부군〉 같은 흥행작도 제작비 회수에 어려움을 겪는 상황이었다. 전문 프로듀서가 있는 것이 아니라 감독이 모든 걸 겸해야 하는 건 큰 한계였다. 그렇게 독립 제작 시스템은 단명했고, 곧 기획영화의 시대가 열린다.

〈파업전야〉라는 이정표

1980년에 움트기 시작한 독립영화가 잠재된 힘이었다면, 장산곶
매의 두 번째 장편영화 〈파업전야〉(1990)는 독립영화라는 존재를
수면 위로 끌어올려 한국 사회의 이슈로 만든 작품이었다. 1990년
4월 6일 전국 11개 도시의 소극장과 대학에서 공개된 〈파업전야〉
는 혹독한 공권력의 탄압을 받았고, 4월 13일 전남대학교 상영 때
에는 헬기가 출동하는 위협적 상황까지 발생했다. 그럼에도 놀라
운 건, 관객들이 이 영화를 지켜 냈다는 사실이다. 전국노동조합
협의회(전노협)가 결성된 1990년, 대한민국 역사상 첫 번째 '노동
자영화'였던 〈파업전야〉는 극장이 아닌 현실에서 관객과 만났고
그 수는 10만 명이 넘는 것으로 추산되었다.

〈파업전야〉의 파장은 제도권과 비제도권의 경계를 무너뜨리며,
더 큰 시야로 서로를 바라볼 수 있는 기회를 제공했다. 장산곶매
의 이용배는 "현 시점은 비제도권이 역량과 현실을 전면적으로 회
의해야 하는 시기라고 보인다. 제도권 영화들의 변화된 상황을 살
펴볼 때 더욱 자극을 받는다. 5~6년 전만 해도 운동영화들만이 해

---

* 독립 프로덕션과 관련해 1980년대 말부터 등장한 비디오 프로덕션의 존재를 빼놓을 수 없다.
공식적으로 '창작 극영화'로 불린 이 영화들은 16mm 혹은 비디오카메라로 촬영된 후 극장
이 아닌 비디오 시장으로 직행하는 영화들이다. 주로 에로티시즘을 다루는 성인영화인데,
VCR 보급률 상승과 함께 비디오 시장에선 적잖은 지분이 있었다. 통상 2,500만 원 정도의 제
작비로 10일 안에 제작되는 이 영화들은 대여점에선 웬만한 외화 못지 않은 상업성을 자랑
했다. 당시 수많은 충무로 인력들이 비디오 시장으로 들어왔고, 유호프로덕션이나 한시네마
타운 같은 유명 브랜드가 생기기도 했으며, 1990년대 전반기엔 비디오용 성인영화를 상영하
는 소극장이 번성하기도 했다. 이후 1990년대 말 비디오 시장의 퇴락과 함께 수그러들었다가
2000년 이후 VOD 시장을 통해 부활했다.

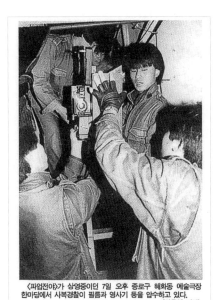

〈파업전야〉가 상영중이던 7일 오후 종로구 혜화동 예술극장 한마당에서 사복경찰이 필름과 영사기 등을 압수하고 있다. 〈곽윤섭 기자〉

〈파업전야〉는 제작부터 상영에 이르기까지 독립영화사에 기념비적인 작품이다. | 〈파업전야〉(제작 영화제작소 장산곶매, 배급 리틀빅픽처스, 이은기·이재구·장동홍·장윤현, 1990), 사진 출처: 《한겨레》, 1990년 4월 8일자 11면

낼 수 있는 소재를 과감하게 제도권에서 다루고 있는 것을 볼 때 우리가 너무 시대착오적이지 않은가 돌아보게 된다."[17]고 비판했다. 반면에 신씨네의 신철은 "충무로 사람들이 그동안 수도 없이 이런 유의 영화를 만들어야만 한다고 말로만 되뇌어 왔는데 정작 그런 영화(〈파업전야〉)를 만든 건 충무로가 아니었다."[18]고 성찰했다. 〈파업전야〉는 제도권과 비제도권 사이의 건강한 긴장 관계를 만들어 낸 영화였으며, 그 팽팽함은 1990년대에 지속되며 한국영화의 현실참여적 성격을 강화했다.

〈파업전야〉와 함께 1990년에 중요한 독립영화계의 사건은, 한국독립영화협의회가 결성되었다는 사실이다. 민족영화연구소, 아리랑, 영화공동체, 영화마당 우리, 한겨레영화제작소, 우리마당 영화패 등 6개 단체가 모였고 이정하가 1기 의장을 맡았다. '독립영화'라는 단어가 사용된 건 이때부터였는데, 그 의미를 명확하게 규정하긴 쉽지 않았고, '과연 무엇으로부터 독립인가'에 대한 질문이 1990년대 내내 끊임없이 이어졌다. 확실한 건 1990년대의 독립영화는 1980년대와 확연히 다르다는 점이다. 물론 전통적 의미의 독립영화 방식, 즉 정치적이며 사회적인 테마가 있는 영화운동 단체들의 작품 활동은 1990년대에도 꾸준히 이어졌다. 장산곶매의 〈닫힌 교문을 열며〉(이재구, 1991), 영화제작소 청년의 〈어머니, 당신의 아들〉(이상인, 1991) 같은 장편 극영화도 있었지만, 1990년대 독립영화의 중요한 성과는 다큐멘터리였다. 김동원 감독은 1991년에 '푸른영상'을 만들고 이곳에서 〈행당동 사람들〉(김동원, 1994), 〈우리는 전사가 아니다〉(박기복, 1994), 〈어머니의 보라빛 수건〉(김태일, 1996) 등의 작품이 나왔다. 노동자뉴스제작단도 꾸준히 노동 현장을 카메라에 담았고, '다큐멘터리 작가회의'의 〈전열〉(1991)과 서울영상집단의 〈두밀리, 새로운 학교가 열린다〉(홍형숙, 1995)도 중요한 작품들이었다. 변영주 감독은 '보임'에서 〈낮은 목소리-아시아에서 여성으로 산다는 것〉(1995)을 만들었는데, 이 영화는 극장 개봉을 이룬 첫 장편 다큐멘터리로 〈낮은 목소리 2〉(1996), 〈낮은 목소리 3-숨결〉(1999)로 3부작을 이루었다. 조성봉 감독의 〈레드헌트〉(1996)는 제주 4 · 3 사건을 정면으로 다루었다.

한편, 이 시기 단편영화를 중심으로 새로운 흐름이 형성되고 있었다. 한국영화아카데미 동기인 변혁과 이재용이 만든 〈호모 비디오쿠스〉(1990)는 미디어에 종속된 인간을 실험적으로 보여 주는 작품으로 해외 영화제에서 화제가 되며 국내에도 본격적으로 알려졌다. 이후 국제영화제의 성과가 이어져 김진한 감독의 〈경멸〉(1994)과 〈햇빛 자르는 아이〉(1996), 유상곤 감독의 〈길목〉(1997), 박흥식 감독의 〈하루〉(1999) 등이 수상했고, 송일곤 감독의 〈소풍〉(1999)은 칸국제영화제 심사위원상을 받았다. 이외에도 주목 받은 단편은 김성수 감독의 〈비명도시〉(1993)다. 1992년에 박광수, 문성근, 전양준, 이효인 등이 결성한 독립영화창작후원회의 지원을 받아 만들어진 이 작품은 당시 단편영화로서는 이례적으로 35mm로 촬영되었다. 한국영화아카데미 졸업 작품들도 주목 받았는데, 봉준호 감독의 〈지리멸렬〉(1994)과 장준환 감독의 〈2001년 이매진〉(1994) 등이 대표적이다. 서울독립영화제(구 금관상영화제) 대상 수상작인 〈가변차선〉(양윤호, 1992), 〈자살파티〉(이서군, 1995) 등도 화제가 되었다.

삼성 나이세스에서 주최한 서울단편영화제(1994~1997)는 단편영화의 대중화에 큰 역할을 했고, 독립영화의 스펙트럼을 한껏 확장할 만한 다양성을 지닌 작품들을 상영했다. 무엇보다도 감독 데뷔의 등용문이었는데, 1회 영화제에서 〈우중산책〉(1994)으로 최우수 작품상을 수상한 임순례 감독을 비롯해 문승욱 · 송일곤 · 최호 · 곽경택 · 윤종찬 · 육상효 · 정지우 · 김용균 · 박기형 · 정윤철 · 이윤기 · 민규동 · 김태용 등 수많은 감독들이 이 영화제를 거쳐 갔다. 이후 여러 다양한 영화제들이 이어지며 독립영화의 외연과 깊이를 확장했다. 시네마테크 단체인 '문화학교 서울'에 의해 1996년에 시작된 인디포럼은 독립영화 작가들의 산실이 되었고, 같은 해 Q채널은 서울다큐멘터리영상제를 열었다. 서울인권영화제도 1996년에 첫걸음을 떼

삼성 나이세스에서 주최한 서울단편영화제는 신인 감독들의 등용문인 동시에 단편영화의 대중화를 이끌었다.

었고, 이후 1998년 고딩영화제 같은 넓은 스펙트럼의 영화제들이 등장했다. 독립영화 배급사도 등장했다. 김대현 감독이 1994년에 설립한 '인디라인'은 극장 상영 외에도 케이블TV 채널이나 비디오 출시 등을 통해 독립영화로 수익을 만들고 독립영화를 대중화하는 중요한 역할을 했고, 이후 1998년엔 인디스토리와 미로비젼이 등장하면서 본격적인 독립영화 배급 시대가 열렸다.

독립영화와 주류 상업영화의 중간 지대에 있다고 할 수 있는 저예산 장편영화의 흐름이 시작된 것도 1990년대이다. 염정석의 〈나쁜 시절〉(1994)은 이 시기 드물었던 장편 독립영화였고, 1990년대 중반 이후 〈내일로 흐르는 강〉(박재호, 1996), 〈둘 하나 섹스〉(이지상, 1998), 〈하우등〉(김시언, 1999), 〈별이 날다〉(민병훈, 1999) 등이 이어진다. 대기업에서 제작한 작품들도 있었다. 임순례 감독의 〈세친구〉(1996)는 삼성영상사업단이, 윤인호 감독의 〈바리케이드〉(1997)는 제일제당(제이콤)이 제작한 영화이다. 이 영화들은 소외당하는 청춘이나 외국인 노동자 같은, 독립영화의 테마를 잇는 작품들이었다.

정책과 제도의 변화

문민정부, 국민의 정부

노태우 정부로 쿠데타 세력이 대통령 자리에 앉았던 시기(1961~1993)가 막을 내리고, 김영삼 대통령의 '문민정부'(1993~1998)와 김대중 대통령의 '국민의 정부'(1998~2003)가 이어진다. 두 정부의 영화정책은 두 개의 문장으로 요약된다. 1994년 국가과학기술자

문화의의 영상산업 진흥방안 보고 때 나온 "〈쥬라기 공원〉이 벌어들인 돈이 현대자동자가 자동차 150만 대 수출해 거둔 수익과 맞먹는다"는 말과, 김대중 대통령의 문화정책인 "지원은 하되 간섭은 하지 않는다"는 모토다. 1980년대 영화정책이 '자유화'와 '개방'을 모토로 했다면, 1990년대는 '산업화'와 '진흥'이었다.

노태우 정부 시기에도 영화산업을 지원하는 정책은 있었다. 1990년에 문화부가 신설되면서 초대 장관으로 부임한 이어령은 "씨름선수가 되진 않을 것이다. 단지 씨름판을 제공하여 누구나 그 운동에 참여해 하고 싶은 일을 하도록 여건을 조성해 나갈 계획"[19]이라며 문화산업 지원 의지를 밝혔다. 노태우 정부는 1989년부터 1993년까지 5년 동안 200억 원의 한국영화진흥기금을 조성한다는 계획을 세웠으며, 남양주 종합촬영소 건립의 첫 삽을 떴다. 1997년에 완공된 종합촬영소는 1990년대 말부터 조금씩 상승곡선을 그리며 2000년대에 르네상스를 맞이하는 한국영화의 중요한 인프라가 된다. 1991년은 '연극 영화의 해'로 지정되어 다양한 문화 이벤트가 벌어지기도 했다.

1993년 문민정부는 영상산업을 '제조업 관련 지식서비스 산업'으로 정했다. 준제조업으로 분류한 셈인데, 영상산업을 집중 육성하고 궁극적으로는 해외시장 개척까지 노리겠다는 의도였다. 그 결과, 영화산업은 세제 혜택으로 법인세 세율이 낮아지고, 금융에서도 어음 할인율이 인하되고 대출 절차도 간소해졌다. 영화진흥공사는 한국영화 제작 활성화를 위해 '극영화 제작 사전 특별 지원'을 실시하였다. 10편의 영화에 1억 원씩 지원하고, 판권 일부를 영화진흥공사가 가져가는 방식이었다. 1994년엔 영화진흥금고를 통해 최대 2억 원의 지원을 받을 수 있었다.

이 시기 한국영화산업의 가장 큰 화두는 프린트 벌수 제한 폐지였다. 이것은 노태우 정부 시절인 1988년 10월에 열린 '2차 한미영화협상'의 결과였다. 당시 한국에 수입된 외국영화는 시장에서 10개의 필름 프린트만 유통될 수 있었다. 벌수 제한을 점차 완화하다가 1994년에 완전 폐지하기로 합의했는데, 그 시간이 다가온 것이다. 이 조치는 영화 유통 구조에 대변혁을 일으켜 한국영화에 엄청난 위기를 가져올 수 있었다. 한 영화를 여러 상영관에서 동시 상영하는 와이드 릴리즈가 가능해져 독과점으로 이어질 수 있었고, 배급 주도권이 극장에서 배급사로 넘어가 전국의 극장이 직배사 중심으로 계열화될 가능성도 있었다.

외국영화 프린트 벌수 제한 폐지에 직면한 한국영화계는 일단 스크린쿼터제 유지를 주장하고, 궁극적으로는 직배사에 대항할 수 있는 배급 시스템을 갖추어야 했다. 1994년 당시엔 요원해 보이는 일이었지만, 이후 스크린쿼터 수호를 외치는 영화인들의 대규모 저항이 이어지고, 삼성과 대우와 시네마서비스와 일신창투 같은 배급사들이 직배사와 경쟁하면서 프린트 벌수 제한 폐지의 여파는 우려했던 것만큼 확산되지 않았다. 대신에 다른 변화가 생겼다. 한정된 프린트 벌수로 인해 개봉관이 누리던 특권이 사라졌다. 모든 극장이 개봉관이 되어, 관객들은 더 이상 시내 개봉관에서 신작을 보지 않아도 되었다. 지역 상권의 극장에서도 신작 외화를 볼 수 있었고, 1998년부터 급속히 늘어난 멀티플렉스가 산업의 중심이 되었다. 일종의 탈중심화 현상이었다. 첫 혜택을 받은 영화는 1994년 1월 15일에 개봉한 클린트 이스트우드 감독의 〈퍼펙트 월드〉(1993)였다. 전국 47개 관에서 동시 개봉했고, 상영관 수는 점점 늘어났다. 이후 와이드 릴리즈는 일반화되고, 한국영화도 그 혜택을 톡톡히 보게 된다.

IMF 체제 속에서 출범한 '국민의 정부'는 위기에서 벗어나고자 신자유주의 정책을 따랐고, 문화정책도 예외가 아니었다. 취임사에서 김대중 대통령은 "문화산업은 21세기 기간산업"이라고 선언했다. 산업을 강조했다는 점에서 문민정부의 정책과 유사하지만, 탈권위적이며 구체적 정책을 제시했다는 점에서 차별화된다고 할 수 있다.[20] 실제로 김대중 정부 시기에 문화 예산은 정부 전체 예산의 1퍼센트를 넘어섰다. 문화에 대한 정책적 관심은 1999년 '신지식인'이라는 용어를 만들어 냈다.* 우리나라의 창조적 문화의 힘을 강조하는 표현이었다. 1999년 2월엔 문화산업진흥기본법이 제정되었다. 이 법으로 영화산업은 중소기업창업지원법의 적용을 받게 되었고, 영상전문투자조합이 결성되었다. 이 조치들은 2000년대 한국영화산업 성장의 든든한 토대가 되었다. 이외에도 김대중 정부는 검열 철폐, 통합전산망 구축, 스크린쿼터 유지, 독립 프로덕션 활성화 등 매우 구체적인 공약을 내걸었다. 그중 하나가 영화진흥위원회의 설립이었다. 관 주도의 영화진흥공사가 민간 주도의 영화진흥위원회로 바뀌어야 한다는 생각은 1990년대 초부터 있었다. 그 재원은 극장에서 나오는 문예진흥기금을 영화진흥기금으로 변환해 마련하고, 위원장은 각 영화 단체의 추천으로 장관이 임명

---

* 당시 〈용가리〉(1999)로 큰 관심을 끈 심형래는 '신지식인 1호'로 불리며 TV 광고에 나와 "못 해서 안 하는 게 아니라, 안 하니까 못 하는 것"이라는 유행어를 남겼다.

하며, 한국영화아카데미 · 한국영상자료원 · 남양주종합촬영소 등을 영화진흥위원회에서 관리하도록 하는 것이 골자였다. 1992년의 공청회에서 나온 이 의견은 1999년에 와서야 현실화된다.[21]

영화진흥위원회는 1998년에 영화진흥법이 개정되면서 가능해졌다. 500억 원 규모의 영화진흥기금과 향후 조성될 1천억 원의 기금을 관장하는 기구라서 영화계의 관심이 대단했고 갈등도 심했다. 2002년 이충직 위원장이 부임하기까지, 1999년부터 약 3년간 사퇴와 불신임, 성명서 발표, 고소, 파행 등 불협화음이 이어졌다.* 이 과정은 영화인들의 자리 다툼으로 볼 수도 있지만, 당시 영화계 내에 존재했던 보수와 진보의 대립 그리고 신구 갈등이라 할 수 있다. 기획영화가 등장하면서 한국영화계는 인력이 대폭 물같이 되었고, 사안이 있을 때마다 갈등을 빚었다. 갈등은 영화진흥위원회 초기에 정점에 달해, 적잖은 진통을 겪은 후 위원회는 안정적인 궤도에 오른다.

사전심의 위헌 판결

검열과 심의는 한국영화의 역사와 함께한 억압적 제도였다. 한국에서 영화감독이 된다는 건, 공권력의 가위질에 길들여지는 과정이기도 했다. 1991년에 영화잡지 《스크린》은 30명의 영화감독을

---

* 정부에서 임명한 첫 위원장은 전 삼성물산 대표 신세길이었고, 부위원장은 문성근이었다. 이에 영화계 원로인 김지미, 윤일봉과 상명대 조희문 교수가 반대 의사를 표하고, 신세길과 문성근은 사퇴한다. 이후 기업인 출신인 박종국이 위원장에 임명되지만, 심의기관에 재직했던 전력이 문제가 되면서 사퇴하여 박종국-조희문 체제도 막을 내린다. 이후 방송 PD 출신인 유길촌이 위원장이 되고, 조희문 교수가 불신임되어 부위원장 자리에 중앙대 이용관 교수가 앉게 되자, 조 교수는 자신의 불신임이 부당하다며 고소를 제기한다.

대상으로 설문조사를 진행했는데, "작품 연출 시 검열을 미리 의식한 적이 있는가?"라는 질문에 20명이 그렇다고 대답했고, "거의 모든 작품에서 미리 검열을 의식했으며, 애매모호하게 처리하는 방법을 택했다."(이장호) "항상 의식한다. 영화를 기획하면서부터 의식하여 시나리오 단계 때 조정하고 계속 저울질하게 된다."(박광수)는 응답이 나왔다.[22]

검열과 관련하여 여러 사건들이 있었다. 1990년엔 한국영화아카데미 내부 갈등이 있었다. 6기 학생들이 노동이나 정치문제를 다루는 내용의 작품을 만들려고 하자, 기획안을 접한 원장과 주임강사 및 당국 관계자가 소재를 바꾸라며 불복하면 퇴학시키겠다고 협박한 것이다. 같은 해 〈파업전야〉는 사전심의를 받지 않고 상영했다는 이유로 기소되었다. 〈부활의 노래〉는 25분 13초가 삭제되었고, 재심의를 요구해 24분을 복원했지만 계엄군이 쏜 총에 주인공이 머리를 맞고 쓰러지는 장면처럼 끝까지 살리지 못한 신들이 있었다. 장산곶매의 〈닫힌 교문을 열며〉는 제작 신고를 하지 않았다는 이유로 제작 중단 압력을 받고, 〈파업전야〉처럼 사전심의를 받지 않았다는 이유로 기소되었다.

영화제작소 청년의 〈어머니, 당신의 아들〉에 대해 당국은 국가보안법 및 공연법 위반으로 상영을 저지하려 했고, 1991년 4월 9일 첫 시사회장에 30여 명의 경찰이 들이닥쳐 필름 프린트 5벌을 압수해 갔다. 서울대공전술연구소는 "본 영화는 '전대협' 등 불순단체가 제작한 영화로서, 북한의 조국통일 이론에 입각한 자주·민주·통일을 표방, 현체제 전복 투쟁을 선동한 전복 이적 선전 영화물"이라는 감정서를 냈다.[23] 정지영 감독의 〈하얀전쟁〉도 공

영화제작소 청년에서 제작한 영화 〈어머니, 당신의 아들〉 시사회에서 배우와 감독, 스태프들이
관객에게 인사를 하고 있다. | 〈어머니, 당신의 아들〉(이상인, 1991), 사진 출처: 영화제작소 청년

연윤리위원회(공륜)의 장면 삭제에 항의해 재심의를 요구했다. 한
편 1994년 일어난 지존파 사건의 범인들이 비디오를 보고 모방범
죄를 저질렀다며 영화 속 폭력 장면에 철퇴가 내려졌다. 박성배
감독의 〈해적〉(1994)이 대표적인 피해 사례로, 50여 컷을 자르라는
공륜 심의위원들의 지시가 있었고 사무국 실무자들은 90여 컷을
잘라 버렸다. 1995년엔 〈올리버 스톤의 킬러〉(올리버 스톤, 1994)가 심
의를 통과하자 폭력 장면이 여과 없이 극장에 걸리게 되었다는 비
난이 일었고, 결국 당시 공륜 위원장이던 김동호가 사퇴했다.

창작자에게 낙인을 찍는 일도 있었다. 홍기선 감독은 독립 프로
덕션 '영필름'을 만든 후 〈가슴에 돋는 칼로 슬픔을 자르고〉를 제
작하면서 사전제작 지원 공모에 당선되었지만 영화업자로서 결격
사유가 있다는 이유로 탈락했다. 장산곶매 시절 〈오! 꿈의 나라〉
(1989)를 신고하지 않고 제작했다는 이유로 벌금형을 받았던 것이

문제였다. 항소 중이어서 판결이 확정되지 않은 상태였지만 지원 불가 결정은 번복되지 않았다.[24] 사회적 압력으로 제작이 무산된 경우도 있었다. 1990년에 김수용 감독은 정도상 원작 소설을 영화화한 〈아메리칸 드림〉을 제작하려 했다. 로이터통신의 보도를 토대로, 미국인 부부가 시한부 인생을 사는 아들을 살리려고 한국 출신 고아를 입양하여 그 아이의 장기를 이식한다는 이야기였다. 이에 대해 대한의학협회가 '영화 제작 중단에 관한 협조 의뢰' 공문을 문화부, 공보처, 청와대, 치안본부, 안기부 등에 보냈다. 한미 양국의 관계를 손상시킨다는 이유였고, 결국 이 영화는 제작되지 못했다.[25]

자본에 의한 작품 훼손도 있었다. 대표적인 사례가 〈하얀전쟁〉이다. 러닝타임이 124분인 이 영화는 비디오 출시 당시 120분짜리 테이프에 담고자 11분을 삭제했다. 예고편이나 홍보 영상 등을 넣으려면 본편의 러닝타임은 115분 이하가 되어야 했기 때문인데, 삭제될 때 몇몇 대사가 잘리면서 영화 내용이 변질되었다. 놀랍게도 이 과정에서 감독과 어떤 상의도 없었다. 결국 정지영 감독은 저작권법 위반과 명예훼손으로 고소를 했으며, 배포된 비디오를 전량 회수하고 다시 타이틀을 제작하고 신문에 사과문을 싣는다는 조건으로 출시사 SKC와 합의했다. 1990년대만 해도 TV 방영이나 비디오 출시 과정에서 무단 수정과 삭제라는 반문화적 행동이 창작자의 의사와 무관하게 관행적으로 행해졌다.

1996년 10월 4일, 헌법재판소는 역사적인 판결을 내린다. 1993년 장산곶매의 강헌 대표는 〈닫힌 교문을 열며〉가 사전심의를 받지 않았다는 이유로 불구속 입건된 데에 항의해 위헌법률심판 제청신청을 냈다. 그리고 3년 만에 사전심의가 위헌이라는 판결을 받았다. 영화에 대한 사전심의를 강제하는 영화진흥법 12조가 표현의 자유를 보장하는 헌법 제21조 2항에 위배된다는 것이었다. 그러나 위헌판결이 하루아침에 내려진 것은 아니다. 수많은 독립영화인들이 음비법(음반 및 비디오에 관한 법률)과 심의에 맞서 싸운 결과였다. 특히 1996년 6월에 푸른영상이 압수수색을 당하고 김동원 감독이 구속된 사건을 계기로 영화인들 사이에 강한 투쟁 연대가 형성되었다. 부산국제영화제의 영향력도 꽤 컸다. 국제영화제를 유치한 나라에 심의가 있다는 건 말도 안 되었으나, 당국은 관례대로 처리했고 데이비드 크로넨버그의 〈크래쉬〉(1996)를 10분 정도 삭제했다가 외국 언론의 뭇매를 맞았다. 이러한 사회적 분위기에서 위헌판결이 내려졌고, 1995년 제정된 영화진흥법은 헌법재판소의 결정에 따라 1997년 개정에 들어가야 했다.

그 결과, 공연윤리위원회 대신에 한국공연예술진흥협의회가 출범했고, 영화 등급은 전체 관람가, 12세 관람가, 15세 관람가, 18세 관람가 등 4단계로 세분화되었다. 하지만 등급 보류 조항이 남아 있었고, 이 판정을 받은 영화는 상영을 위해 자진 삭제를 강요당하는 셈이어서 실질적으로 심의는 살아 있었다. 실제로 왕가위 감독의 〈해피 투게더〉(1997)는 등급 보류 판정을 받아 삭제된 후 1998년에 개봉되었다. 이 시기 등급을 받지 못하는 영화들만 전문적으로 상영하는 등급외전용관의 필요성이 대두되었지만 당장 현실화되진 못했다.* 1999년 2차 영화진흥법 개정을 통해 영상물등급위원회가 발족했지만 상황은 크게 달라지지 않았다. 〈노랑머리〉(김유

---

* 2001년 〈둘 하나 섹스〉(1998)와 관련해 헌법재판소는 등급 보류도 위헌이라는 판결을 내렸

민, 1999)는 과거 영화진흥공사로부터 3억 원의 융자까지 받아 제작된 영화였지만 등급 보류 판정을 받아 두 번의 자진 삭제를 거친 후에 극장에 걸릴 수 있었고, 오히려 '등급 보류'가 마케팅 포인트가 되어 흥행에 성공하는 아이러니를 낳았다.

스크린쿼터를 지켜라!

스크린쿼터가 생긴 계기는 1966년 영화법 개정이었고, 1967년부터 "1년에 6편 이상의 한국영화 상영과 90일 이상의 상영일수 준수"가 시행되었다. 자국 영화를 보호하자는 취지의 이 법은 이후 산업적 상황과 맞물려 기준이 수시로 변해 간다. 1980년대 중반엔 의무상영일수가 146일에 달했지만, 대부분의 극장들은 일수를 채우지 못했다. 이런 상황이 1990년대까지 극복되지 못했다. 스크린쿼터는 할리우드 직배와 맞물린 첨예한 문제였다. 직배 영화에 관객이 몰리자, 전국극장연합회와 서울시극장협회 등은 146일을 100일로 축소하자고 제안했고, 영화인들은 반발했다. 극장 측 입장은 흥행할 만한 한국영화가 부족하다는 것이었고, 영화인들은 한국영화의 생존 문제를 이야기했다. 외화 수입업자들이 서울 개봉에 혈안이 되다 보면 한국영화 개봉은 점점 더 어려워지고, 그 여파는 결국 한국영화산업을 고사시킨다는 주장이었다.

다. 그 결과 제한상영 등급이 만들어지고, 2004년 제한상영관이 등장한다. 대구의 레드시네마와 동성아트홀로, 첫 상영작은 2000년 삭제 개봉된 카트린느 브레이야 감독의 〈로망스〉(1999)였다. 하지만 제한상영관은 멀티플렉스 안으로 들어갈 수 없었고, 주거지역에도 만들 수 없었으며, 광고도 제한되었다. 꾸준히 물량을 맞춰 배급하는 것도 쉽지 않았다. 이러한 현실적 문제로 한국에서 뿌리내리지 못했다.

하지만 문화체육부 장관의 결정으로 20일이 감경될 수 있게 되었고, 한국영화의 점유율이 역대 최저였던 1993년 이민섭 장관은 여기서 20일을 더 줄여 106일로 축소한다고 발표했다. 이에 반발하여 영화인들은 공개 질의서를 보냈다. 당국은 1993년에 한해 불가피하게 내려진 조치로, 1994년부터는 126일 이상의 원칙을 준수할 것이라고 약속했다. 이 시기 발족한 것이 스크린쿼터 감시단(이하 감시단)이다. 1993

1999년 6월에 진행된 대규모 스크린쿼터 사수 시위 모습. 1994년 시작된 스크린쿼터 사수 투쟁은 2000년대에도 이어졌다.

년 1월에 만들어진 감시단은 1994년 프린트 벌수 제한이 폐지된 이후 한국영화가 겪게 될 어려움에 대비한 포석이기도 했다. 당시 감시단의 리포트를 보면, 현실적으로 스크린쿼터를 지키는 극장은 10퍼센트도 되지 않았다. 외국영화를 상영하면서 한국영화를 상영했다고 허위 신고를 하고, 복합상영관의 허점을 이용해 외국영화와 한국영화를 함께 상영한 후 외국영화만 상영하고, 시청과 구청의 공보실과 결탁하여 관련 서류를 위조하기도 했다. 외국영화 상영 후엔 반드시 한국영화를 상영해야 한다는 교호交互상영제도 허울뿐이었다.

이 시기 감시단이 만든 자료를 보면, 1994년 기준으로 전국의 극장들이 신고한 한국영화 상영일수 평균은 120일(표본 극장 119개 관)이었지만, 실제로 상영한 일수는 평균 68.3일(표본 극장 132개 관)이었다. 무려 51.7일이 허위 신고 일수인 것이다.[26] 이런 상황에서도 감시단은 꾸준히 행보를 이어 갔다. 1993년에 15.9퍼센트였던 한국영화 점유율이 1997년 25.5퍼센트까지 상승할 수 있었던 데에는 감시단의 활동도 무시할 수 없을 것이다. 감시단의 주장은 다음과 같았다. ① 정부가 스크린쿼터 제도를 시행하겠다는 의지를 명확하게 보여 주어야 한다. 정부와 극장업계의 싸움이 되어야 하는데, 현재는 영화인과 극장업계의 싸움이 되고 있다. 이것은 정부의 책임 방기다. ② 스크린쿼터를 주관하는 행정 체제를 개혁해야 한다. 지자체에 분산된 체제를 문화체육부로 일원화해야 한다. ③ 스크린쿼터 시행의 환경을 마련해야 한다. 한국영화 상영에 면세 혜택이나 획기적인 진흥정책이 나와야 한다. ④ 배급망의 전산화 시스템이 구축되어야 한다.[27]

이후 스크린쿼터는 IMF로 큰 분기점을 맞이한다. 한국은 전면 개방 체제에 들어갔고, 스크린쿼터는 풍전등화의 처지에 몰렸다. 1998년 한국은 할리우드의 열 번째로 큰 시장이었는데, 미국영화협회MPAA는 스크린쿼터를 완화하면 한국에 5억 달러 규모의 투자를 하겠다고 제안했다. 한덕수 통상교섭본부장은 1998년 7월 22일 기자간담회에서 "외자 유치를 위해서도, 한국영화 진흥을 위해서도 스크린쿼터 폐지가 바람직하다"고 발언했고, 이에 문화관광부는 "스크린쿼터는 한국영화가 국제 경쟁력을 갖출 때까지 계속 유지되어야 한다"고 반박했다. 정부 내에서도 혼선이 있는 상황이었고, 영화인들은 '스크린쿼터 사수 범영화인 비상대책위원회'를 구성한다. 그리고 1998년 12월, 수많은 영화인들이 광화문으로 나와 시위를 벌였고, 연좌 농성을 했고, 관련 기관에 항의 방문을 했고, 삭발식을 했다.

그런데 1999년 3월, 윌리엄 데일리 미 상무장관과 잭 발렌티 미국영화협회 회장이 한국을 찾았다. 이들은 김대중 대통령을 만나 스크린쿼터 폐지를 공식 요청했다. 영화인들은 대통령의 7월 방미 일정에 맞춰 6월에 다시 광화문으로 나왔다. 임권택 감독을 필두로 각 분야의 수많은 영화인들이 삭발에 동참했으며, 모든 배우가 거리로 나왔다. 이후 스크린쿼터 투쟁은 한국영화 문화 전반에 대한 논의로 확장되었다. 이른바 '종 다양성' 개념이 한국영화 담론에서 거론된 것도 이때였다. 한국영화를 보호한다는 것이 단지 자국 영화산업을 감싸는 것이 아니라, 영화의 문화적 다양성을 담보하는 토대라는 화두였다. 비판론도 만만치 않았다. 과연 한국영화에 보호하고 육성할 만한 문화적 가치가 있느냐, 독립영화나 저예산영화는 스크린쿼터의 혜택을 받지 못한다, 관객 입장에선 자국 영화보다는 퀄리티 높은 영화가 더 중요하다…. 이러한 이야기들은 스크린쿼터에 한정되지 않은, 21세기로 접어드는 한국영화 전반에 대한 담론이기도 했다.[28]

영화문화의 빅뱅

마니아문화의 대중화

〈헐리우드키드의 생애〉(정지영, 1994) 같은 영화를 보면 알 수 있듯,

영화광은 1960년대에도 있었고, 1970년대엔 이른바 '문화원 세대'가 등장해 1980년대까지 지속된다. 그리고 1980년대 중반 이후엔 비디오마니아 층이 조금씩 형성되며, 1990년대의 마니아는 소수가 아닌 대중을 형성하게 된다. 동구권의 몰락 이후 이념의 시대는 막을 내리고 그 자리를 문화에 대한 관심이 채우게 되는데, 그 중심이 '영화'였다. 그들은 매주 영화잡지를 사 보고, 안드레이 타르코프스키부터 왕가위까지 섭렵하는 스펙트럼을 보여 주었으며, 영화제에서 미지의 영화를 만나는 적극적인 대중이었다.

다양한 공간들이 있었다. 먼저 극장이 변해 갔다. 코아아트홀, 뤼미에르 극장, 시네마 천국, 이화예술극장, 르네상스시네마 같은 예술영화관의 정체성을 지닌 소규모 극장들이 1990년대 초에 등장했다. 그 결과 〈델리카트슨 사람들〉(장 피에르 주네·마르크 카로, 1991) 같은 영화는 1992년 소규모 극장 상영으로만 서울 관객 12만 명을 불러 모았다. 이후 이광모 감독이 만든 영화사 백두대간은 한국의 예술영화 붐에 결정적 역할을 한다. 1995년에 안드레이 타르코프스키의 유작 〈희생〉(1986)을 수입해 개봉했는데, 놀랍게도 서울의 5개 극장에서 25일 동안 2만 5천 명의 관객을 모았다. 1995년 11월에 백두대간은 동숭아트센터와 손잡고 동숭씨네마텍 2관을 '광장'이라는 이름으로 새롭게 개관했고, 1999년까지 30편에 가까운 예술영화와 작가영화를 상영했다.

사설 시네마테크도 중요한 공간이었다. 1990년에 영화사랑, 오디오문화공간, 영화공간 1895가 생겼고, 1991년엔 문화학교 서울과 코아시네마라이브러리, 1992년엔 씨앙씨에 등이 등장했다. 씨네마떼끄 1/24(부산), 영화공방(천안), 영화로 세상보기(광주), 굿

펠라스(광주), 영화언덕(대구), 한밭 영상문화원(대전) 등 전국 각지에 시네마테크 공간이 생겨 서로 교류했다. 이러한 네트워크는 2000년 11월 서울아트시네마가 생기는 토대가 된다. 저널도 활발해졌다. 라디오 프로그램인 〈정은임의 영화음악〉과 영화평론가 정성일의 고정 코너는 영화광들의 복음이었다. 1995년엔 주간지 《씨네21》과 월간지 《키노KINO》,《프리미어》까지 세 개의 영화잡지가 창간되었다. PC통신 역시 영화청년들이 모여 의견을 주고받는 담론의 장이었다. 이러한 활기는 1990년대의 영화문화만이 지닌 독특한 아우라였고, 2000년 이후 한국영화가 상승기를 맞이할 수 있었던 주요 원동력이었다.

새로운 플랫폼, 영화제

1996년 부산국제영화제가 생기기 전부터, 한국의 관객들에게 영화제는 그렇게 낯설지 않았다. 1990년대 초부터 영화제는 대학 축제의 단골 프로그램이었고, '컬트 영화제'는 단골 메뉴였다. 제3세계나 중국 5세대 영화나 페미니즘 영화들을 모은 상영전도 있었다. 비록 규모는 작았지만, 대학 영화제는 마니아문화의 한 부분으로서 이후 여러 영화제들이 등장할 수 있는 분위기를 조성한 셈이다.

영화제에 대한 본격적인 논의는 1994년 3월에 있었다. 서울국제영화제 창설을 위한 공개 토론회가 열렸는데, 여기서 광복 50주년과 영화 탄생 100주년을 기념해 1995년 하반기에 한국 최초의 국제영화제를 서울에서 개최한다는 계획이 발표되었다. 하지만 실행되진 못했고, 그해 11월에 삼성 나이세스가 주관하는 서울단편영화제가 열린다. 1997년까지 4년간 열린 이 영화제는 당시 마니아문화의 한 풍경이었고, 많은 신인 감독들이 대중과 만날 수 있는 장이었다.

서울단편영화제는 '영화제'라는 이벤트의 가능성을 보여 주었고 기폭제 역할을 했다. 1995년 서울국제독립영화제는 대한민국 최초의 국제영화제로서 뜨거운 반응을 얻었다. 같은 해 서울국제만화페스티벌SICAF이 열렸고, 1996년엔 서울다큐멘터리영상제와 인디포럼과 서울인권영화제가 열렸다. 그리고 9월에 1회 부산국제영화제가 출범한다. 서울이 아닌 도시에서 국제영화제가 가능할지 의문을 품는 사람들도 있었지만, 27개국에서 온 170편의 영화가 상영되는 부산을 일주일 동안 18만 명의 관객이 다녀갔다. 특히 외국의 영화 관계자들은 관객 대부분이 젊은 층이라는 사실에 놀랐다. 그 젊은 역동성은 부산국제영화제가 빠르게 성장할 수 있는 원동력이 되었다. 부산국제영화제는 1998년 3회부터 마켓을 시작하며, 아시아 영화의 허브로 자리잡게 된다. 1997년엔 부천국제판타스틱영화제가 열렸다. 한국 최초로 테마가 있는 국제영화제로 마니아들의 반응이 뜨거웠고, 특히 심야 상영이 큰 호응을 얻었다. 1997년엔 서울국제여성영화제도 시작되었는데, 이후 수많은 여성 영화인과 이를 지지하는 관객들의 플랫폼이 되었다. 각 지자체들은 서서히 영화제를 중요한 축제로 인식하게 되었고, 사회단체들도 영화제를 통해 자신들의 정체성을 부각시켜, 2000년 이후 우후죽순처럼 수많은 영화제들이 등장하게 된다.

개방과 교류 그리고 한류

올림픽 이후 '개방'은 한국 사회의 화두가 되었다. 공산권 영화들이 개봉되었고, 동구권 몰락 이후엔 그런 분위기가 본격적으로 조성되었다. 뜨거운 감자는 일본영화였다. 끊임없이 일본영화 개방에 대한 논의가 있었고, 이미 여러 루트를 통해 일본문화는 상당 부분 상륙해 있었다. 충무로도 적극적으로 반응하여, 1990년대 초 많은 영화사들이 한일 합작을 시도했다. 재일 한국인 2세인 김정곤은 가와바타 야스나리의 소설《고도》를 같이 영화화할 한국 파트너를 물색했고, 태흥영화사는 〈민비 암살〉을 준비하고 있었다. SK에서 만든 미도영화사는 〈의사 안중근〉 프로젝트로 합작을 모색했다. 하지만 시기상조였고, 모두 무산된다.

일본영화를 개방하라는 요구는 끊이질 않았다. 현실적 문제도 컸다. 할리우드 직배로 이제 외화 수입업자들이 들여올 만한 영화가 없었다. 홍콩영화는 가격이 너무 올라간 상황이었다. 일본 쪽에서도 꾸준한 요구가 있었고, 1990년 말 이어령 장관은 일본 산케이 신문과의 인터뷰에서 "일본과의 문화 교류를 긍정적으로 검토하겠다"고 했다. 하지만 영화계의 여론은 부정적이었다. 일본에 대한 부정적인 국민감정도 문제지만, 일본영화가 한국 시장을 잠식할 거라는 두려움도 있었다. 직배 영화로 타격을 입고 있는 상황에서, 일본영화까지 들어오면 자국 영화 시장은 사라질 거라는 견해였다.

이후 국민의 정부가 들어서면서 한일 관계가 재정립되고, 과거사 문제에 일본 정부가 성의 있는 태도를 보이면서 일본영화 개방이 전향적으로 논의되었고, 단계별로 개방하는 쪽으로 결론이 난다. 1차 개방 대상은 칸국제영화제·베니스국제영화제·베를린국제영화제·아카데미 시상식 수상작으로, 베니스국제영화제 황금사자상 수상작인 기타노 다케시 감독의 〈하나비〉(1997)가 1998년 12월 5일에 개봉한다. 서울 관객 3만 8천 명. 위협적인 수준은 아니었다. 2차 개방은 전면 개방에 가까웠고, 드디어 이와이 슌지의 〈러브레터〉(1995)가 1999년 11월 한국 극장가에 걸린다. 최종 스코어는 서울 관객 64만 6천 명. 이후 지브리 애니메이션 정도가 흥행 파워를 보였을 뿐, 일본영화가 한국 시장을 잠식하는 일은 일어나지 않았다. 오히려 '한류'가 일본을 강타하게 된다.

한편 1990년대에 두드러진 현상 중 하나는 해외 촬영의 활성화이다. 전 세계를 누비며 영화를 찍었다고 해도 과언이 아니다. 〈베를린 리포트〉(박광수, 1991), 〈수잔브링크의 아리랑〉(장길수, 1991), 〈물위를 걷는 여자〉(박철수, 1990) 등이 유럽 로케이션을 했고, 〈추락하는 것은 날개가 있다〉(장길수, 1990), 〈낙타는 따로 울지 않는다〉(이석기, 1991)는 미국에서 찍었다. 호주에선 〈결혼이야기 2〉(김강노, 1994)와 〈현상수배〉(정흥순, 1997)가, 러시아의 모스크바에선 〈무소의 뿔처럼 혼자서 가라〉가 카메라를 돌렸다. 외국에서 한국영화를 찍는 건 대단하거나 특별한 일이 아닌 시대가 되었고, 〈언픽스〉(최정일 · 양백견 · 두기봉, 1996)나 〈이방인〉(문승욱, 1998) 같은 합작영화가 나오기도 했다. 무산되었지만, 정지영 감독의 〈빅토르 최〉나 모인그룹이 참여하는 왕가위 감독의 〈북경지하〉 같은 프로젝트들이 있었고, 강우석 감독은 할리우드에서 〈투캅스〉와 〈마누라 죽이기〉 리메이크 제안을 받기도 했다. 안성기는 오구리 고헤이의 〈잠자는 남자〉(1996)에 출연했는데, 일본과 문화적 교류가 없던 시절의 용기 있는 시도였다.

1990년대는 한국영화가 해외시장에서 조금씩 인지도를 높여 가던 시기였다. 여기엔 영화제의 역할이 컸다. 1990년 모스크바국제영화제에선 '한국영화 주간'이 열렸고, 이후 인도국제영화제, 밴쿠버국제영화제, 페사로국제영화제, 베를린국제영화제 등에서 한국영화 특별 프로그램을 선보였다. 1993년엔 파리 퐁피두센터에서 85편의 한국영화를 소개하는 대대적인 상영회가 있었고, 이외에도 전 세계 수많은 도시에서 한국영화 상영전이 매년 치러졌다. 현지 개봉하는 영화도 있었다. 〈달마가 동쪽으로 간 까닭은?〉은 1990년 한국영화 최초로 프랑스 파리에서 개봉했다. 〈칠수와 만수〉(박광수, 1988)는 일본에서 개봉되었고, 박철수 감독의 〈301, 302〉는 선댄스영화제에 소개되고 해외 배급망을 탔다. 강제규 감독의 〈은행나무 침대〉는 아시아권에서 개봉되었다. 이외에도 적잖은 한국영화들이 메이저 배급망은 아니지만 외국 관객들에게 소개되었다.

해외 영화제에서 가져온 수많은 트로피들도 1990년대 한국영화의 중요한 성과일 것이다. '월드스타' 강수연의 등장 이후 여배우들의 선전이 계속 이어졌다. 〈그들도 우리처럼〉의 심혜진은 낭트3대륙영화제에서, 〈은마는 오지 않는다〉(장길수, 1991)의 이혜숙은 몬트리올국제영화제에서, 〈장미빛 인생〉의 최명길은 낭트3대륙영화제에서 수상했다. 모스크바국제영화제에선 이덕화가 〈살어리랏다〉(윤삼육, 1993)로 수상했다. 〈화엄경〉(장선우, 1993)이 베를린국제영화제에서 알프레드 바우어상을 수상한 것도 특기할 만한 일이다. 박종원의 〈우리들의 일그러진 영웅〉(1992), 이광모 감독의 〈아름다운 시절〉(1998) 등도 다수의 영화제에서 각광받았으며, 홍상수 감독은 데뷔작 〈돼지가 우물에 빠진 날〉(1996)로 로테르담국제영화제에서 타이거상을, 밴쿠버국제영화제에서 용호상을 수상했다.

표 9 1990년대 해외 영화제 수상 한국영화

연도	영화제	영화 제목	감독	수상 내역
1990	뮌헨국제영화제			올해의 감독(임권택)
	낭트3대륙영화제	그들도 우리처럼	박광수	심사위원특별상, 여자배우상(심혜진)
	아시아태평양영화제	미친 사랑의 노래	김호선	작품상, 감독상(김호선), 여우주연상(김구미자), 편집상(현동춘)
	아시아태평양영화제	코리안 커넥션	고영남	녹음상(이성근)
1991	몬트리올국제영화제	은마는 오지 않는다	장길수	각본상(장길수), 여자배우상(이혜숙)
	싱가포르국제영화제	그들도 우리처럼	박광수	아시아영화상(박광수)
	아시아태평양영화제	나의 사랑 나의 신부	이명세	신인감독상(이명세), 남우주연상(박중훈), 편집상(김현)
	아시아태평양영화제	개벽	임권택	미술상(도용우)
	아시아태평양영화제	피와 불	선우완	각본상(선우완)
1992	샌프란시스코국제영화제	호모비디오쿠스	변혁·이재용	작품상(단편)

연도	영화제	영화 제목	감독	수상 내역
	몬트리올국제영화제	우리들의 일그러진 영웅	박종원	프로듀서상(도동환)
	하와이국제영화제	우리들의 일그러진 영웅	박종원	작품상
	도쿄국제영화제	하얀전쟁	정지영	작품상, 감독상(정지영)
	아시아태평양영화제	사의 찬미	김호선	여자배우상(장미희)
	아시아태평양영화제	걸어서 하늘까지	장현수	신인감독상(장현수)
	아시아태평양영화제	베를린 리포트	박광수	촬영상(정광석)
1993	모스크바국제영화제	살어리랏다	윤삼육	남자배우상(이덕화)
	클레르몽페랑국제단편영화제	호모 비디오쿠스	변혁·이재용	청년심사위원단상, 예술공헌상
	살레르노국제영화제	한줌의 시간속에서	백일성	작품상
	상하이국제영화제	서편제	임권택	감독상(임권택), 여자배우상(오정해)
	싱가포르국제영화제	우리들의 일그러진 영웅	박종원	국제비평가상(박종원)
	아시아태평양영화제	첫사랑	이명세	심사위원특별상
	아시아태평양영화제	하얀전쟁	정지영	남우주연상(안성기)
	아시아태평양영화제	우리들의 일그러진 영웅	박종원	남우조연상(최민식)
1994	베를린국제영화제	화엄경	장선우	알프레드 바우어상
	산세바스찬국제영화제	헐리우드키드의 생애	정지영	국제비평가상
	낭트3대륙영화제	장미빛 인생	김홍준	여자배우상(최명길)
	프리부르국제영화제	우리들의 일그러진 영웅	박종원	국제시네클럽연맹상(돈키호테상)
	라옹국제영화제	우리들의 일그러진 영웅	박종원	청년심사위원단상
	포트로더데일국제영화제	만무방	엄종선	작품상
	싱가포르국제영화제	서편제	임권택	작품상
	아시아태평양영화제	휘모리	이일목	촬영상(전조명), 음악상(김영동)
1995	몬테카니니국제단편영화제	경멸	김진한	심사위원특별상
	야마가타국제다큐멘터리영화제	낮은 목소리	변영주	오가와 신스케상
	아시아태평양영화제	만무방	엄종선	남우주연상(장동휘)
1996	로테르담국제영화제	돼지가 우물에 빠진 날	홍상수	타이거상
	밴쿠버국제영화제	돼지가 우물에 빠진 날	홍상수	용호상
	몬트리올국제영화제	학생부군신위	박철수	예술공헌상
	만하임국제영화제	꽃잎	장선우	가톨릭문화상

연도	영화제	영화 제목	감독	수상 내역
	하와이국제영화제	개같은 날의 오후	이민용	작품상
	아시아태평양영화제	꽃잎	이민용	작품상, 남우주연상(문성근), 여우조연상(이영란)
1997	밴쿠버국제영화제	초록물고기	이창동	용호상
	브뤼셀국제독립영화제	낮은 목소리	변영주	심사위원대상
	도쿄국제영화제	나쁜 영화	장선우	아시아영화상
	타슈켄트국제영화제	학생부군신위	박철수	대상
	페낭동아시아영화제	은행나무 침대	강제규	편집상(박곡지)
	아시아태평양영화제	돼지가 우물에 빠진 날	홍상수	신인감독상(홍상수)
1998	클레르몽페랑국제단편영화제	햇빛 자르는 아이	김진한	예술공헌상
	오버하우젠국제단편영화제	햇빛 자르는 아이	김진한	젊은영화인상
	샌프란시스코국제영화제			구로사와 아키라상(임권택)
	프리부르국제영화제	모텔 선인장	박기용	심사위원특별상
	프리부르국제영화제	길목	유상곤	대상(단편)
	토리노국제영화제	벌이 날다	민병훈	대상, 비평가상, 관객상
	테살로니키국제영화제	벌이 날다	민병훈	은상
	테살로니키국제영화제	아름다운 시절	이광모	예술공헌상
	하와이국제영화제	아름다운 시절	이광모	작품상
	벨포르국제영화제	아름다운 시절	이광모	대상
	도쿄국제영화제	아름다운 시절	이광모	금상
	방콕국제영화제	꽃잎	장선우	관객상
	아시아태평양영화제	비트	김성수	음향효과상(최태영)
1999	칸국제영화제	소풍	송일곤	심사위원상(단편)
	로카르노국제영화제	이재수의 난	박광수	청년심사위원상(2등)
	판타스포르투	조용한 가족	김지운	판타아시아 작품상
	베노데트국제영화제	정	배창호	작품상, 관객상
	토리노국제영화제	하루	박흥식	대상(단편)
	프리부르국제영화제	아름다운 시절	이광모	국제영화연맹상
	유바리국제판타스틱영화제			특별상(강수연)
	아시아태평양영화제	쉬리	강제규	심사위원특별상, 편집상(박곡지)

20세기에서 21세기로

서두에 언급한 것처럼 한국의 영화 역사에서 1990년대는 '격동기'였다. 더욱 중요한 것은 '방화의 시대'가 갔다는 것이다. 일본식 표현인 '방화邦畵'는 자국 영화를 조금은 낮춰 부르는 일종의 비어로, 1990년 초까지 사용되다가 이후엔 '한국영화'라는 표현이 보편화되었다. 이러한 인식 변화 속에서 영화는 '가장 중요한 문화상품'으로 부각되기 시작했다. 흥미로운 건 그 과정이었다.

의도했든 아니든, 1990년대 한국영화는 톱니바퀴 돌 듯 치밀한 인과관계 속에서 다양한 조건들이 변증법적으로 충돌한 결과물이었고, 그 결과는 또 다른 충돌의 이유가 되었다. 할리우드 직배로 한국영화산업은 타격을 받았지만, 이에 대항하여 대기업 자본과 결합한 기획영화가 등장했다. 이때 새 정부의 정책적 변화로 금융자본이 영화계에 들어왔고, 다양한 힘들이 경쟁하며 새로운 배급 질서가 생겼다. 할리우드의 압력으로 프린트 벌수 제한이 폐지되고 마침 멀티플렉스가 등장했지만, 한국영화도 와이드 릴리즈의 수혜자가 되었다. IMF로 대기업은 철수했지만, 대기업 자산을 인수한 신진 세력들이 멀티플렉스까지 소유한 미디어기업으로 등장했다.

이 모든 일이 10년 사이에 이루어졌다. 그 토대 위에서 21세기 한국의 영화산업은 팬데믹 이전까지 순항할 수 있었다. 우리가 지금 누리고 있는 영화에 대한 '거의 모든 것'은 1990년대의 발명품인 셈이며, 20세기 말의 이러한 대혁신이 있었기에 한국영화는 21세기에 봉준호 감독이 말한 '1인치의 장벽'을 넘을 수 있었다.

미주

1   김혜준, 〈직배 이후 한국 영화산업의 변화〉, 《한국영화사》, 커뮤니케이션북스, 2006, 314쪽.
2   김동호 외, 《한국영화 정책사》, 나남출판, 2005, 286~287쪽.
3   김미현 외, 《한국영화 배급사 연구》, 영화진흥위원회, 2003, 11쪽.
4   김경례, 〈관객들의 직배 인지도 및 영화 관람 태도 앙케이트〉, 《스크린》, 1992년 3월호, 164~267쪽.
5   김미선·이우경, 〈'92 영화계 이런 일, 저런 일〉, 《로드쇼》, 1992년 12월호, 246쪽.
6   권미정, 〈90년대 한국영화의 제작 방식 연구〉, 동국대학교 연극영화학과 석사논문, 1995, 53~56쪽.
7   황동미 외, 《한국 영화산업 구조 분석》, 영화진흥위원회, 2001, 24~25쪽.
8   김익상·김승경, 〈1990년대 기획영화 탄생의 배경과 요인 연구〉, 《씨네포럼》 27호, 2017, 275~278쪽.
9   서성희, 〈한국 기획영화에 관한 연구〉, 《영화연구》 33호, 2007, 380~385쪽.
10 김동호 외, 《한국영화 정책사》, 나남출판, 2005, 319~320쪽.
11 비디오산업 매출 자료는 1990년대 전체를 보여 주는 단일 자료가 없어서 다수의 자료를 참조했다. 권미정의 논문에 실린 음반협회 자료, 한국문화정책개발원에서 펴낸 《영화 유통배급 구조의 현황과 개선 방향》(1998), 2001년 《한국영화연감》을 재구성했다. 1996년과 1997년은 자료 사이에 데이터가 조금씩 다른데, 《한국영화연감》을 기준으로 했다.
12 이상복, 〈케이블TV 보는 가구 10년새 23배로〉, 《중앙일보》, 2005년 2월 28일.
13 편집부, 〈케이블TV란 무엇인가〉, 《로드쇼》, 1993년 7월호, 226~228쪽.
14 김휴종, 《영화 〈쉬리〉, 그 성공의 경영학》, 삼성경제연구소, 1999, 4~12쪽.
15 정기영, 〈'한국형 블록버스터'의 산업적 가능성〉, 《스크린》, 1999년 5월호, 54쪽.
16 김태균, 〈젊은 영화 세대의 독립 제작〉, 《영화》, 1990년 1월호, 112~113쪽; 이화순·문혜주, 〈1990년대 한국영화를 전망한다〉, 《스크린》, 1990년 1월호, 205쪽.
17 이효인·이용배 대담, 〈90년 최대의 성과 〈파업전야〉의 반성과 전망〉, 《로드쇼》, 1990년 12월호, 230쪽.
18 신철·최윤희 대담, 〈'주먹구구'로는 더 이상 안 된다!〉, 《로드쇼》, 1991년 1월호, 233쪽.
19 이경기, 〈문화의 씨름판 마련이 앞으로 할 일〉, 《스크린》, 1990년 3월호, 221쪽.
20 김동호 외, 《한국영화 정책사》, 나남출판, 2005, 325쪽.
21 신영희, 〈새 영화진흥법, 그 핵심에 주목하라!〉, 《스크린》, 1992년 10월호, 246~247쪽.
22 임권택 외, 〈한국영화 속의 검열〉, 《스크린》, 1991년 9월호, 212~217쪽.
23 서은희, 《〈어머니, 당신의 아들〉로 또다시 파급된 소형영화의 영화법 적용 문제〉, 《스크린》, 1991년 6월호, 292쪽.
24 신영희, 〈사전제작지원 당선된 〈가슴에 돋는 칼로 슬픔을 자르고〉 결과 번복 사태〉,

《스크린》, 1991년 6월호, 290쪽.

25 김명환, 〈「아메리칸 드림」 제작 뜨거운 논란〉, 《조선일보》, 1990년 2월 10일.

26 김창석, 〈극장, 이대로는 안 된다〉, 《씨네21》 15호, 1995년 8월 1일, 14쪽.

27 이연호, 〈한국영화를 지키기 위하여〉, 《키노》, 1996년 2월호, 101쪽.

28 김형석, 〈스크린쿼터 사수에 나서다〉, 《한국영화 100년 100경》, 돌베개, 2019, 217쪽.

영화장르

1990년대 한국영화 장르의
스펙트럼

| 김경욱 |

1980년대 한국영화산업은 1970년대에 이어 암흑기였다. 이 시기의 평가를 보면, '지속적인 하강 곡선', '끝없는 추락'이라는 말이 반복된다. 극장 수, 제작 편수, 총 관객 수가 모두 줄어드는 가운데, 한국영화 점유율도 지속적으로 떨어졌다. 한국영화산업의 명맥은 에로티시즘 영화(에로영화)가 이어 갔다.[*] 1980년대 한국영화 최고 흥행작 10편[**] 가운데 6편(〈매춘〉, 〈어우동〉, 〈애마부인〉, 〈자유부인 '81〉, 〈무릎과 무릎사이〉, 〈서울무지개〉)이 에로영화이다.

그러나 1990년대는 시작부터 흥행작에서 이전 시대와는 다른 흐름이 나타났다. 1988년과 1989년의 한국영화 최고 흥행작은 에로영화 〈매춘〉과 〈서울무지개〉인 데에 비해, 1990년과 1991년의 한국영화 최고 흥행작은 각각 액션영화 〈장군의 아들〉(임권택, 1990)과 〈장군의 아들2〉(임권택, 1991)이다. 1990년대 한국영화 최고 흥행작 10편[***]에는 에로영화가 한 편도 없다.

---

[*] 1982년에 개봉한 에로영화 〈애마부인〉(정인엽)이 그해 흥행 1위를 차지하며 크게 성공하자, 이후 영화 제목에 '부인'이 들어가는 '부인 시리즈'가 유행했다.

[**] 1980년대 최고 흥행작 10편은 다음과 같다. 〈깊고 푸른 밤〉(배창호, 1985), 〈매춘〉(유진선, 1988), 〈고래사냥〉(배창호, 1984), 〈어우동〉(이장호, 1985), 〈미워도 다시한번 '80〉(변장호, 1980), 〈애마부인〉(정인엽, 1982), 〈자유부인〉(박호태, 1981), 〈이장호의 외인구단〉(이장호, 1986), 〈무릎과 무릎사이〉(이장호, 1984), 〈서울무지개〉(김호선, 1989).

[***] 1990년대 최고 흥행작 10편은 다음과 같다. 〈쉬리〉(강제규, 1999), 〈서편제〉(임권택, 1993), 〈주유소 습격사건〉(1999), 〈투캅스〉(1993, 강우석), 〈편지〉(이정국, 1997), 〈약속〉(김유진, 1998), 〈텔미썸딩〉(장윤현, 1999), 〈장군의 아들〉(임권택, 1990), 〈접속〉(장윤현, 1997), 〈인정사정 볼것 없다〉(이명세, 1999).

그러므로 1990년대는 1970~80년대의 암흑기와 2000년대의 르네상스를 잇는 과도기로서, 한국영화사의 다른 어떤 시기보다 장르영화의 변화가 많았다고 할 수 있다. 이 글에서는 1990년대 한국 사회의 변화에 따른 한국영화의 과도기적 특성이 장르를 통해 어떻게 나타나고 있는지 살펴보려고 한다. 분석 대상은 1990년부터 1999년까지 연도별 한국영화 흥행작 10편과 전체 흥행작 100편*으로 한정했다. 이 범위에는 서울 관객 10만 명 정도**를 동원한 영화까지 포함된다. 영화산업의 규모가 크지 않고 한국영화의 흥행 실적이 저조했던 시기이므로 이러한 범위의 한정이 크게 무리는 아니라고 판단했다.

액션영화

액션영화의 장르적 특징은 인물들의 신체를 통한 액션의 스펙터클을 극대화하는 것이다. 따라서 내러티브 구조에는 싸움, 추격, 폭발이 주요 요소로 포함된다.[1]

1960년대 후반부터 1970년대까지 한국영화에서 액션영화***는

---

* 이 글에서 언급한 흥행 기록은 모두 서울 관객 기준이며 한국영화만 포함한 결과이다. 서울 관객 기준 연도별 한국영화 흥행작 10편과 1990~1999년 한국영화 흥행작 100편은 일치하지 않는다. 흥행작 100편에는 포함되었으나 흥행작 10편에 포함되지 않은 영화는 18편이다. 1990년대 한국영화가 흥행 부문에서 1990년대 중반 이후 점점 개선되었기 때문인지, 18편 모두 1995년 이후 작품이고 후반부로 갈수록 그 편수가 점점 늘어나고 있다.

** 1990~1999년 한국영화 흥행작 100위 영화는 〈여고괴담 두번째 이야기〉(김태용 · 민규동, 1999)로 서울 관객 수 9만 4,405명이다.

*** 할리우드 장르 연구서에서는 액션영화를 '액션-어드벤처action-adventure'로 분류하는데, 이

가장 대중적인 장르의 하나였다. 홍콩 액션영화가 대중적인 인기를 끌자, 이에 편승해 컨벤션을 모방한 영화를 대량으로 제작한 결과였다. 그러나 다른 한편으로 이 시기 액션영화는 '저질영화'의 대표적인 사례로서 비판을 받았는데, 특히 과도한 폭력성과 무국적성 등이 문제가 되었다. 이후 1980년대에 액션영화의 존재는 미미해졌다가, 1990년 〈장군의 아들〉의 흥행과 함께 다시 부활했다.

〈장군의 아들〉 시리즈의 흥행과 액션영화의 부활

1990년 6월 9일, 단성사에서 개봉한 임권택의 액션영화 〈장군의 아들〉은 67만 8천여 명에 이르는 관객을 동원하면서, 1977년 김호선의 〈겨울여자〉가 갖고 있던 최고 흥행 기록(서울 기준 58만 명 관객 동원)을 13년 만에 갈아 치웠다. 1편이 흥행에 성공하자 태흥영화사에서는 〈장군의 아들 2〉(1991)와 〈장군의 아들 3〉(1992)을 잇달아 제작했는데, 각각 서울 기준 35만 7,697명과 16만 2,600명의 관객을 동원하여, 당해 연도 한국영화 흥행 순위 1위와 5위를 차지했다.

　〈장군의 아들〉은 액션영화에 대한 기존의 부정적인 평가를 순식간에 일소했다. 먼저 〈돌아온 자와 떠나야 할 자〉(임권택, 1972) 이후 20년 만에 액션영화를 연출한 임권택은 이전 영화들과 비교했을 때 〈장군의 아들〉에서 완전히 업그레이드된 액션을 선보였다. 액션의 중심인 대결 장면은 구경꾼들이 잔뜩 몰려든 가운데 대부분 일대일로 이루어진다. 이때 부하들은 자신들의 두목이 싸움에서 밀린다 해도 섣불리 도우려고 끼어들지 않는다. 대결은 오로지

글에서는 한국영화의 경우에 '액션영화'로 표기한다.

싸움에 나선 장본인의 실력만으로 정정당당하게 펼쳐진다. 싸움에서 패배한 쪽은 깨끗이 인정하고, "내가 졌다. 종로 바닥을 떠나겠다"고 선언한다. 이것은 일본인도 예외가 아니다.˙ 액션 장면이 다채로운 양상˙˙으로 전개되면서도 야비한 술수나 비겁한 반칙을 구사하지 않는 절제와 예禮가 있었다. 그리고 여기에 대학생 깡패 두목인 신마적 엄동욱이 "내 시대는 이미 갔다. 후배들한테 물려줘야지"라며 새로운 세대에게 의연하게 자리를 내주는 설정 등이 관객들에게 인상 깊게 어필했다.

또한 〈장군의 아들〉은 일제강점기를 배경으로 독립운동가 김좌진의 아들 김두한을 주인공으로 설정하고, '정치 깡패'로 유명했던 실존 인물 김두한을 젊은 협객이자 액션영화의 영웅으로 만들어 냈다. 김두한이 수표교 아래 거지촌에서 생활하다 타의 추종을 불허하는 싸움 실력 하나로 종로 바닥의 주먹계를 평정하게 되는 과정을 그리면서, 그에게 조선인의 정체성을 점점 더 확고하게 불어넣게 된다. 김두한의 친구는 "넌 조선 사람이야, 조선인은 조선인끼리 돕는다. 싸우고 또 싸워서 자유를 찾아야 한다"라는 말을 반복한다. 그리고 마침내 김두한이 추앙하는 엄동욱이 '청산리전투를 승리로 이끈 독립투사의 영웅 김좌진 장군의 아들'이라는 사실을 알릴 때, 김두한은 자신의 정체성을 완전히 깨닫게 된다.

˙ 영화의 마지막 대목에서, 김두한이 대결하는 마루야마 경부는 무사도가 있는 인물로 설정된다. 그는 자신의 패배를 깨끗하게 인정할 뿐만 아니라 김두한에게 존경까지 표한다.

˙˙ 김두한의 날렵한 발차기, 쌍칼의 현란한 나이프 사용, 마루야마 경부의 유도 등 캐릭터에 따른 다양한 액션을 구사하며, 당시 한국영화가 찍을 수 있는 거의 모든 각도에서 액션 장면을 촬영하고 편집해 재미를 극대화했다.

자신감 넘치는 젊은 협객 김두한은 굴복하지 않고 무릎 꿇지 않으며, 호연지기가 넘쳐흐른다. 그는 자신의 이익이 아니라 언제나 주변 사람***이나 대의를 위해 주먹을 쓴다. 좌절하지도 않고 비극적인 최후를 맞이하지도 않는 김두한은 1970년대 이후 한국영화에서 찾아보기 어려운 남성 캐릭터이다. 이러한 캐릭터는 〈쉬리〉 이후 2000년대 한국영화의 르네상스 시기에도 매우 드물다. 따라서 1970~80년대 동안, 한국영화는 곧 에로영화이자 저질영화라는 선입견이 있었던 관객들에게 〈장군의 아들〉은 훌륭한 연출 솜씨에 대중성을 겸비한 신선한 한국영화로 열렬한 지지를 받았다.

〈장군의 아들〉 시리즈의 흥행 배경

1990년대가 시작하자마자 등장한 액션영화 〈장군의 아들〉이 관객들에게 어필한 배경에는 그 시기 한국 사회의 역사적 특수성이 있다고 할 수 있다. 먼저 1987년의 '6·10민주항쟁'이 만들어 낸 변화이다. 민주화를 열망하는 시민들은 항쟁을 통해 6·29선언과 개헌을 이끌어냄으로써, 신군부의 권력 독점 음모를 분쇄하고 박정희가 폐기한 대통령직선제를 쟁취해 냈다. 비록 그 결과 전두환의 후계자로서 신군부의 주역인 노태우가 어처구니없게도 국민투표를 통해 13대 대통령으로 당선되기는 했지만, 시민들은 승리의 경험을 맛봤다. 스스로의 힘으로 민주주의를 이룩할 수 있다는 자신감을 가지게 되었다.

*** 영화에서 김두한이 강도 행각을 벌이는 것도 아버지의 노름빚에 시달리는 술집 여성을 돕기 위함이다.

1990년대의 포문을 열었던 〈장군의 아들〉 시리즈는 이전 시기 액션영화들과는 다른 빠른 속도의 화려한 액션, 대규모 엑스트라와 시대 분위기를 살린 세트 등으로 주목을 받으며 흥행에 성공했다. | 왼쪽 〈장군의 아들〉(태흥영화, 임권택, 1990), 오른쪽 〈장군의 아들 2〉(태흥영화, 임권택, 1991)

또 다른 사건은 1988년의 '서울올림픽' 개최이다. 1936년, 히틀러가 베를린올림픽을 개최했던 것처럼, 88 서울올림픽은 1980년에 광주 시민을 무자비하게 학살하고 정권을 찬탈한 전두환과 신군부의 권위주의 정권이 국제적으로 정당성을 확립하려는 이벤트였다. 또, 3S 정책의 하나인 스포츠를 통해 국민의 애국심을 고취하여 정권에 대한 지지로 연결하려는 전략이기도 했다. 이렇게 88 서울올림픽에 대한 부정적인 평가가 있었으나, 한편으로는 대한민국에서 최초로 열린 세계적인 스포츠 이벤트라는 의의도 있었다. 이전에는 하늘의 별 따기 같았던 금메달을 여러 개 거머쥐는 성과를 거두고, 국제적인 행사를 잘 치러 냈다는 평가 속에서 국민의 자부심은 커졌다.

올림픽 특수로 인한 부동산 경기와 건설업의 호황, 3저(저유가, 저금리, 저환율)로 인한 경기 호황은 많은 국민에게 중산층의 꿈을 안겨 주었다. 따라서 대체로 장밋빛 전망 가득한 밝은 분위기에서 시작된 1990년대에 〈장군의 아들〉은 적시에 도착했다고 할 수 있다. 김두한의 영웅 캐릭터, 정체성 찾기 그리고 민족 자부심을 일깨우는 설정 등은 식민지 역사를 청산하고 개발도상국에서 선진국으로 도약하기를 염원하는 한국 사회의 열망과 연결되면서 흥행으로 이어졌다.

액션 멜로드라마

〈장군의 아들〉의 흥행 성공은 액션영화의 흥행 가능성과 액션 장면의 스펙터클이 흥행 요소로 작용한다는 것을 확인시켜 주었다. 그러나 이후 한국의 액션 장르는 〈장군의 아들〉을 답습하는 방향으로 나아가지 않았다. 1960년대 후반 이후 한국 액션영화에 홍콩무협영화가 영향을 미쳤던 것처럼, 이번에도 할리우드 갱스터영화 장르의 홍콩식 버전으로서 '홍콩 누아르'라고 불린 영화 장르가 실질적인 영향을 미쳤다.

가장 큰 이유는 1980년대 후반부터 1990년대 초반까지, 외국영화 박스오피스에서 홍콩영화는 할리우드 영화 다음 자리를 차지하며 크게 인기를 누렸기 때문이다. 대표적인 예로는 '홍콩 누아르'를 주도한 오우삼과 왕가위 감독의 영화를 들 수 있다. 1986년에 시작된 오우삼의 〈영웅본색〉 시리즈(1986·1987·1989)와 〈첩혈쌍웅〉(1989)은 한국 관객들에게 엄청난 지지를 받았고, 왕가위 영화는 1988년의 데뷔작 〈열혈남아〉 이후 세계적인 각광을 받았다. 왕가위의 연출 스타일은 1990년대 세계 영화계에 유행처럼 퍼졌다. 따라서 이 시기 액션 관련 한국영화에서, 오우삼과 왕가위의 영화는 내러티브 구성, 인물 설정, 장면 연출 등에서 많은 영향을 미쳤다. 주인공의 내레이션, 액션 장면의 슬로모션, 스텝프린팅 기법

(왕가위 영화의 트레이드마크) 등이 빈번하게 사용되기도 했다.

따라서 〈장군의 아들〉 이후, 액션 관련 영화 장르는 크게 두 가지 방향으로 제작되었다. 하나는 멜로드라마에 액션을 가미한 '액션 멜로드라마'이고, 다른 하나는 갱스터영화 장르의 한국식 버전이라고 할 수 있는 '조폭영화'이다. 이 장에서는 액션 멜로드라마를 살펴보고, 다음 장에서 조폭영화를 다루기로 한다. 여기서 '액션 멜로드라마'는 흥행과 상관관계가 있는 '액션' 장면을 개연성 있게 많이 설정하기 위해 주인공을 조폭 두목이나 조직원 또는 범죄자로 설정하고, 메인 플롯을 남녀 주인공의 로맨스로 이끌어가는 영화이다.

먼저 장현수의 데뷔작 〈걸어서 하늘까지〉(1992)를 보면, 소매치기 조직의 두목 물새가 소매치기 지숙을 새 조직원으로 영입했다가 사랑에 빠진다. 그러나 지숙은 부잣집 아들 정만과 가까워지면서 조직을 떠난다. 지숙을 잊지 못하는 물새는 지숙의 오빠 병원비를 마련하려다 살인을 하게 되고, 경찰에 쫓기게 되자 자살을 선택한다. 〈본투킬〉(장현수, 1996)에서는 전문 킬러인 '길'이 호스티스 수하를 사랑하게 된다. 길이 염 사장의 명령을 수행하지 않는 일이 벌어지자, 염 사장의 부하들이 수하를 납치한다. 길은 수하를 구하기 위해 염 사장의 살인 청부를 받아들이고 결국 죽음에 이른다. 〈남자의 향기〉(장현수, 1998)에서, 혁수는 집에서 함께 자란 고아 소녀 은혜를 위해 살아간다. 은혜를 뒷바라지하며 생활고에 시달리던 혁수는 조직폭력배가 되고, 대학교에 진학한 은혜는 동급생 철민과 결혼한다. 그러나 혁수와 은혜 사이를 의심한 철민이 은혜를 구타하며 학대하자, 은혜는 저항하다 철민을 살해하게 된다. 혁수는 은혜

1990년대 액션 멜로드라마 속 남성들의 죽음은 살인이라는 범죄를 저질렀음에도 불구하고 그것이 사랑하는 이를 위한 희생이었다는 점에서 정당성을 얻는다. | 〈남자의 향기〉(제작 두인컴, 배급 브에나비스타 인터내셔널, 장현수, 1998)

를 위해 대신 살인죄를 뒤집어쓰고 형장의 이슬로 사라진다. 김유진의 〈약속〉(1998)에서, 조폭 두목 공상두와 의사 채희주는 우여곡절 끝에 연인 사이가 된다. 공상두는 조폭 간의 이권 다툼에 휘말려 살인을 저지른다. 그의 부하가 대신 죄를 뒤집어쓰고 감옥에 가도록 상황을 조작하지만, 그 부하가 사형을 당할 위기에 처하자, 양심의 가책을 느낀 공상두는 채희주와의 사랑을 아름답게 승화시키기 위해 사형을 각오하고 자수를 결심한다.

그런데 이러한 액션 멜로드라마 속 남성의 죽음은 1980년대 한국영화 속 여성의 죽음과 유사한 지점이 있다. 1980년대 한국영화를 보면, 여주인공이 자살 또는 다른 이유로 죽음에 이르는 설정이 빈번하게 등장한다. 예를 들어, 앞서 언급했던 최고 흥행작 10편의 경우, 4편(〈깊고 푸른 밤〉, 〈어우동〉, 〈매춘〉, 〈서울무지개〉)에서 그러한 설정을 볼 수 있는데, 이 4편의 영화에서 여주인공은 모두 성매매를 통해 생계를 영위하다 결국 죽게 된다. 반면, 1990년대 액션 멜로드라마의 남성 인물인 물새·길·혁수·공상두는 사랑하는 여성을 위해 목숨을 바치지만, 그들의 연인인 지숙·수하·은혜·채희주는 죽지 않는다. 1980년대 한국영화의 여성 인물들이 에로 장면을 만들어 내기 위해 소비된 다음, 유교 가부장제 이데올로기를 위반한 대가로 죽음을 맞이했다면, 1990년대 한국 액션 멜로드라마의 남성 인물은 액션 장면의 설정을 위해 잔혹한 싸움에 동원된 다음, 법을 어긴 범죄자는 단죄되어야 하기 때문에 결국 죽음을 맞이한다. 이들이 살인이라는 끔찍한 죄를 지었음에도 불구하고 마지막에 그 죽음을 관객들이 비극으로 받아들일 수 있는 이유는, 사랑하는 여성을 위해 희생하는 이야기를 통해 그들의 범죄 행각이 관객들에게 정당성을 획득했기 때문이다.

범죄영화

스티브 닐의 장르 분류에 따르면, 현대범죄contemporary crime 장르의 하위에, '형사영화', '갱스터영화', '서스펜스 스릴러'가 포함된다. 이 분류 기준을 간략하게 정리하면, '범죄'라는 소재를 놓고 주인공이 범죄를 해결하는 경우는 형사영화, 주인공이 범죄를 저지르는 경우는 갱스터영화, 주인공이 범죄 등의 피해자로 자리매김하는 경우는 서스펜스 스릴러라고 할 수 있다.[2] 이 글에서는 '갱스터영화'의 한국식 버전으로서 조폭영화와 형사영화를 다룬다.

조폭영화

액션영화가 흥행 장르로 부상하는 가운데, 내러티브에 액션을 대거 설정할 수 있는 조폭영화도 여러 편 제작되어 흥행에도 어느 정도 성공했다. 대표적인 사례로 〈게임의 법칙〉(장현수, 1994), 〈비트〉(김성수, 1997), 〈초록 물고기〉(이창동, 1997), 〈넘버 3〉(송능한, 1997) 등이 있다.

먼저 〈게임의 법칙〉에서, 지방의 세차장에서 일하던 용대는 멋진 인생을 살고 싶어 서울로 올라온다. 용대는 광천파 두목 유광천 밑에 들어가 충성을 맹세하며 꿈을 이루려고 한다. 유광천은 조직을 위협하는 김 검사를 제거하라고 명령하고, 용대는 그 임무를 성공적으로 수행하면 사랑하는 태숙과 행복하게 살 수 있다고 확신한다. 그러나 김 검사를 살해한 용대는 유광천의 다른 부하 손에 제거된다. 〈초록 물고기〉의 막동은 용대의 운명을 답습한다. 막동은 태곤의 조직을 위협하는 김영길을 살해하고, 용대처럼 공중전화 부스에서 가족들에게 전화를 건다. 태곤은 막동이 임무를 완수한 것을 확인한 다음 자신의 손으로 막동을 제거한다. 막동은 사랑하는 여자 미애의 눈앞에서 죽는다. 〈비트〉는 "나에겐 꿈이 없었다"는 19살 청년 민의 내레이션으로 시작한다. 민은 정상적인 삶을 살아 보려고 악전고투하지만 결국 실패하고 폭력조직에 들어간다. 민은 조직의 보스에게 배신당한 친구 태수의 복수를 도우려고 조직원들과 싸우다 죽음을 맞는다.

〈게임의 법칙〉의 용대, 〈초록 물고기〉의 막동, 〈비트〉의 민 같은 청년들은 모두 세상에 나아가 잘살아 보려고 손에 피를 묻히면서 발버둥치지만 결국 패배한다. 이것은 할리우드 갱스터영화의 주인공들이 사회질서를 교란한 범죄자로서 법치주의의 원칙에 따라 결국 파멸하는 결말과 맞닿아 있다. 그런데 1990년대 한국 조폭영화에서 남성 인물이 죽음에 이르는 설정에는 주목할 점이 있다. 바로 액션 멜로드라마의 남성 주인공들 같은 비극을 반복하면서, 사랑하는 여성을 위해서가 아니라 사회에서 성공하려고 발버둥치다 죽음을 맞이한다는 점이다. 가진 것 없는 젊은이/청년세대가 조폭 두목/기성세대에게 이용당하고 제거되는 것이다.

이러한 설정에는 이 시기 한국 사회의 부조리한 현실이 반영되어 있다. 즉, 경제적인 풍요의 수혜가 주로 기성세대에게 돌아간 결과 그들의 자녀는 '오렌지족'' 등으로 불리며 향락적이고 소비적인 생활을 영위한 반면, 빈곤 가정의 청년들은 성공의 기회가 줄어들어 갔다. 아울러 대략 1980년 전후에 미국과 영국을 중심으로 등장한 신자유주의가 한국 사회에도 서서히 영향을 미치던 시기였으므로, 1997년 IMF 외환위기 이후 가속화되는 빈익빈 부익부 현상이 잠재해 있었다고 할 수 있다. 1990년대 초반 경기 호황의 낙관적인 전망이 영웅 김두한을 낳았다면, 거품경제로 인해 점점 누적되어 가는 내부 모순은 조폭영화의 비극적인 안티히어로를 낳은 것이다.

1997년에 개봉한 〈넘버 3〉는 조폭영화의 경향과는 다른 영화로 주목할 만하다. 조폭영화에 코미디를 결합한 이 영화는 개봉 당시보다 이후에 더 많은 관심을 받았다. 영화 자체가 흥미롭기도 하지만, 2000년대 초반 큰 대중적 인기를 누린 조폭코미디영화의 원조로 평가되기 때문이다. 도강파의 넘버 3 태주와 깡패 같은 검사 마동팔이 엎치락뒤치락하는 가운데, 시인을 꿈꾸는 호스티스 출신의 현지, 삼류 시인 랭보, 부하 셋을 거느린 불사파 두목 조필'' 등 다양한 인간 군상이 우스꽝스러운 코미디를 계속 만들어 낸다. 이 과정에서 한국 사회는 풍자의 대상으로 희화화되면서 스노비

---

* 강남의 땅값 상승으로 벼락부자가 생겨나면서 형성된 '강남 부유층'의 자녀들을 일컫는 1990년대의 신조어.

** 〈넘버 3〉에서 송강호는 우스꽝스러운 인물 조필을 인상 깊게 연기함으로써 스타로 도약하는 발판을 마련했다.

1990년대 말에 유행한 누아르 장르의 한국적 형태로서 '조폭영화'는 코미디와 만나 '조폭코미디' 장르로 변화했다. 이 장르는 2000년대 초반 한국영화의 대세 장르가 된다. | 왼쪽 〈넘버 3〉(제공 프리시네마, 배급 시네마서비스, 송능한, 1997), 오른쪽 〈주유소 습격사건〉(제작 좋은영화, 배급 시네마서비스, 김상진, 1999)

즘의 민낯이 적나라하게 드러난다.

1999년에 개봉해 흥행 2위를 차지한 〈주유소 습격사건〉(김상진)의 성공 또한 주목할 만하다. 액션영화에 조폭영화의 콘셉트를 가미한 이 영화는 IMF 외환위기 이후, 한국 사회의 부조리에 대한 젊은 세대의 분노를 냉소적으로 코믹하게 드러냈다. 별 볼 일 없이 살아가는 4명의 동네 양아치들은 그냥 심심해서 주유소를 습격해 모조리 때려 부순다. 그런 다음 주유소를 점거하고 눈에 거슬리는 대상이 나타나는 족족 폭력을 행사한다. 그들 각자는 어린 시절 불우한 가정환경으로 인해 학교에서 무시당하고 꿈을 포기해야 했던 상처가 있다. 그들은 복수하듯 기성세대인 주유소 사장, 외제 차를 탄 부유한 남녀 커플 등을 괴롭힌다. 그들 중 하나는 김대중 정권의 슬로건, "제2의 건국 다시 시작합시다"가 쓰인 액자를 부수며 분노를 표출한다. 그들이 좌충우돌하는 가운데, 경찰들과 동네 철가방 회원들 그리고 조폭들이 뒤엉킨다. 주유소를 둘러싼 공간은 공권력이 무력화된 무법천지가 된다. 혼돈의 도가 니로 빨려 들어간 그 공간은 붕괴된 한국 사회를 은유한다.

형사영화 〈투캅스〉 시리즈

〈장군의 아들〉에 이어 1990년대에 등장한 또 다른 시리즈 영화로는
강우석 감독의 〈투캅스〉, 〈투캅스 2〉(1996), 〈투캅스 3〉(1998)가 있다.
형사영화 장르에 코미디와 버디무비를 결합한 〈투캅스〉가 1993년
개봉해 흥행 성적 2위를 차지하면서 속편이 계속 제작되었다.

〈투캅스〉는 경력 많고 요령 있게 부패를 저지르는 조 형사와 경
찰학교 수석 졸업에 원칙을 중요시하는 신참 강 형사가 파트너가
되어 좌충우돌하는 가운데 사건을 해결하는 이야기이다. 대체로
긍정적인 역할을 맡아 온 안성기 배우가 닳고 닳은 조 형사 역을
능청맞게 연기하고, 여기에 박중훈의 코믹 연기가 더해지면서 흥
행을 견인했다. 2편과 3편에서는 전편의 신참 형사가 고참이 되어
새로 들어온 신참 형사와 파트너가 된다. 두 형사가 전편과 비슷
하게 또다시 갈등을 빚으며 관객들에게 웃음을 선사하고, 한편으
로는 사건을 처리해 나간다.

이전의 권위주의 정권 시대에는 영화에서 공권력을 부정적인
이미지로 다루거나 풍자하기가 어려웠다는 점을 생각해 봤을 때,
〈투캅스〉에서 비리를 일삼는 형사를 주인공으로 설정할 수 있었
던 것은, 1993년 김영삼의 문민정부가 출범하면서 표현의 자유가
확대되고 검열 등이 완화되는 사회 분위기가 반영된 결과라 할 수
있다. 때문에 개봉 당시 〈투캅스〉가 프랑스영화 〈마이 뉴 파트너〉
(클로드 지디, 1984)를 벤치마킹(또는 표절)한 기획으로 다소 논란이 되
기도 했지만, 신구 세대의 갈등과 경찰 공권력에 대한 비판적 풍

자를 영화 속에 표현해 냈다는 점에서 관객들에게 신선한 기획으로 다가갈 수 있었다.

역사영화

역사를 보는 새로운 시각: 한국전쟁과 분단 이후 현대사까지

1970년대에 한국전쟁과 분단을 소재로 한 영화는 주로 국가정책을 홍보하는 국책영화로 제작되었다. 그러나 국책영화는 반공 이데올로기를 고취시키기 위해 다소 도식적인 내러티브를 가질 수밖에 없었기 때문에, 상대적으로 상업성은 떨어지는 편이었다. 1980년대 들어서는 국가가 직접 영화제작을 주도하지는 않았지만, 간접적으로 군의 지원을 받은 전쟁-액션영화들이 국군 홍보 겸 반공 의식 고취의 목적을 갖고 만들어졌다. 그러다가 1990년대 초 구소련 체제가 붕괴되며 전 세계적으로 냉전으로 인한 긴장이 완화되었고, 김영삼의 문민정부가 들어선 이후에는 한국영화계에도 표현의 자유가 확대되는 분위기가 조성되어 이전과는 다른 시각을 가진 한국전쟁 및 분단영화가 제작되기 시작했다.

이 시기 한국전쟁과 분단을 다룬 작품으로는 〈남부군〉(정지영, 1990), 〈은마는 오지 않는다〉(장길수, 1991), 〈그 섬에 가고싶다〉(박광수, 1993), 〈태백산맥〉(임권택, 1994) 등이 있다. 이 영화들은 모두 '한국전쟁과 분단을 다룬 영화는 곧 반공영화'라는 오랜 철칙을 깨뜨린 파격적인 시도로서 크게 화제가 되었고, 대부분 개봉한 해에 흥행 5위 안에 드는 성공을 거두었다.[3]

1990년대 한국전쟁과 분단을 소재로 한 영화들은 전쟁을 직접 보여 주기보다는 전후 살아남은 자들의 삶을 조명함으로써 전쟁의 비극을 우회적으로 표현하였다. | 왼쪽 〈은마는 오지 않는다〉(한진흥업, 장길수, 1991), 오른쪽 〈그 섬에 가고싶다〉(박광수필름, 박광수, 1993)

이태의 자전적 소설을 각색한 〈남부군〉은 한국전쟁 시기 지리산에 들어간 빨치산의 활동과 몰락을 그렸다. 강력한 레드콤플렉스의 영향력 아래 있던 한국 사회에서 빨갱이를 양의 탈을 쓴 늑대 또는 이념에 빠진 악마가 아니라 감정을 가진 인간으로 다루었다는 점만으로도 당시로서는 매우 파격적인 영화였다. 그러나 한편에서는 '빨갱이를 미화한 용공영화'로, 다른 한편에서는 '빨치산을 나약하고 감상적인 존재로 다룬 교묘한 반공영화'라는 비판을 받았다. 안정효의 소설을 각색한 〈은마는 오지 않는다〉는 한국전쟁 시기 강원도 춘천의 작은 마을에 미군 부대가 주둔하게 되면서 벌어진 사건을 다루었다. 미군을 위한 유흥 시설과 양공주가 생기면서 마을에 갈등이 빚어지고 공동체는 붕괴해 간다. 이 영화는 미군을 부정적으로 다루었다는 점에서 보수 진영의 비판을 받았다. 〈그 섬에 가고싶다〉는 한국전쟁 시기에 벌어진 비극이 현재까지 치유되지 못한 채 계속 작동하는 현실을 그렸다. 과거 덕배는 개인적인 원한으로 인민군을 외딴 섬에 끌어들여 마을을 초토

화시켰다. 오랜 세월이 흐른 뒤, 덕배는 고향에 묻어 달라는 유언을 남기지만, 마을 사람들은 덕배의 아들이 탄 배를 섬에 대지도 못하게 막고 결국 덕배의 상여를 불태운다. 조정래의 베스트셀러를 각색한 〈태백산맥〉은 한국전쟁 전후 시기에 전라남도 벌교에서 벌어진 우익과 좌익의 피비린내 나는 갈등을 사실적으로 다루었다. 임권택은 자신이 직접 겪었던 그 끔찍한 사건을 역사적인 관점에서 조명하려고 했다. 그러나 〈남부군〉의 경우처럼 이 영화역시, 우익과 진보 진영 모두에서 비판을 받았다.[4]

이 시기 한국전쟁과 분단영화는 그 시대를 직 · 간접적으로 체험한 세대의 감독들이 자신의 경험을 바탕으로 특정 이데올로기에 치우치지 않고 한국전쟁과 분단의 의미를 역사적으로 조명해보려는 시도였다고 할 수 있다. 하지만 1990년대 후반 전쟁영화의 역사를 새로 썼다고 평가받는 〈라이언 일병 구하기〉(스티븐 스필버그, 1998)가 등장하면서, 2000년대 들어서는 한국전쟁과 분단이 액션장면의 스펙터클을 위한 소재로 활용되는 양상을 보이게 된다.

다른 한편으로, 1960~80년대까지 역사영화의 대부분을 이루었던 '조선시대 사극'의 제작은 1990년대에 들어서면 급격히 감소한다. 그 대신에 이전 시기에는 다룰 수 없었던 한국 현대사의 주요 문제적 사건이 영화화되었다. 대표적인 예로는 개봉한 해에 각각 흥행 4위를 차지한 〈아름다운 청년 전태일〉(박광수, 1995)과 〈꽃잎〉(장선우, 1996)을 들 수 있다. 〈아름다운 청년 전태일〉은 1970년 11월 13일, "근로기준법을 준수하라! 우리는 기계가 아니다!"라고 절규하며 분신자살함으로써 한국 노동운동사에 큰 획을 그은 청계천 피복 노동자 전태일의 삶을 그린 영화이다.˙ 최윤의 소설《저기 소리 없이 한 점 꽃잎이 지고》를 각색한 〈꽃잎〉은 전두환 · 노태우 정권 시기에는 완전히 금기시되던 1980년 5월, 신군부의 광주 시민 학살을 다루어 크게 화제가 되었다.

로맨틱코미디와 기획영화

1960~80년대에 한국 사회는 고도성장을 통해 가난에서 벗어나 경제적인 풍요를 이룩했다. 이 시기에 태어나서 자란 386세대는 경제성장의 결실을 향유한 세대로 문화에 대한 관심이 컸다. 1980년대 초반에 실시된 두발과 교복 자율화 등으로 외모와 패션에 대한 관심도 컸다. 386세대가 본격적으로 사회에 진출하면서 영화 분야에도 변화가 찾아왔다.

이전 시기에는 신인 감독으로 데뷔하려면 반드시 도제제도를 거쳐야 했지만, 1990년대에는 386세대를 중심으로 영화 현장보다는 대학에서 영화 전공 또는 영화동아리 활동을 하거나, 한국영화아카데미를 다녔거나 해외 유학을 하는 등의 경험을 통해 영화계에 진출하는 사례가 등장했다. 이들이 연출뿐만 아니라 기획 · 홍보 분야에도 관심을 가지면서, 1990년대 한국영화의 가장 큰 변화인 '기획영화'가 만들어졌다. '로맨틱코미디'는 기획영화의 대표

˙ 〈아름다운 청년 전태일〉은 가장 많은 이름이 엔딩 크레딧에 실린 영화라는 기록을 갖고 있다. 제작비 마련을 위해 십시일반 후원금을 모은 7,648명의 이름이 엔딩크레딧에 모두 소개됐기 때문이다.

장르로 손꼽히는데, 대학에 진학하는 여성이 늘어나고, 경제적 능력이 있는 여성이 증가하는 사회적 변화**를 반영한 결과였다. 여기에 중산층의 확대와 탈정치화된 사회 분위기도 영향을 미쳤다.

로맨틱코미디 장르의 내러티브는 극과 극일 정도로 다른 성격과 가치관을 가진 남녀가 끊임없이 티격태격하며 코믹한 상황을 연출하다 점점 가까워지거나 화해하고 결국 사랑을 깨닫게 되는 과정으로 전개된다. 1980년대까지 한국영화에서 여성이 종사할 수 있는 직업은 매춘업밖에 없는 것 같았는데, 로맨틱코미디영화를 통해 전문직 여성이 등장하면서 매춘 여성은 개봉관의 스크린에서 사라져 갔다. 성적으로 착취당하고 억압받던 비극의 여주인공들이 애인 또는 남편과 대등한 자리에서 티격태격하는 당당한 인물들로 환골탈태한 것이다. 아울러 1980년대 한국영화에서 여성들에게 무차별적인 폭력을 행사하고 억압하던 남성들도 스크린에서 사라졌다.

〈나의 사랑, 나의 신부〉(이명세, 1990)의 흥행 성공에 이어, 1992년 〈결혼이야기〉(김의석)가 그해 흥행 1위를 차지하면서, 로맨틱코미디는 1990년대 상반기 한국영화의 흥행을 이끌어 갔다. 이 시기 또 다른 로맨틱코미디로는 〈미스터 맘마〉(강우석, 1992), 〈아래층 여자와 위층 남자〉(신승수, 1992), 〈그 여자, 그 남자〉(김의석, 1993), 〈가슴 달린 남자〉(신승수, 1993), 〈사랑하고 싶은 여자 & 결혼하고 싶은 여자〉(김호선, 1993), 〈마누라 죽이기〉(강우석, 1994), 〈닥터봉〉(이광훈, 1995) 등이 있다. 1990년대 후반기의 로맨틱코미디로는 〈미술관 옆 동물

** 대표적인 사례로 '미시족missy-族'이라는 용어의 등장을 들 수 있다.

관객의 성향과 트랜드 분석을 기반으로 제작된 '기획영화'는 한국영화의 장르에 변화를 가져왔을 뿐만 아니라 산업적 환경도 변화시켰다. | 왼쪽 〈결혼이야기〉(익영영화, 김의석, 1992), 오른쪽 〈마누라 죽이기〉(강우석프로덕션, 강우석, 1994)

원〉(이정향, 1998), 〈찜〉(한지승, 1998) 등이 있다. 〈박봉곤 가출사건〉(김태균, 1996)은 로맨틱코미디의 변주라고 할 수 있다.

이 유행의 붐을 일으킨 〈결혼이야기〉와 끝자락을 장식한 〈마누라 죽이기〉[5]를 통해, 1990년대 한국 로맨틱코미디의 특징을 살펴보자. 먼저 〈결혼이야기〉에서, 라디오 방송국의 PD 김태규와 신참 성우 최지혜는 주위의 반대를 무릅쓰고 결혼하지만, 사소한 일들로 티격태격한다. 갈등의 골이 깊어진 끝에 이혼까지 감행한 두 사람은 결국 서로에 대한 이해와 용서 끝에 다시 결합하게 된다.

〈마누라 죽이기〉에서는 우유부단하고 덜렁대는 남편 봉수와 깐깐하고 냉철한 아내 소영이 격돌한다. 봉수와 소영은 같은 영화사에서 사장과 기획자로 일하는데, 제작 영화 관련한 결정에서 언제나 소영의 의견이 관철된다. 소영의 면박과 무시에 화가 난 봉수는 킬러를 고용해 소영을 살해하기로 한다. 코미디의 외피를 쓰고 있지만, 남성의 권위가 아니라 자신의 능력으로 여성을 능가해야 하는 상황에서 능력이 부족한 남자가 분노에 가득 차서 내린 비합리적인 선택이다. 그러나 소영이 오히려 어수룩한 킬러를 가지고 놀면서, 코믹한 상황이 연출된다. 우여곡절 끝에 소영이 임신하고 결국 부부 사이는 봉합된다.

김태규와 최지혜, 봉수와 소영의 갈등은 우월한 능력을 바탕으로 연애 또는 결혼 생활에서 더 많은 권리를 주장하는 여성과 여전히 보수적인 면모를 보이면서도 완전히 권위주의적이지는 않은 남성 사이에서 벌어지는 갈등이다. 당당한 여성에 비해 남성은 우스꽝스럽고 다소 위축된 모습을 드러낸다. 이렇게 가부장으로서 남성의 권위는 희화화되지만, 커플의 위기는 가족 이데올로기의 틀에서 다시 복원된다. 갈등하는 과정에서 여성은 아내/어머니, 남성은 남편/아버지의 자리를 확인하게 되는 것이다.

1990년대 기획영화는 1980년대 말 크게 흥행한 〈해리가 샐리를 만났을 때〉(롭 라이너, 1989)와 같은 할리우드의 로맨틱코미디영화들을 한국 관객의 취향과 시대 변화에 맞게 적절하게 각색한 결과물이라고 할 수 있다. 다른 한편으로는 젊은 프로듀서들이 중심이 되어 기존 충무로 시스템에서 벗어나 한국영화산업에 새로운 변화를 불러왔다. 따라서 이 시기 기획영화는 오리지널 '창작'이라는 측면에서는 다소 아쉬운 한계가 있지만, 한국영화의 새로운 변화를 통해 이후 영화산업에 크게 기여했다는 점에서 의미가 크다.

멜로드라마

에로영화 이후, 성적 욕망을 다룬 영화와 여성영화

에로영화는 1970~80년대 동안 한국영화 흥행을 주도했다. 1989년에는 〈서울무지개〉가 흥행 1위를 차지하며 1980년대 에로영화의 마지막 기염을 토했다. 여배우의 신체를 전시하고 성적 대상화를 통해 흥행을 꾀하는 에로영화는 1990년대에도 제작되었고, 전반기에는 흥행작 10편의 후순위에 포함되었다. 이전 시기의 연장선에서 제작된 에로영화로는 〈젖시애마〉(이석기, 1990), 〈성애의 침묵〉(정인엽, 1992), 〈아담이 눈뜰때〉(김호선, 1993) 등이 있고, 에로에 코미디를 가미한 〈돈아돈아돈아〉(유진선, 1991), 사극과 결합한 〈살어리랏다〉(윤삼육, 1993) 등이 있다.

1994년 이후, 에로영화는 흥행작 10편에서 사라졌다. 에로영화가 퇴조한 이유로는 한국 사회의 변화와 VCR의 급격한 대량 보급에 따른 비디오 시장의 확대를 들 수 있다. 영화관에서 상영하지 않고 곧바로 비디오로 출시하는 16mm 영화의 유통시장이 열리게 되자, 저렴한 비용으로 제작된 소프트 포르노가 극장의 에로영화를 대체하게 되었다. 비공식적인 유통경로를 통한 에로물 시장은 음지에서 더욱 활성화되었다. 에로영화가 떠난 자리에, 성적 욕망을 노골적으로 부각하면서 담론으로 다루는 영화인 장선우의 〈경마장 가는 길〉(1991)과 〈너에게 나를 보낸다〉(1994)가 등장했다.

〈경마장 가는 길〉은 포스트모더니즘을 유행시킨 하일지의 소설 《경마장 가는 길》을 각색한 영화로 주목을 받았다. 불륜 관계인 R과 J는 프랑스에서 유학 생활을 할 때에는 같이 잘 살았지만, 한국으로 돌아오면서 두 사람의 관계는 점점 무너져 내린다. R은 끊임없이 J에게 노골적으로 섹스를 요구하고 J는 이리저리 피하는 상황이 계속 반복되는 가운데, 한국 사회의 세태가 적나라하게 풍자적으로 드러난다. 〈너에게 나를 보낸다〉는 화제의 소설가 장정일의 원작을 각색한 영화이다. 소설가를 꿈꾸다 좌절하고 도색소설을 쓰며 살아가는 주인공은 '바지 입은 여자'와 성관계를 맺으면서 철저하게 지배당하게 된다. 이 영화는 이전 시대와는 정반대의 관점으로 여성의 성적 욕망에 접근했지만, 아이러니하게도 신인배우 정선경의 엉덩이를 부각하는 홍보 전략으로 대중들에게 에로영화처럼 소비되면서 1994년 흥행 1위를 차지했다.

그럼에도 불구하고 이 영화들이 보여 준 성에 대한 노골적인 접근은 성을 터부시하는 유교 전통의 한국 사회에 대한 도전으로서, 1990년대 한국 사회가 유교 가부장제의 굴레에서 벗어나기 시작하는 상황을 반영하고 있다.

다른 한편으로 에로영화가 퇴조한 자리에 여성영화가 등장했다. 여기서 여성영화란 주인공 여성이 세상을 살아가면서 겪는 이야기를 그린 영화로서, 주인공들은 시대 상황에 따라 산전수전을 겪거나 자신의 삶을 찾는 과정에서 우여곡절을 경험한다. 이 시기 여성영화 가운데 일부는 로맨틱코미디와는 또 다른 측면에서 당시 여성의 사회적 지위 향상을 반영했다.

여성영화의 사례로는 친구 사이의 우정과 배신을 그린 〈물 위를 걷는 여자〉(박철수, 1990), 스웨덴으로 입양된 수잔 브링크의 실제 이야기를 바탕으로 한 〈수잔브링크의 아리랑〉(장길수, 1991), 미국 유학생이 남편을 살해하게 되는 우여곡절을 그린 〈아그네스를 위하

여성영화는 멜로, 코미디 등 다른 장르와 융합하여 일과 사랑, 그리고 한국 사회와 충돌하는 여성들의 모습을 다양한 방식으로 그려 냈다. | 왼쪽 〈그대안의 블루〉(세경영화, 이현승, 1992), 오른쪽 〈개같은 날의 오후〉(제일기획·순필름, 이민용, 1995)

여〉(유영진, 1991), 일과 사랑을 모두 완벽하게 성취하려는 여성이 좌충우돌하는 〈그대안의 블루〉(이현승, 1992), 한국 현대사의 질곡 속에서 세 나라의 국적을 가지게 된 여성의 기구한 삶을 그린 〈명자 아끼꼬 쏘냐〉(이장호, 1992), 아내를 상습적으로 구타하는 남편을 응징하려던 아파트 주민 여성들이 겪게 된 수난을 다룬 〈개같은 날의 오후〉(이민용, 1995), 뚱뚱한 외모 콤플렉스에 시달리던 여성이 콤플렉스를 극복해 나가는 과정을 그린 〈코르셋〉(정병각, 1996), 사창가를 배경으로 1970년대 후반에서 1990년대 말까지 한국 사회의 변화를 우울하게 묘사한 〈창(노는계집 창)〉(임권택, 1997), 임상수의 데뷔작인 〈처녀들의 저녁식사〉(1998) 등이 있다.

특히 〈처녀들의 저녁식사〉는 앞서 언급한 '성적 욕망에 대한 담론'을 여성의 관점에서 진솔하게 풀어 나간 작품으로 평가받는데, 이 영화에서 스물아홉 동갑내기 친구 사이인 호텔 종업원 연, 성공한 사업가 호정, 대학원생 순은 저녁 식사를 하며 거리낌 없이 노골적으로 성에 관한 잡담을 나눈다. 이 영화는 여성 등장인물들이 성적 욕망과 성적 자유를 추구하는 과정에서 보수적인 한국 사회와 부딪치는 양상을 파격적으로 그려 내 화제를 모았다.

남성 멜로드라마

에로영화의 빈자리를 메운 또 다른 장르로 멜로드라마(로맨스)를 들 수 있다. 멜로드라마는 여성 중심의 장르로서 흔히 여성 관객용 최루 영화로 치부된다. 1990년대 한국영화에서 멜로드라마 장르의 비중은 여전히 높은 편인데, 여기서 주목할 점은 남성 인물이 중심이 되는 남성 멜로드라마가 주류를 형성했다는 것이다.

1990년대 전반기의 남성 멜로드라마로는 에로영화 일색의 1980년대 말까지의 한국영화를 순정만화 같은 감성으로 바꾼 〈비오는 날 수채화〉(곽재용, 1990), 대학생 주인공 남성이 청춘의 고뇌를 안고 세상을 떠도는 〈젊은 날의 초상〉(곽지균, 1991)이 있다. 남성 멜로드라마에 액션 장르를 가미한 〈장미빛 인생〉(김홍준, 1994)은 동네 양아치인 동팔이 만화방 주인 마담을 짝사랑하는 메인 플롯을 중심으로, 만화방에 숨어든 기영과 유진의 이야기가 서브플롯을 형성한다. 노동운동가인 기영과 무협지로 세태를 풍자했다가 경찰에 쫓기게 된 유진이라는 인물의 설정은 검열이 완화된 1990년대 사회 분위기를 반영한다. 동팔은 기영과 유진을 경찰 손에서 구해 내려다 총에 맞아 숨진다.

1990년대 후반기의 남성 멜로드라마로는 〈접속〉(장윤현, 1997)과 〈8월의 크리스마스〉(허진호, 1998)가 대표적이다. 〈접속〉에서, 라디오 음악 프로 담당 PD 동현과 홈쇼핑 전화 판매원 수현은 PC통신을 통해 '접속'하고 서로 호감을 갖게 된다. 그러나 동현은 사랑의 상처로 인해 수현과 직접 만나기를 계속 망설인다. 이 영화는 지금은 추억으로 남은, 하지만 당시에는 새로운 소통 수단이었던 PC 통신을 영화의 소재로 도입해 동현과 수현이 가까이 스쳐 지나가면서도 서로를 알아보지 못하는 안타까운 장면 등을 연출해 냈다. 이를 통해 관객들에게 신선한 멜로드라마로 어필하며 흥행에 성공했다.

〈8월의 크리스마스〉에서, 사진관을 운영하는 정원은 불치병에 걸린 상태이다. 그는 자신의 사진관에 자주 들르는 구청 직원 다림에게 연정을 품지만 끝내 내색하지 않고 조용히 세상을 떠난다. 이 영화는 주인공의 죽음을 담담하게 그리면서 비극적인 장면에 흔히 수반되던 신파를 걷어 내어 참신한 멜로드라마로 주목을 받았다.

〈서편제〉 신드롬

만일 1990년대를 대표하는 한국영화 두 편을 고르라고 한다면, 1990년대 최고 흥행작 1위인 〈쉬리〉와 2위인 〈서편제〉(임권택, 1993)를 선택할 것이다. 1993년 4월 10일, 단성사에서 개봉한 〈서편제〉는 한국영화 사상 처음으로 서울 관객 100만 명 이상을 동원하며 역대 흥행 순위 1위에 올랐다.[6] 〈서편제〉는 이후 〈쉬리〉가 등장할 때까지 6년 동안 한국영화 흥행작 1위 자리를 고수하며 '국민영화'로 불리었다.

이청준의 소설 《서편제》를 각색한 가족 멜로드라마 〈서편제〉는 시대 배경이 명확하게 제시되지 않으나, 대략 일제강점기에 시작하여 해방 이후를 거쳐 1960년대 무렵 끝난다. 주인공 유봉은 자신

<서편제>는 한국영화로는 처음 100만 관객을 넘긴 작품으로, 서울 시내 극장 기준 103만 5,741명의 관객을 동원했다. | <서편제>(태흥영화, 임권택, 1993)

의 삶을 오로지 판소리에 바치는 소리꾼이다. 그는 수양아들 동호에게는 북을 가르치고, 수양딸 송화에게는 소리를 가르친다. 그들은 소리를 하며 생계를 유지하기 위해 전국을 떠돌아다닌다. 청년이 된 동호는 방랑하는 생활에 불만을 품고 떠나간다. 득음을 열망하는 유봉은 송화가 자기 곁에서 오로지 소리만 하며 살아가도록 만들고자 송화의 눈까지 멀게 한다. 그렇게 세월이 흐르고, 중년이 된 동호는 전국 방방곡곡으로 그리운 송화를 찾아다닌다.

이 영화는 한국인뿐만 아니라 외국인 관객에게도 매우 호소력 있는 작품으로 평가된다. 그러나 당시에는 대중의 관심이 적은 '판소리'를 소재로 했기 때문에 누구도 흥행 성공을 예측하지 못했다. 개봉 초기에는 예상대로 관객을 동원하지 못해 고전했는데, 청와대 특별상영과 김대중 민주당 전 총재의 관람 등의 이벤트가 뒤따르면서 흥행에 가속도가 붙기 시작했다. 그 시기 관객들은 왜 이 영화에 그토록 열광하게 된 것일까?

1993년에 집권한 김영삼 정권은 비록 3당 합당이라는 야합을 통한 결과이기는 했지만, 1961년의 5·16 군사쿠데타 이후 최초로 탄생한 문민 정권이었다. 김영삼 정권은 '과거사 청산'을 기치로 내걸고 '역사 바로 세우기' 프로젝트를 시도했다. 청와대 앞을 개방하고, 비밀공작 정치의 상징인 안가와 남산 외국인 아파트 및 일제 잔재인 중앙청(조선총독부) 철거를 단행했다. 국가적으로 한국인의 자긍심을 복원하고, 한국인의 자신감을 고취하려는 정치적인 행위였다. 국민들은 일제강점기와 군사독재 시대의 잔재 청산이라는 대의에 동의하며 대체로 긍정적인 평가를 했다.

한편, 88 서울올림픽 이후 한국 사회는 서구화/미국화/세계화에 대한 저항감이 완화되고 개방적인 분위기가 조성되면서 본격적으로 신자유주의 시대로 나아갔다. 김영삼 대통령은 세계무역기구WTO가 정식 출범한 1995년을 '세계화 원년'으로 선포하기도 했다. 그런데 청산해야 할 과거사의 상징물들을 제거했는데 그 자리가 텅 비어 있다면 어떻게 할 것인가? 과거사를 청산하는 와중에 세계화의 물결에 휩쓸려 가는 아이러니한 상황을 잘 표현한 슬로건이 "가장 한국적인 것이 가장 세계적인 것이다"이다. 〈서편제〉는 과거사 청산으로 텅 비어 버린 자리에 안성맞춤으로 도착한 가장 한국적인 것이었다. 대중에게 알리기 좋은 '역사 바로 세우기' 아이템으로서 청와대 특별상영을 할 만한 확실한 이유가 있

---

* 이 슬로건이 정확히 언제부터 사용되었는지는 알 수 없지만, 이 말이 유행하기 시작한 것은 86 아시안게임과 88 서울올림픽 개최 준비로 국내 분위기가 한창 들떠 있을 때였다. 괴테의 명언 "가장 민족적인 것이 가장 세계적인 것이다"를 적절히 변형한 이 말은 전 세계인의 이목이 '한국'이라는 작은 나라에 집중되던 이때, 그들에게 '한국'을 어떻게 보여 줄 것인가를 고민하는 과정에서 처음 등장했다. 이후에 전통문화를 선전할 때면 항상 이 슬로건이 수식어처럼 등장했는데, 1987년 〈씨받이〉가 베니스영화제에서 여우주연상을 수상한 후 임권택 감독은 언론과의 인터뷰에서 "가장 한국적인 것이 가장 세계적인 보편성도 지닐 수 있다"면서 차기작인 〈아다다〉 역시 "우리 것을 충분히 살려 보겠다"고 했다(〈국제무대 겨냥 영화제작 활발〉, 《동아일보》, 1987년 10월 27일자 16면 기사 참조). 이후 1990년대 중반 판소리 명창 박동진이 한 제약회사 광고에서 외친 "우리 것이 좋은 것이여!"라는 카피와 '신토불이'라는 말이 유행하면서 본격적으로 '우리 것 찾기' 바람이 불기 시작했다.

었던 셈이다.

이 영화의 시작 부분에서, 유봉은 양반가에 초청되어 제대로 된 무대에서 소리를 한다. 소리꾼이 대우받던 시대는 없었어도 그들의 소리를 들으려고 했던 시대는 있었다. 그러나 세월이 흐르면서 소리꾼의 처지는 계속 더 나빠져 간다. 유봉 가족이 몰락하는 과정처럼, 서양의 대중음악이 들어오면서 판소리는 점점 더 설 자리를 잃어 갔기 때문이다.** 그러므로 이 영화에서 관객들은 한국 사회가 근대화/산업화로 달려가면서 사라져 버린 한국적인 것을 보게 된다. 다시 말해서, 관객들은 판소리를 통해 가장 한국적인 것을 보지만, 영화 속 소리꾼처럼 그것이 이미 사라졌다는 것을 알고 있었다.

영화의 클라이맥스에서, 마침내 동호는 송화를 만난다. 한눈에 송화를 알아본 동호가 북채를 잡고, 북장단 소리를 들은 송화는 자기 앞에 앉은 사람이 그토록 그리워하던 동생이라는 걸 깨닫는다. 그러나 오랫동안 만나고 싶어 하던 두 사람은 끝내 아는 척하지 않고 다시 무심하게 헤어진다. 송화는 그 이유를 "한恨을 다치고 싶지 않았기 때문"이라고 말한다. 여기에 송화의 정인은 "간밤에 동호의 북과 송화의 소리가 한을 풀어냈다"고 덧붙인다.

동호와 송화의 만남과 헤어짐에서 관객들은 한국전쟁의 비극과 분단의 고통을 무의식적으로 느꼈다. 한국전쟁과 분단 그리고 근대화 과정에서 무언가 근본적인 것을 상실했다는 느낌, 그것이 다

** 예를 들면, 송화가 거리에서 소리를 하는 장면에서 극단 공연을 선전하는 '베사메무초' 연주가 울려 퍼진다. 두 개의 소리가 부딪칠 때, 한국의 소리는 서양의 악기 소리에 밀려난다. 낙산 거사가 "동호와 송화에게 소리보다는 혁필화를 배우게 하라"고 제안하는 장면에서, 유봉은 "판소리가 판을 치는 세상이 오고 말 거야"라고 큰소리치지만, 혁필화나 판소리나 근대화의 물결 속에서 모두 사라져 간 전통이다.

시는 복원될 수 없다는 불안 속에서 인물들이 '한'이라는 말을 할 때, 관객들은 새삼 앙금처럼 남아 있는 한에서 한국적인 것에 대해 정서적으로 공감했다. 그런 다음 서구적인 것을 최고로 여기고 살아온 삶을 반성하며, 이 영화를 더욱 열광적으로 지지했다. 그러나 〈서편제〉를 '국민영화'로 칭송하며, "가장 한국적인 것이 가장 세계적인 것"이라고 외친 허세는 1997년 IMF 외환위기로 산산조각이 나고 만다.

IMF 외환위기 이후, 한국영화의 장르 변화

1997년 11월 21일, MBC 뉴스데스크 이인용 앵커는 "시청자 여러분. 정부가 결국 국제통화기금IMF에 구제금융을 신청하기로 했습니다. 경제우등생 한국의 신화를 뒤로한 채 사실상의 국가부도를 인정하고, 국제기관의 품 안에서 회생을 도모해야 하는 뼈 아픈 처지가 된 겁니다"라는 오프닝 멘트를 했다.

불과 1년 전인 1996년 12월 12일, 대한민국은 '선진국 클럽'으로 불리는 경제협력개발기구OECD에 29번째 회원국으로 정식 가입했다. 후진국, 약소국, 개발도상국에 분단국가라는 멍에를 벗고 선진국의 문턱에서 설레고 있던 '아시아의 승천하는 용'은 IMF 외환위기로 인해 하루아침에 빚더미 삼류국가로 전락했다. 1990년대의 풍요는 '유교 자본주의', '한국형 압축성장 모델'의 성공 덕분이라는 자부심, 이러한 개도국 경제발전의 모범 사례를 통해 국민소득 1만 달러를 넘어서고 선진국 문턱까지 왔다는 자신감 등이 IMF

외환위기로 일시에 무너졌다. 한국 정부는 백기를 들고 앞뒤 생각할 겨를도 없이 IMF가 내린 처방책을 따라갔다. 미국이 주도하는 세계화/미국화로 더 빨리 편입되어야 살 수 있다는 강박 속에서 신자유주의 체제가 급속하게 강화되었다.

이에 따라 한국 사회 내에는 불안과 위기의식이 높아졌고, 영화계도 예외는 아니었다. 이러한 분위기는 영화 속에 고스란히 반영되었고, 이를 장르적으로 풀어내려는 시도도 등장하기 시작했다.

IMF 외환위기 이후의 멜로드라마

1997년 11월 22일에 개봉한 멜로드라마 〈편지〉(이정국)는 국가 전체가 무너져 내리는 절망적인 분위기에 딱 맞는 영화였다. 이 영화에서 정인과 환유는 사랑에 빠져 결혼을 하고 행복한 신혼 생활을 보낸다. 그러나 환유가 악성 뇌종양에 걸려 세상을 떠나자 정인도 따라서 죽으려고 한다. 죽은 환유가 보낸 편지가 도착하면서, 정인은 서서히 절망에서 빠져나오게 된다. 죽어 가면서도 아내 걱정만 하는 남편은 "뜨거운 사막 한가운데 당신을 혼자 던져두고 온 것 같아 견딜 수 없다"고 말한다. IMF 외환위기는 기업의 연쇄 부도를 초래하며 수많은 가장이 직장을 잃게 했다. 상징적인 아버지인 국가가 무너져 내리고 실제 아버지가 가장 역할을 할 수 없게 된 상황은 관객들에게 정인처럼 혼자 던져진 것 같은 절망을 안겨 주었다. 관객들은 죽은 환유의 편지에서 작은 위로를 느끼며 정인과 함께 눈물을 흘렸다.

IMF 외환위기 이후에 개봉한 멜로드라마 〈정사〉(이재용, 1998)에서, 서현은 동생의 약혼자 우인과 불륜에 빠진다. 서현은 남편에게 진실을 알리고 용서를 구하는 대신에 스스로 집을 떠난다. 이렇게 배신당하고 무력하게 실패하는 남성의 분노는 〈해피엔드〉(정지우, 1999)에서 폭발한다. 이 영화의 민기는 (아마도 IMF 외환위기로 정리해고를 당한) 실직자로서, 헌책방이나 탑골공원에서 시간을 보내고 가사를 돌본다. 그의 아내 보라는 영어학원을 운영하는 능력 있는 여성이다. 〈마누라 죽이기〉에서, 무능력한 남편이 유능한 아내를 제거하려는 시도는 우스꽝스러운 시추에이션 코미디를 만들어 내는 원동력이었다. 〈해피엔드〉가 로맨틱코미디였다면 이 부부의 상황도 코믹하게 전개되었겠지만, 그들의 시간은 1997년 이후이다. 재취업에 번번이 실패하기 때문에 민기는 서현의 남편보다 훨씬 더 절망적인 상황이다. 바람을 피우던 보라가 젖먹이 아기까지 방치하고 애인을 만나러 가자, 분노가 폭발한 민기는 보라를 잔혹하게 살해한다. 민기의 살인은 남성의 권위에 도전하고 남성의 성적인 불안감을 자극한 여성에 대한 가학적인 복수이자, IMF 외환위기로 좌절하고 패배한 가부장의 복수이다.[*]

공포영화와 판타지

1990년대 공포영화 장르는 이전 시기에 비해 훨씬 다채로워졌고 흥행에도 성공했다. 대표적인 사례로는 〈여고괴담〉(박기형, 1998), 〈조용한 가족〉(김지운, 1998), 〈링〉(김동빈, 1999) 등이 있다. 이 가운데

---

[*] 〈정사〉, 〈해피엔드〉와 함께 고려해 볼 영화로는 스릴러영화 〈텔미썸딩〉(장윤현, 1999)이 있다. 이 영화에서 채수연은 엽기적인 연쇄살인사건의 용의자로 떠오른다. 사건을 담당한 조민석 형사는 채수연의 간계에 말려들어 이리저리 끌려다닌다. 조민석이 사건의 전모를 파악했을 때, 채수연은 이미 비행기를 타고 프랑스로 떠난 다음이다.

특히 〈여고괴담〉은 공포 장르를 활용해 학교 안에서 벌어지는 학생들의 극심한 경쟁과 왕따, 부도덕한 교사 문제 등을 다루어 주목을 받았다. 1998년 흥행 2위로 이 영화가 성공하면서 이후 시리즈로 계속 제작되었다. 가장 최근 나온 〈여고괴담 여섯번째 이야기: 모교〉(이미영, 2021)까지 6편의 영화가 제작됨으로써 〈여고괴담〉은 한국 공포영화를 대표하는 시리즈로 자리매김했다.

〈조용한 가족〉은 IMF 외환위기 이후 살벌해진 가족의 풍경을 그로테스크하게 연출한 영화이다. 3남매를 둔 중년 부부와 삼촌으로 구성된 가족이 서울 근교에 산장을 개업한다. 막내딸을 제외한 모든 가족 구성원이 백수인 상황에서 산장은 이 가족의 유일한 희망이다. 그러나 첫 투숙객이 자살하면서 문제가 생기기 시작한다. 산장 운영에 차질을 빚지 않으려고 첫 투숙객의 시체를 암매장하면서 시작된 가족의 범법 행위는 눈덩이처럼 점점 커진다. "먹고살기 위해서"라는 명분 앞에서 그들은 어떤 죄책감도 없이 결국 살인까지 저지른다. 그들 사이에는 가족의 끈끈한 애정 따위는 찾아볼 수 없고, 그저 생존을 위해 함께 살아갈 뿐이다. 부모의 권위는 땅에 떨어졌고, 무능력한 그들은 냉소의 대상으로 전락한다.

판타지는 영화 기술의 발전과 제작비에 직접적인 영향을 받는 장르이기 때문에, 한국영화에서는 매우 드물게 제작되었다. 그러나 1990년대 중반 이후 한국영화에서도 주목할 만한 판타지영화들이 몇 편 제작되었는데, 그 시작은 1994년에 개봉한 〈구미호〉(박헌수)였다. 처음 〈구미호〉가 만들어졌을 때만 해도 기술적 측면만 주목받았을 뿐 장르 자체가 크게 부각되지는 않았는데, 사랑을 이루기 위해 천 년에 걸쳐 과거와 현재를 오가는 네 남녀의 이야기를 그린 〈은행나무 침대〉(강제규, 1996)와 조선의 빛이 될 정조의 아이를 구하기 위해 시공을 넘나드는 이야기인 〈귀천도〉(이경영, 1996)가 흥행에 성공하면서 판타지가 새로운 관심 장르로 떠올랐다. 게다가 이 시기 PC통신으로 발표되는 '판타지소설'이 젊은 세대에게 큰 인기를 끌면서 이를 영화화한 〈퇴마록〉(박광춘, 1998) 같은 작품도 등장했다. 여기에 〈쉬리〉(강제규, 1999)의 성공 이후 금융자본의 투자 규모가 커지며 '한국형 블록버스터'들이 경쟁적으로 제작되기 시작했고, 이들이 판타지 장르와 결합해 1999년 한 해 동안 〈건축무한 육면각체의 비밀〉(유상욱, 1999), 〈자귀모〉(이광훈, 1999), 〈용가리〉(심형래, 1999) 같은 영화가 만들어졌다.

〈쉬리〉의 등장과 '한국형 블록버스터'

1980년대와 1990년대 할리우드에서는 영화 기술의 발전으로 다양한 특수효과 연출을 통해 스펙터클한 액션 재현이 가능해짐에 따라, '액션-어드벤처action-adventure' 장르가 새롭게 부상해 전성기를 누렸다. 1982년에 시작된 〈람보〉 시리즈, 1988년에 시작된 〈다이하드〉 시리즈, 액션-어드벤처와 SF 장르를 혼합한 〈터미네이터〉(제임스 캐머런, 1984)와 CG로 구현된 T-1000의 괴이한 변형으로 새로운 시각효과의 경이를 보여 준 〈터미네이터 2〉(제임스 캐머런, 1992), 그리고 1996년에 시작된 〈미션 임파서블〉 시리즈에 이르기까지 액션-어드벤처 장르는 한국뿐 아니라 세계적으로 대대적인 흥행 성공을 거두었고, 다른 많은 장르에 영향을 미쳤다. 그러나 액션-어드벤처 영화 제작에는 막대한 예산이 필요하기 때문

대기업과 금융자본의 유입으로 인한 제작 예산 증가, 영화 기술의 발전은 1990년대 말 이른바 '한국형 블록버스터' 장르를 유행시켰다. | 왼쪽 〈쉬리〉(제작 강제규필름, 제공 삼성픽쳐스, 강제규, 1999) 오른쪽 〈건축무한 육면각체의 비밀〉(제작 지맥필름, 제공 삼성픽쳐스, 유상욱, 1999)

에, 열악한 한국영화계의 사정상 쉽게 시도할 수 없는 장르였다.

게다가 IMF까지 닥치면서 불안한 경제 상황에 조심스러워진 대기업들이 영화산업에서 철수하려는 움직임을 보였고, 한국영화계는 영화의 규모는 둘째치고 당장의 위기 앞에서 어떻게 영화산업을 유지해야 할지를 고민해야 했다. 이 고민은 의외의 부분에서 해결되었다. 첫째로 대기업 자본은 빠지는 분위기였지만, 〈은행나무 침대〉에 투자했던 일신창업투자가 흥행에 성공하며 이익을 보자, 금융자본들이 움직이기 시작한 것이다. 여기에 '1세대 영화 프로듀서'라고 불리던 영화제작자들의 노력이 더해졌다.

국가적으로도 문화산업의 '소프트파워'를 강조하며, 과거 〈쥬라기 공원〉(스티븐 스필버그, 1993)을 가리켜 "잘 만든 영화 한 편이 자동차 수십 만 대를 판매하는 것보다 부가가치가 높다"고 외치던 슬로건을 재소환해 냈다. 이에 정책적으로 영화·애니메이션 등의 영상산업에 대한 지원이 이루어지기 시작했다.

이처럼 영화산업계 각 분야에서 위기 타개책을 강구하는 가운데 1999년 2월 13일, 액션영화 〈쉬리〉가 등장했다. 강제규는 제작 발표회에서 〈쉬리〉가 "할리우드에 대적할 만한 한국형 액션 블록 버스터"라고 천명했다. 내러티브의 설정에서는 한국의 역사적 특수 상황인 '분단'을 소재로 가져오고, 형식적으로 할리우드 액션-어드벤처 영화를 벤치마킹함으로써 대규모 액션을 구사하려는 전략이었다.

이 영화에서 북한의 비밀특수대 소좌 박무영은 전쟁으로 통일을 이루려고 남북한 지도자를 제거하려고 한다. 남한의 비밀정보기관 OP의 특수요원 유중원은 이를 막으려고 악전고투하게 된다. 이 과정에서 과거의 한국영화에서는 볼 수 없었던 액션의 스펙터클이 펼쳐진다. 서울 한복판에서 전개되는 대규모 총격전은 당시로서는 처음 시도한 설정이었으나, 관객들은 황당무계한 판타지로 치부하지 않고 할리우드 액션영화처럼 자연스럽게 받아들였다.

1990년대 초반에 〈서편제〉가 가장 한국적인 영화라며 공감의 눈물을 흘렸던 관객들은, IMF 외환위기 이후 〈쉬리〉가 할리우드 영화 같은 한국영화라며 감격했다. 〈서편제〉가 김영삼 정권의 '역사 바로 세우기'의 아이템이 된 것처럼, 〈쉬리〉는 IMF 외환위기로 인한 트라우마 치유에 필요한 아이템이 되었던 것이다. 관객들은 국가부도 위기를 극복하는 애국 활동으로 '금 모으기 운동'을 했듯이, 〈쉬리〉가 〈타이타닉〉(제임스 캐머런, 1997)이 보유한 최고 흥행 기록을 깨뜨리기를 염원하며 맹렬히 영화를 보러 갔다. 즐거운 시간을 보내러 가는 대중영화 관람에 '애국심'이라는 가치'가 부여

---

* IMF 외환위기로 땅에 떨어진 국민적 자존심을 회복하기 위해 뭐라도 되갚아 주고 싶었던 관

된 것이다. 그 결과 새로운 '국민영화' 〈쉬리〉는 단숨에 〈서편제〉의 흥행 기록을 뛰어넘었고, 마침내 244만여 명(전국 관객 582만여 명)의 관객을 동원함으로써 〈타이타닉〉의 국내 흥행 기록도 깼다.

그런데 IMF 외환위기 이후 등장한 할리우드식 액션영화 〈쉬리〉의 주인공 유중원은 〈장군의 아들〉의 김두한 같은 '영웅'으로는 재현되지 못했다. 유중원은 약혼녀 이명현이 남파 간첩 이방희라는 사실을 알게 되고 자신의 손으로 약혼녀를 사살하는 인물이다. 〈장군의 아들〉 1편에서 김두한은 일본 경찰이 된 한국인 순사가 자신의 이름을 부를 때, 김좌진 장군의 아들로서, 조선인으로서, 당당하게 뒤돌아본다. 반면에 유중원은 이명현이 자신의 아이를 임신한 상태였다는 사실을 알고 멘탈이 붕괴된다. 만일 유중원이 할리우드 액션영화의 주인공이었다면, 국가를 위기에서 구하는 영웅의 자리에 갔을 것이다. 국가부도 사태가 가져온 국민적 열패감은 유중원의 경우처럼 남성 주인공의 실패와 패배 또는 죽음**으로 전이된다. 이러한 경향은 2000년대 한국형 블록버스터 액션영화, 웰메이드 영화, 대중영화에서도 반복된다.

• • •

〈쉬리〉의 대대적인 흥행 성공은 할리우드 블록버스터처럼 한국형 블록버스터도 충분히 가능하다는 사례를 만들었다. 예를 들면, 이

객들은 한국에서만큼은 〈쉬리〉가 〈타이타닉〉의 흥행 기록을 넘어서기를 염원했다. 신문 기사에는 "〈쉬리〉가 〈타이타닉〉 침몰시켰다", "〈쉬리〉, 미국도 강타할까?" 같은 제목이 달렸다.
** 〈쉬리〉와 같은 해에 개봉한 한국형 블록버스터 〈유령〉은 주인공이 핵잠수함을 자폭시킴으로써 모든 인물이 죽음에 이른다.

영화의 대규모 총격전이 관객들에게 수용됨으로써 총기 사용이 금지된 나라에서 재현하기 어려웠던 액션 장면의 연출 범위가 훨씬 더 다양하게 확장되었다. 또 분단 상황을 액션을 위한 설정으로 가져옴으로써, 질곡의 한국 현대사가 상업영화의 소재로 활용될 수 있다는 것을 증명했다. 따라서 〈쉬리〉는 이후 2000년대 한국 액션영화뿐 아니라 한국형 블록버스터, 웰메이드 영화가 나아갈 방향에 영향을 미쳤다. 2000년대 한국 대중영화는 〈쉬리〉의 자장 아래 성장의 발판을 마련했다고 할 수 있다.

아울러 〈쉬리〉를 비롯한 IMF 외환위기 이후의 영화인 〈주유소 습격사건〉, 〈조용한 가족〉 등에서 나타난 경향은 2000년대에도 지속되었다. 이 과정에서 한국인과 한국 문화예술의 정서를 표현할 때 끈질기게 쫓아다니던 '한'이라는 말이 사라졌다. 한과 더불어 붙어 다니던 체념과 연민이 사라지고, 그 자리에 복수심과 냉소가 거의 모든 장르에서 나타나게 되었다.

미주

1   Steve Neale, *Genre and Hollywood*, Routledge, 2000, p. 52.

2   Steve Neale, *Genre and Hollywood*, Routledge, 2000, pp. 71~72.

3   개봉한 해의 흥행 순위를 살펴보면, 〈남부군〉은 2위, 〈은마는 오지 않는다〉는 6위, 〈그 섬에 가고싶다〉는 4위, 〈태백산맥〉은 4위이다.

4   임권택은 원래 이 영화를 2부작으로 만들려고 했는데, 극우 쪽에서 너무 큰 압력이 들 어와서 포기했다고 한다. 정성일 대담, 《임권택이 임권택을 말하다 2》, 현실문화연구, 2003, 311쪽.

5   1995년 개봉하여 그해 흥행 2위를 차지했다.

6   영진위 통합전산망의 〈서편제〉 관객 수는 1,035,741명이다.

영화미학

리얼리티의 발견, 모더니티의 도래

| 장병원 |

미학적 정체성의 탐사

1990년대 한국영화가 부대껴 온 환경과 그 결과들은 당시 사람들이 의식했는가 하지 않았는가와 무관하게 정체성에 대한 존재론적 탐사의 증거들이다. 1980년대 태동하고 번성한 코리안 뉴웨이브가 전기轉機를 맞이한 것이 1990년대 초반이었다면, 1990년대 중반 이후는 산업화와 국제화 논리 속에서 약진한 양적 팽창의 시기라 할 수 있을 것이다. 그 속도에 보조를 맞추기 힘들 정도의 급속한 변화가 한 세대를 휩쓸었고, 이러한 과정에서 등장한 새로운 세대들은 영화의 존립 근거와 정체성을 위협하는 안팎의 사정들에 맞서 영화미학이 성립할 조건을 탐문하려는 절실한 요구와 대면하고 있었다.

한국영화 미학의 혁신적 움직임이 촉발되었다고는 하지만 1990년대 이전의 한국영화는 대중적 인기도, 예술적 명성도 기대하기 힘들었던 암흑의 시기였다. 압축성장이 가져온 전근대적 관행들, 정치적 억압이 팽배한 조건에서 다소간 해방된 민주적 개혁, 소재와 테마에 대한 개방적 접근이 가능해지면서 뉴웨이브로 불리는 조류가 탄생하였으나, 상업적으로는 제한적이되 비평적으로 존중받기 시작하는 정도의 변화에 머물렀다고 볼 수 있다. 1990년대는 이러한 움직임이 이른바 작가영화 또는 예술영화의 등장을 촉진하는 분위기에서도, 국제적인 영화미학의 장場 안에서는 큰 돌파구가 없었던 시기로 볼 수 있다.

특히 1990년대 중반 이후 한국 사회의 모순은 더 이상 이점을 제공하지 않았고, 작가의 정치의식이나 역사적 상황 인식도 무조건 장려되는 분위기는 아니었다. 때문에 이 시기 한국영화는 분기점을 맞게 된다. 지난 시대에 대한 반성적 성찰에 기초한 새로움과 혁신의 욕구가 더 커져, 코리안 뉴웨이브가 갖고 있던 정치적으로 비판적인 태도와 리얼리즘에 대한 맹목적 추구는 쇠퇴한 반면에, 대중의 기대와 선호에 예민하게 반응하기 시작하면서 영화에 대한 장르적 접근이 모색되기 시작했다.

1990년대 활동했던 주요 감독군은 저마다 다른 개성과 스타일에도 불구하고 뿌리 깊은 리얼리즘 전통으로부터 이탈하려는 경향을 보인다는 공통점이 있다. 그러나 리얼리즘을 버리고자 했다기보다는 변화된 시대에 맞는 리얼리즘 미학을 탐색하려는 움직임이 있었고, 그것이 영화미학의 혁신에 대한 열망으로 표출되었다고 할 수 있다. 궁극적으로 이들의 소명은 여전히 과거지향적이고 경직된 한국영화 미학의 현대화였다. 그리고 이러한 흐름은 다시 영화의 사회적 책임을 강조하는 전통을 계승하려는 감독들과 개인의 표현을 강조하는 작가주의적인 각성으로 나아간 감독들로 양분되는 경향을 보인다. 전자의 경향을 보인 감독이 박광수와 장선우라면, 후자의 대표 인물은 이명세와 홍상수이다.

독재정권 종식을 위해 사회운동에 가담한 지식인예술가 그룹의 일원이었던 박광수는 이 기간 내내 정치적인 영화를 만들었다. 그는 할리우드식의 관습적인 내러티브 전개를 벗어난 다중시점, 공간을 중시하는 리얼리즘 양식을 통해 한국 사회의 지배적 가치를 공개적으로 비판하는 영화들을 만들었다. 반면에 카멜레온 같은 예술가였던 장선우는 반항적이고 전통과 금기를 깨는 경향을 형성했다. 1980년대 후반부터 장선우는 한국영화의 새로운 물결을 대표하는 인물이 되었으며, 경력 내내 예측할 수 없는 행보를 이어 갔다. 1990년대 장선우의 영화들은 결코 동일하지 않으며 독창적이고 실험적이었다. 한국 사회의 위선과 물질주의를 비판적으로 다루면서 뉴웨이브 유산을 해체하기 시작한 장선우는 1990년대 가장 중요한 감독이다.

한편, 한국적 리얼리즘에 부정적인 자세로 섰던 이명세는 영화의 언어적 특성에 대한 지극한 추구를 통해 영화만이 할 수 있는 표현을 개발하고자 한 순수영화 탐구자였다. 비판적 사회의식이나 리얼리즘의 소명보다 영화언어에 대한 자의식으로 똘똘 뭉친 스타일리스트로서 새로운 쟁점을 제기하였다. 혜성처럼 등장한 홍상수는 1990년대 말과 2000년대를 잇는 교차점에 있는 작가이다. 특정한 경향을 대변하는 인물로 보기 힘들지만, 리얼리즘에 대한 정의를 재고再考하는 데에 홍상수만큼 각성을 준 감독은 없다. 일상의 세밀한 관찰자로서 홍상수는 현실 세계의 환영주의적인 재현에서 벗어나 견결한 구조를 통해 현실을 발견하려는 접근법을 제시한다. 이는 한국영화의 새로움이 그 주제와 세계관에서 형식과 구조, 스타일로 진화하고 있음을 말해 주는 증거였다.

코리안 뉴웨이브와 리얼리즘을 넘어

박광수의 리얼리즘

정치적 해빙기와 문화적 개방을 맞은 한국 사회는 오랫동안 암흑기를 벗어나지 못하고 있었으나, 1990년대 민주화 바람이 불어오면서 더 나아진 세상을 꿈꾸는 분위기였다. 같은 시기 한국영화계역시 새로운 시대에 부합하는 주제의 확장, 형식의 확장, 영화라는 매체가 지닌 가능성의 확장을 모색한 시기로 요약할 수 있다. 그리고 이 시기 의제의 전환을 대표하는 감독이 박광수이다.

박광수는 노동과 소외, 분단, 계급양극화 등 한국 사회에 만연한 문제들에 대한 자의식을 가지고 이 문제들을 진단, 문제 제기, 분석, 전망하는 영화를 만들었다. 박광수의 영화미학을 한 마디로 정의하자면, 리얼리스트로서의 의식과 현실을 조형해 내는 영화 형식의 조화를 이루고자 한 감독으로 평가할 수 있다. 이장호, 배창호 등 이전 세대들이 폭압적인 정치 상황 속에서 민중의 삶에 대한 애정을 가지고 한국 사회를 우회적으로 비판함으로써 참여의 형식을 찾고자 했다면, 박광수는 한국 사회의 변혁에 대한 엄격한 인식을 가지고 현실 참여를 유도하는 리얼리즘을 창작의 동력으로 삼고자 했다.

장선우의 〈성공시대〉(1988)와 더불어 1980년대 말 한국영화계 세대교체의 기폭제가 된 영화 〈칠수와 만수〉(1988)로 데뷔한 박광수는, 이전 세대의 비판적 리얼리즘 전통을 계승하는 한편 영화 형식의 측면에서는 고전적 할리우드 스타일의 대안을 모색했다. 그는 현실 묘사에서 객관성의 확립, 리얼리즘 서사의 대안으로 고안

된 교차 구조의 활용, 우화적이고 상징적인 공간의 무대화 방식, 관찰자(시점 화자)를 통한 말하기 등을 통해 고유한 스타일을 형성해 갔다.

박광수 영화 서사의 첫 번째 특징은, 현실에 대한 객관적 묘사라는 강박을 가지고 픽션 영화 안에서 기록의 소임에 충실하려는 경향을 보인다는 것이다. 〈칠수와 만수〉에서부터 〈그들도 우리처럼〉(1990), 〈베를린 리포트〉(1991), 〈아름다운 청년 전태일〉(1995, 이하 〈전태일〉)은 모두 기록성에 대한 추구를 담은 영화들이다. 박광수가 허구적 이야기 안에 기록적 특성을 가미하는 방식은 주로 허구적 이야기 안에 기록의 흔적을 남기거나 침투하도록 하는 순간들, 이를테면 TV 화면이나 신문, 서적 등의 아카이빙 자료들을 삽입하는 형태로 나타난다. 〈칠수와 만수〉, 〈그들도 우리처럼〉에서 시국 상황을 암시하는 TV 뉴스를 사용한 것이나, 〈베를린 리포트〉에서 케네디와 닉슨이 등장하는 기록 필름, 이라크전쟁에 관한 뉴스를 TV 화면으로 제시하는 장면들, 〈전태일〉에서 실존했던 역사적 인물을 드러내는 전기의 기술記述 과정은 시대적 정황을 알려 주는 표면적인 기능 외에 허구적 이야기가 실재 현실과 연결되는 지점을 끊임없이 찾으려는 과정을 보여 준다.

두 번째 특징으로, 허구적 이야기의 배경이 되는 공간을 한국 사회의 현실이나 현대사 사건들을 다룰 무대로 설정한다는 점에서 박광수의 세계는 공간의 리얼리즘과도 연결된다. 영화 속에서 허구의 사건이 펼쳐지는 공간은 한국 사회의 현실과 역사, 모순을 압축한 무대로 설정된다. 〈칠수와 만수〉 속 건물 옥상의 광고탑, 〈그들도 우리처럼〉의 탄광촌, 〈베를린 리포트〉의 배경이 되는 분단과 통일의 장소 베를린, 〈이재수의 난〉(1999)의 제주도 등이 세계의 축도로서 공간의 의미 맥락을 설정한다. 이를테면, 〈그들도 우리처럼〉은 폐광 직전의 탄광촌이라는 장소의 특징을 서사의 동력으로 삼는데, 수배 중 위장취업한 노동운동가와 경찰, 티켓다방의 레지, 연탄공장 사장의 폭력적인 아들 등 공간적 특수성을 반영한 인물들을 설정하여 한국 사회의 현실을 투영한다. 박광수는 이 영화 속 공간과 인물을 통해 발굴과 개발이 생존과 연결되는 공간에서 일하는 사람들의 일상에 일으키는 모순과 억압을 묘사함으로써 한국인들이 살아가는 보편적인 사회상을 탐구한다.

같은 맥락에서 〈베를린 리포트〉는 기나긴 분단이 종식된 독일 베를린이라는 상징적 공간을 배경으로 한국을 지구상에 남아 있는 유일한 고아국가로 묘사하는 환유적인 작품이다. 공간의 리얼리즘을 본위로 하는 박광수의 스타일이 피력된 이 영화에서, 입양된 한국인은 분단국가의 운명을 상징하는 존재로 묘사된다. 부모에게 버려진 존재와 민족적인 운명을 연결하려는 의도가 여실히 드러나는 영화에서 박광수는 한국 사회의 좌절, 고통, 비극 그리고 한국인이 잃어버린 것들을 묘사하면서 민족 정체성의 합일을 강조한다.

박광수는 〈베를린 리포트〉에서 공간과 그 공간 속을 움직이는 인물들을 통해 한국 사회의 특수성을 은유적으로 표현한다. | 〈베를린 리포트〉(모가드코리아, 박광수, 1991)

영화 속에서 이데올로기에 의해 갈라져 오랜 시간을 살아온 민족은 분리된 두 명의 입양된 한국인의 동경과 그리움으로 표현된다. 디아스포라적인 주제를 다룬 〈베를린 리포트〉는 이산가족을 통일 담론의 큰 축으로 인식하면서 민족 동질성의 회복, 통일에 대한 명확한 은유를 보여 준다. 표랑하는 국가 정체성은 버려진 한국 입양아라는 설정에 함축되고 이산가족의 강력한 상징으로 쉽게 변형된다. 국가와 민족이 지나온 길을 허구적 스토리와 인물의 메타포로 변환하는 방식은 박광수의 리얼리즘 스타일의 한 축을 형성하게 된다.

세 번째, 박광수 영화 서사는 영화미학의 현대화라는 관점에서 주목할 만한 특징을 보인다. 그의 서사는 매끈한 연대기의 흐름을 따르는 경우가 드물고 현재와 과거, 대과거 등 시간을 자유롭게 오가며 네트워킹하는 시간의 교차 구조를 도입한다. 〈그들도 우리처럼〉은 여러 겹으로 배열된 시간들이 서로를 쫓고 부연하도록 설계되어 있다. 수배자인 기영(문성근)의 과거를 보여 주는 회상 장면들을 통해 박광수는 주동 인물에 대한 정보를 조금씩 드러내는 방식을 취한다. 〈베를린 리포트〉에서는 시간을 연결하는 매개 장치가 불분명한 플래시백 숏을 다수 사용함으로써 정보에 대한 해석의 의무를 관객들에게 지우기도 했다. 서사 구축 방식에서 박광수의 영화들 중 가장 현대적인 특성을 보여 주는 〈전태일〉의 플롯은 평화시장 봉제노동자로 취직한 시기부터 분신을 택하기까지 전태일(홍경인)의 편력과, 시국 사범으로 수배되어 도피 생활을 하는 지식인 주인공 김영수(문성근)가 전태일의 전기를 집필하는 시간을 축으로 구성된다. 이런 이원화된 플롯의 목표는 청계천 노동자 전태일로 표상되는 불굴의 노동자 정신이 어두운 뒷골목을 배회하는 영수의 시간, 그리고 이 영화를 보는 관객들의 시간에 두루 영향을 미치고 있음을 설파하는 것이다. 시간의 교차 구조는 인물에 대한 정보와 그가 좇는 목표, 목표의 구현 과정에서 맞닥뜨리게 되는 장애와 연결되어 주요한 서사 국면에서 기능하도록 설계되어 있다.

박광수 영화미학의 또 다른 축은, 세계를 응시하고 성찰하는 관찰자의 존재이다. 박광수의 영화를 비판하는 사람들이 지식인의 나약함을 보여 주는 증거로 언급하는 시선화자의 설정은 어떤 관점에서 사태를 바라보는지를 알 수 있게 한다는 점에서 중요한 의미를 가진다. 대부분의 관찰자들이 번민하는 지식인이거나 중립적인 위치에서 사회를 바라보는 존재들로 설정되어 무책임한 관찰자라는 지적이 있지만, 이런 평가는 영화와 현실을 구분하지 않는 단순한 가치평가에 지나지 않는다. 비판의 골자는 박광수 영화의 주인공들이 바라볼 뿐 행동하지 않는다는 것을 지적하는 셈인데, 시선화자들의 면면을 살펴보면 시국 사범으로 쫓기는 수배자(《그들도 우리처럼》)이거나 분단이 초래한 비극을 바라보는 파리 통신원(《베를린 리포트》), 전태일에 관한 전기를 집필하는 지식인 작가(《전태일》), 혁명가의 머리에 앉아 세상을 굽어보는 까마귀(《이재수의 난》) 등으로 설정되어 있다.

그러나 역사의 주체가 반드시 허구적 이야기의 주인공일 필요는 없으며, 그들에 대한 관찰이나 평가, 성찰을 행동의 치열함만으로 평가할 수도 없다. 관찰자의 존재는 박광수 영화 세계의 주제와 연결되는 중요한 장치이다. 이러한 특성이 극대화되어 나타나는 영화가 〈전태일〉이다. 이 영화는 전태일 정신의 뿌리를 찾아 그 것을 현재와 연결하려는 작의로부터 출발하였다. 〈전태일〉은 비판 적 현실 인식에 기초한 리얼리즘이 영화언어에 대한 현대적인 자각 과 결합한 영화라고 볼 수 있다. 이 영화는 시점과 화자의 활용이 갖 는 특이점과, 시간을 오가는 장면전환shot transition을 통해 노동운동 신화가 피어났던 전태일의 과거와 민주노총으로 대변되는 노동운 동의 결실이 조응하도록 만듦으로써 주제를 전달하고자 한다.

이러한 작의는 프롤로그와 에필로그의 조응에서 명시적으로 나 타나는데, 프롤로그는 민주노총의 거리 시위 장면에 대한 다큐멘 터리적인 재현으로 시작하여 자신의 몸에 불을 붙이기 위해 라이 터를 켜는 전태일로 이행하는 전개를 보여 준다. 이때 민주노총 합법화를 주장하는 노동자들의 주장은 근로기준법 준수를 외치며 분신한 전태일 신화와 나란히 놓인다. 1990년대 중반 민주노총 합 법화는 노동운동계의 화급한 의제였으며, 이러한 정치적 상황은 '근로기준법 준수'라는 전태일 시대의 화두와 연결된다. 영화의 에필로그는 전태일 평전을 출간한 영수가 평화시장에서 전태일 을 닮은 한 청년의 뒷모습을 응시하는 장면을 제시한다. 전태일을 닮은 청년이 몸을 돌렸을 때 평화시장을 거닐었던 전태일의 모습 이 겹쳐지는 것이다. 프롤로그와 에필로그의 극중 시제는 모두 현 재에 해당하며, 노동운동과 전태일의 현현이라는 함의가 공명하 는 순간을 기린다. 내러티브를 주재하는 시점은 화자 역할을 하는 영수에게 속해 있고, 그의 내레이션이 과거와 현재를 하나로 엮는 다. 시점과 화자의 역할은 역사를 복구하고 현재화하는 과정에서 차용된 서술 전략이자 영화의 메시지와 연결된다.

노동운동의 역사와 의제 설정이라는 목표 안에서 과거와 현재를 연결하는 〈전태일〉의 플롯을 조력하는 스타일 장치는 장면전환이다. 전태일의 영혼과 정신이 영수의 현실, 관객의 시간과 연결된다는 의미를 구현하고자, 박광수는 과거와 현재의 왕래를 연속성continuity의 원리에 따라 구축한다. 연속성을 조형하는 고전적 스타일의 근간이 되는 시선과 액션의 연속성은 시공간을 초월하여 영수의 시간과 전태일의 시간을 연결하는

〈아름다운 청년 전태일〉에서 전태일의 시간은 지식인 작가 김영수의 시간과 교차하며 서로 연결된다.
| 〈아름다운 청년 전태일〉(씨네2000, 박광수, 1995)

장치로 도입된다. 이를테면, 공장노동자가 되기 전 우산을 파는 전태일의 과거에서 우산을 들고 있는 정순(김선재)의 현재로, 피복공장 옥상에서 태일을 위시한 공장노동자들이 휴식을 취하는 모습을 바라보는 현재 영수의 시선 매치 편집으로, 동료들에게 근로기준법을 교육하는 과거의 태일과 노동자 야학에서 근로기준법 강의를 하는 영수 후배의 목소리가 교차하는 신으로, 근로기준법이 준수되지 않는 현실에 맞서 투쟁해야겠다고 말하는 태일의 다짐이 현재의 투쟁으로 이어지는 매치 컷으로, 과거시제에서 문을 두드리는 노크 소리가 시선의 이동을 타고 현재 태일 어머니(이주실)로 옮아 가는 편집으로 표현되는, 셀 수 없이 많은 시간 연결 장치

들이 존재한다. 특히 피복공장에 들어간 영수가 바라보는 시선이 노동자들에게 닿은 뒤 그중 한 사람이 던진 시선이 되돌아왔을 때의 리버스앵글숏이 태일로 바뀌는 배열은, 생략과 압축의 효과뿐 아니라 시간과 인과율에 종속된 경직된 리얼리즘 양식을 초월하여 두 개의 시간을 만나게 하려는 작자의 의도를 형식적으로 조력한다. 이런 장면들에서 고전적 연속성은 시간을 거슬러 과거와 현재 삶의 연결을 신호하는 스타일 장치로, 물리적 시공간의 연속성이 아닌 의미 맥락에 따라 조직된 강화된 연속성 체계로 진화한다.

장선우의 해체주의적 전망과 미학적 모험

1990년대 장선우는 이 시기 한국영화 미학의 혁신을 견인하며 타성의 흔적을 전혀 찾아볼 수 없는 혁신의 작가였다. 11편의 연출작 중 8편을 1990년대에 연출하는 정력적인 활동을 보였을 뿐 아니라 시대의 조류를 거슬러 가려는 제스처, 의미와 형식의 고정성을 부정하는 해체주의자로서 진가를 드러내었다. 한국영화사에서 볼 수 있었던 비판적 문제와 역사적 금기를 조명하고 혁신적인 미학 양식으로 제시함으로써 한국영화의 풍경을 바꾸어 놓았다는 점에서 1990년대는 장선우의 시대라고 할 수 있다.

장선우의 영화는 주제적으로 급진적이었을 뿐 아니라, 기성의 스타일을 반역하는 해체주의를 택했다. 매번 주제, 소재, 스타일, 구성을 달리하는 다양성을 보이며 도발적인 의제를 선점했다. 한국 자본주의의 천민적 속성을 풍자극의 형태로 도식화한 초기작 〈성공시대〉나 도시 근교 민중의 일상적 삶을 해학적인 틀로, 그러나 전통적인 드라마 형식으로 담아낸 〈우묵배미의 사랑〉(1990)에 비해, 〈경마장 가는 길〉(1991)은 영화적 표현의 가능성을 실험하는 해체주의자의 전망이 본격화된 문제작이었다. 이후 〈화엄경〉(1993)은 불교적 구도의 세계 안에서 현실 너머를 바라보고자 하였으며, 〈너에게 나를 보낸다〉(1994)는 기존 사회의 틀과 가치의 잣대가 무정부주의적인 상황에 빠진 우화를 포르노그래피의 문법에 녹여 제시함으로써 논쟁을 낳았다. 해체와 탈주의 철학이 영화의 언어 규범을 난폭하게 파괴하는 형식으로 나타난 〈나쁜 영화〉(1997)는 기존 사회의 윤리를 거부하는 세대와 집단들을 통해 선악의 윤리 기준에 문제를 제기하고 예술에 관한 규범적인 기준을 희롱하는 단계로 나아간다.

장선우는 당시까지의 한국영화가 특유의 영화 체계나 스타일, 경향을 형성하지 못한 미성숙의 상태에 있다고 진단하고 독창적인 영화미학을 탐사하려 했다. 따라서 장선우 영화의 진가는 그가 다루는 소재의 논쟁성이나 묘사 수준의 파격이 아니라 형식과 스타일의 혁신에서 찾아야 한다. 그의 미학적 화두는 '카메라와 대상의 관계를 어떻게 볼 것인가?'에 맞춰져 있었다. 장선우는 서양에서 유래한 영화미학의 두 가지 축인 몽타주와 롱테이크의 구분을 카메라와 대상의 관계로 규정하고 카메라와 대상이 맺는 새로운 표현 방식, 한국적인 맥락을 탐구하고자 했다. 이로부터 나온 결론이 '열린 영화'라는 개념인데, 영화적 시공간을 구성하는 무대를 극적 환상을 제공하는 세트가 아니라 개방적인 상태로 만들 방법론을 찾아내는 것이다.

장선우는 카메라라는 기계장치를 중심으로 무대가 구성되는 영화의 메커니즘에 주목해, 카메라의 독립성이 활성화될 수 있다면 현실과 허구의 경계를 설정하는 관습적인 형식에서 벗어날 수 있다고 생각했다. 다시 말해, 현실과 허구의 경계가 무너지는 상태를 지향한 것이다. 그리고 그렇게 할 때 특정 시점에서 조망되는 영화적 시각 체계를 파괴할 수 있고, 극적 공간과 그 바깥 사이의 경계를 모호하게 만듦으로써 창조적인 의미와 맥락을 획득할 수 있다고 생각하였다. 영화적 공간을 개방적으로 만들기 위한 전제는 카메라의 이동을 극대화하는 것, 즉 인물의 행동을 다각도로 포착할 수 있는 카메라의 능력을 활성화하고 즉흥과 탈선, 우연을 통해 계획되지 않는 쾌활한 에너지를 창조하는 것에 있다. 〈경마장 가는 길〉, 〈너에게 나를 보낸다〉, 〈나쁜 영화〉, 〈거짓말〉(1999)로 이어지는 해체의 스타일은 이런 사고에서 유래하였다.

장선우의 미학적 모험은 오랜 시간 한국영화를 지배해 온 극화와 스토리텔링이라는 패러다임에 도전하는 것으로부터 출발하였다. 즉, 사건을 도입하고 발전시켜 갈등을 증폭하고 종래에는 갈등을 해결하는 관습적인 내러티브 도식에 갇힌 영화는 예술적 자각, 영감을 줄 수 없다는 것이다. 드라마를 일관성 있게 서술하면서도 의도하지 않았던 주변적인 요소들의 개입이 자유롭게 이루어지는 개방적인 구성을 가능하도록 하는 것, 중심 사건들을 모체로 하여 증식하고 성립하는 이야기가 아니라 사소한 디테일들, 우연적 요소, 영화제작의 수행적 과정이 활성화되는 내러티브를 만들고자 했다.

특히 내러티브의 선형線形 도식으로부터 이탈하고 그것을 파열하기 위해서는 카메라가 기능해야 한다. 카메라는 극적 공간과 그 바깥을 왕래하면서 폐쇄적인 의미 구조를 극복할 수 있는 잠재력을 가지고 있으며, 극적 구성을 해체할 수 있고, 그것에 구멍을 낼 수 있다. 카메라는 액션을 따라잡거나 사건을 기록하는 차원에 머물지 않고 상황에 참여하고 자율적으로 움직여야 한다. 카메라는 대상을 관찰하고 말하고 때로는 맞서 싸울 수 있다. 고전적인 할리우드 스타일에서 카메라와 대상은 분리된 것으로 설정된다. 마찬가지로 관객의 세계와 영화/스크린의 세계도 분리되어 있다. 이러한 분리는 주체-객체, 능동-수동, 중심-주변 등 여러 수준에서 작동한다. 고전적 내러티브 시스템은 행동과 반응이 시간과 인과율의 선형적인 관계로 배열되어 사건의 논리적 진행을 동원하고 특정한 심리적 효과를 유발하도록 설계되었다. 할리우드는 이를 바탕으로 캐릭터 중심주의, 문제해결 모델의 지배, 목표지향적인 내러티브 구조로 표준화했지만, 장선우는 이러한 스토리텔링의 지배적인 패러다임에 도전하고자 했다. 사건을 소개하고 발전시키고 갈등을 증가시키고 해결하는 선형 구조에서는 이야기가 폐쇄회로에 갇히고 만다. 그러나 경계를 넘나드는 카메라의 이동은 스크린에서 벌어지는 사건에 관객들이 가담하거나 다시 빠져나올 수 있게 함으로써 허구와 현실이 자유롭게 틈입하도록 한다.

이처럼 장선우 미학의 핵심은 중심 서사라는 관념을 해체하는 것이다. 일반적으로 카메라가 비추는 것, 따라다니는 인물, 중심에 둔 사물은 하나의 목표를 향해 줄달음치는 서사의 중심이 된다. 그러나 장선우 영화에서 카메라는 사건의 중심이 아닌 주변에 머물고 사건의 언저리를 배회하면서 이야기되지 않은 무언가를 찾는다. 주변부에서 파생된, 사소하고 하찮은 것을 이야기 안으로 끌고 온다는 점에서 〈경마장 가는 길〉은 장선우의 해체적 전망이

응집된 문제작이다.

〈경마장 가는 길〉에서 장선우는 서사의 완결성이라는 리얼리즘의 계율을 따를 생각이 없다. 영화는 프랑스 유학에서 막 돌아온 편집증적 지식인 R(문성근)을 따라 이야기가 진행된다. 오랜만에 돌아온 고국에서 R의 두서없는 행적은 방향타를 상실한 모양이다. 이혼을 거부하는 부인(김보연)과의 무의미한 결혼 생활을 지속하면서, 유학 시절 알게 된 애인 J(강수연)와의 지연되는 관계에 짜증을 부리는 R은 한국 사회의 불가사의한 풍경들 사이에서 방랑한다. 이야기의 대부분은 J와의 섹스, 아내와의 이혼 합의에 번번이 실패하는 R의 좌절을 보여 주는 데에 할애된다. R이 이끄는 삽화들은 병렬적으로 나열되고 긴밀한 연결 고리를 잃어버린 채 원을 그리듯 순환한다. J와의 섹스를 위해 애걸과 협박을 반복하는 R의 무력함과 되풀이되는 다툼과 입씨름 끝에 이별을 통고하는 J, 두 사람의 헤어짐이 영화적 사건의 전부라고 해도 틀린 말이 아니다. 인물들 간의 대립과 갈등의 고조, 해소의 경로로 이어지는 서사구조의 법칙은 무시되고 만다. 드라마를 끌고 가는 동력은 R이라는 중심 인물에 있지만, 그의 됨됨이나 행위는 목적을 잃고 떠돈다. 거처를 상실한 R의 행장기는 의미와 내용을 중심에 두고 목표된 방향으로 드라마를 이끌고 가는 목표지향적인 내러티브를 기피한다.

여기서 장선우가 사용한 서술 전략은 그럴듯한 이야기를 창출하려는 의식보다는 현실의 표면을 묘사하는 것에 맞춰져 있다. 리얼리티의 심층구조를 일정한 규범에 따라 조직하려는 의도를 포기한 채 리얼리티의 표면을 정확하고 날카로운 눈으로 관찰하고자 하는 의도가 드러나는 대목이다. 시종일관 R의 시선으로 이야기가 진행된다는 사실은 의미심장한데, 오랫동안 외국에 머물다가 귀국한 그의 눈에 비친 한국 사회의 세태와 부조리에 대한 관찰이 설득력이 있기 때문이다. 내부에 속한 외부인으로 R은 내재적 타자의 시선을 가능하게 만든다. 프랑스 체류 시절 J의 논문을 대필해 준 R은 J의 부채 의식을 이용해 관계를 연장하려 하고, J는 그로부터 벗어나려 애쓴다. J와 R의 관계는 안과 바깥, 한국적인 것과 서구적인 것, 지배적인 것과 종속적인 것, 3세계와 1세계의 역학에 대한 암시로 규정할 수 있다.[1]

상당한 수위를 보여 주는 섹슈얼리티 묘사가 화제가 되었지만, 〈경마장 가는 길〉의 성취는 독창적인 카메라워킹에 있다. 확연하게 드러나는 스타일상의 특징은 숏을 잘게 쪼개는 대신에 사방을 조망하는 팬pan을 사용한다는 점이다. 번번이 관객의 시야를 바깥으로 확장하는 데에 골몰하는 파노라마적인 풍경 숏에서 카메라는 멸공 방송을 내보내는 자동차와 거리를 걷는 사람들, 십자가 무덤을 이룬 서울의 밤거리를 비추고, 멀미가 일 정도로 쉼 없이 이동하는 카메라의 율동을 통해 영화는 1990년대 초반 한국 사회의 괴상한 풍경들을 기록한다. 풍경과 드라마가 나란히 놓이는 것이다. 촬영감독 유영길의 빼어난 카메라워크로 지원되는 이 장면들은 드라마와 다큐멘터리의 경계 지대를 서성거린다. 상당수 장면 연출은 공간의 세팅과 이동, 관계를 설정과 연속성의 논리로 인식하는 영화의 규범을 해체한다. 카메라의 개방성은 형식적이거나 리얼리즘적인 드라마를 배제한다는 점에서 혁신적이다. 극적 동기에 의존하지 않는 카메라의 움직임은 관객의 직접적인 개입과 극적 공간에 대한 즉흥적인 참여를 가능하게 한다.

〈경마장 가는 길〉의 엔딩에서 우유를 마시던 R은 창밖의 두 아낙을 보다 우유를 흘린다. 이후 R의 시선으로 보이는 귀국 장면과 차창 밖으로 지나가는 시골의 풍경으로 교차된다. | 〈경마장 가는 길〉(태흥영화, 장선우, 1991)

이 영화의 카메라는 의도된 공간이나 대상을 촬영하여 공간적 경계와 시점을 파괴할 뿐만 아니라, 공간을 재구성하고 재조직하여 이야기 바깥으로 시선을 확장하려는 의도를 보여 준다. 그 백미는 R이 수첩에 무언가를 적다가 버스 차창 밖으로 휙휙 지나가는 촌 아낙들을 보고 마시던 우유를 흘리는 마지막 장면에서 확인할 수 있다. 한국영화사상 가장 기이한 라스트신으로 기록될 이 장면은 형언할 수 없는 감정에 사로잡힌 R의 깨달음을 보여 주는 장면으로 추정된다. 그러나 그 깨달음의 실체가 무엇인지에 대해서는 아무것도 말해 주지 않는다. 프레임 안의 극적 공간에서 바깥의 현실 공간으로 이동하는 카메라는 차창 밖 시골 아낙의 모습을 하나의 숏 안에 담아냄으로써 두 영역 사이의 연속성을 깨뜨리지 않는다. 카메라의 연속성이 유지되는 동안 픽션과 현실의 경계가 허물어지는 것 같은 인상을 전달한다는 점에서 픽션과 다큐멘터리의 경계는 모호해진다. 영역을 넘나드는 카메라 이동, 내러티브와 특권적 요소를 해체하고 계획하지 않은 활력과 에너지를 찾으려는 장선우 미학의 핵심을 보여 주는 숏이라고 할 수 있다.

〈나쁜 영화〉는 〈경마장 가는 길〉에 이어 카메라의 중심성을 해체하려는 장선우 미학의 정점에 놓인 영화이다. 좌표를 잃고 흘러가는 거리의 삶에 카메라를 밀착한 이 영화에서, 장선우는 영화문법의 표준 관행들을 난폭하게 파괴한다. 사방이 분간되지 않는 상황에서 남산순환도로 통행 매표소를 털다 소년원에 수감된 열여덟 살 소년 한슬기를 만나는 면회소의 삐딱한 카메라 구도로 시작하는 영화는, 펑크록밴드 삐삐롱스타킹이 연주하고 부르는 '나쁜 영화'로 건너뛰었다가 정해진 시나리오·배우·촬영·편집·미술·음악이 없다는 선언에 이어, 나쁜 조감독이 나쁜 감독을 꼬시는 내레이션으로 연결된다. 갈피를 잡지 못하고 비틀거리는 영화의 도입부는 그 자신이 탐구하는 대상의 존재론적 특질(10대 청소년과 홈리스)을 영화 형식으로 치환하겠다는 의지를 보여 준다.

비전문 배우들과 협업한 페이크 다큐멘터리로서 〈나쁜 영화〉는 극적 효과를 증대하기 위해 직접 관찰의 다큐멘터리가 아니라 재연 형식을 도입한 거짓 다큐멘터리이자 재현의 기능을 재정의하는 픽션이다. 수많은 장면에서 카메라는 극중인물을 연기하는 직업 배우들(송강호, 안내상, 기주봉)과 자신을 연기하는 10대 청소년들(대개는 오디션으로 선발된 10대들이다), 홈리스를 연기하는 홈리스들을 나란히 병치한다. 진짜 홈리스와 가짜 홈리스가 섞이는 다수 장면들은 페이크 인터뷰, 페이크 액팅, 실재 상황, 거짓 상황이 교차하는 하이브리드 상태가 된다. 극영화와 다큐멘터리, 애니메이션, 게임이 교차하는 장르의 혼성이 이루어지기도 한다. 정형화되지 않은 구도 안에서 배우 송강호, 안내상, 기주봉은 서울역 주변에 기거하는 홈리스들 사이를 어슬렁거리며 그들의 영역에 합류한다. 진짜 소년/소녀들과 가짜 어른들이 하나를 이루는 10대들의 스토리 블록에서도 양상은 비슷하다. 배우와 일반인이 하나의 프레임 안에 나란히 놓인 의식적인 구도는 픽션과 다큐멘터리의 혼융, 두 가지 재현 양식의 합일을 주장한다.

〈나쁜 영화〉는 1980년대 이후 영화이론 분야에서 급격히 확산한 포스트 시네마의 범주 안에서 논의될 수 있는 미학적 어젠다를 던진다. 이제는 보편화되었지만 속임수 다큐멘터리와 비디오 다이어리, 에세이 필름 등 포스트 시네마 미학의 일단을 예고하고 있기 때문이다. 이는 〈나쁜 영화〉의 내러티브 구축 방식을 보더라도 극명하다. 영화는 길거리를 방황하는 10대 청소년들의 삶으로 침투하여 그들이 자신의 스토리를 기술하는 다이어리 형식의 단편 4꼭지를 이어 붙인 뒤, 서사의 4분의 1 지점에서 기대하지 않았던 방식으로 서울역 주변에 은거하는 홈리스의 삶으로 건너뛴다. 이 대상 전환의 순간에 끼어드는 감독 장선우의 내레이션은, 10대들과 홈리스의 삶이 갈피없이 흔들리는 존재들이라는 점에서 연결될 수 있다고 말한다. 이후부터 청소년의 스토리와 홈리스의 스토리가 단속적인 소제목 아래 나란히 교차하고 '하다 보니'라는 자막과 함께 별안간 영화가 끝난다.

대다수 장면들이 특정한 구성 논리 없이 흘러가는 것처럼 보이지만, 등장인물들의 수행적 퍼포먼스에 따라 장면의 행방이 결정된다는 것을 알 수 있다. 허구와 실재實在가 엄격하게 분리된 고전

---

* '실제로 존재하는 것'. 객관적으로 존재하는 물질세계 또는 그것의 상태를 의미한다.

적 무대연출을 폐기하고, 행위자의 육체적 발현 과정과 실재의 상
호작용으로 완성되는 퍼포먼스를 지향함으로써 계획하지 않았던
의미가 생성되는 과정을 창조하려 한다. 이야기의 의도와 목표,
지향을 파기한다는 점, 관찰과 기록이 아닌 제작 주체의 퍼포먼스
로 발생한 매개된 현실을 강조한다는 점은 한국영화의 미학적 경
직성을 타격하는 도발이라고 할 수 있다.

　도입부에 등장하는 폭주족들을 동경하는 10대 아이들의 거리
인터뷰 장면을 예로 들어 보자. 1980년대 거리를 카오스로 만들었
던 시위 장면이 무정부적인 폭주족들로 변경된 것 같은 이 시퀀스
에서 영화에 캐스팅된 비직업 배우들의 재연 연기로 만들어진 인
터뷰는 지금, 그곳에서 실재로 벌어지는 상황과 페이크 다큐멘터
리의 혼합이다. 영화제작 과정의 수행성으로 결정되는 텍스트 조
직을 통해 장선우는 등장인물의 퍼포먼스가 촉발하는 감성적 효
과에 집중하면서 카메라의 대상이 된 10대들이 자신의 정체성을
극작과 연기를 통해 표현할 수 있는 기회를 준다. 카메라의 대상
들이 주체로 바뀌는 역전이 발생하는 순간으로 제작자가 뛰어들
어 게릴라식 인터뷰를 시도하는 탐사보도 형식처럼 보이지만, 실
재는 카메라도 대상도 연기를 하는 것이다. 그러나 이벤트가 발생
한 시간과 공간의 차이가 있을 뿐 카메라에 찍힌 행위와 인터뷰는
실재하는 것이다. 무엇이 진짜이고, 무엇이 가짜인가?

　〈나쁜 영화〉의 수행적 해체주의 미학은 또한 영화의 물질성을
노출함으로써 윤리의 문제를 제기한다. 극화된 퍼포먼스, 외화면
으로부터 개입하는 목소리, 시점을 드러내는 가시적 편집, 카메라
장치와 제작 과정의 노출 등 다양한 양상으로 제작 주체의 자기각

인을 시도함으로써 여백을 제공하고자 한다. 촬영자와 조감독이 대상과의 가시적인 교류를 형성하는 연행자로 등장하거나 감독 자신의 보이스오버 내레이션이 깔리고, 홈리스 사내의 인터뷰 과정이 붐마이크를 든 스태프들의 존재와 함께 드러나는 식이다. 삐삐롱스타킹, 어어부밴드, 황신혜밴드와 같은 펑크록밴드의 음악을 전면에 깐 이 교본과 원칙이 없는 영화에서, 장선우는 담대한 해체주의의 전망을 제시하고 있다.

포스트 뉴웨이브: 서사에서 이미지로

이명세의 문체론

사회 현실로부터 출발한 작가들과 비교하여 이명세는 이단적 존재로 받아들여졌다. 이명세의 영화는 사회의식이나 정치적 상황에 대한 참여적인 동기와 무관하였으며, 영화 이미지가 묘사할 수 있는 표현의 영역을 확장하는 사명에만 골몰해 왔다. 당시까지 한국영화계에서는 할리우드의 스토리 서술 일변도 경향을 대체할 만한 대안을 찾을 수 없었다. 영화언어는 불변의 체계가 아니며 끊임없이 진화하는 유기체라는 것을 보여 주기 위해 이명세는 통상적인 영화문법을 거부하고 본인이 생각하는 영화의 정수를 구현하고자 했다. 이명세의 영화에서 새로움을 본 사람들은 리얼리즘에 연연하지 않는 그 자유로운 발상과 상상력에 매료당했고, 그를 알맹이 없는 예술지상주의자로 낙인찍은 이들 역시 알맹이가 없는 스타일에만 집착하는 예술적 자의식을 문제 삼았다.

이명세의 영화는 내러티브와 스타일, 양자 모두에서 리얼리즘의 테제를 부정하였다. 이명세 영화의 내러티브 특징은 에피소드 식式 구성의 플롯으로 요약된다. 견고한 서사구조를 가지고 있다기보다 느슨하게 상황들을 연결하거나 우발적인 사건으로 진행되는 스토리를 보여 준다. 1990년대 이명세의 첫 영화인 〈나의 사랑 나의 신부〉(1990)는 남녀 사이에서 일어날 수 있는 이야기들을 7개의 구성으로 나눠 옴니버스 형식으로 전개했다. 직선적으로 뻗어 가는, 하나의 목표를 가진 선형적인 내러티브가 아니라 연애와 사랑, 신혼 생활의 에센스를 보여 주는 소제목이 붙은 7개의 시퀀스와 프롤로그, 에필로그로 구성되어 있다. 1990년대 이명세의 마지막 영화인 〈인정사정 볼것 없다〉(1999)는 형사와 범인 사이의 추적을 다룬 이야기지만 디테일한 추적 과정을 보여 주기보다 쫓기는 자와 쫓는 자의 관계를 시각적으로 형상화하는 데에 진력한다.

〈남자는 괴로워〉(1995) 역시 〈나의 사랑 나의 신부〉와 마찬가지로 샐러리맨의 일주일을 내러티브 단위로 설정하고 에피소드 중심의 단자화된 이야기들을 요일별로 엮어 놓았다. 고달픈 샐러리맨들의 일상을 묘사하는 영화는 신입 사원의 첫 출근을 담은 월요일과 회식 있는 화요일, 야근하는 수요일, 직장 상사의 발악과 단란주점 에피소드를 담은 목요일, 상사의 해고와 직장을 뛰쳐나오는 주인공의 이야기를 담은 금요일 등 요일별로 에피소드들을 이어 놓았다. 등장인물들은 직장 생활을 하는 20대 후반부터 50대까지 남자들의 고민을 대변한다. 전통적인 가부장제 사회의 권리는 박탈당한 채 돈 벌어 오는 기계로서 의무에 짓눌린 남자들은 직장에서나 집에서 풀이 죽어 있다. 한국에서의 직장 생활 루틴, 일상적 생활사를 묘사하기는 하나, 이 영화가 샐러리맨의 사회사나 한국의 직장인들에 대한 인류학적 고찰을 의도한 것은 아니다. 기승전결 구조로 전진하는 이야기가 아니라 분리된 사건과 에피소드들이 끌고 가는 내러티브를 통해 이명세는 정작 다른 관심사를 드러낸다.

　드라마중심적 영화 작법이 확립된 후 이야기는 대중의 시선을 끄는 강력한 유혹 수단이었다. 영화는 곧 이야기였고 이야기는 곧 영화라고 할 수 있는 것이다. 소설이 전통적 서사 양식의 대표자라면, 영화는 현대적 서사 양식의 총아였다. 그런 이유로 영화사 역시 내러티브 영화의 지배력 하에서 기술돼 왔다. 영화가 현대적 서사 양식의 최고봉이 된 이유는 이야기의 매력에 대중의 취향을 접목한 내러티브 중심주의를 발전시켰기 때문이다. 하지만 언제나 영화가 이야기의 힘에 굴복했다고 볼 수 있을까? 여기에는 이견이 있을 수 있다.

　영화 역사의 초창기, 내러티브 중심의 영화 작법이 확립되기 전에는 사람들은 이야기를 듣기 위해 극장을 찾지 않았다. 활동사진이 처음 선보였을 때 관객들이 열광한 이유는 그것이 신기한 구경거리였기 때문이다. 움직이는 그림에 대한 대중의 호기심은 이전까지 정지돼 있었던 사진이 움직인다는 사실, 시각적으로 생생한 그 운동성 때문이었다. 거기에는 이야기도 캐릭터도 없었고 오직 시각적 쾌락을 극대화하는 움직이는 이미지만 있었다. 즉, 영화의 원초적인 매력은 즉각적으로 눈을 자극하는 이미지의 시각적인 힘으로만 설명될 수 있었다.

　환언하면, 이명세의 영화에는 내러티브 트랙과 이미지 트랙을 운행하는 두 개의 서사가 존재한다고 말할 수 있다. 내러티브의 서사는 극단적으로 단순화돼 유치할 정도로만 있고, 이미지의 서사는 포화 직전까지 팽창한다. 스타일이 드라마를 삼키는 그의 영화는 인물과 사건을 좇는 영화가 아니라 이미지의 운동과 리듬, 색채, 프레임 내 시각적 요소들이 아우성치는 그런 영화다. 모든 것은 움직이고 자기 존재 이유를 밝히기 위해 몸부림을 친다. 이명세의 카메라는 줄거리를 말하는 '소설가의 펜'이 아니라 활동사진적 이미지를 그려 넣는 '화가의 붓'에 가깝다. 이미지의 표상적 효과를 극대화하고자 모든 장치들을 동원하는 이명세는 전통적인 극작법이 다져 놓은 쾌락의 체계를 위반한다. 플롯을 정교하게 다듬고 그 세련을 통해 이야기의 쾌락을 창조하는 것에서 발을 뺀 그의 영화는 시네마에 고유한 운동하는 이미지의 쾌감이 무엇인지를 지극하게 탐구한다.

이명세 영화에서는 전통적 내러티브 영화의 중요 요소들은 무시되거나 구실로서만 의미가 있다. 표면적으로 줄거리가 있고 인물들이 있고 사건이 전개되지만, 이야기의 흐름을 따라가자면 한없이 단조로운 영화일 수밖에 없다. 예컨대 〈인정사정 볼것 없다〉는 형사 이야기다. 플롯을 요약하자면, 이 영화는 신출귀몰한 범죄 용의자에 대한 형사의 끝없는 추적을 그렸다. 스타일과 장르의 관점에서 경찰과 범죄자, 그리고 많은 사건들이 밤에 발생하고, 특정한 타입의 조명을 쓰기 때문에 누아르 장르로 분류할 수도 있다. 그러나 이것이 전부인가? 이 영화는 다양한 요소들을 종합적으로 다룬다. 그것은 또한 집념 어린 추적의 행로에 대한 것이므로 '로드무비'이다. 또한 운동과 역동적인 에너지, 인간의 독창적이고 원시적인 본성에 대한 영화이다.

 깊은 주의를 기울이지 않고 이명세의 영화를 보는 사람들은 그 단순한 서사에 당황한다. 이명세의 영화는 아주 간단한 몇 줄의 글로 정리될 수 있는 스토리를 가지고 있는데, 현실과 환상이 무작위로 섞여 들어가는 납득하기 힘든 정황이 있는가 하면, 이유가 명쾌히 설명되지 않는 전개를 보이거나, 사랑의 열병에 들떠써 내려간 유치한 연애편지 같은 대사들이 난무하기도 한다. 캐릭터의 액션이나 카메라의 이동뿐 아니라, 눈과 비, 수증기, 빛, 색채 등이 모두 운동과 리듬의 요소다. 〈인정사정 볼것 없다〉에서 쏟아지는 비는 이러한 운동성을 표지하는 기호다.

〈인정사정 볼것 없다〉에서 카메라의 운동과 비의 움직임은 두 인물의 액션을 극대화시키며 화면의 중요한 구성 요소로 작용한다. | 〈인정사정 볼것 없다〉(제작 태원엔터테인먼트, 배급 시네마서비스, 이명세, 1999)

우형사와 장성민의 마지막 결투가 벌어질 때 프레임을 가득 채우는 비의 선들은 액션의 순수한 형태와 리듬을 형상화하고 있다. 비는 이야기의 배경이 되는 자연현상이 아니라 배경, 무드가 되는 화면의 구성 요소이다. 이명세는 카메라 운동과 비의 움직임을 혼합한다. 이 장면에서 비는 운동이 본질적으로 부동성이 되는 방식을 보여 주는 매개로서 취급된다. 부동성이란 정지 그 자체가 아니라 운동을 품고 있는 부동성이다. 〈인정사정 볼것 없다〉는 액션의 흐름을 전달하기 위해 빈번하게 사용되는 트래킹숏뿐 아니라 편집을 위한 커트조차 움직임의 역동성을 전달하는 데에 쓰일 수 있음을 증명한다. 예컨대, 액션 장면에서 빠른 호흡의 편집은 움직임과 흐름을 전달할 수 있다. 일반적으로 커팅은 액션의 중지나 전환을 의미하지만, 이명세는 커팅의 리듬을 통해 움직임을 만들어 낸다. 그는 현실적 공간과 영화적 공간 사이의 경계를 무너뜨린다. 이명세 영화의 공간들은 어느 시대 어느 좌표에 있는 장소인지를 직접적으로 드러내지 않는 경우가 많다. 그것은 영화적인 느낌을 환기하는 '어떤 곳'이거나 시간을 알 수 없는 '어느 시점'인 경우가 많다. 로케이션을 선택하는 기준도 여기서 벗어나지 않는다. 〈인정사정 볼것 없다〉의 마지막 액션이 벌어지는 장소는 시간과 공간을 초월한 탈리얼리즘적인 무대로 보인다.

언어화할 수 없는 감각, 이미지의 활력으로 서사를 대체할 수 있다는 이명세의 믿음은 스타일에 도취된 예술지상주의자의 허황된 망상으로 비판받았다. 영화 이미지의 권능을 입증하든, 내러티브적 욕망에 파열구를 내든, 그러한 반서사적 시도는 이야기에 익숙한 관객을 불편하게 만들기 때문이다. 자명한 의미로 고정되지 않는 이야기, 이야기의 논리를 거스르는 대안 서사의 개발에도 불구하고 이야기체 영화의 지배는 사라지지 않을 테지만, 이미지의 쾌감으로 그것을 대체하고자 한 이명세의 문체론은 1990년대 한국영화를 풍요롭게 한 하나의 원천을 제공하였다.

홍상수의 구조적 실험

1990년대 후반은 2000년 이후 한국영화 미학의 혁신을 견인한 신진 작가들이 등장하며 세대교체를 예고한 시기였다. 데뷔작 〈초록 물고기〉(1996)로 새로운 작가의 출현을 알린 이창동, 한국영화계의 완전한 외부인으로 독자적인 영화 세계를 구축해 나간 〈악어〉(1996)의 김기덕, 거대한 실패를 딛고 〈공동경비구역 J.S.A〉(2000)로 대중 작가의 반열에 오른 박찬욱, 장르의 병합과 해체를 통해 대중영화의 혁신을 시도한 〈조용한 가족〉(1998)의 김지운 등 다양한 개성과 지향점을 가진 감독들이 나타났다. 그중 영화미학의 새로운 차원을 견인한 인물은 홍상수라고 말할 수 있다. 한국영화가 오랜 시간 동안 닿지 못한 미개간의 영역을 개척한 작가로 평가되는 홍상수는 혜성처럼 등장하였다. 자학과 염세의 아이콘으로 불린 그는 등장 초기에 너절한 욕망의 속살을 들춰내는 관찰의 대가쯤으로 여겨졌으나, 그가 제기한 것은 우리를 에워싼 진짜 리얼리티란 무엇인가라는 참신하고 본격적인 질문이었다.

데뷔작 〈돼지가 우물에 빠진 날〉(1996)이 처음 공개되었을 당시만 해도, 홍상수는 기왕의 한국영화의 문법을 무위로 돌리는 돌연변이적 성운처럼 보였다. 1990년대 중반 한국영화의 랜드마크가 된 이 영화는 당시까지 한국영화계에 만연해 있던 거대 담론의 무거움을 폐기 처분하고 일상의 세계로 눈을 돌리기를 종용하는 전환의 선언, 또는 기성의 담론과 상징체계를 위반하며 새로운 영화를 추인할 것을 요구하는 도전장처럼 보였다. 이 영화를 분석할 담론을 미처 갖추지 못했던 한국영화계는 비판적 리얼리즘 또는 당대에 성행하던 모더니즘에 대한 이상 열기로 영화를 규명하려 했지만 적절한 해석의 틀이 되지 못했다. 〈돼지가 우물에 빠진 날〉에 처음 피력된 홍상수 영화의 토질은 이야기의 목적성을 거부하면서 구조와 이미지의 본성에 대해 질문한다는 점에서 장선우의 해체주의에 맥락이 닿아 있다. 〈경마장 가는 길〉에서 드러나는 일상사의 세정을 포착하는 심미안, 현실에 대한 미시적인 묘사는 시끄러운 현실이나 합리적 이성주의에 입각한 목적론적 서사에서 탈피하려는 경향의 연장이라고 볼 수 있다.

〈돼지가 우물에 빠진 날〉은 한국영화사에서 매우 독특한 위치를 점한다. 무엇보다 이 영화는 기존의 영화 형태를 거의 등한시하는 것 같은 태도를 취하면서 영화에 대한 갱신된 담론을 유발하였다. 제목을 빌려 온 존 치버의 소설과는 일체의 친연성을 찾기힘든 이 영화는 전례가 없는 파편적인 서사구조와 인물형, 묘사, 스타일, 이미지의 조응 관계를 통해 영화에 대한 담화의 폭을 넓혀 놓았다. 독창적인 서사와 스타일을 통해 대번에 한국영화의 미학적 패러다임을 바꾼 것이다.

〈돼지가 우물에 빠진 날〉의 내러티브는 4개의 챕터로 구성되는데, 각각 1일의 스토리 시간으로 설정된다. 네 명의 등장인물이 각자의 이야기를 가지며 그들의 관계가 어렴풋이 암시된다. 각각의 에피소드는 인물 각자의 관점 차이만을 드러낼 뿐 관계가 형성되거나 새로운 사건이 만들어지는 등의 선형적인 진행은 이루어지지 않는다. 각각의 에피소드는 페이드아웃으로 구분되는데 한 챕터가 등장인물들의 독립적인 이야기인 것 같지만, 각 장의 비어 있는 질문과 이해되지 않던 장면들이 기대하지 않았던 방식으로 다른 챕터와 이어지면서 하나의 이야기로 귀결된다.

〈강원도의 힘〉은 대학생 지숙의 여정을 담은 1부와 교수 임용을 앞둔 대학 강사 상권의 여정인 2부로 나뉘지만, 두 개의 서사가 선형적으로 연결되지 않는다. | 〈강원도의 힘〉(미라신코리아, 홍상수, 1998)

〈강원도의 힘〉(홍상수, 1998)에서도 이와 같은 서사 전략이 유지된다. 대학생 지숙(오윤홍)의 여정을 1부, 교수 임용을 앞둔 대학 강사 상권(백종학)의 여정을 2부로 나눈다면, 1부과 2부 사이는 암전으로 이루어져 있다. 이는 〈돼지가 우물에 빠진 날〉의 에피소드를 나누는 방식과 상통한다. 1부가 진행될 때 관객은 1, 2부가 같은 시간대의 강원도 여정인지 알지 못한다. 구름다리, 설악산에서 만난 여인 그리고 죽음으로 지숙과 상권은 서로 연결되는 듯 하지만 연결되지 않는다. 상권의 챕터에서 지숙과 상권이 같은 강원도행 기차를 탔다는 것을 알려 주는 신호나 지숙의 아파트 문 앞에 써지는 메모, 기와 불사佛事, 금붕어, 살인사건 같은 장치들이 시간의 경계를 넘나들며 파장을 낳는다. 의문만 남겼던 장면들은 서사가 진행되며 의미를 찾게 되고, 이 과정에서 관객은 지속적으로 오류를 수정하고 새롭게 해석해야 한다.

능란한 어희語戲와 아이러니를 구사하는 홍상수의 영화적 구변口辯에는 대상에 대한 직관과 구조화 방식, 묘사 수준의 치밀함이 있다. 일부 평자들은 홍상수의 영화가 보여 준 새로움이 떠들썩하게 평가될 만한 것이 아니며, 뒤늦게 도착한 모더니즘에 대한 이상 열기 또는 한국의 영화문화가 가지고 있는 토대의 허약함이나 천박함을 드러낼 뿐이라고 평가하기도 했다. 또 다른 이들은 홍상수의 영화를 리얼리즘의 굴레에서 벗어나지 못하는 한국영화들 가운데서 진정한 모던 시네마의 세례를 제대로 받은 영화로 진단하였다. 일상의 공허감이나 권태에 대해 그만한 실감을 주는 작가는 흔치 않은데, 극적으로 미약한 동기화랄지, 내러티브를 관통하는 중심 모티프에 대한 근원적인 회의감이 모더니스트로서 그를 평가하는 준거가 되었다.

그러나 미학적 측면에서 홍상수의 공헌은 리얼리즘의 토질을 바꾸었다는 점에서 찾을 수 있다. 자신이 잘 아는 대상에 접근하는 홍상수의 객관적 태도는 작자의 주관을 일체 배제하는 것으로, 그 철저함은 유례를 찾기 힘들 정도로 엄격하다. 작가와 작중인물 사이의 거리는 일정한 간격으로 유지되며, 개인의 감정 표현이 일체 배제된 비정한 표현이 작가의 기질적인 냉엄함과 융합되어 철저하게 표현된다. 결핍의 상태(교수 임용, 캐스팅, 창작의 곤경)로부터 여정을 시작하는 홍상수의 인물들은 늘 모종의 목표를 지닌 채(교수로 임용되거나, 영화에 캐스팅되거나, 창작의 영감을 얻거나, 대마초 스캔들로부터 도피하거나) 출발하지만, 그들이 도달하는 곳에는 별것이 없다.

이 세계에서 특징적으로 드러나는 것은 여행자이자 관조자의 모습을 한 주인공들이다. 그들이 서성이는 장소는 삭막한 도시의 모텔(〈돼지가 우물에 빠진 날〉)이나 설악산의 소로(〈강원도의 힘〉), 선술집이 있는 모퉁이와 길(〈오!수정〉) 등이다. 정박할 곳 없는 떠돌이로 보이는 저들은 흡사 떠돌기 그 자체가 목적인 양 명쾌한 목적지도, 목적지에 도달하고자 하는 의지도 없어 보인다. 암울하고 침통한 분위기 속에서 갈피를 잡지 못하면서도 구차한 욕망을 이어 가려는 그들은 주변과의 어떤 유대의 망도 없이 부유할 뿐이다. 모순과 분열에 고민하는 홍상수의 인물들에게는 욕망을 채울 사랑도, 잠재되어 실현되기를 고대하는 기다림도, 무언가를 향한 열망도, 세속적 번민을 해소할 열락의 계기도 없다. 요컨대 홍상수의 인물들에게 정박할 의미나 추구해야 할 목적 따위는 없는 것이다. 한 방향으로 나아가는 선형적 서사의 한계에 대한 통절한 인식, 관습적인 리얼리즘 서사에 대한 불신, 객관적 리얼리티를 장악하는 작업의 곤혹스러움 또는 경험적 진실의 재현불가능성 등이 그 바탕에 깔려 있다고 할 것이다.

일상에 대한 홍상수의 묘사가 놀라웠던 것은 이전에 보지 못했던 생생한 이미지를 만들어 냈기 때문인데, 그렇다고 하여 이 이미지들이 실재와 깊은 관련성이 있는 것은 아니다. 이런 관점에서 보면 홍상수는 일상의 정체를 파헤치려고 애쓰기보다는 그 구조와 형식을 굴착하는 감독이라고 할 수 있다. 무엇보다 그는 구조에 집착하는 리얼리스트이며, 현실의 재현보다 현상을 표상하는 것에 관심을 두기 때문이다. 일상에 대한 현미경적인 관찰이나 삶에 대한 시니컬한 묘사 등의 수사는 홍상수 영화의 표면적인 특징에 불과하다. 본질적인 것은 홍상수가 늘 내러티브 구축의 관습을 뭉개 버리려는 욕망에 사로잡혀 있다는 사실이다.

코리안 뉴웨이브라 불렸던 한국영화의 조류는 리얼리즘이라는 거대 담론이 장악했던 자리에서 시작한다고 해도 과언이 아니다.

근대 이후의 지배적인 서사 양식에서 탈주하려는 경향에 앞서, 홍상수의 영화는 새로운 서사적 언술의 가능성을 담대하게 제시했다. 그는 근대적 서사 양식이 통일성, 총체성이라는 미학적 원리를 관철시키기 위해 고의로 배제했던 주변적인 것들을 중심에 둔 새로운 서사의 사유 체계를 성립시키기 위해 애썼다. 그 자신이 창안했다고 해야 할 언어를 통해 대상을 구체적이고 치밀하게 묘사하기 때문에, 홍상수의 이야기는 스토리텔링의 표준적인 준칙으로 작동하는 전통적인 서사구조로 수렴되지 않는다.

데뷔작에서부터 홍상수는 단일한 드라마의 흐름을 따르기보다 산재한 에피소드들의 느슨한 연결을 통해 내러티브가 생성되는 영화를 만들어 왔다. 그의 영화는 단자화된 에피소드들이 얼기설기 교차되지만 그것들을 재통합하지 않고 해체시킨다는 측면에서 혁신적이다. 〈돼지가 우물에 빠진 날〉과 〈강원도의 힘〉은 이야기가 구축되는 관습을 해체하였고, 〈오!수정〉은 내러티브의 일관성과 통일성이라는 오래된 규범을 과격한 방식으로 파괴한다. 심지어 그는 그 자신이 쌓아 온(혹은 남들이 홍상수 영화의 특성이라고 규정해온) 이야기 구성의 패턴마저 부수는 자기해체를 감행하기도 한다. '일상의 발견'이나 '인간관계의 본질을 꿰뚫는 혜안'이라는 미덕 못지않게 이 구조의 축조와 해체는 급진적이다.

1990년대 후반 홍상수는 거대한 주제나 진지한 소재에 집착하기보다 구조와 이미지를 통해 인간이 빠지기 쉬운 오류에 대한 자각을 주었다. 홍상수의 의미는 역사와 미학, 비평의 측면에서 매우 특별하다. 당시 한국영화의 한계에도 불구하고 그는 영화에 대한 현대적인 사고를 활성화하였고, 비평 담론의 지평을 크게 넓했다. 홍상수의 등장은 내러티브와 주제, 의미를 강조하는 경향이 우세한 환경에서 이런 지배적인 조류와 단절한 채 지극히 개인적인 비전과 형식, 철학을 가지고 독자적인 영화 세계를 구축해 나가는 작가의 시대를 예고하였다.

단절과 혁신: 21세기의 어젠다를 세팅하다

1990년대 한국영화는 과거와의 단절을 통해 영화미학의 현대화를 이루고자 했다. 이러한 소명은 고질화된 미학적 폐쇄성을 리얼리즘으로 극복하려 한 코리안 뉴웨이브를 넘어 혁신을 이루고자 한 작가들에 의해 지지되었다. 박광수, 장선우, 이명세, 홍상수로 이어지는 10년은 그간 한국영화사에서 볼 수 있었던 비판적 문제와 역사적 금기를 조명하고 세련된 영화 스타일로 제시함으로써 세대교체를 이루었고, 한국영화의 지형을 바꾸는 데 성공하였다.

이들은 정치적 · 사회적 문제 이상의 것을 창작의 영감으로 삼았다. 억압적 사회 현실에 대한 비판이나 고전적인 리얼리즘의 추구는 크게 쇠퇴한 반면, 스토리텔링과 장르 실험, 문체적 전략에 중심을 둔 경향이 우위를 차지하게 된 것이다. 구조와 이미지를 탐구하는 이와 같은 흐름은 오늘날까지 이어지는 현대 한국영화의 새로움이 어느 지점에서 시작했는지를 말해 준다는 점에서 의미가 깊다. 이 시기의 주역들이 의식했는가와는 무관하게 뉴웨이브에서 포스트 뉴웨이브로, 대서사에서 미시 서사로, 스토리에서 구조로, 현실에서 장르로 넘어가는 중심 의제의 이동은 21세기로 이행하는 길목에서 새로운 영화미학의 가능성을 추동하게 된다.

비평적 수용 과정에서 보자면, 1990년대 감독들은 작가주의와 대중주의 사이에서 진동하였던 이전 세대들과 달리 영화미학의 혁신을 추구하면서 작가주의적인 탐구의 길을 열었다. 작가의 독창적인 스타일을 중심에 둔 작가주의의 영향력은 개별 작가의 개성이 뚜렷하게 분화되기 시작한 1990년대에 강력해졌다고 말할 수 있다. 이런 주장을 뒷받침하듯 1990년대 후반에는 홍상수, 김기덕, 이창동, 박찬욱, 봉준호 등 차세대 작가들의 작품에 새로운 감성과 기법이 접목된 새로운 주류 영화가 탄생하였다. 장르에 대한 전복적이고 독창적인 상상력을 보여 준 대중 작가들부터 견고한 세계관과 스타일을 다듬어 가는 작가주의 감독들까지 다양성이 증대되었다. 이들은 종합적인 경향이나 지배적인 조류로 범주화하기 힘든 구별된 세계관과 스타일을 가지고 있으며, 세계 영화 무대에서 한국영화의 아이덴티티를 그 자신의 개성으로 대표하는 인물이 되었다. 이 최근의 붐은 한국영화의 판도를 더 효과적으로 변화시켰으며, 영화제작과 비평적 수용 및 이론 모두에서 집단의 영향력보다 개인의 스타일을 핵심적인 의제로 만들었다.

2000년대 한국영화의 국제화 뒤에는 1990년대 한국영화 미학의 현대화라는 견인차가 존재한다. 영화의 낡은 언어 관습과 결별하고 영화미학의 창의와 혁신을 이루겠다는 자각된 의식이 한국영화를 바꾸었다. 영화언어에 대한 자의식을 가지고 혁신의 단초가 되었다는 점에서, 1990년대 한국영화는 21세기의 대전환을 준비하는 견실한 태세를 갖추어 갔다고 할 수 있다.

미주 ────────────────────────────────

1 한국영상자료원 엮음, 《한국영화 100선 - 청춘의 십자로에서 피에타까지》, 한국영상자
   료원, 2013, 175쪽.

배우

21세기 영화 스타들의 발화기

| 김혜선 |

새로운 물결, 도전적인 얼굴들

1990년대는 이전의 한국영화 제작자들에 비해 새로움을 갈망했던 '영화청년' 세대들의 기획력과 창작력이 한국영화에 대한 인식을 바꿔 놓은 시기다. 이에 제작자, 감독, 주요 스태프들의 세대교체는 물론이요, 낯선 얼굴들이 스크린을 장악하며 새로운 물결을 일으켰다. 다양한 세대, 본 적 없던 유형의 배우들이 그 어느 때보다 스크린에 많이 유입됐다. 1980년대에 이어서 1990년대까지 스크린에서 존재감을 확장한 배우들도 있었지만, 1990년대 TV 드라마의 혁신적인 성장과 인기를 발판으로 스크린에 안착한 신인들이 많았다. 1980년대 배우들이 드러내지 않았던 감성, 1990년대의 도회적이고 모던한 연출과 미장센에 어울리는 캐릭터성을 갖춘 X세대 스타들도 얼굴을 내밀기 시작했다. 여기에 1990년대 중반 이후에는 연극계에서 영화로 건너온 '연기파' 배우들이 그 뜨거운 에너지를 응축하던 시기이기도 하다. 한국영화의 부흥기가 도래하면서 폭발적으로 활약하게 될 2000년대를 앞두고 말이다.

1990년대 한국영화에는 트렌드를 이끌면서도 발칙하고 돌출되는 변수가 가득한 얼굴들이 곳곳에서 활약했다. 2020년대도 여전히 스타인 여러 배우들의 뿌리이자 영화 데뷔 시기가 1990년대라는 사실은 이때가 얼마나 다채롭고 폭넓은 문화소비의 시기였는지를 증명한다. 그러니, 1990년대 한국영화를 읽어 내는 키워드로 '배우'를 빼놓을 수 없는 것은 당연하다.

80년대를 너머 90년대로: 안성기, 강수연, 박중훈, 김혜수

1980년대에도 크게 활약했지만 1990년대 한국영화의 성장기를 함께 누린 배우들이 있다. 안성기와 강수연이 대표적이다. 둘 다 아역으로 출발해서 1980년대에 성인 배우로 안착, 한국영화를 대표하는 배우가 되었다. 안성기는 군 제대 후 이장호 감독의 〈바람 불어 좋은날〉(1980)로 성인 배우 신고식을 치렀고, 이후 1980년대 영화 명장인 배창호와의 꾸준한 작업(〈꼬방동네 사람들〉(1982), 〈고래사냥〉(1984)과 〈고래사냥 2〉(1985), 〈깊고 푸른 밤〉(1985), 〈황진이〉(1986), 〈기쁜 우리 젊은 날〉(1987), 〈꿈〉(1990)), 그리고 임권택(〈만다라〉(1981)), 이명세(〈개그맨〉(1988)), 박광수(〈칠수와 만수〉(1988)) 등 다양한 감독들의 대표작들에서 연이어 주연을 맡으며 화려한 커리어를 구축했다. 특히 그의 필모그래피에서 주목할 것은, 1980년대 한국영화의 간판이자 대표 얼굴이었던 그의 위상이 1990년대에 들어서도 유지되었다는 점이다. 안성기는 1990년대에 〈남부군〉(정지영, 1990), 〈하얀전쟁〉(정지영, 1992), 〈투캅스〉(강우석, 1993), 〈그 섬에 가고싶다〉(박광수, 1993), 〈태백산맥〉(임권택, 1994), 〈영원한 제국〉(박종원, 1995), 〈축제〉(임권택, 1996), 〈인정사정 볼것 없다〉(이명세, 1999) 등으로 관록과 건재함을 보여 주며 '국민배우'로 불리기 시작했다.

강수연은 80,90년대 한국영화와 함께 자신의 전성기를 만들어 갔다. 〈고래사냥 2〉를 통해서 성인 배우로 인정받았고, 임권택 감독의 〈씨받이〉(1987)로 베니스국제영화제 여우주연상을 수상하

안성기와 강수연은 아역으로 데뷔하여 1980년대에 성인 배우로 성장한 모습을 보여 주었으며, 1990년대를 대표하는 배우로 자리잡았다. | 왼쪽 〈남자는 괴로워〉(익영영화,이명세, 1994), 오른쪽 〈무소의 뿔처럼 혼자서 가라〉(오병철프로덕션, 오병철, 1995)

며 '월드 스타' 칭호를 얻었다. 〈미미와 철수의 청춘스케치〉(이규형, 1987)로 사랑받는 청춘스타가 됐지만, 1990년대에 들어서면 그행보에 훨씬 무게가 실린다. 〈추락하는 것은 날개가 있다〉(장길수, 1990), 〈경마장 가는 길〉(장선우, 1992), 〈그대안의 블루〉(이현승, 1993), 〈무소의 뿔처럼 혼자서 가라〉(오병철, 1995), 〈처녀들의 저녁식사〉(임상수, 1998) 등 흥행작이자 '문제작'에서 주연을 맡았기 때문이다. 강수연은 이 영화들로 대종상영화제, 백상예술대상, 청룡영화상 등각종 상을 휩쓸었다. 연기력도 연기력이지만, 그가 배우로서 보여준 용감함과 진보성을 인정받은 것이라 할 만하다.

박중훈도 안성기에 이어서 1980년대와 1990년대를 연달아 누린 배우다. 1980년대 중후반에 등장해 1990년대에 만개한 스타라고 할까. 그는 데뷔작 〈깜보〉(이황림, 1986)부터 주연을 맡았고, 강수연과 출연한 청춘영화 〈미미와 철수의 청춘스케치〉를 성공시키며 1980년대의 대표적인 청춘배우로 활약했다. 〈칠수와 만수〉에선 오랜 세월 존경하며 콤비플레이를 선보이게 되는 선배 안성기와 처음으로 공동주연까지 맡았다. 1990년대에 들어서면서 〈우묵배미의 사랑〉(장선우, 1990), 〈그들도 우리처럼〉(박광수, 1990)으로 진지한 연기도 시도했지만, 박중훈 특유의 유머 감각과 독특한 연기톤은 〈나의 사랑 나의 신부〉(이명세, 1990)부터 본격 시동이 걸린다. 이후 '흥행보증수표'로 스크린을 장악한 그의 황금기는 〈투캅스〉부터 〈마누라 죽이기〉(강우석, 1994), 〈돈을 갖고 튀어라〉(김상진, 1995), 〈투캅스 2〉(강우석, 1996), 〈깡패수업〉(김상진, 1996), 〈할렐루야〉(신승수, 1997)까지다. 〈인정사정 볼것 없다〉로 강력한 잔상을 남기고 할리우드 진출을 모색했던 박중훈의 경력은 이후 하향세를 겪는다. 하지만 1990년대 초중반의 한국영화는 확실히 박중훈을 빼놓고 말하기 힘들다.

1980년대부터 이어 온 TV 드라마 스타들의 영화 행보도 1990년대 한국영화의 한 줄기를 이룬다. 1990년대 초반 TV에서 큰 인기를 얻은 김희애, 채시라, 하희라, 이승연, 이미연 등이 각자 활약상의 차이는 있지만 모두 영화계에 진출했다. 그중에서 가장 눈에 띄는 배우는 1980년대 말부터 주목할 만한 작품들(〈기쁜 우리 젊은 날〉, 〈개그맨〉, 〈꿈〉)에서 주연을 맡았고, 1990년대 박철수 감독의 블랙코미디에 꾸준히 출연한 황신혜다. 그 뒤를 이어 KBS TV 드라마 〈사랑이 꽃피는 나무〉(1987~1991)에서 청순한 여고생으로 스타덤에 오른 이미연은 〈행복은 성적순이 아니잖아요〉(강우석, 1989)로 성공적인 영화 데뷔전을 치렀다. 하이틴 드라마와 영화에서 연이어 보여 준 정적인 이미지에 한동안 고착됐지만, 1990년대 후반 '흥행한 컬트'로 추앙받은 〈넘버 3〉(송능한, 1997)와 뉴웨이브 호러 〈여고괴담〉(박기형, 1998)을 통해 재평가받은 배우이기도 하다.

그리고 이들처럼 하이틴스타로 출발했지만 1980년대를 거쳐

박중훈, 황신혜, 이미연, 김혜수는 1980년대 말에 새로운 얼굴로 등장하여 1990년대 전반에 걸쳐 스크린을 통해 활발하게 활동했다. | 왼쪽 〈투캅스 2〉(시네마서비스, 강우석, 1996), 오른쪽 〈첫사랑〉(삼호필름, 이명세, 1993)

1990년대를 통과하며 인상적인 자취를 남긴 또 한 명의 배우가 있다. 바로 김혜수다. 1985년 TV 광고모델로 첫발을 뗀 김혜수는 1989년 영화 〈깜보〉로 데뷔해 주목받은 후, 1991년 〈잃어버린 너〉(원정수)를 지나 이명세 감독의 영화 〈첫사랑〉(1993)을 만난다. 이 영화에서 김혜수는 첫사랑이라는 순수함 그 자체를 연기해 최연소 청룡영화상 여우주연상을 수상한다. 그리고 〈닥터봉〉(이광훈, 1995)에서는 마침내 당당하고 매력적인 작사가 역으로 흥행배우에 등극한다. 드라마 〈짝〉으로 연기대상까지 수상한 이후 TV에 이어 스크린에서까지 흥행과 인기에 관한 자기증명을 한 셈이다. 물론 김혜수는 2000년대 이후에 더 큰 활약을 보이며 20년 세월이 넘는 지금까지도 성장과 성숙을 거듭하는 스타성을 자랑하고 있다. 1990년대의 활약이 오히려 평범하게 여겨질 정도이지만, 1990년대 내내 TV에서의 당차고 도회적인 이미지를 스크린에 옮겨 〈미스터 콘돔〉(양윤호, 1997), 〈찜〉(한지승, 1997), 〈닥터 K〉(곽경택, 1998)로 꾸준히 영화 작업을 이어 간 당대의 스타라는 점에서 이 시기의 그를 빼놓을 수 없다.

90년대의 '아웃사이더': 문성근, 최민수

영화에 뿌리를 둔 배우가 있고, TV 스타로서의 인기에 힘입어 영화를 시작한 이들이 있다면, 제3의 길은 연극에서 출발한 경우일 것이다. 언제부터인가 대학로에서 스크린의 새 얼굴을 발굴하는 일은 전혀 낯설지 않다. 하지만 1990년대 연극계와 영화계 사이에 존재하던 보이지 않는 경계를 넘는 것은 쉬운 일이 아니었다.

극단 연우무대에서 연극 〈칠수와 만수〉, 〈한씨 연대기〉 등으로 이름을 알린 문성근은 그 경계를 넘은 선두 주자로, 1990년대의 '문제적 영화'들에 자신의 얼굴을 새겼다. 박광수(〈그들도 우리처럼〉(1990), 〈그 섬에 가고싶다〉(1993), 〈아름다운 청년 전태일〉(1995)), 장선우(〈경마장 가는 길〉(1991), 〈너에게 나를 보낸다〉(1994), 〈꽃잎〉(1996)), 여균동(〈세상밖으로〉(1994)), 이창동(〈초록 물고기〉(1997)) 등의 감독들과 함께 이전까지 한국 관객들이 차마 궁금해하지 못했던 질문을 만들어 내는 데에 중요한 역할을 했다. 노동자, 양아치, 조폭, 변호사, 속물 지식인 등 다양한 인물들로 분해 그들의 눈으로 세상의 풍경을 전하면서 말이다. 타고난 성정 때문인지 영화계의 오피니언리더로도 활약하다가 2000년대 초반에는 현실 정치에 참여하며 배우 활동을 잠시 내려놓았지만, 1990년대 문성근의 영화들은 날카로운 '아웃사이더'의 힘을 지니고 있었다.

또 다른 반항적 '아웃사이더'의 기운으로 1990년대를 장식한 배우는 최민수다. 외모와 연기력, 카리스마를 갖춰 데뷔 초부터 1950~60년대 스타 배우였던 아버지 최무룡을 이어 영화계 2세들

연극에서 영화로 무대의 폭을 넓힌 문성근, 반전 매력의 도시 남성 캐릭터를 소화해 낸 최민수, 다양한 장르의 캐릭터를 보여 준 이경영 | 왼쪽 〈그들도 우리처럼〉(동아수출공사, 박광수, 1990), 오른쪽 〈테러리스트〉(선익필름, 김영빈, 1995), 아래 〈그 여자, 그 남자〉(익영영화, 김의석, 1993)

중에서도 유망주로 손꼽혔다. 그는 로맨틱코미디에서 활약하는 동시에 남성적 기운이 물씬한 영화들에도 출연하며 두 갈래의 상반된 필모그래피를 꾸려 나갔다. 데뷔작 〈신의 아들〉(지영호, 1986)에서부터 최민수의 정서로 부각됐던 카리스마는 〈남부군〉의 빨치산 시인 역으로 이어졌는데, 그는 이를 반전시키듯 코믹 연기로 선회한다. 1991년 전설적인 MBC TV 드라마 〈사랑이 뭐길래〉(1991~1992)의 대발이 역으로 대성공을 거두더니, 로맨틱코미디영화 〈결혼이야기〉(김의석, 1992)까지 흥행시킨다. 이후 〈미스터 맘마〉(강우석, 1992), 〈가슴달린 남자〉(신승수, 1993) 같은 기획형 로맨틱코미디에 연달아 출연한다. 허당 코믹 연기와 더불어 적당히 세련되고 보수적인 1990년대 도시 남성 캐릭터를 만들어 낸 것이 성공의 요인이었다. 그러나 여전히 거친 기운을 더 많이 뿜어 냈던 최민수는 1995년

SBS TV 드라마 〈모래시계〉(1995)의 폭발적 성공 이후 영화에서도 〈테러리스트〉(김영빈, 1995), 〈리허설〉(강정수, 1995), 〈나에게 오라〉(김영빈, 1996), 〈블랙잭〉(정지영, 1997), 〈유령〉(민병천, 1999)에 이르기까지 강한 이미지를 굳혀 갔다. 어쨌든 반전 매력의 도시 남성 캐릭터와 정서적 '아웃사이더'를 모두 소화해 낸 '특급스타'였던 만큼, 최민수는 1990년대 한국영화의 한 켠을 점령했다고 봐도 좋겠다.

지금은 '다작하는 조연'으로 익숙한 이경영도 1990년대가 전성기였다. 〈아다다〉(임권택, 1988)로 얼굴을 알린 후, 사회파 영화 〈구로아리랑〉(박종원, 1989), 학원물 〈있잖아요 비밀이에요〉(조금환, 1990), 멜로영화 〈비오는 날 수채화〉(곽재용, 1989)와 〈사의 찬미〉(김호선, 1991), 로맨틱코미디 〈그 여자, 그 남자〉(김의석, 1993) 등 다양한 장르의 영화에 출연한 '멀티플레이어'였다. TV 드라마에서는 '젠틀한 멜로 연기'로 특화됐지만, 영화에서만큼은 장르적인 얼굴을 선보이려 애썼다. 〈세상밖으로〉(여균동, 1994), 〈게임의 법칙〉(장현수, 1994), 〈손톱〉(김성홍, 1995), 〈테러리스트〉 등에서 최민수와 차별되는 '부드러운 카리스마'를 내세우는 한편, 〈진짜 사나이〉(박헌수, 1996), 〈쁘아종〉(박재호, 1997), 〈3인조〉(박찬욱, 1997) 등에서 일그러진 성향의 캐릭터도 소화했다.

90년대의 '워너비': 최진실, 한석규 그리고 전도연

1990년대에 등장해 오롯이 그 시기를 대표하는 한국영화의 얼굴을 꼽으라면 역시 최진실이다. 그는 사실상 1990년대 대중문화의 유일무이한 아이콘이었다. 학창 시설부터 강수연을 동경했던 최진실은 CF 스타로 연예계에 입문했고, TV 드라마로 인기를 얻은 후 영화에 발을 들였다. 영화 출연 초반에는 CF와 TV 드라마에서 주요했던 귀여운 이미지 대신 진지한 캐릭터들에 눈을 돌렸다. 영화 데뷔작이었던 〈남부군〉이나 해외 입양아를 연기했던 〈수잔브링크의 아리랑〉(장길수, 1991)을 떠올려 보라. 〈남부군〉으로 청룡영화상 신인여우상을 수상한 후에는 박중훈과 사랑스런 신혼부부를 연기한 〈나의 사랑 나의 신부〉가 흥행에 성공하면서 배우로서의 입지를 굳힌다. 심지어 이 영화로 대종상 신인여우상을 수상했으니 데뷔 2년 만에 자신의 장기로 수상과 흥행을 다 거머쥔 셈이다. 이후 강우석 감독과 작업한 로맨틱코미디 〈미스터 맘마〉와 〈마누라 죽이기〉의 연이은 성공, 멜로드라마 〈고스트 맘마〉(한지승, 1996)와 〈편지〉(이정국, 1997)까지 흥행하면서 인기의 업그레이드를 거듭했다. 그야말로 1990년대를 완전히 누렸다고 할까. 최진실은 강수연, 심혜진과 더불어 1990년대 한국영화의 주역으로 손꼽히지만, TV와 영화 모두에서 공통적으로 얻었던 신드롬급 인기나 그를 향한 국민적 관심은 절대적이고 독보적이었다. 수많은 이들에게 1990년대의 '워너비'는 확실히 최진실이다.

심혜진은 최진실과 완전한 대척점에 서 있었던 배우다. 비슷한 시기에 등장한 최진실이 '귀여움'을 내세웠다면, 심혜진의 무기는 트렌디하고 앞서가는 느낌의 '세련미'였다. 인기를 얻었던 코카콜라 CF를 통해 콜라처럼 톡 쏘는 시원한 매력, 멋진 커리어우먼의 이미지를 갖고 있던 심혜진은 영화 〈결혼이야기〉로 스타덤에 올랐다. 결혼이라는 판타지에 대처하며 일과 사랑에 열정적인 여성을 연기한 심혜진의 매력은 진보적인 척했지만 남성우월주의자였던 남편 역 최민수의 연기와 완벽한 호흡을 이뤘다. 이후 〈박봉곤

귀여운 이미지로 신드롬급 인기를 끌었던 최진실과 1990년대 독보적인 흥행 파워를 갖고 있었던 한석규.
| 왼쪽 〈편지〉(아트시네마, 이정국, 1997), 오른쪽 〈8월의 크리스마스〉(제작 우노필름, 배급 한국영상투자개발, 허진호, 1998)

가출사건〉(김태균, 1996)이나 〈생과부 위자료 청구소송〉(강우석, 1996) 같은 코미디는 물론이고, 한국 판타지의 새 영역을 개척한 〈은행나무 침대〉(강제규, 1996)와 이창동이 만든 1990년대 한국 사회의 우화 〈초록 물고기〉(1997)를 택한 필모그래피 자체가 심혜진에게 주도적인 여성의 이미지를 안겨 주었다는 점에 주목할 만하다.

최진실, 심혜진과 더불어 1990년대 한국영화계의 이목을 끈 스타는 정선경이었다. 장선우 감독의 〈너에게 나를 보낸다〉(1994)에서 '엉덩이가 예쁜 여자' 캐릭터로 정식 데뷔, 일약 화제의 배우가 됐다. 신선하고 색다른 마스크, 거침없는 이미지를 내세우며 1995년에 내놓은 두 편의 영화 〈개같은 날의 오후〉(이민용, 1995), 〈돈을 갖고 튀어라〉도 흥행에 성공했다. 하지만 빠르게 뜬 만큼 영향력을 발휘한 시간도 짧았다. 1996년 〈그들만의 세상〉(임종재, 1996), 〈지상만가〉(김희철, 1997), 〈3인조〉까지 세 편의 실패로 더 큰 영역을 개척하기에는 어려움이 있었다.

1990년대 중반, 마침내 한석규가 등장한다. MBC TV 드라마 〈아들과 딸〉(1992~1993), 〈서울의 달〉(1994)의 성공을 발판으로 영화에 진출한 이후 한국영화를 책임진 가장 강력한 스타이자 배우였다. 1990년대 초중반까지의 한국영화는 박중훈을 필두로 안성기, 최민수 등이 각자의 몫을 나눠 가졌다면, 1990년대 중반 이후에는 사실상 한석규로 '단일화'됐다고 할 수 있다. 자연스러운 보편의 연기, 깊고 명징한 목소리, 편안하고 부드러운 미소는 멜로·코미디·액션·드라마에 모두 어울렸다. 충무로의 오랜 인물들이 아닌 개성 있는 신인 감독들과도 과감하게 손을 잡을 줄 아는 탁월한 작품 선택력도 성공의 큰 요인이었다. 영화 데뷔작인 〈닥터봉〉이후 〈은행나무 침대〉, 〈넘버 3〉, 〈접속〉, 〈초록 물고기〉, 〈8월의 크리스마스〉(허진호, 1998), 〈쉬리〉까지 1990년대의 한석규가 흥행과 비평에서 실패한 작품은 단 한 편도 없다. 출연작이 곧 화제작이자 흥행작이었다. 한석규가 거절한 〈박하사탕〉(이창동, 2000)의 김영호 역으로 '2천 년대 한국영화의 새 얼굴'이 된 설경구가 훗날 영화지 《씨네21》과의 인터뷰(2019년 3월, 영화 〈우상〉 개봉 당시 커버 촬영 영상 인터뷰)에서 1990년대의 한석규를 두고 "되고 싶은 롤 모델이었고, 오롯이 혼자 한국영화를 짊어지고 있었다"고 회상할 정도였다. 2000년 이후 휴식기와 〈이중간첩〉(김현정, 2003)의 실패로 슬럼프를 겪으면서 한석규의 위상과 역할을 최민식, 송강호, 설경구가 나눠갖지만, 1990년대 한석규의 단일 파워는 지금도 넘보기 어려울 정도로 위력적이었다.

1990년대 후반, 초대형 스타 한석규의 상대역으로 데뷔한 신인 전도연의 압도적인 등장도 빼놓을 수 없다. 한석규의 상대역이라는 점에서 기대는커녕 걱정을 샀던 '당돌한 신인' 전도연은 데뷔작 〈접속〉을 성공시켰고, 이듬해 〈약속〉(김유진, 1998)이 그해 한국영화 최고 흥행을 기록하면서 '멜로의 여왕' 타이틀을 얻었다. 〈내 마음의 풍금〉(이영재, 1999)의 순박한 산골 소녀 연기와 〈해피엔드〉(정지우, 1999)의 강렬한 변신까지 이어진 후엔 수줍은 짝사랑부터 지독한 광기까지 소화할 수 있는 연기의 스펙트럼을 증명했다. 영화 데뷔작부터 흥행작을 줄줄이 탄생시켰고, 데뷔작부터 연기력에 이의를 제기할 수 없는 배우로 등극한 전도연은 흥행과 비평에서 남다른 위상을 누리며 1990년대 후반을 완전히 장악했다. 2000년대 이후엔 한국영화의 중요한 자산으로 '칸의 여왕'으로까지 등극한다. 전도연은 80,90년대 한국영화에서 강수연이 맡았던 어떤 구심점 역할뿐 아니라 연기의 도전적인 에너지까지 승계한 배우라고 할 수 있다.

90년대 중반의 청춘스타들: 정우성, 이정재, 심은하

극강의 비주얼을 갖춘 청춘스타. 이는 1990년대 중반의 '라이징 스타'였던 정우성, 이정재, 심은하 등으로 압축된다. 데뷔작 〈구미호〉(박헌수, 1994)에서 '순수한 청춘의 이미지'로 탁월한 비주얼을 자랑하며 등장한 정우성이 그 대열의 선두에 섰다. 그는 누아르 영화 〈본투킬〉(장현수, 1996)을 거친 후, 김성수 감독의 〈비트〉(1997)로 '방황하는 청춘의 아이콘'이 되었다. 절친 이정재와 거침없이 뛰어다녔던 영화 〈태양은 없다〉(김성수, 1999)까지 흥행한 이후, 정우성은 줄곧 10대들의 로망이자 판타지였다. 이후의 출연작들이 흥행이나 비평 측면에서 아쉽고, 캐릭터나 연기 자체에 설득력이 없을지라도 정우성 자신은 마치 다른 차원의 존재처럼 예외로 여겨졌

현재까지도 배우·감독·제작자로 활발하게 활동하고 있는 정우성과 이정재 모두 1990년대 중반 청춘스타로 데뷔했다. | 왼쪽 〈본투킬〉(순필름, 장현수, 1996), 오른쪽 〈젊은 남자〉(배창호프로덕션, 배창호, 1994)

다고 할까. 최민수가 지녔던 반항적 아웃사이더의 기운을 '가벼운 미소년'이 아닌 '진지한 청춘의 얼굴'에 담아낸 정우성은 흥미롭게도 최민수와 함께 주연을 맡은 〈유령〉의 흥행을 통해 2000년대의 배우로 성장한다.

이정재는 KBS의 신세대 드라마 〈느낌〉(1994)으로 얼굴을 알리고, 영화 〈젊은 남자〉(배창호, 1994)로 데뷔해 도회적인 외모와 세련된 스타일을 선보였다. 1995년 시청률 50퍼센트를 넘나들던 드라마 〈모래시계〉의 보디가드 백재희 역을 통해 청춘스타로 자리매김한 이정재는, 이후 몇 년간 큰 성공작이 없다가 이미숙과 출연한 영화 〈정사〉(이재용, 1998)에서 작심한 듯 파격적인 연기를 선보이며 다시 떠오른다. 그리고 〈비트〉의 김성수 감독, 정우성과 만난 〈태양은 없다〉에서 돈 앞에서 비열해지는 청춘의 모습으로 연기 변신에 성공하며 청룡영화상 남우주연상을 수상했다. 청룡영화상 사상 역대 최연소였다. 정우성과 만난 이정재는 그들의 영화 작업을 즐기면서도 진지한 면모를 보였는데, 지금 돌이켜 보면 이정재는 청춘스타 시절부터 연기 스펙트럼이 상당히 넓었다. 하지만 이른 전성기로 인한 부담이 컸는지 1990년대에 비해 2000년대에 훨씬 힘 겨워지는 시기를 겪는다.

심은하는 MBC 드라마 〈마지막 승부〉(1994)에서 청순한 이미지의 '다슬이 신드롬'을 일으키며 하이틴스타로 출발했다. 스크린 진출작은 그 인기에 힘입어 찍은 1995년 영화 〈아찌아빠〉(신승수)다. 〈접속〉의 전도연보다 조금 이른 데뷔였다. 영화 속 심은하의 얼굴은 TV와는 확연히 달랐다. 단아한 얼굴로 깊은 공명을 느끼게 했던 〈8월의 크리스마스〉를 통해 청룡영화상 여우주연상을 수상했고, 같은 해 〈미술관 옆 동물원〉(이정향, 1998)으로 라면 한 그릇에 괴성을 지르는 털털한 매력을 선보이며 대종상 여우주연상을 수상했다. 강수연, 최진실, 심혜진 등이 인기의 하락세를 겪는 무렵이었기에, 심은하는 전도연, 고소영과 1990년대 말 새로운 트로이카를 형성하며 충무로의 기대주로 한껏 주목받는다. 그러나 심은하는 단 두 편의 영화를 끝으로 배우 생활 은퇴를 선언했고, 1990년대 후반 그의 자리는 다른 누구로도 채워지지 않은 빈칸으로 남았다. 이 외에도 고현정, 이영애 등의 TV 스타들이 같은 시대를 공유했지

드라마 〈마지막 승부〉에서 영화 〈미술관 옆 동물원〉에 이르기까지 심은하는 하이틴스타로 데뷔했지만 꾸준히 새로운 캐릭터에 도전하며 1990년대를 대표하는 여배우 중 한 명이 되었다. | 〈미술관 옆 동물원〉(씨네2000, 이정향, 1998)

만, 그들의 본격적인 영화 이력은 2000년대에 시작됨을 감안하자.

이 시기에는 확실히 신세대 스타들이 쏟아졌다. 심은하만큼이나 하이틴스타였고 〈구미호〉, 〈비트〉를 통해 정우성과 함께 'X세대' 청춘스타로 인정받은 고소영은 〈해가 서쪽에서 뜬다면〉(이은, 1998), 〈연풍연가〉(박대영, 1998) 등을 내놓았다. 하지만 라이벌이라고 할 심은하, 전도연만큼의 연기력을 증명하거나, 〈비트〉에 필적할 만한 흥행작을 만나지 못하는 아쉬움을 남겼다. 이들과는 조금 다른 결의 매력을 선보였던 신세대 스타가 신은경이다. 〈구로아리랑〉으로 또래 중 일찍 데뷔했던 신은경은 보이시한 매력이 돋보이는 X세대의 상징이 됐다. 이정재와 함께 찍은 〈젊은 남자〉가 그 매력을 십분 활용한 작품이다. 인기 절정이던 1996년 음주운전 뺑소니로 물의를 일으켰다가 임권택 감독의 〈창(노는계집 창)〉(1997)으로 재기하면서 하이틴 스타의 이미지에서 벗어난다.

1990년대 TV 청춘드라마로 인기를 얻은 이병헌, 장동건도 여느 하이틴 스타들의 수순처럼 영화에 뛰어들었다. 그러나 둘 다 초반 영화 성적은 좋지 않았다. 〈마지막 승부〉로 혜성같이 등장한 '조각미남' 장동건은 영화 데뷔작 〈패자부활전〉(이광훈, 1997)과 차기작 〈연풍연가〉의 평가가 좋지 않았고, 〈인정사정 볼것 없다〉에 이르러서야 겨우 눈에 띄는 영화 이력을 만들 수 있었다. 지금이야 연기력에 의문을 품지 않는 배우 이병헌은 〈런 어웨이〉(김성수, 1995), 〈그들만의 세상〉, 〈지상만가〉 등 나름 사력을 다해 내놓는 작품마다 흥행에 실패했다. 전도연, 이미연과 찍은 〈내 마음의 풍금〉은 좋은 성과를 거뒀지만, 호평은 단연 전도연의 몫이었다. 첫 흥행작인 박찬욱 감독의 〈공동경비구역 J.S.A〉(2000)을 만나기까지,

1990년대 이병헌의 젊은 에너지는 출구를 찾으며 응축돼 있었다고 해도 좋겠다.

90년대 후반의 연기파: 박신양, 최민식, 송강호

1990년대 후반은 2000년대 이후 한국영화의 중심이 되는 연기파 배우들이 슬슬 얼굴을 내밀기 시작한 시기다. 멜로 분야의 연기파는 단연 박신양이다. 그의 흥행력에 가장 큰 공헌을 한 멜로영화는 최진실과 함께한 〈편지〉, 전도연과 함께한 〈약속〉이다. 2000년대는 〈달마야 놀자〉(박철관, 2001) 같은 영화에서 코믹한 이미지로 승부하고, 〈범죄의 재구성〉(최동훈, 2004) 같은 누아르에도 출연하지만 1990년대 후반의 박신양은 '멜로 배우'였다. 러시아 유학파로 지적인 이미지와 연기로 승부하는 그의 멜로에 호응하는 관객들이 많았다.

연극배우 출신으로 탄탄한 기본기를 갖춘 최민식도 1990년대 후반의 영화들에서 본격적으로 매력을 드러내기 시작했다. 연극 〈에쿠우스〉로 두각을 나타낸 후 TV 드라마를 시작한 최민식은 KBS 2 TV 드라마 〈야망의 세월〉(1990~1991)의 '쿠숑' 역과 〈서울의 달〉로 인기를 얻었지만, 영화 〈구로아리랑〉, 〈우리들의 일그러진 영웅〉(박종원, 1992)을 통해 시대의 아픔도 대변했다. 최민식이 대중에게 한 발 더 다가간 계기는 영화 〈넘버 3〉의 폭력 검사 역을 통해서다. 한석규의 학교 선배이자 절친이었던 그 역시 세대교체를 외치던 충무로의 '젊은 피'들과 의기투합해 이미지를 폭넓게 변주할 수 있었다. 〈조용한 가족〉(1998)의 김지운 감독, 〈쉬리〉(1999)의 강제규 감독, 〈해피엔드〉의 정지우 감독이 그를 찾았다. 송해성 감독의 〈파이란〉(2001)으로 '최민식 페이소스'의 정수를 보여 주고,

박신양과 최민식은 연극무대에서 갈고 닦은 연기력으로 1990년대 스크린과 TV 드라마에서 다양한 캐릭터를 보여 주었다. 이러한 활동은 2000년대에도 이어져 오늘날까지 흥행과 작품성을 모두 보증하는 배우로 남아 있다. | 왼쪽 〈약속〉(제작 신씨네, 제공 삼성픽쳐스, 김유진, 1998), 오른쪽 〈해피엔드〉(제작 명필름·서울무비, 투자 제일제당·국민기술금융, 정지우, 1999)

박찬욱 감독의 〈올드보이〉(2003)로 칸의 레드카펫을 밟을 때까지, 1990년대 후반은 최민식이라는 배우가 '끓는점'에 도달하기 직전의 시간이었다.

그리고 최민식 곁에 송강호가 있었다. (같은 매니지먼트 소속이기도 했던) 한석규, 최민식과 함께 〈넘버 3〉, 〈조용한 가족〉, 〈쉬리〉까지 연이어 출연한 송강호 역시 〈공동경비구역 J.S.A〉로 진가를 보여 줄 준비를 마친 상태였다. 지금 우리가 아는 송강호의 엄청난 잠재력이 꿈틀거리던 시기였다. 이 즈음 〈처녀들의 저녁식사〉, 〈송어〉(박종원, 1999)의 설경구도 서서히 충무로에서 떠오르는 신인이었고, 영화 〈세기말〉(송능한, 1999)에서 레전드 모델 출신 배우 차승원도 새롭게 발견됐다.

당시 한국영화계의 중심을 차지한 정도는 아니지만 1990년대에는 다양한 색채의 배우들이 적재적소에 등장했다. 1990년대 〈장군의 아들〉(임권택, 1990~1992) 시리즈로 기억되는 박상민과 〈장군의 아들〉(임권택, 1990), 〈은행나무 침대〉의 악역으로 성공한 신현준을 기억하는 이들도 많다. 차승원과 더불어 패션모델 출신 배우들의 원조 격인 진희경도 〈은행나무 침대〉가 흥행하며 인기를 얻었다. 최진실의 매니저 배병수의 눈에 띄어 〈결혼이야기〉로 데뷔하고, 〈바람 부는 날이면 압구정에 가야한다〉(유하, 1993)에서 주연을 맡아 가수로도 데뷔, 한국 가요계의 마돈나가 된 신인 배우 엄정화도 있었다. 〈미술관 옆 동물원〉에서 멜로형 배우로 호평받다가 〈주유소 습격사건〉(김상진, 1999)의 무정부주의자를 연기한 이성재, 〈나는 소망한다 내게 금지된 것을〉(장길수, 1994)으로 데뷔해 〈비트〉를 거쳐 〈간첩 리철진〉(장진, 1999), 〈주유소 습격사건〉을 만난 유오성, 〈고스트 맘마〉, 〈꽃을 든 남자〉(황인뢰, 1997), 〈남자의 향기〉(장현수, 1998)에서 연민을 자아내는 남성상을 맡았던 김승우 등이 모두 1990년대에 등장해 2000년대로 향했다는 사실도 흥미롭다.

지금까지 언급한 배우들 가운데 많은 수가 2022년 현재에도 여전히 연기를 멈추지 않고 있다. 그중엔 각자 시기는 다르지만 전성기를 거듭 갱신하며 더 큰 스타성을 발휘하고 있는 이들도 상당수다. 1990년대 문화의 파급력과 진보성, 팬덤의 강도와 수혜가 얼마나 컸는지 배우들의 면면이 몸소 증명하고 있다.

스타 파워의 체계화

1990년대 한국영화에는 이미 영화계에 이름을 안착시킨 대형 배우들이 있었지만, 신인급임에도 불구하고 거센 인기를 등에 업은 스타들까지 줄줄이 등장했다. 영화제들이 앞을 다퉈 부르고, 영화잡지들과 연예저널, TV 연예 프로그램들까지 총력을 다해서 해부하던 배우이자 스타들의 이야기는 대중의 욕망을 자극했다. 이 배후엔 사실상 연예산업 혹은 엔터테인먼트산업의 성장이 있고, 그 중에서도 매니지먼트산업의 급성장이 있었다. 1980년대 중반 이후부터 커져 가던 연예산업 혹은 엔터테인먼트산업은 1990년대에 대기업 자본을 수혈 받으면서 기업화한다. 이전까지 주먹구구식이던 배우 매니지먼트업계에 1990년대 중후반 대형 매니지먼트사, 대형 기획사들도 본격 등장한다. 그들은 자사의 배우들을 스타로 가꾸고 성장시키면서 2000년대에 이르면 영화제작에까지 발을 들인다. 배우들의 후방지원을 자처하면서 점진적으로 힘을 키워 나간 매니지먼트산업은 1990년대 한국영화가 산업화되는 변화의 시기에 중요한 한 축을 담당한다.

90년대 엔터테인먼트산업의 변화

다양한 스타들의 출현과 성장에는 그들을 뒷받침하는 연예매니지먼트의 움직임이 있었다. 60, 70년대의 매니저들은 스타의 가방을 들어 주는 심부름꾼 수준에 불과했지만, 1980년대부터는 조금씩 변화하기 시작했다. 1990년대에 들어서면서 연예매니지먼트산업은 이전과는 다른 획기적인 변화를 맞는다. 1991년 민영방송 SBS의 등장 때문이다.

  SBS는 기존 지상파인 KBS, MBC와 경쟁하며 자사의 인지도를 높이기 위해 연예인들, 특히 톱스타들을 대거 스카우트하기 시작했다. KBS와 MBC는 1980년대까지 공채를 통해 연기자들을 전속으로 묶어 두며 등급제로 출연료를 규정해 왔다. 이 시스템에 불만을 품고 있던 톱스타들이 고액의 출연료를 제시하는 SBS와 계약하기 시작하자 주연급 출연료가 급상승한다. 두 지상파는 그 여파로 결국 전속제를 해지하게 된다. 방송 연기자들의 자유계약이 활발해지면서 자연스럽게 방송 프로그램들의 경쟁이 심화되자, TV와 영화를 오가는 탤런트와 배우 등 연기자들의 활동을 체계적으로 관리할 필요성도 커진다. 당시만 해도 배우 매니지먼트는 군소 기획사를 차린 매니저 1명이 연기자 한두 명을 관리하는 식이었다. 매니지먼트 방식도 방송국에서 형, 동생을 찾던 인맥 관리 방식이 대부분이었다. 그 때문에 생겨나는 불필요한 스캔들, PD나 기자와의 친밀도에 의존하는 주먹구구식 홍보 방식은 이제 극복해야 할 문제들이었다.

1990년대 배우들의 매니지먼트는 크게 세 유형으로 나뉜다. 한석규의 친형 한선규 사례처럼 가족이 매니지먼트를 맡는 경우, 방송계에서 일하거나 가요계 음반 기획사에서 일하며 매니저 경험이 있던 이들이 친한 탤런트나 영화배우, CF 스타들의 일을 봐주기 시작한 개인 매니지먼트, 마지막으로 대기업 자본의 매니지먼트 혹은 기업형 매니지먼트의 등장이다.

1990년대 스타들 대부분은 두 번째 유형, 즉 개인 매니지먼트 형태로 시작했다가 체계화된 관리를 받게 된 경우다. 당시 대표적인 개인 매니저들로는 정훈탁, 정영범, 백남수, 배병수, 하용수 등을 들 수 있다. 이들 중에는 어느 정도 시간이 흘러 기업형 매니지먼트의 수장으로 성장한 경우도 있다. 배병수는 최진실의 매니저로 유명했고, 배우 출신의 패션 디자이너이자 연예기획자였던 하용수는 최민수와 이정재·이미숙·주진모의 매니저를 자처했다.

표1 1990년대 중반 배우 매니저 및 매니지먼트 현황

매니저 및 매니지먼트사	소속 연기자
정훈탁(EBM - 싸이더스 HQ)	박신양, 정우성, 전지현, 한재석, 김지호
정영범(스타J)	장동건, 김지수, 이승연, 솔리드, 정찬
백남수(백기획 - 에이스타스)	이영애, 김선아, 황수정, 김현주, 이나영
황정욱(스타서치)	강문영, 최민식, 우희진
배병수	최진실, 엄정화
하용수	최민수, 이정재, 박영선, 주진모

※ 출처: 한국방송영상산업진흥원,《방송과 연예엔터테인먼트 산업》, 커뮤니케이션북스, 2003

박신양과 정우성의 개인 매니저였던 정훈탁은 EBM을 거쳐 대형 매니지먼트사 싸이더스 HQ를 설립했다. 그룹 솔리드를 시작으로 심은하·장동건·이승연·김지수, 그리고 2000년대 원빈의 매니지먼트를 맡았던 정영범은 스타J엔터테인먼트를, 이영애·황수정·김현주·김선아·이나영 등을 발굴한 백남수는 백기획을 거쳐 에이스타스를 이끌며 활발하게 활동했다. 정훈탁은 특히 TV 드라마, 영화 등의 시나리오 분석력과 신인의 스타성을 포착하고 스타를 만들어 내는 기획력이 남달랐다. 소속 배우의 체계적인 관리는 물론이고, 스타와 신인을 조화롭게 배치한 라인업을 무기로 2000년대 이후엔 제작에까지 손을 뻗쳤다.

기업형 매니지먼트의 등장

1990년대 중반 이후 대기업의 연예매니지먼트사업 진출이라는 더 큰 변화의 물결이 일었다. 한국영화와 광고시장의 활성화, 1995년 케이블TV의 보급, 인터넷 문화의 확산, 한류 열풍의 가시화로 인

한 배우들의 해외 진출 등으로 매니지먼트가 사업적 가치를 인정받게 된 것이다. 그런 환경적 변화 안에서 대기업 자본이 개인 매니지먼트와 결합하여 '기업형 매니지먼트'가 등장한다. 삼성, 한보, 제일제당의 자본을 수혈 받은 스타서치, 한맥유니언, 제이콤이 대표 격이다.

이 중에서도 삼성그룹 계열사인 '디지털미디어'를 대주주로 하여 1994년 4월에 1억 원의 자본으로 설립된 스타서치가 가장 활발한 활동을 하고 가장 중요한 위치를 차지한다. 한국 연예매니지먼트에 최초로 과학적인 체계를 도입한 회사이기 때문이다. 스타서치는 기존의 인맥 채용이었던 매니저 선발을 대졸 공채 매니저 선발로 바꾸고, 인턴제도를 도입했다. 한 명의 매니저가 한 명의 배우를 책임지는 방식이 아니라 영화, TV, 광고 등 분야별 담당자를 만들어 업무를 관리하는 매니지먼트의 세분화 전략도 내세웠다. 이 전략은 특정 배우에 대해 소비자들이 갖는 이미지 등을 조사하는 첨단 기법을 사용해 자사 배우들의 기초 자료를 전산화하고, 한 명의 스타가 다양한 영역에서 활동할 수 있는 기반을 만들어 주었다. 여러 단계를 거치는 스타 캐릭터 메이킹 시스템으로 매출과 이윤을 극대화한다는 전략도 세웠다. 대주주였던 디지털미디어의 소프트웨어 제작 시스템과 매니지먼트를 연계하는 경영계획도 내세우는 등 스타서치는 제법 회사답게 운영됐다. 계획했던 사업의 저조한 성과, 경영진 갈등, 소속 연예인들의 이적 등의 문제로 1년 6개월 만에 문을 닫게 되지만, 그 실패조차 한국 연예산업·매니지먼트산업의 진화에 기여했다고 평가받는다. 이후엔 기업형 매니지먼트의 장점과 개인 매니지먼트의 기동성을 결합한 형태의 매니지먼트 사례들이 생겨났다.

영화 〈쉬리〉의 히트를 계기로 한국영화 붐이 일면서 더욱 거대한 자금이 연예산업으로 이동했다. 개인 매니저나 기획사들이 서로 통합하고, 투자금를 유치해 기업화되는 경향도 가속화됐다. 일부 연예 매니지먼트사는 외국자본을 유치하거나 합작회사 설립을 추진하는 등 매니지먼트의 글로벌화도 진행했다. 글로벌 스타 마케팅은 1990년대 말 매니지먼트기업의 선진적 화두였다.

돌이켜 보면, 1990년대는 개인 매니지먼트가 과학적 매니지먼트로 변화하는 과도기였다. 기업형 매니지먼트는 단순히 배우들의 영화 캐스팅 계약이나 출연료 관리, 일정 관리에 국한되지 않고, 영화 홍보와 노출 전략, 러닝 개런티나 초상권, 광고 수익을 비롯한 다양한 영상 채널에서 얻은 이익의 분배 등 법적인 문제로까지 업무 영역을 넓혀 갔다. 1990년대의 스타들은 어느새 그런 체계에 익숙해지면서 그들을 둘러싼 산업의 크기를 가늠하며 성장하게 된다. 2000년대 한국영화산업의 극적인 변화와 현재까지 이어지는 스타 파워는 1990년대에 그 뿌리를 두고 있다고 해도 과언이 아니다.

독립영화

1990년대 독립영화 운동의
새로운 모델들

| 이도훈 |

독립영화의 출생신고

1990년대는 한국 독립영화에 이름이 부여되고 그에 걸맞은 정체성이 형성되는 과도기적인 시기였다. 역사적으로 독립영화를 가리키는 용어는 소형영화, 작은영화, 학생영화, 열린영화, 민족영화, 민중영화 등으로 다양했다. 그 이름들은 저마다 다른 지향점을 가지고 있었지만, 1980년대를 통과하면서 민중운동, 노동운동, 민주화운동 등과 조직적으로 결합하면서 사회적 변화를 위한 수단으로서의 영화라는 공통의 의미를 획득했다. 하지만, 1990년대에 접어들면서 형식적 민주주의 달성, 동구권의 몰락, 민중운동의 쇠퇴, 시민사회운동의 부상, 소비문화의 팽창과 같은 다방면의 변화에 대응해야 할 필요성이 영화운동 조직 내부에서 제기되었다. 이러한 배경에서 새로이 등장한 영화 조직들은 독립영화라는 용어를 앞세워 기존의 영화운동을 재정비하는 가운데 독립영화를 개념적으로 정립하기 위한 여러 실천을 전개했다.

통상적으로 독립영화(인디펜던트 필름independent film)는 미국의 비제도권 영화 또는 유럽의 아방가르드 실험영화를 지칭할 때 쓰는 표현이다. 미국영화사로 한정해서 말하자면, 독립영화는 1910년대 이후 여러 작은 영화사들이 거대 영화사를 견제하기 위해 제작한 영화 또는 1950년대 이후 할리우드 중심의 제작 · 유통 · 상영 방식을 비판하면서 등장한 실험적인 영화의 제작 및 유통에 관한 다양한 시도를 포함한다. 한편, 국내에서 독립영화라는 용어가 공식적으로 쓰이기 시작한 것은 1990년 1월 30일 한국독립영화협의회가 결성된 이후로 보는 것이 일반적이다. 한국독립영화협의회는 민족영화연구소 · 아리랑 · 영화공동체 · 영화마당 우리 · 우리마당 영화패 · 한겨레영화제작소가 영화운동의 집단적 결집을 위해 결성한 것으로, 사회적 변혁을 염원했던 1980년대 영화운동 정신을 계승하면서도 대중적 차원에서 영화제작 · 보급 · 연구의 활성화를 꾀했다.

그렇다면 왜 '독립영화'라는 새로운 이름을 활용하여 기존의 영화운동 조직들을 통합하려고 했던 것일까? 일각에서는 1980년대 운동권의 양축을 지탱했던 NL(민족해방)과 PD(민중민주) 계열 간의 진영 논리를 피하면서 영화운동 조직들을 결집하려는 선택으로 보고 있다.[1] 하지만 이와 같은 이데올로기 중립적인 성격으로 인해 독립영화의 정체성은 필연적으로 모호할 수밖에 없었다는 지적도 있다. 김명준은 진보적 영화운동의 전개 과정에 관한 글에서 "독립영화'라는 표현은 대다수의 영상운동 주체가 노동영상운동의 주체로 스스로를 선언했던 시기가 종료된 이후 정체성의 혼란을 가져올 수밖에 없는 내적 근거를 지니고 있었다"[2]고 적는다. 한편으로, 한국독립영화협의회가 사용한 독립영화라는 이름이 정치적 대안보다는 산업적인 대안을 강조한 것이라고 보는 견해도 있다. 한국독립영화협의회의 결성 당시에 발행된 《한겨레》의 한 기사에 따르면, "'독립영화'라는 이름은 이른바 제도권 안에서 만들어지는 것과는 달리 정치적 속박과 산업자본에 대한 경제적 종속에서 벗어난 공간에서 이뤄지는 이들 영화작업의 특성을 드러낸 것이다."[3] 이 기사는 독립영화의 정치적 노선을 분명하게 규정하기보다는 독립영화가 제도권과 구분되는 위치에 있음을 강조한다.

영화운동 조직들 사이에서도 독립영화의 정의에 대한 합의된 의견은 도출되지 않았다. 어쩌면 독립영화는 애초에 복합적인 개념이었는지도 모른다. 이와 관련해서 1996년 서울영상집단이 독립영화의 역사, 현황, 이슈를 정리할 목적으로 발간한 《변방에서 중심으로: 한국 독립영화의 역사》의 한 부분을 참고해 볼 수 있다.[4] 이 책은 1990년대 당시 독립영화가 크게 다음의 세 가지 의미로 혼용되어서 쓰였다고 적는다. 첫째, 경제적 그리고 사법적 독립을 근간으로 하면서 권력으로부터의 독립을 중시하는 진보적 영화운동. 둘째, 영화미학을 추구하는 소형영화, 단편영화, 실험영화. 셋째, 상업영화 시스템에서 활동하는 젊은 영화감독들이 독립적인 방식으로 영화를 제작하는 것을 가리키는 저예산 독립영화. 이러한 논의에 따르면, 1990년대 한국 독립영화는 정치적 자율성, 미학적 자율성, 경제적 자율성을 지향하는 영화를 각각 지칭하거나 그것을 모두 아우른다.

이처럼 독립영화는 처음부터 그 이름에 대한 뜻풀이가 명확하지 못했고, 그로 인해 영화인들 사이에서도 독립영화의 정체성이 모호하다는 지적이 끊이질 않았다. 따라서 독립영화는 처음부터 하나의 고정된 의미를 갖고 출발했다기보다는, 역사적으로 여러 국면을 통과하면서 다양한 실천이 이루어지는 가운데 서서히 본연의 모습을 갖추었던 것으로 이해되어야 마땅하다. 다시 말해, 오늘날 우리가 생각하는 독립영화는 1990년대 독립영화를 둘러싼 여러 힘들의 경합이 만들어 낸 사회적 구성물인 것이다.

영화제작 집단과 상영운동

1980년대의 영화운동 조직들은 안정적이고 공식적인 상영 공간을 확보하지 못했다. 일부 영화운동 조직들은 영화를 통한 사회적 변혁을 달성하기 위한 선결 조건으로 상영 공간이 확보되어야 한다고 주장했다. 이와 관련된 대표적인 사례로 언급할 수 있는 것이 작은영화제이다. 1984년 "작은영화를 지키고 싶습니다"라는 슬로건 아래 열린 제1회 작은영화제는 소형영화*인들 사이의 교류를 촉진하고, 소형영화를 통한 현실 참여 가능성을 고민하고자 마련된 자리였다. 또한, 이 영화제는 소형영화의 정치적·사회적·미학적 위치와 성격을 개념적으로 규정하고 그러한 영화들의 가치를 인정하고자 벌인 운동이기도 했다. 작은영화제의 역사적 의의는 다음과 같다.

첫째, 소형영화 운동을 통해서 사회비판적인 성격을 갖는 대안적인 영화제작의 중요성을 드러냈다. 둘째, 비제도권 영화인들 간의 교류를 통해 영화운동을 결집할 수 있는 기회를 제공했다. 셋째, 작품 상영과 세미나를 결합한 영화제 행사를 통해서 대중과의 만남을 시도했다. 비록 작은영화제는 1회로 끝났지만, 이 행사는

---

* 1970년대 이후부터 8mm 또는 16mm 필름으로 제작된 영화를 '소형영화'라고 불렀다. 주로 35mm 필름으로 제작되는 상업영화와 달리, 아마추어 영화인들이 저예산으로 만든 영화를 지칭하기 위해 쓰인 용어이다.

1980년대 영화운동의 주요 관심사 중 하나가 대안적인 영화를 위한 상영 공간의 확보에 있었음을 잘 보여 준 것으로 평가할 수 있다.

독립영화 진영 내부에서 상영 공간을 확보하려는 시도는 새로운 영화제작 단체들이 생겨나기 시작한 1980년대 후반부터 1990년대 초반 사이에 본격적으로 이루어졌다. 말하자면, 새로이 등장한 독립영화 제작 단체는 단순히 영화를 어떻게 만들 것인지만 고민한 것이 아니라 완성된 영화를 누구에게 어떻게 보여 줄 것인지도 함께 고민했다는 것이다. 이 시기를 대표하는 독립영화 제작 단체로는 서울영상집단(1986), 장산곶매(1987), 노동자뉴스제작단(1989), 여성영상집단 바리터(1989), 영화제작소 청년(1990), 푸른영상(1991), 뉴이미지그룹(1992), 기록영화제작소 보임(1993), 인디라인(1994) 등이 있다. 이 단체들은 모두 기존 상업영화의 형식과 양식을 비판하면서 대안적인 영화제작을 시도했다는 공통점이 있다. 또한, 이들 모두 극장 상영을 표준으로 규정하는 법의 테두리에서 벗어나 영화를 제작 · 유통 · 상영할 수 있는 대안적인 방법을 고민했다. 당시 독립영화의 제작 포맷으로는 8mm 필름, 16mm 필름, 비디오 중 하나가, 장르적으로는 극영화, 다큐멘터리, 실험영화 중 하나가 선택적으로 쓰였다. 각 단체마다 정치적 열망과 문화적 욕구가 달랐기에 당시 제작된 작품의 주제나 메시지는 민중, 노동, 여성, 일상 등으로 다양했다.

장산곶매의 〈파업전야〉(이은기 · 이재구 · 장동홍 · 장윤현, 1990)는 독립영화 상영운동에서 하나의 모델을 제시하고, 그 실천이 활발하게 전개될 물꼬를 터 준 작품으로 평가된다. 장산곶매는 1987년 소형영화를 제작하던 영화인들이 모여 5 · 18 광주민주화운동을 다룬 장편 극영화 〈오! 꿈의 나라〉(이은 · 장동홍 · 장윤현, 1989)를 제작하고자 창립한 단체였다. 이 제작 단체는 1980년대 대학 내 영화 동아리를 중심으로 구축된 집단 제작 방식의 전통을 계승하면서도, 단편영화를 넘어 장편영화의 제작을 꾀했다는 점에서 새로운 영화운동 모델을 제시한 것으로 평가할 수 있다. 장산곶매가 1989년에 완성한 〈오! 꿈의 나라〉는 전국 150개 공간에서 500회 이상 상영하여 약 10만의 관객을 동원했다.

흥미로운 것은, 이 작품이 배급 통로를 스스로 개척하고 수익 구조를 구축했다는 점이다. 이 작품의 배급을 담당했던 낭희섭의 회고에 따르면, 〈오! 꿈의 나라〉는 지역별 주요 단체에 판권을 넘기는 대가로 100만 원

장산곶매에서 제작한 영화들은 그 주제의식뿐 아니라 제작 · 배급 · 상영 방식에서도 당시 독립영화에 새로운 모델을 제시했다는 평가를 받는다. | 위부터 〈오! 꿈의 나라〉(영화제작소 장산곶매, 이은·장동홍·장윤현, 1989), 〈파업전야〉(영화제작소 장산곶매, 이은기·이재구·장동홍·장윤현, 1990), 〈닫힌 교문을 열며〉(영화제작소 장산곶매, 이재구·최호·김숙·김건·강경환·황길재, 1992)

의 대금을 받았으며, 대학가에서 상영할 때에는 1회차 상영에 30만 원의 대금을 받았다.[5] 이는 한 편의 장편영화가 비공식적인 배급과 상영만으로 수익 구조를 갖출 수 있었음을 의미한다. 이러한

경험적 자산을 바탕으로 장산곶매는 노동자들의 민주노조 결성을 다룬 〈파업전야〉를 제작할 수 있었다. 비록 상영 과정에서 정부의 탄압이 있었지만, 이 작품은 전국 11개 지역에서 공동체 상영을 진행하여 약 30만 명의 관객을 동원하는 기록적인 성과를 달성했다. 이후 장산곶매는 인문계 고등학교 취업반 학생들의 좌절을 전교조 교사들의 이야기와 함께 풀어낸 〈닫힌 교문을 열며〉(이재구·최호·김숙·김건·강경환·황길재, 1991)를 만들어 역시나 비공식적인 경로로 배급과 상영을 진행했다. 이처럼 장산곶매는 한편으로는 사회적 약자의 삶을 극영화 형식으로 묘사하여 대중적인 공감을 얻어 내는 전략을 펼치고, 다른 한편으로는 독립영화인들 간의 집단적 협업과 공동제작 방식 그리고 비공식적인 배급 및 상영을 시도하여 유의미한 성과를 남겼다.

다큐멘터리 분야에서는 비디오 매체를 활용해 영화운동 조직과 대중 사이의 네트워크를 구축하려는 시도가 있었다. 서울영상집단, 푸른영상, 노동자뉴스제작단과 같은 독립 다큐멘터리 제작 단체는 1980년대 후반부터 국내에 보급된 비디오카메라와 비디오카세트 녹화기VCR: video cassette recorder를 주로 활용했다. 대표적으로 한국 독립 다큐멘터리의 고전 중 하나로 언급되는 김동원 감독의 〈상계동 올림픽〉(1988)은 연출자가 결혼식 영상을 찍기 위해 구매한 비디오카메라로 상계동 철거 현장을 촬영한 것이다. 비디오카메라는 휴대성과 이동성에 장점이 있어 시위, 집회, 파업 현장과 같이 긴박한 현장에서 벌어지는 상황을 민첩하게 기록하는 데에 유용하게 쓰일 수 있었다. 또한, 비디오테이프는 기술적으로 복제가 편리하고, 일반 대중이 사적으로 관람할 수 있다는 장점이 있었다. 이러한 비디오 매체의 장점을 염두에 둔 일부 독립 다큐멘터리 제작 단체는 자체 제작한 작품을 비디오테이프로 복사하여 보급하거나 판매했다. 재개발·빈민·노동·현대사·여성 등의 다양한 주제를 다룬 푸른영상은 회원제로 운영하면서 비디오를 판매했으며, 1987년 노동자대투쟁의 영향을 받아 특위체 형태로 만들어진 노동자뉴스제작단 역시 〈노동자뉴스 1호〉(1989)를 비롯한 여러 작품을 속보 형태로 제작하여 전국 각지에 있는 노동단체에 보급하는 등 영화를 제작·배급·상영하는 데에 비디오 매체를 활용했다. 이 단체의 작품들은 크게 속보물·교육물·역사물·선전물 등으로 구분될 수 있는데, 대부분 노동 현장의 긴박한 상황을 세상에 알리고, 노동자들이 직면한 부당한 상황을 폭로하고, 노동자들의 의식을 고취하려는 분명한 목표를 드러냈다.

이처럼 독립 다큐멘터리는 사회운동과 결합함으로써 그것이 존재해야 할 명분을 획득했지만, 경제적인 측면에서는 지속적인 어려움을 겪었다. 홍효숙은 서울영상집단이 제작한 〈두밀리, 새로운 학교가 열린다〉(홍형숙, 1995)에 참여했을 당시의 경험을 바탕으로 독립 다큐멘터리 제작 시스템의 주요 특징과 한계점을 고찰한 글[6]에서, 독립 다큐멘터리의 제작 방식을 크게 세 가지로 나누었다. ① 단체나 노조에서 배급을 담당하는 경우, ② 단체나 노조에서 사전에 제작비를 주고 의뢰하는 경우, ③ 자체 조달하는 경우가 그것이다. 이 중 세 번째 유형에 해당하는 제작비를 자체 조달하는 경우는 배급과 상영으로 거두어들인 수익을 제작비로 환수하는 것이었다. 결과적으로 홍효숙이 말한 독립 다큐멘터리의 세 가지 제작 방식 모두 특정 단체나 노조의 연대가 있었기에 가능한 것이었다. 하지만 사회운동 조직이나 단체에 의존한 배급 시스템은 크게 두 가지 문제점을 노출했다. 하나는 외부의 재정적 지원이나 후원 없이는 독립 다큐멘터리 제작이 힘들다는 것이었으며, 다른 하나는 독립 다큐멘터리가 염두에 둔 관객의 범위가 특정 집단이나 단체에 국한될 수밖에 없었다는 것이다.

이러한 한계를 극복하는 차원에서 독립 다큐멘터리가 만들어지고 공개되는 과정에 일반 대중을 참여시키려는 시도가 이루어졌다. 이 대안적인 영화운동 모델을 개척한 사례로는 변영주 감독이 연출한 〈낮은 목소리-아시아에서 여성으로 산다는 것〉(1995)(이하 '낮은 목소리')을 언급할 수 있다. 이 작품은 변영주 감독이 〈아

〈낮은 목소리-아시아에서 여성으로 산다는 것〉 상영회 전단. 전단 뒷면(오른쪽)에 〈낮은 목소리〉의 기획 의도 설명, 해외 영화제 수상 소식과 함께 〈낮은 목소리 2〉 제작비 마련을 위해 '100피트 회원'을 모집한다는 내용을 담고 있다. | 〈낮은 목소리-아시아에서 여성으로 산다는 것〉(기록영화제작소 보임, 변영주, 1995)

시아에서 여성으로 산다는 것〉(1993)을 만드는 과정에서 위안부 문제에 대해 알게 되면서 기획과 제작이 이루어진 것이었다. 변영주 감독은 〈낮은 목소리〉를 제작하기 위해 기록영화제작소 보임을 결성했는데, 이 단체는 결성 당시부터 기존 독립영화 상영의 한계와 관련하여 대중적인 공간과 유통 구조에 대해 고민했다. "이전에 독립영화권에서 제작된 많은 작품이 부분적 배급 구조와 소수의 관객 속에서 사라져 갔음을 인식하고 제작 조건과 작업의 한계를 여타 독립영화 단체와의 내용적 공유 속에서 대중적 공간에서의 배급 및 유통 구조를 통하여 극복하려는 문제의식"[7]이 있었던 것이다. 대중과의 접점을 모색했던 보임은 〈낮은 목소리〉를 제작 및 상영하는 과정에서 관객을 참여시키는 방식을 따랐다. 변영주 감독은 100피트당 10만 원을 후원하는 회원제를 운영하고, 후원 배지를 판매하여 전체 1억 7천만 원의 제작비 중 5천만 원에 달하는 금액을 모았다. 이러한 노력의 결과, 1995년 4월에 서울의 동숭아트센터와 피카소극장에서 개봉한 이 작품은 약 1만 명의 관객을 동원했으며, 이후로도 전국 각지의 순회상영 그리고 세계 각국의 영화제에서 관객들과 만났다. 이후 변영주 감독은 〈낮은 목소리 2〉(1996), 〈낮은 목소리 3-숨결〉(2000)을 완성하여 국내외적으로 위안부 문제를 공론화하는 데에 큰 영향을 미쳤다.

단편영화의 어떤 경향

1990년대는 독립영화 진영 내외부에서 단편영화 제작이 활성화된 시기였다. 기존 독립영화 진영 내부에서 활동하던 영화운동 조직들이 사회참여적인 성향의 작품을 만든 것과 달리, 일부 단편영화인들은 연출자의 개성, 스타일, 자의식을 드러내는 작품을 주로 만들었다. 제작 주체는 크게 제도권 내에서 영화를 전공한 대학생, 비제도권에서 워크숍에 참여한 아마추어 영화인, 그리고 1990년대에 새롭게 등장한 독립영화 제작 단체들의 구성원으로 구분될 수 있다. 앞서 언급한 다큐멘터리 단체들의 작품을 제외하면 장르적으로 극영화가 주를 이루었고, 실험영화와 애니메이션은 상대적으로 적은 비중을 차지했다.

이 시기를 즈음하여 단편영화에 대한 주목도가 높아진 이유는 다양한 곳에서 찾을 수 있다. 우선, 1980년대를 뜨겁게 달구었던 이데올로기를 둘러싼 논쟁이 완화되자 대중은 그간의 억눌린 문화적 욕구를 해소하거나 표출하는 수단 중 하나로 영화를 활용했다. 영화는 대중적인 차원에서 오락에 속하는 동시에 교육적인 차원에서 문화예술에 속했다. 그리고 그런 이유로 영화를 향유하는 층은 다양하게 존재할 수 있었다. 또한, 영상산업 전반에 대한 사회적 관심이 증대되면서 기존에 영상 관련 학과가 없었던 대학에도 영상이나 영화 관련 학과가 신설됐다. 대학 내 교육기관에서 배출된 영화 전공자들이 만든 단편영화는 독립영화 상영회, 예술영화관, 국내외 영화제, 교육방송 EBS의 〈시네마천국〉, 케이블 채널 등을 통해서 공개되었다. 이 중 〈호모 비디오쿠스〉(이재용 · 변혁, 1990), 〈비명도시〉(김성수, 1993), 〈경멸〉(김진한, 1994), 〈지리멸렬〉(봉준호, 1994), 〈2001 이매진〉(장준환, 1994), 〈햇빛 자르는 아이〉(김진한, 1997), 〈소년기〉(임필성, 1998), 〈동창회〉(최진호, 1999), 〈소풍〉(송일곤, 1999) 등은 해외 영화제에서 상영되거나 수상함으로써 사회적으로 작품성을 인정받기도 했다.

영화에 대한 사회적 인식 변화를 통해서 단편영화는 교육적 · 산업적 · 제도적으로 지원과 투자의 가치가 있는 대상으로 거듭 날 수 있었다. 예를 들어, 비디오 대여업체인 영화마을은 한국영화아카데미의 단편영화를 묶은 '이상한 영화 시리즈'와 영화제에서 호평을 얻은 작품을 묶은 '슬픈열대'를 출시했다. 이외에도 독립영화제작사 인디라인이 '한국우수단편영화'를, 서울단편영화제가 '서울단편영화제 수상작'을 출시한 바 있다.[8] 또한, 단편영화는 공공의 차원에서 그리고 민간의 차원에서 제작 지원의 대상이었다. 이와 관련해서 서울단편영화제의 단편영화 시나리오 공모, 비디오 대여업체 영화마을의 단편영화 제작 지원, 한국코닥과 영화진흥공사가 공동으로 주관하는 단편영화 제작 지원, 영화진흥위원회의 단편영화 사전제작 지원 제도가 있었다.

이처럼 단편영화 제작 지원 환경이 창작자에게 유리한 조건으로 변화하고 영화 일반에 대한 대중적인 관심이 고취되자, 독립영화협의회, 서울필름아카데미, 영화연구소 르네상스, 단편영화제작소 동우필름, 단편영화제작소 필름인, 문화학교 서울 등에서 단편영화 제작 워크숍이 개최되었다. 이런 맥락을 고려했을 때, 1990년대는 독립영화 내외부에서 단편영화 제작 환경이 구축되고 그 일련의 요소들이 선순환 구조를 이루었던 시기로 볼 수 있다.

그러나 1990년대에 제작된 단편영화는 기존의 1980년대 영화운동 조직들이 만들려고 했던 사회참여적인 성향의 작품과 여러 면에서 달랐다. 과거 영화운동 조직이 사회 변화를 위해서 영화를 도구적으로 활용한 것과 달리, 1990년대에 등장한 젊은 영화감독들은 영화를 만드는 것 자체에 목적을 두는 경우가 많았다. 이러한 변화는 영화제작소 청년의 활동이 변화해 간 궤적을 통해서 어느 정도 가늠해 볼 수 있다.

1990년 6월, 영화를 통한 사회 변화를 꿈꾸던 4개 대학 14명의 학생이 모여 만든 영화제작소 청년은 집단적인 협업 시스템 속에서 이상인 감독이 연출한 장편 극영화 〈어머니, 당신의 아들〉(1991)을 완성했다. 학생운동을 하는 청년과 그 어머니에 관한 이야기를 통해 민주화라는 시대적 과업에 동참한 사람들이 겪은 고통과 희생을 다룬 이 작품은, 시나리오 작업에서부터 상영에 이르기까지 국가보안법·공연법·영화법 위반 혐의를 적용받아 각종 탄압에 시달렸다. 이후 영화제작소 청년은 회원 개개인의 축적된 역량을 바탕으로 단편 극영화 작업에 집중하여 〈흔들림없이〉(정지우, 1991), 〈원정〉(김용균, 1994), 〈셔터맨〉(박찬옥, 1994), 〈사로〉(정지우, 1994), 〈그랜드파더〉(김용균, 1995), 〈캣우먼과 맨〉(박찬옥, 1995), 〈생강〉(정지우, 1996), 〈Just do it〉(김용균, 1996), 〈휴가〉(김용균, 1996), 〈있다〉(박찬옥, 1996), 〈Welcome〉(장희선, 1996) 등의 작품을 완성했다. 영화제작소 청년은 영화를 통한 사회적 이슈와 사건에 대한 참여를 지향하면서, 다른 한편으로는 개인의 창작 욕구를 충족하는 작품 제작을 지향했다.

영화제작소 청년의 활동에서 나타난 일련의 절충적인 태도는 1980년대 영화운동의 이념과 실천이 1990년대 독립영화의 이념과 실천으로 전환되는 과정을 반영한 것으로 볼 수 있다. 이 두 시기를 가르는 이념적 변화는 1990년대 초반부터 사회 전반에 걸쳐서 나타난 집단주의에서 개인주의로, 정치적인 것에서 탈정치적인 것으로, 이데올로기적인 것에서 일상적인 것으로의 전환과 관련이 있다. 정지우 감독의 〈생강〉은 이 시대적 변화의 흐름, 즉 이념적인 변화를 극중인물과 이야기에 반영한 경우이다. 이 작품은 한 여성이 집안의 생계, 가사, 육아를 모두 책임지는 상황을 통해서 한 시대의 분위기

〈생강〉에서 주인공 여성은 노동운동에 헌신하는 남편을 대신해 생계, 가사, 육아의 모든 무거운 짐을 짊어지고 있다. | 〈생강〉(영화제작소 청년, 정지우, 1996)

를 압축적으로 투영한다. 주인공 여성은 노동운동에 헌신한다는 핑계로 가정에 소홀한 남편을 대신해 집안의 실질적인 가장 역할을 한다. 영화는 주인공 여성이 긴 머리를 자르고 소위 말하는 '아줌마 파마'를 하는 모습과 함께 그녀가 한 손에는 무거운 짐을 든 채로 다른 한 손에는 아이를 안고 있는 모습을 통해서 그녀를 짓누르는 삶의 무게를 표현한다.

실제로 1990년대 단편영화에 등장하는 주요 인물들은 과거 영화운동 조직들이 만든 전형적인 인물들과는 거리가 멀었다. 1980년대 영화운동 조직이 제작한 작품 중 상당수가 노동자·농민·운동권 학생과 같이 인민을 대표할 수 있는 집단의 전형적인 인물이었던 것과 달리, 1990년대 단편영화에 등장하는 인물들은 청소년·청년·대학생·취업 준비생·사무직노동자·전문직 직장인·전업주부·군인·신부 등으로 다양했다.

재현 대상이 달라지면서 나타난 서사적 변화는 크게 두 가지로 요약할 수 있다. 우선, 영웅주의적인 모험담의 중심을 차지했던

자기 삶의 주도권을 상실하거나 긍정적인 미래에 대한 일말의 기대도 갖지 못하는 사회적으로 소외된 인물들을 그린 1990년대 독립 단편영화 작품들. | 왼쪽 〈가변차선〉(동국대 연극영화과, 양윤호, 1992), 오른쪽 〈사로〉(영화제작소 청년, 정지우, 1994)

남성의 권위가 사라지거나 약해진 것처럼 묘사했다. 〈당신의 숨결을 느낄때〉(이정욱, 1990)의 시간강사 남자 주인공을 경제적으로 무능력한 모습으로 그리거나, 〈워너비〉(조근식·박은경, 1998)의 실종된 은행 직원을 가정과 직장 모두에서 소외된 것으로 묘사하는 경우가 그러하다. 이 작품 속 남성들은 졸업, 취업, 결혼, 승진과 같은 사회적 통과의례를 거치는 과정에서 실패와 좌절을 경험하는 것으로 그려졌다.

또 다른 변화는 사회적 하층민의 삶이 연민의 대상으로 묘사되었다는 점이다. 고가도로 공사 현장을 배경으로 불안정한 노동환경에 처한 일용직 노동자의 삶을 그린 〈가변차선〉(양윤효, 1992), 반지하에서 살아가는 한 남자가 겪는 부조리한 일상을 그린 〈지하생활자〉(김대현, 1993), 길거리에서 노숙하는 한 사내가 충동적으로 저지른 범죄를 그린 〈사로〉, 기차역에 홀로 버려진 한 노인의 모습을 그린 〈그랜드파더〉 등은 작품의 주요 인물을 사회적으로 소외된 인물로 설정하고 있다. 이 작품 속 인물들은 삶의 주도권을 회복하거나 자기 삶에 어떤 긍정적인 변화가 일어날 것이라는 일말의 기대도 하지 않는다. 이렇게 자포자기형 인물이 많이 등장했다는 것은 당시 영화들이 미래에 대한 긍정적인 비전을 가지고 있지 않았다는 것으로 해석해 볼 수 있다.

일부 영화들은 세월의 흐름 속에서 낡은 것이 새것으로 대체되는 과정을 지극히 자연스러운 것처럼 보이게 만들었다. 허진호 감독이 연출한 〈고철을 위하여〉(1992)는 장안평 중고차시장에서 일하는 고철이라는 남성의 가치관을 통해서 이러한 세태를 우회적으로 풍자한다. 그는 어릴 적부터 낡은 것은 새것으로 바꾸어야 경제적으로 이득이라는 것을 경험적으로 터득했다. 그는 영업이익을 위해서 손님과 동료를 속이는 일도 서슴지 않는다. 이런 주인공의 모습을 통해서 공동체주의적인 가치관이 개인주의적인 가치관으로 바뀌고 있음을 알 수 있다.

한편, 이 영화를 포함해 일부 단편영화들은 이야기의 갈등을 개인주의와 그것을 저해하는 요소들 사이의 충돌로 설정했다. 일부 영화는 주요 인물이 오래된 가치관이나 사회적 규범을 부정하면서 반항과 일탈하는 모습을 그렸다. 예를 들어, 〈네크로필리아〉(이종혁, 1992), 〈기억속에서 나는〉(신동일, 1993), 〈Just Do It〉, 〈장마〉(조범구, 1996)에 등장하는 청춘 남녀는 목적 없이 거리를 방황하면서 종종 충동적으로 일탈과 범죄를 저지른다. 그들은 권태로운 도시적인 삶에 지쳐 늘 자신들의 일상에 무언가 자극적인 일이 일어나기를 바란다. 마치 현실에서 도피할 수 있는 절호의 기회를 엿보는 것처럼 말이다.

이제 단편영화 속 갈등의 중심축을 차지하는 것은 집단이 아닌 개인이었다. 과거 독립영화의 주요 소재였던 사회적·계급적·집단적 갈등은 한 개인을 둘러싼 갈등으로 축소되었다. 그러면서 한 개인의 일상, 정신, 무의식을 통해서 환유적으로 사회적 부조리와 불평등을 탐구하는 경향이 나타났다. 이들은 한 개인의 내면에서 두 개 혹은 그 이상의 자아가 대립하는 모습을 통해 사회 내 여러 이해집단이 충돌하는 모습을 그리거나, 한 개인의 총체적 기억이 무수히 많은 단편으로 쪼개져 무질서하게 흩어지는 모습을 통해 사회적 체계의 붕괴를 암시하기도 했다.

이러한 경향은 다음과 같은 작품들을 거론할 수 있다. 〈지리멸렬〉(봉준호, 1994)은 사회적 지도층에 속하는 세 남성의 겉과 속이 다른 모습을 통해 인간의 양면성을 풍자적으로 그려 내며, 〈안개〉(김대현, 1995)는 육군교도소 내 사형집행장을 배경으로 사형을 직접 집행해야 하는 병사 중 한 명이 탈영하는 이야기를 통해서 한 조직 내에 만연한 반인권적인 실태를 고발한다. 〈기념촬영〉(정윤철, 1997)은 성수대교 붕괴로 단짝 친구를 잃어버린 한 여성의 이야기를 통해 과거의 트라우마를 극복하는 방식을 다룬다. 〈소년의 시〉(강이관, 1999)는 자전거로 어린아이를 다치게 한 후 아무런 조치도 취하지 않고 자리를 떠나 버린 한 소년의 내적 갈등과 고민을 담고 있다. 〈심판〉(박찬옥, 1999)은 신원 미상의 시신을 둘러싼 여러 사람의 거짓과 위선, 그리고 그들을 심판하는 영화적 장치로 쓰인 지진을 통해서 우회적으로 사회 전체가 타락했다는 경고의 메시지를 보낸다.

일부 여성 감독들은 여성의 시선과 신체를 통해서 남성중심주의적인 세계관을 흔들었다. 박찬옥 감독은 여러 작품을 통해서 여

여성의 성적 욕망을 억압하는 사회적 관습을 우회적으로 비판한 〈있다〉와 남녀 공용 화장실에서 서로 상반된 남성과 여성의 모습을 유머러스하게 그려 낸 〈Welcome〉 | 왼쪽 〈있다〉(영화제작소 청년, 박찬옥, 1996), 오른쪽 〈Welcome〉(영화제작소 청년, 장희선, 1997)

성이 성적 욕망의 대상이 아니라 성적 욕망의 주체가 될 수 있다는 것을 보여 주고자 했는데, 〈캣우먼과 맨〉은 한 여성이 어떤 남성을 유혹하고 이후 그 남성은 여성의 환영에 사로잡혀 히스테리적인 증상을 보인다는 이야기를 다루고 있으며, 또 다른 작품 〈있다〉는 지하철 안에서 남성에게 성추행을 당하는 한 여성이 무심결에 다른 여성의 엉덩이를 만지면서 묘한 기분을 느끼는 아이러니한 상황을 다룬다. 두 작품 모두 여성의 성적 욕망을 억압하는 사회적 관습을 우회적으로 비판한다. 한편 장희선 감독의 〈Welcome〉은 남녀 공용 화장실을 배경으로 같은 공간에서 불편함을 느끼는 여성과 반대로 당당함을 느끼는 남성의 모습을 유머러스하게 그려 낸다. 이 작품들은 우리가 감각적으로 익숙하다고 지각하는 것들이 단지 그릇된 사회적 관습임을 꼬집는다.

끝으로, 실험영화의 도전과 그 성과를 짧게나마 언급하고자 한다. 독립영화 내부에서도 비주류라고 할 수 있는 실험영화가 1990년대 한 시기 동안 제작된 편수는 손에 꼽을 정도로 적었다. 그럼에도 그중 몇몇 작품들이 괄목할 만한 미학적 도전과 성과를 보여 주었는데, 특히 인과적이고 선형적인 내러티브를 거부하고 여러 이질적인 이미지의 연쇄를 통해서 특정 관념이나 주제를 시각적으로 형상화한 작품들이 주목을 받았다. 〈Wet Dream〉(김윤태, 1992), 〈ORG〉(임창재, 1994), 〈다우징〉(김윤태, 1996), 〈오버미〉(임창재, 1996), 〈눈물〉(임창재, 1998), 〈살의〉(박동현, 1999) 등의 작품은 한편으로는 이미지들 간의 대립, 충돌, 연쇄가 만들어 내는 감각적 그리고 지각적 효과를 탐구하면서, 다른 한편으로는 그러한 이미지들이 어떻게 내러티브와 연계될 수 있는지를 탐구했다. 말하자면, 이 실험적인 영화들은 내러티브를 거부한 것이지 내러티브를 포기한 것이 아니다. 이들은 이미지가 배열되는 시간의 흐름을 통해서 사건의 전개를 암시하거나, 사물이 갖는 상징적 의미를 활용해 주제나 메시지를 도출하려고 했다. 주목할 부분은, 이 작품 중 상당수가 영화 속 주요 인물의 꿈과 무의식을 시각적으로 형상화하려고 했다는 점이다. 그런 점에서 보자면, 1990년대 실험적인 단편영화는 픽션적인 단편영화들이 지향했던 개인의 일상, 내면, 의식에 대한 탐구와 부분적으로 지향점이 겹쳤다고 볼 수 있다.

영화제를 통한 독립영화의 정체성 모색

1990년대 독립영화 영화운동의 또 다른 모델은 영화제에서 만들어졌다. 1970~80년대까지만 해도 국내에서 열리는 대부분의 영화제는 상영보다는 시상에 목적을 두었다. 예를 들어, 한국청소년영화제(1975~1988)와 그 후신으로 등장한 일부 영화제*의 경우 정부 기관에서 주관하는 시상식 중심의 영화제였다는 점에서 독립영화 상영운동과는 거리가 멀었다. 국내 영화제가 시상식 일변도에서 벗어나 작품의 상영과 관람에 초점을 두기 시작한 것은 대략 1990년대 중후반 이후로 볼 수 있다. 이 시기 독립영화를 표면적으로 앞세우거나 독립영화를 대상으로 하는 영화제가 여럿 생겨났다. 서울단편영화제(1994), 서울국제독립영화제(1995), 인디포럼(1996), 서울인권영화제(1997), 십만원비디오페스티벌(1997), 서울퀴어영화제(1998), 정동진독립영화제(1999), 메이드인부산독립영화제(1999) 등이 대표적이다. 이 영화제들은 행사의 규모나 성격은 달랐지만, 독립영화 고유의 매체적 · 장르적 · 정치적 · 미학적 성격 등을 드러내고 그에 대한 비평적 담론의 형성을 지향했다는 공통점이 있다. 또한, 이 영화제들은 단순히 독립영화를 일반화하거나 이상화하지 않고, 독립영화를 통해 노동 · 인권 · 여성 · 퀴어 · 장애 등과 같은 특정 사회적 이슈를 공론화했다. 이는 독립영화가 지향해야 할 가치와 이념을 영화제라는 공간을 통해 논의했음을 의미한다.

1990년대 초중반에 개최된 단편영화제 중 일부는 독립영화 진영과 이해관계가 적은 곳이었다. 이는 독립영화가 무엇인지에 대해 말하거나 독립영화가 무엇인지를 보여 주는 공간 중 일부를 기

---

* 한국청소년영화제는 순차적으로 금관상영화제(1989~1993), 금관단편영화제(1994~1995), 금관청소년영화제(1996~1998), 한국독립단편영화제(1999~2001), 서울독립영화제(2002~현재)로 바뀌었다. 이것은 정부 주도의 영화제가 민간 주도의 영화제로 이양된 역사적 과정이기도 하다. 1999년 영화진흥위원회는 한국독립영화협회와 공동으로 한국독립단편영화제를 개최했고, 이후 서울독립영화제로 이름을 바꾼 이후에는 한국독립영화협회에서 자율적으로 영화제 행사를 기획하고 운영했다.

획하고 구성한 주체가 기존 독립영화운동 조직 내부의 이해관계를 갖지 않은 경우가 있었다. 앞서 언급한 정부 기관에서 주관하는 영화제가 여기에 속했다. 이와 더불어 재정적으로 대기업의 후원을 받는 영화제도 있었다. 1994년 삼성 나이세스가 주관하는 제1회 서울단편영화제가 그러했는데, 이 영화제는 상업영화 활성화를 위한 일종의 "완충 시스템"[9]으로 만들어진 것이었다. 이 영화제를 기획한 삼성 나이세스의 김은영은 "우리는 영화제작에 손대면서 한국영화의 취약한 구조와 맞닥뜨렸고, 영화 인력 배출이 한국영화를 살리는 길이라는 판단 하에 단편영화제를 만들었다"[10]고 했다. 김은영이 밝힌 포부는 임순례·정윤철·송일곤·김용균·정지우·곽경택과 같은 영화감독들이 서울단편영화제에서 발견되고, 그들이 후일 상업영화 연출을 맡으면서 부분적으로 실현되

1994년 11월 5일부터 11일까지 서울 강남 씨티극장에서 개최된 제1회 서울단편영화제 시상식 후 심사위원과 수상자들이 기념촬영을 했다. 이날 심사위원 특별상에는 〈어머니〉의 문승욱, 우수작품상은 〈오래된 꿈〉의 김현주와 〈경멸〉의 김진한, 관객상에는 〈슬픈 열대〉의 육상효, 그리고 최우수작품상의 영광은 〈우중산책〉을 연출한 임순례에게 돌아갔다. 왼쪽부터 이용관, 안성기, 김진한, 임순례, 배용균, 문승욱, 박광수, 신철.

었다고 볼 수 있다.

　서울단편영화제가 대기업의 자본력을 지렛대 삼아 독립영화인의 상업영화 진출을 장려했다는 사실만 놓고 보면, 그 시절 독립영화는 자본, 권력, 제도를 감시하고 비판하던 본연의 기능을 일부 망각했다는 평가도 가능하다. 그러나 이러한 평가는 서울단편영화제가 단편영화를 제작 지원하고, 다큐멘터리와 실험영화에 대한 담론을 활성화한 사실 등을 간과한 채 그 역기능만을 강조한 것일 뿐이다. 또한, 서울단편영화제가 열릴 당시 여러 영화제가 공존했다는 사실을 의도적으로 배제한 비판이라는 점에서 문제의 소지가 다분하다. 오히려 우리가 관심을 가져야 할 부분은 비제도권 영화와 자본의 관계가 변했다는 역사적 사실과 함께, 그러한 변화가 독립영화에 어떤 고민과 과제를 던져 주었냐는 것이다. 이와 관련해서 1994년 11월 열린 제1회 서울단편영화제 세미나에서 영화평론가 김소영이 제기한 문제의식을 참고해 볼 수 있다. 당시 김소영은 "우리가 질문해야 할 것은 이 '서울단편영화제'가 규정하고 있는 '단편'영화와 '독립'영화와의 상관관계"라면서 다음과 같은 진단을 내렸다.

　이 단편영화제가 알려 주는 표면적인 새로운 형식이란 이제 관습적인 혹은 가장 보편적인 영화언어로 작업하기를 거부하는 사람들에게 새로운 후원 기업이 생겼다는 것이다. 그리고 새로운 후원자가 주최하는 이 영화제는 기존의 청소년영화제 등과 성격이 달라 보인다. 우리나라에서 가장 잘 관리되는 조직의 일부가 주최하는 이 영화제를 통해 영화제작에 입문하는 사람들은, 자신들의 미래의 영화 작업을 좀 더 많은 대중들이 볼 수 있도록 만들어 줄 폭넓은 기회들을 제공받을 수 있을지도 모른다. 하지만 이것은 아직도 가정이며 새로운 영화세대들이 어떤 작품을 생산해 내느냐에 따라 이 영화제의 모습은 달라질 것이다.[11]

독립영화는 생산자들의 실천으로 구성된다는 것을 보여 준 한 가지 사례로, 1994년 뉴이미지그룹이 만든 실험영화제가 있다. 뉴이미지그룹은 1992년 9월 국내 영상의 미학적·예술적 전통이 빈곤한 상태에 있다는 문제의식을 공유하며 결성된 모임으로, 주요 구성원은 권병순·임창재·박동현·최인기·최보근·황인태·강미자·배효룡 등이었다.[12] 뉴이미지그룹은 영상에 관한 연구와 제작 작업을 병행했으며, 1994년 4월 26일 제1회 실험영화제를 개최했다. '황홀한 비전: 뉴미디어 영상의 미학'이라는 제목으로 행사가 열리는 동안 임창재의 〈오그〉(1994), 김윤태의 〈Wet Dream〉(1992), 배호룡의 〈인더스트리얼〉(1993~1994), 황인용의 〈나는 너를 모른다〉(1993~1994)가 소개되었고, 그 외에 해외 실험영화가 일부 상영되었다. 실험영화제는 1997년 제3회를 끝으로 막을 내릴 때까지 대중오락으로 전락한 영상산업을 비판하면서 창조적 영상미학의 가능성을 검토하고, 독립영화와 실험영화의 상관관계를 개념적으로 고찰하며 국내 실험영화 제작자들의 작품을 알리는 역할을 했다. 하지만 이러한 성과와 의의에도 불구하고, 당시 독립영화는 극영화와 다큐멘터리가 주축을 이루었기 때문에 상대적으로 실험영화에 대한 세간의 관심은 낮을 수밖에 없었다.

독립영화인들의 자발적 참여를 기반으로 조직된 또 다른 영화

│ 1996년 5월 21일부터 5월 25일까지 연세대학교 동문회관에서 '아마추어에서 작가까지'를 주제
│ 로 인디포럼96이 개최되었다.

제로는 인디포럼이 있었다. 이 영화제는 1996년 5월 21일 독립영화 진영에 속해 있던 영화감독과 활동가들이 모여 조직한 것이었다. 인디포럼은 독립영화 진영 내부에서 자체적으로 조직되어 경쟁에 따른 시상 없이 순수하게 작품 상영에 초점을 두었고, 극영화, 다큐멘터리, 실험영화, 애니메이션으로 장르를 구분하고 각 부분의 특색을 강조했다는 점에서 기존 영화제와 달랐다. 또한 이 영화제는 독립영화의 현재를 진단하고 그 비전을 제시하고자 했다. 인디포럼의 슬로건은 독립영화 진영에 하나의 화두나 강령을 제시하는 듯했다. '아마추어에서 작가까지'(1996), '독립영화여 독립하라'(1997), '나! 독립영화야!!'(1998), '독립영화, 재.장.전'(1999). 이 슬로건들을 시간순으로 나열해 보면, 1990년대 인디포럼의 고민이 독립영화의 개념적 정립을 위한 추상적 접근으로부터 독립

영화의 실체를 확인하려는 구체적 접근으로 바뀌었다는 것을 알 수 있다. 실제로 인디포럼의 고민은 '독립영화는 무엇인가?'라는 질문을 던지는 방식에서 '이것이 독립영화이다!'라고 선언하는 방식으로 바뀌었다. 1998년 인디포럼의 슬로건에 대해 당시 이 영화제 프로그래머 오정훈은 다음과 같이 말했다.

인디포럼98은 정체성에 대한 질문을 훌쩍 뛰어넘어 이제는 '나 독립영화야'라고 말해야 한다. 왜냐하면 독립영화는 개념이 아니라 실체이기 때문이고, 정체성에 관한 수많은 질문보다는 그 질문에 답할 수 있는 실체를 마련하는 것이 유효하기 때문이다. 현재 필요한 것은 떠도는 유령에 시달리며 악몽을 만들어 내는 것이 아니라, '나, 독립영화야'를 외치며 새로운 길몽을 만들어 나가는 것이다.[13]

1990년대 후반에 주목할 부분은 독립영화에 대한 개념적 규정에 갇히지 않고 순수하게 아마추어 정신을 되살려 보려는 시도들이 있었다는 점이다. 앞서 영화제 관련된 부분에서 잠시 언급한 십만원비디오페스티벌이 그러하다. 이 영화제는 1997년 홍대 앞의 한 클럽에서 시작된 것으로, 문자 그대로 10만 원으로 만들어진 비디오를 출품 대상으로 했다. 이후 회차를 거듭할수록 출품 규정에 제작비와 관련된 규정을 따로 두지 않는 대신에 비디오로 만들어진 작품만을 상영했다. 이 영화제의 조직위원 중 한 명이었던 최소원은 십만원비디오페스티벌을 '아마추어들의 놀이터'라고 정의하면서 다음과 같이 말했다. "우리가 생각하는 아마추어란 기

인디포럼98(왼쪽)과 인디포럼99(오른쪽) 포스터.

술적인 미숙함을 개선하면서 독창성과 실험 정신을 잃지 않는 창
작자들입니다."[14]

실제로 이 영화제는 비디오카메라로 촬영한 저예산 단편영화들
을 주로 소개했고, 연출자들 대다수는 10~20대였다. 이처럼 십만
원비디오페스티벌은 전문가주의보다는 아마추어리즘, 즉 자작自
作, do-it-yourself 문화를 지향했다. 이는 1970~80년대 8mm 필름과
16mm 필름으로 만들어진 소형영화가 추구했던 아마추어리즘을
부분적으로 계승한 것으로 볼 수 있다. 송정훈 평론가는 십만원비
디오페스티벌이 아마추어들의 자기표현 욕구를 발현하고 이를 통
해 관객과 소통하는 것을 목표로 한다면서 다음과 같이 쓴 바 있다.
"참가자들은 굳이 기존의 영화문법을 따를 필요도, 관습적인 영화

장치를 사용할 필요도 없다. 그들은 진지한 주제도 가볍고 유쾌하게 다룰 수 있고, 그 역도 가능하다. 또한 소재의 선택도 자유롭다. 이 자유로움은 하나의 가능성을 우리에게 던져 준다. 그것은 발상의 근거를 주류문화의 그것과 달리할 수 있다는 것이다."[15]

이와 같은 1990년대의 아마추어리즘은 비디오와 디지털 장비의 대중적 보급과 같은 매체적 환경 변화에 대한 반응으로 볼 수 있다. 비디오 캠코더는 누구나 홈무비의 제작자가 될 수 있게 해 주었다. 이런 매체적 특성이 발현된 결과, 상업영화와 대학 영화학과의 졸업영화, 워크숍 수료 작품 등에서 기대하기 힘든 창의성과 실험성이 두드러진 작품이 등장할 수 있었다. 장르적으로 액티비즘의 태도를 지향하는 다큐멘터리가 주를 이루었지만, 1990년대 후반에 들어서면 다양한 배경을 가진 아마추어 영화인들이 만든 장르 혼성적인 영화들이 등장했다. 그중 일부는 제대로 된 스태프나 장비 없이 1인 시스템으로 영화를 완성하기도 했다. 이러한 아마추어리즘 경향은 소형화된 디지털 캠코더가 보급되고 디지털 편집 소프트웨어가 보급되는 1990년대 후반까지도 이어졌다. 그 당시 디지털 캠코더는 6mm DV 테이프로 녹화되는 방식이었다. 이 디지털 캠코더는 컴퓨터와 연결해서 파일을 추출할 수 있을 뿐만 아니라, TV와 연결해서 영상을 보거나 VCR과 연결해서 비디오 테이프에 녹화를 할 수도 있었다. 이처럼 디지털 캠코더는 휴대성·편리성·경제성·호환성 등에서 기존의 비디오카메라를 대체할 수 있는, 제도적으로 훈련받지 않은 아마추어 영화인들도 쉽게 접근할 수 있는 매체였다.

하지만 아마추어리즘의 도전 정신과 실험 정신도 1990년대 독립영화의 개념을 뒤흔들 정도의 파급력은 보여 주지 못했다. 십만 원비디오페스티벌이 2003년을 마지막으로 막을 내린 결정적 이유 중 하나는, 아마추어리즘에 충실한 그리고 실험 정신이 돋보이는 작품이 없다는 것이었다. 새로운 매체의 등장으로 다양한 실험이 진행된 것은 사실이지만, 그러한 도전 역시 상업영화를 모방하거나 기술적인 완성도에 집착하는 과정에서 관성화되었던 것인지 모른다. 매체적으로 디지털을 활용한 미학적 혁신이 독립영화에서 나타나는 것은 2000년대 중반 이후, 즉 디지털 장비가 기술적으로 발전하고 그에 대한 담론이 활성화되는 단계를 거친 이후였다.

표현의 자유와 제도화

1990년대 중반 이후는 독립영화를 부정하는 힘과 독립영화를 긍정하는 힘 사이의 긴장과 충돌이 잦았던 시기였다. 이 당시 국가보안법·영화법·공연법·음비법(음반 및 비디오에 관한 법률)의 혐의를 받은 작품이 상당수 있었고, 이와 관련하여 독립영화인들은 조직적으로 대응하면서 제도와 법을 개선하고자 노력했다. 역사적으로 비제도권 영화에 대한 탄압이 공론화된 첫 번째 사건은 1986년 서울영상집단의 대표 홍기선과 총무 이효인이 구속되어 1987년 최종적으로 징역 2년 형을 받은 일명 '〈파랑새〉 사건'으로, 당시 서울영상집단은 국가가 영화법을 악용하여 진보적 영화운동을 탄압하고 있다면서 "헌법에 보장된 예술 창작과 표현의 자유를 보장하라!", "민중문화운동 및 민중영상운동에 대한 폭력적 탄압

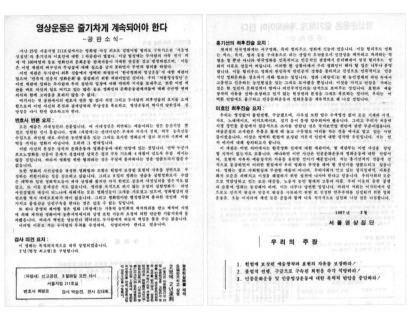

**〈파랑새〉 사건' 당시 서울영상집단에서 발행한 전단.

을 중단하라!"[16]고 항의했다.

이후 독립영화에 대한 제도적·법적 탄압에 맞서 사전검열 철폐, 표현의 자유 쟁취, 영화진흥법 개정을 위한 연대기구의 설립 및 조직적인 운동에 대한 필요성이 제기되었다. 〈파업전야〉, 〈어머니, 당신의 아들〉, 〈닫힌 교문을 열며〉, 〈레드헌트〉(조성봉, 1997)와 같은 작품은 각각 국가보안법·영화법·공연법 등의 위반 혐의를 적용받았으며, 1996년과 1998년에는 푸른영상의 대표 김동원 감독이 음비법 위반 혐의로 탄압을 받았다. 당시 독립영화 진영 내에서는 기존 법이 문화예술을 탄압하는 데에 악용되는 것으로 판단하고 이 법들의 정당성에 의문을 제기했다. 김지현이 정리한 바에 따르면, 당시 독립영화 진영의 대응 방식 중 "하나는 영리를 목적으로 하지 않는 비상업적 소형영화에 대해서도 상업영화를 대상으로 제정된 영화법을 일률적으로 적용할 수 있는지에 대한 문제 제기였고, 다른 하나는 영화법 4조와 12조(등록과 심의) 자체가 헌법이 보장하는 창작의 자유에 대한 전면적인 위헌 조항임을 밝히는 것이었다."[17]

영화법을 위반한 혐의를 받고 대법원 판결까지 받은 〈파업전야〉는 여러 문화예술 조직들이 연대해서 정부의 탄압에 맞선 대표적인 경우이다. 1990년 3월, 장산곶매는 〈파업전야〉를 전국 11개 도시에서 동시에 공개할 계획을 세우고 《한겨레》와 같은 언론을 통해 상영 소식을 알렸다. 검찰과 경찰은 이 영화가 영화법이 규정한 영화 제작업자의 신고에 대한 의무와 심의 의무를 준수하지 않았다는 이유를 들어 〈파업전야〉가 상영되는 곳에 난입하여 그곳에 있던 필름과 영사기를 압수했다. 1990년 4월 13일, 〈파업전야〉가 전남대에서 상영될 당시에는 경찰 1,800여 명과 함께 헬리콥터가 동원되는 진풍경이 펼쳐지기도 했다. 이와 같은 공권력의 탄압에 맞서 독립영화를 포함하는 문화예술계 단체들은 공동투쟁위원회를 결성하여 장산곶매에 대한 탄압을 즉각 중단하고, 헌법에 명시된 표현의 자유를 보장하라고 주장했다. 여기서 공동투쟁위원회가 주장한 헌법이 보장하는 표현의 자유는 영화법이 규정하는 "영화(그 예고편을 포함한다)는 그 상영 전에 공연법에 의하여 설치된 공연윤리위원회의 심의를 받아야 한다"(제12조 1항)는 사전심의 의무에 관한 내용과 충돌하는 것이었다. 1990년 4월 22일에 발행된 《한겨레》는 〈파업전야〉에 적용된 법의 모순을 다음과 같이 꼬집었다. "노동자와 많은 국민들이 보기를 원하고 있는 〈파업전야〉는 이

정치적 양심수와 그들 가족의 이야기를 다룬 〈어머니의 보라빛 수건〉과 철거민들의 투쟁을 그린 〈봉천동 이야기〉 | 왼쪽 〈어머니의 보라빛 수건〉(푸른영상, 김태일, 1995), 오른쪽 〈봉천동 이야기〉(푸른영상, 서명진, 1997)

미 관객 수만 명의 심의를 거친 셈이다."[18]

〈파업전야〉 이후 독립영화인들이 결집한 또 다른 사례는, 1996년 6월 14일 푸른영상 대표 김동원 감독이 음비법 위반 혐의로 연행된 사건이다. 음비법이 1995년 12월 개정되어 1996년 6월 7일 시행된 지 정확히 일주일 만에 벌어진 일이었다. 노량진경찰서는 푸른영상이 〈어머니의 보라빛 수건〉(김태일, 1995)을 사전심의를 거치지 않고 무단으로 배포했다는 이유로 푸른영상 사무실을 압수 수색했다. 당시 시행된 개정 음비법은 사전심의에 대한 의무 조항만이 아니라 비디오물 제작자가 문화체육부 장관에게 등록해야 한다는 의무 조항을 명시했다. 한편, 1심에서 선고유예 판결에 대한 항소를 진행하던 김동원 감독은 1998년 1월 9일, 인천에서 한 대학생에게 〈봉천동 이야기〉(서명진, 1997)의 비디오테이프를 건네주는 과정에서 또다시 경찰에 연행되는 고초를 겪었다. 당시 김동원 감독에 대한 연행 이유는 음란물일 가능성이 있는 비디오테이프를 불법으로 판매했다는 것이었다. 김동원 감독에 대한 두 차례 연행과 그에 따른 법정 다툼을 계기로 독립영화 진영을 중심으로 '표현의 자유 쟁취 및 비디오에 관한 법률 폐지를 위한 대책위원회'가 조직되었다. 독립영화인들은 영화인에 대한 규제와 탄압은 "시대의 흐름을 역행하는 반문화적 행위"이기에, "우리 영화인들은 예술인들의 고유 권한인 창작, 표현의 자유를 탄압하는 작금의 사태를 묵과하지 않을 것이며, 나아가 우리 영화인들이 단결하여 민주적이고 자유로운 영화환경을 만들기 위해 투쟁할 것"[19]이라는 성명서를 발표했다.

표현의 자유를 확보할 법적·제도적 개선을 주장한 독립영화 진영 내부의 단결된 노력의 성과는, 공교롭게도 푸른영상의 대표 김동원 감독이 음비법 위반 혐의로 재판받은 시기와 겹쳐서 나타났다. 1996년 10월 5일, 헌법재판소는 서울지법이 영화법 12조 1항과 2항, 13조 1항에 대해 제청한 위헌법률심판 사건에 대해 "심의기관이 허가 절차를 통해 영화의 상영 여부를 종국적으로 결정하는 것은 표현물에 대한 검열을 금지한 헌법에 위배된다"[20]며 위헌 결정을 내렸다. 지난한 법정 다툼 끝에 거둔 성과였다. 앞서 장산곶매의 〈오! 꿈의 나라〉와 〈닫힌 교문을 열며〉가 불법적으로 작품을 제작하고 사전심의를 받지 않은 채 상영했다는 이유로 탄압을 받았고, 이 과정에서 장산곶매가 영화법이 규정한 영화업자, 심의 등에 관한 사항에 대해 위헌법률심판 제청을 신청하여 사전심의 위헌판결을 받아 낸 것이다.

이 판결은 일제강점기 이후 약 75년간 지속된 영화에 대한 검열의 종식을 의미했다. 오랜 시간 영화를 억압하는 제도적 장치가 사라진 것이었기에 한국영화산업 전반에 걸쳐 새로운 시대가 도래할 것이라는 기대가 팽배했다. 당시 정지영 감독도 검열의 종식으로 인해 긍정적인 변화들이 나타날 것이라고 기대감을 표했다. "헌재는 한국문화사에 획을 긋는 판결을 내렸다고 봅니다. 그동안 영화인들의 상상력을 제한해 온 검열이 사라짐으로써 표현 영역이 확장돼 결과적으로 한국영화가 발전하리라고 봅니다. 한국영화는 새로운 국면에 접어든 것입니다."[21]

독립영화 진영은 앞으로 일어날 제도적 변화에 대비해야 했다. 김명준은 제3회 서울단편영화제에서 주최한 세미나에서 헌법재판소의 사전심의 위헌판결이 자칭 심의제도라는 것에 대한 사망선고라고 평가하면서, 이 판결 덕분에 제도가 새롭게 재편될 것이며, 특히 등급과 관련된 논쟁이 새로이 제기될 것이므로 앞으로 이와 관련된 대비책을 마련해야 한다고 주장했다. 그가 제시한 과제는 크게 세 가지였다. 첫째, 표현의 자유에 대한 투쟁의 지속, 둘째, 독립영화 연대의 강화, 셋째, 독립영화의 재생산 구조 확립이다. 김명준은 "비록 독립영화의 연대가 검열에 대한 투쟁만을 위해 존재하는 것은 아니지만, 검열은 독립영화를 통해서만 극복될 단서가 주어지며, 그러한 검열을 둘러싼 연대만이 보다 광범위한 활동을 목표로 하는 독립영화의 집결을 가능하게 한다"[22]고 주장했다. 여기서 김명준은 독립영화가 오랜 시간에 걸쳐 검열에 저항해 왔다는 것을, 그리고 그 검열의 제도적 장치였던 사전심의가 독립영화에 의해 폐기되었다는 것을 강조한다. 더 나아가, 그는 검열을 둘러싼 독립영화 진영 내부의 연대를 통해 "더 광범위한 활동"이 전개될 수 있으리라고 내다봤다.

이처럼 독립영화 진영 내부에도 연대기구 또는 그것을 통해 제도적 울타리를 구축할 필요가 있다는 문제의식이 생겨났고, 그런 고민 끝에 만들어진 것이 한국독립영화협회였다. 한국독립영화협회의 창립 배경으로 언급할 수 있는 것은 크게 두 가지이다. 하나는 독립영화 진영 내부의 단결과 연대를 위한 조직체에 대한 필요성이었다. 김동현은 한국독립영화협회의 창립 배경에 대해 다음과 같이 서술한다. "김동원의 두 차례의 연행과 수사는 1990년대 초중반을 경유하며 정치적으로 약화되고 개인화되어 가던 독립영화인을 재결집시키는 중요한 계기가 되었다. 이를 기점으로 당시에 활동하던 독립영화 단체와 개인들이 모여 1998년 9월 18일 한독협을 창립하였다."[23]

한국독립영화협회의 창립 배경으로 거론되는 또 다른 요인은 독립영화를 둘러싼 제반 환경의 변화이다. 일부 연구자들은 1996년 사전심의 위헌판결, 1998년 2월 국민의 정부 출범, 1998년 5월 영화진흥공사의 '소형-단편영화 제작 지원' 정책 발표 등이 독립영화의 제도적 변화와 관련이 있으며, 이 일련의 과정을 거치면서 독립영화와 정부가 과거의 적대적인 관계에서 벗어나 협력적인 관계로 거듭난 것으로 본다. 독립영화의 제도화 과정을 연구한 이미경은 "김동원 감독의 연행과 독립영화 지원제도의 시행이라는 상당히 모순된 상황에 대해 보다 효과적으로 대응하기 위한 운동 진영의 내부적 필요"[24] 때문에 한국독립영화협회가 창립되었다고 설명한다. 한국독립영화협회가 독립영화에 대한 제도적인 지원을 유도하거나 제안하기 위해 만들어졌다는 사실은 당시 이 협회 대표를 맡은 김동원 감독의 말에서도 확인할 수 있다. 그는 한 언론과의 인터뷰에서 "독립영화에 대한 지원책을 이끌어 내면서 관객과 만날 기회를 자주 만드는 것이 협회의 목표"[25]라고 밝혔다.

　한국독립영화협회의 창립은 독립영화 진영이 비제도권이 아닌 제도권으로 들어섰다는 것을 의미하는 하나의 상징적인 사건이었다. 한국독립영화협회는 1999년 7월 23일 문화체육관광부 소관의 사단법인으로 등록했다. 이후 한국독립영화협회는 독립영화 정책 개발 및 연구, 독립영화 배급/유통에 관한 구조 개선, 독립영화 제작 지원, 독립영화인들 간의 친목 도모를 위한 여러 사업을 본격적으로 진행했다. 이외에도 정기 상영회, 영화제 개최, 비평지 발간 등을 통해 독립영화 담론의 활성화를 위해 노력했다. 김명준은 1999년에 발표한 글에서 한국독립영화협회의 당면 과제로 ① 법인화, ② 민주주의와 정보 전략, ③ 보편적 사회단체로서의 한독협, ④ 영상 사회단체로서의 한독협에 관한 내용을 제안했다.[26] 그것은 비영리조직인 한국독립영화협회의 활동과 내용이 지나치게 법적인 구조에 얽매여서는 안 되며, 회원들 간의 민주적인 소통을 강화하고, 다양한 사회적 이슈에 적극적으로 개입하고, 영상 제작 및 교육에 힘을 쏟아야 한다는 내용을 담고 있다. 한국독립영화협회가 독립영화 진영 내외부의 의사소통을 매개하고, 동시에 독립영화의 제반 환경 구축에 힘써 달라는 제언이자 부탁이었다.

● ● ●

　1990년대의 끝자락에 선 독립영화는 긴장, 기대, 흥분이 혼재된 상태였을 것이다. 제도적으로 독립영화를 대표할 조직체가 만들어지고, 다양한 영화기관에서 독립영화를 교육 및 제작할 수 있는 여건이 조성되고, 정부 기관이나 민간 기관에 단편영화의 제작 지원 시스템이 구축되는 등 변화가 일어났기 때문이다. 이런 상황에서 독립영화의 정체성은 기술적 · 정치적 · 제도적 · 미학적으로 분화되고 그에 따라 복합적인 양상을 드러냈다. 독립영화는 누군가에게는 여전히 사회적 운동 수단이었지만, 다른 누군가에게는 상업영화를 만들기 위해 통과해야 하는 예비 과정이었고, 또 누군가에게는 자신의 욕망을 표출하고 세상과 대화하는 소통의 장이었다.

하지만 이러한 속성들의 종합이 독립영화의 총체라고 단정하기는 힘들었다. 독립영화의 조건은 역사적 흐름 속에서 계속해서 변하고 있었고, 바로 그런 이유로 누군가 독립영화의 속성이나 정의에 대해 말하는 순간 그것은 이미 시대착오적인 것이 될 수 있었기 때문이다. 새천년을 앞둔 독립영화인들은 독립영화를 둘러싼 주변 환경의 급격한 변화를 맞아, 한편으로는 독립영화가 변화에 적응하지 못하고 퇴보하거나 관성화될 것이라는 우려를, 다른 한편으로는 시대적 흐름의 변화를 기회로 전환하여 양적으로나 질적으로나 도약할 것이라는 기대를 품었을지도 모른다. 누가 어느 쪽에 내기를 걸었건 간에, 그 시절 독립영화는 다가올 미래에 대한 불안과 기대를 품고 나날이 진화와 변태를 거듭하고 있었다.

미주

1 Young-a Park, *Unexpected Alliances: Independent Filmmakers, the State, and the Film Industry in Postauthoritarian South Korea*, Stanford : Stanford University Press, 2014, p. 50.

2 김명준, 〈80년대 이후 진보적 영화운동의 전개과정〉, 진보적 미디어운동 연구센터 프리즘 엮음, 《영화운동의 역사: 구경거리에서 해방의 무기로》, 서울출판미디어, 2002, 428쪽.

3 〈젊은 영화인들 새 기구 결성: 제도권 밖 6개 단체 '독립영화협의회' 출범〉, 《한겨레》, 1990년 2월 3일.

4 서울영상집단 엮음, 《변방에서 중심으로》, 시각과언어, 1996, 55~56쪽.

5 마테리알 편집부, 〈연결하고, 순환을 주장하기: 독립영화협의회 낭희섭 대표 인터뷰〉, https://ma-te-ri-al.online/19698863(최종 확인: 2022.7.6.)

6 홍효숙, 〈독립영화, 그 영원한 비무장지대를 위해〉, 《제2회 서울단편영화제 세미나 자료집》, 삼성영상사업단, 1995, 7~21쪽.

7 서울영상집단 엮음, 《변방에서 중심으로》, 시각과언어, 1996, 46쪽.

8 〈단편영화 감상기회 늘어〉, 《경향신문》, 1996년 6월 15일.

9 서울영상집단 엮음, 《변방에서 중심으로》, 시각과언어, 1996, 98쪽에서 재인용.

10 〈단편영화시대 열린다〉, 《한겨레》, 1994년 11월 11일.

11 김소영, 〈단편영화 그 열린 가능성을 위해〉, 《제1회 서울단편여화제 세미나 자료집: 짧은 영화 깊은 대화》, 삼성 나이세스, 1994, 13쪽.

12 김지하, 〈한국 실험영화의 문화적 형성 과정 연구〉, 홍익대학교 대학원 박사학위논문, 2012, 107쪽.

13 오정훈, 〈인디포럼 98 '나 독립영화야': 슬로건에 대한 짧은 설명〉, 《인디포럼 '98: 나! 독립영화야!!》, 인디포럼 사무국, 1998, 6쪽.

14 〈10만원으로 멋진 영화 만든 사람 모여라〉, 《동아일보》, 1999년 11월 9일.

15 송정원, 〈같은 방향의 소통을 거부하는 매체, '십만원 영화제'의 가능성〉, 《독립영화》 1호, 한국독립영화협회, 1999, 64~65쪽.

16 서울영상집단 엮음, 《변방에서 중심으로》, 시각과언어, 1996, 123쪽에서 재인용.

17 김지현, 〈독립영화가 걸어온 길: 정책적 거버넌스 구축을 중심으로〉, 서울독립영화제 엮음, 《21세기의 독립영화》, 한국독립영화협회, 2014, 184쪽.

18 〈관객 수만명 심의 거친 '파업전야'〉, 《한겨레》, 1990년 4월 22일.

19 서울영상집단 엮음, 《변방에서 중심으로》, 시각과언어, 1996, 176쪽에서 재인용.

20 〈영화 사전심의 위헌〉, 《한겨레》, 1996년 10월 5일.

21 〈긴급좌담: 영화 사전심의 위헌결정 이후 '검열' 차꼬 풀린 한국영화 도약맞아〉, 《한겨레》, 1996년 10월 7일.

22 김명준, 〈헌법재판소 판결 이후 독립영화의 현지점, 가까운 미래〉, 《제3회 서울단편영화제 세미나 자료집》, 삼성영상사업단, 1996, 43쪽.

23 김동현, 〈독립영화와 표현의 자유: 영화심의제도와의 갈등사례를 중심으로〉, 성공회대 문화대학원 석사학위논문, 2014, 29쪽.

24 이미경, 〈영화운동의 제도화와 갈등적 협력: 한국독립영화협회 설립 이후 영화운동의 변화〉, 전북대학교 대학원 사회학과 박사학위논문, 2014, 68쪽.

25 〈독립영화협 대표 김동원 감독 "관객과 친숙한 '독립영화' 위해 노력"〉, 《동아일보》, 1998년 9월 23일.

26 김명준, 〈한독협은 어떻게 '조직적' 협회가 될 수 있을까? 협회의 조직발전을 위한 개인적 제언〉, 《독립영화》 1호, 한국독립영화협회, 1999, 46~51쪽.

영화문화

영화청년,
시네마테크 문화를 만들다

| 정종화 |

80년대와 2000년대 사이, 90년대 영화문화 지형도

1990년대의 한국 사회는 그 어느 때보다 문화적 갈망이 분출된 시기였고, 이전과는 본질적으로 다른 대중문화 지형이 입체적으로 펼쳐졌다. 아날로그 세계가 완성을 맞은 시기이기도 했고, 디지털 세상이 시작된 때이기도 하며, 영화와 드라마·대중가요 등의 영역에서 다양한 서브컬처들이 등장해 주류로 오르거나 각자의 지분을 차지하는 것이 가능했던 시간이기도 하다. 1988년 서울올림픽을 기점으로 영상소비문화 시대로 진입했다는 학자들의 지적처럼, IMF 이전까지의 경제적 호황 그리고 자유롭게 소비를 즐기는 대중의 출현은 시대적 감수성을 새로운 차원으로 옮겨 놓았다. 이때 영화는 한국 사회가 새로운 문화 지형을 만들어 가는 최전선의 동력이 된다.

물론 그 이전에도 영화는 대중오락의 중심이었고, 특히 1980년대 대학가를 중심으로 사회변혁운동의 매체로 주목받기도 했지만, 1990년대는 영화의 홍수 속에서 좀 더 진지한 방식으로 새로운 영화들을 탐색하는 것이 가능해졌다. 1987년 이후 영화시장 개방은 한국영화에 위기를 안겼지만 이전과는 비교할 수 없을 만큼 많은 외국영화들이 개봉되는 계기를 만들었고, 제3세계 예술영화까지 비중 있게 수입될 정도로 급격하게 시장이 커진 것도 사실이다. 이에 개봉관 중심으로 상업영화를 소비하는 차원을 넘어, 작가주의 예술영화부터 마니아 취향의 컬트영화까지 다양한 영화들을 능동적으로 수용하려는 시네필cinephile(영화를 뜻하는 cinema와 애호를 뜻하는 phile을 합친 말)과 영화 마니아들이 대거 등장했다. 1990년대 초 언론들은 이를 가리켜 '문학청년'이 아닌 '영화청년'의 시대가 도래했다고 주목한다.

영화청년, 컬렉션과 큐레이션을 실천하다

1990년대의 영화문화가 질적으로 달라진 것은 영화를 모으고collection 골라서curation 보는 행위가 본격화됐고, 무엇보다 이러한 작업이 개인의 수준에서 가능해지고 이뤄진 것에 기반한다. 이는 1980년대 중반부터 한국에서 급성장한 비디오 매체와 직접적인 관련이 있다. 이전에는 TV 방송에서 '주말의 명화' 같은 프로그램으로 영화를 감상하고, 영화에 관심이 생겨도 한정된 책을 통해서 정보를 접할 수밖에 없던 시절이었다면, 1990년대는 고전영화부터 동시대 예술영화까지 폭넓게 비디오로 출시되어 비디오 대여점에서 빌려 보거나 이를 개인이 복사해서 간직할 수 있게 되었다. 당시 '영화마을', '으뜸과 버금' 같은 비디오 숍에는 마니아컬렉션 진열장을 따로 둘 정도였다. 영화팬의 입장에서 영화의 물적 '컬렉션'을 만들어 갈 수 있으니 각자의 머릿속에서 영화를 계열화하고 가치와 의미를 부여해 선별하는 '큐레이션'이 가능해진 셈이다.

영화 마니아들이 비디오 대여점을 통해 영화를 섭렵해 가는 한편, 정식으로 출시되지 않은 더 많은 영화는 특별한 공간을 통해 접할 수 있었다. 1980년대의 영화청년이 본인들의 영화 공부를 위해 꾸리기 시작한 시네마테크, 정확하게 말하면 비디오 컬렉션으로 구성된 비디오테크가 바로 그것이다. 이런저런 경로로 먼저 영화 공부를 시작한 이들은 해외에서 구입한 비디오나 레이저디스크LD에서 복사한 비디오를 모으고 서로 공유하며 컬렉션을 늘려 갔고, 여러 주제로 큐레이션해 능동적인 관객들과 소통하게 된다. 비록 아날로그 방식으로 반복 복사한 비디오 화질이었지만, 세계 영화사의 고전 명작부터 현대의 작가주의 예술영화까지, 또 웰메이드 장르영화부터 B급 컬트영화까지 이전과는 차원이 다른 스펙트럼이 펼쳐졌고, 영화 매체의 본질을 탐구하겠다는 진지한 태도로 공유되었다.

영화청년들이 주도한 시네마테크 활동이 상영 행사로만 그치지 않은 것도 주목할 점이다. 소규모 세미나 모임은 영화를 공부하고 싶은 대학생들이 참가하는 강좌로 발전해 갔고, 영화이론에 관한 강의뿐만 아니라 제작 워크숍으로도 확장된다. 이처럼 영화를 전문적으로 향유할 수 있는 시네마테크라는 공간을 청년들이 직접 나서서 고민하고 모색하고 실천한 때가 바로 1990년대이다. 그 첫 장을 '영화공간 1895'가 열었다면, '문화학교 서울'이 1990년대 내내 든든히 버티며 한국 영화문화가 상업적 방향으로만 흐르지 않도록 주체적으로 고민하고 열정적으로 질문하는 시네필 문화를 만들어 갔다. 그리고 민간의 시네마테크는 1990년대 중반 본격적인 예술영화관이 등장하는 문화적 기반이 되었다.

영화 탄생 100주년을 맞이한 1995년은 1990년대 한국 영화문화의 상징과도 같은 해로 기록된다. 1995년 2월 종로 코아아트홀, 그

▌〈희생〉 개봉 전단. 원본은 6면 3단 접지. │ 사진 제공: '프로파간다' 최지웅

이름도 낯선 러시아 감독 안드레이 타르코프스키의 〈희생〉(1986)이 칸국제영화제 그랑프리 수상작임을 내세우고 개봉해 2만 4천 명이 넘는 관객을 동원했다. 국내에서 개봉한 미지의 예술영화로는 초유의 수치였는데, 〈희생〉이 개봉한 전 세계 시장을 통틀어 가장 좋은 흥행 성적이기도 했다.

한국에서 처음으로 예술영화 시장의 가능성을 확인시킨 이 사건은 최초의 예술영화전용관의 등장으로 이어졌다. 바로 〈희생〉을 수입하고 배급한 영화사 백두대간이 동숭아트센터와 손잡고 개관한 '동숭씨네마텍'이 그것이다. 개관 기념작은 1990년대 영화광들의 정전처럼 추앙된 미국 독립영화 감독 짐 자무시의 〈천국보다 낯선〉(1984)이었다. 동숭씨네마텍은 1987년 개관해 일찍이 예술영화 상영관을 모색했던 코아아트홀과 함께 예술영화 관객층을 형성하며 시네마테크 문화를 주도했다. 한편 코아아트홀은 1997년 복합상영관인 시네코아로 확장해 예술영화 공간으로서의 정체성을 이어 갔다. 2000년에는 대학로의 하이퍼텍 나다, 광화문의 씨네큐브 같은 예술영화 상영관 그리고 2002년 소격동의 서울아트시네마가 시네마테크전용관으로 등장하며 관객들의 심미안을 높이는 데에 일조한다.

90년대 영화잡지가 전하는 풍경

영화에 대한 청년들의 뜨거운 관심은 1990년대를 풍미한 영화잡지들이 등장하는 계기도 만들었다. 1980년대 중후반에 먼저 자리 잡은 것은 《스크린》(1984~2010)과 《로드쇼》(1989~1998)였다. 두 잡지 모두 대중 독자뿐만 아니라 영화 마니아층까지 만족시키는 편집을 지향했다.《스크린》의 꾸준함은 물론이고, 특히 정성일이 초대 편집장이었던 시절의 《로드쇼》는 시네필 문화를 형성하는 단초가 되었다. 한편 《스크린》은 당시 영화평론가로도 활동한 박찬욱 감독의 평문이, 《로드쇼》에는 구회영이라는 필명을 썼던 김홍준의 연재 〈도씨에dossier〉가 실려 영화청년들의 주목을 받았다. 전자는 《영화보기의 은밀한 매력-비디오드롬》, 후자는 《영화에 대하여 알고 싶은 두세 가지 것들》로 출간되어 영화 마니아들의 필독서로 자리잡았다.

또한 1995년, 최초의 영화 전문 주간지 《씨네21》과 좀 더 시네필층을 겨냥한 월간지 《키노KINO》(~2003)가 등장해 한국 영화문화의 변화를 주도하고 기록했다. 특히 전자는 한국영화와 산업 동향에 대해 신속하면서도 전문적인 시각의 뉴스를 전했고, 후자는 영화비평과 영화학의 영역까지 비판적으로 파고들며 시네필의 교과서를 자처했다. 이 잡지들은 시네마테크란을 만들어 민간의 비디오테크부터 예술영화관까지 상영과 교육 프로그램 소식을 전했다. 그 외에도 월간지는 라이선스 잡지 《프리미어》(1995~2009), 《스크린》 출신의 이지훈이 만든 《네가》(1998~2003) 등이, 2000년에는 《씨네버스》(~2003)와 《필름2.0》(~2008)이 주

▌《키노》 창간호 표지.

간지 시장에 합류한다.

당시 영화잡지 지면에는 영화를 공부하려면 어떤 책을 봐야 하는지의 수준을 넘어, 국내외 대학의 영화학과에 대한 입시 가이드가 경쟁적으로 소개됐다. 1990년대 초부터 중앙대·한양대·동국대 등 연극영화과가 설치된 전통적인 7개 대학의 입시 가이드가 매년 소개됐고, 영화과 수석 합격자 대담이 실리기도 했다. 대학 과정은 아니지만 국립영화학교 역할을 했던 한국영화아카데미 소개도 빠지지 않았다. 특히 졸업 작품 〈호모 비디오쿠스〉(변혁·이재용, 1990)가 클레르몽 페랑 단편영화제 등 해외 영화제에서 연이어 수상한 것은 영화청년들의 동경과 지지를 받기에 충분했다. 또한, 미국 대학의 영화과 40여 곳에 대한 소개뿐만 아니라 영국·프랑스·동유럽·일본·호주 등 해외 영화학교 유학 가이드가 총체적으로 소개됐고, 김형구·이광모·김응수 등 이들 학교에서 공부하고 돌아온 영화인들의 인터뷰는 영화 지망생들에게 꿈을 실현하는 유용한 정보가 되었다. 일례로 폴란드 국립영화학교(우츠Łódź)에 한국인 최초로 입학한 문승욱이 '우츠'와 체코의 국립영화학교 '파무FAMU'를 소개한 특별기고(《스크린》, 1992년 7월호)는 1990년대 초반 영화 공부에 관한 관심이 어느 정도로 구체적이었는지 보여준다. 지금은 상상할 수 없을 만큼 영화를 대하는 청년들의 관심과 열기가 뜨거웠다. 1995년 한국예술종합학교 영상원이 설립된 것을 시작으로 1990년대 후반까지 여러 대학에 연극영화 전공이 설치됐고, 이에 발맞춰 입시 가이드 지면의 분량도 대폭 늘었다.

아마도 1990년대 영화청년 중 많은 이들은 감독을 꿈꿨을 것이다. 당시 잡지에는 '영화감독이 되는 7가지 방법'을 위시해 촬영

감독, 시나리오작가 등 각 분야의 스태프가 되는 실질적인 정보를 전했다. 이때 좀 더 현실적인 목표로 가늠된 단편영화라는 형식이 청년들의 시야로 들어왔다. 특히 1994년부터 1997년까지 삼성 나이세스가 4회에 걸쳐 개최한 서울단편영화제가 주목받았다. 각 잡지에 실린 경쟁작들과 수상작 소개, 그리고 해외파인지 국내파인지 감독들이 공부한 배경에 대한 정보는 초미의 관심사였다. 1회의 〈우중산책〉(임순례, 1994), 〈어머니〉(문승욱, 1994), 2회의 〈모범시민〉(김본, 1994), 〈영창 이야기〉(곽경택, 1995), 〈그랜드파더〉(김용균, 1995), 3회의 〈생강〉(정지우, 1996), 〈낙타뒤에서〉(이상인, 1996), 4회의 〈간과 감자〉(송일곤, 1997), 〈기념촬영〉(정윤철, 1997) 등 수상작 감독들의 면면을 보면 이 영화제가 감독 경력의 출발점이 되었음을 알 수 있다.

특히 1990년대 후반, 한국 단편영화가 연달아 해외 영화제에 진출하며 영화청년들을 흥분시켰다. 제51회(1998) 칸국제영화제 단편경쟁부문에 초청된 〈스케이트〉(조은령, 1998), 제20회(1998) 클레르몽 페랑 단편영화제에서 최우수창작상을 받은 〈햇빛 자르는 아이〉(김진한, 1997), 제45회(1999) 오버하우젠 국제단편영화제에 초청된 〈온실〉(김지훈, 1997), 제51회 칸국제영화제 단편경쟁부문의 심사위원상을 수상한 〈소풍〉(송일곤, 1999) 등 한국 단편의 활약은 이 시기 영화를 꿈꾸던 청춘들에게 〈기생충〉(봉준호, 2019)의 칸국제영화제와 미국 아카데미상 석권에 버금갈 만큼 회자되었다.

영화청년, 국제영화제에 승선하다

1990년대 중반 영화문화의 변화상을 보여 주는 가장 획기적인 사건은 한국에서도 국제영화제가 시작된 것이다. 1996년 9월 출범한 부산국제영화제는 1990년대 전반의 비디오, 시네마테크 문화가 성장시킨 영화청년들을 결집시킨 최고의 이벤트였다. 유럽의 주요 국제영화제 수상작들을 일거에 만날 수 있었을 뿐만 아니라, 아시아영화로 시각을 가다듬는 방향타가 되었고, 김기영 감독을 위시해 한국영화사를 복원하는 계기가 되었다. 또, 영화를 포함해 일본 대중문화 수입이 금지된 때 일본영화를 상영하고, 일본영화인을 초청해 1998년 일본문화 개방의 물꼬를 트고 막연한 동경과 두려움을 없앤 것도 부산영화제의 역할이었다. 〈하나비〉(기타노 다케시, 1997)는 제2회 영화제의 최고 인기작이었고, 〈4월 이야기〉(1998)로 초청받은 이와이 슌지는 제3회 영화제의 최고 스타였다.

영화를 창작한 이들과 직접 소통하는 장을 제공한다는 점에서 영화제는 시네필의 영화학교가 되어 주었다. 상영이 끝난 후 해당 영화의 감독, 배우 등과 질문을 주고받는 '관객과의 대화' 시간을 부산국제영화제가 처음 시도한 것은 아니지만, 영화제의 핵심 이벤트로 자리잡게 만든 것은 부산영화제가 이룬 성과였다.

1996년 10월 한국의 영화 사전심의가 위헌판결을 받기 바로 전 달에 처음 개최된 국제영화제에서, 서구의 국제영화제 관례대로 무삭제 필름을 상영할 수 있는지의 여부도 첨예한 논란거리였다. 결국 제1회 영화제에서 〈크래쉬〉(데이비드 크로넨버그, 1996)가 국내 개봉용 삭제 필름으로 상영돼 소동을 일으켰고, 제2회 영화제에서는 왕가위 감독의 〈부에노스 아이레스〉(〈해피 투게더〉의 당시 공개 제목)가 무삭제로 상영하겠다는 계획과 달리 언론과 영화 관계자만을 대상으로 한 제한 상영에 그치기도 했다. 결국 이 영화는 1년이 지난 1998년 8월 칸국제영화제 버전이 아닌 새로 편집한 아

▍ 제1회 부산국제영화제 개막식. | 사진 출처:《로드쇼》, 1996년 10월호

제1회 부산국제영화제 당시 수영만에서 진행된 〈비밀과 거짓말〉 야외 상영(왼쪽)과 선상 인터뷰(오른쪽). | 사진 출처:《로드쇼》, 1996년 10월호
(아래) 제2회 부산국제영화제에서 마련된 관객과의 대화. 왼쪽부터 감독 차이밍량, 배우 이강생, 김지석 프로그래머. | 사진 출처:《로드쇼》, 1997년 11월호

시아버전으로 개봉하게 된다. 1990년대는 여전히 사회적 구습들이 잔존한 시기이기도 했다.

1990년대 중후반 각자의 가치를 내세운 여러 영화제들이 출범해 관객의 공감대를 넓혀 갔다. 1997년 4월 여성의 눈으로 영화를 읽자는 서울국제여성영화제가, 8월에는 상상력과 대중성을 기치로 내건 부천국제판타스틱영화제가 부산에 이어 국제영화제 대열에 합류했다. 특히 부천판타스틱영화제는 판타지 장르 마니아들을 결집시켜 첫해부터 대대적인 성공을 거뒀다. 두 영화제는 한국영화 회고전도 중요하게 배치했는데, 전자는 박남옥 감독의 〈미망인〉(1955), 후자는 강태웅 감독의 인형 애니메이션 〈흥부와 놀부〉(1967), 〈콩쥐팥쥐〉(1977) 등을 처음 공개했다. 또 1996년 케이블TV의 다큐 전문 Q채널에서 개최한 서울다큐멘터리영상제, 인권운동의 대중적 교감을 꾀하며 표현의 자유를 이슈화한 인권영화제, 1998년 2회부터 상영작이 확장된 서울국제독립영화제, 당국의 불허로 전해의 무산을 딛고 1998년 개최된 서울퀴어영화제 등이 줄을 이었다. 하지만 인권영화제와 퀴어영화제 그리고 제2회 서울다큐멘터리영상제가 직접적으로 부딪힌 상영작 사전심의 문제는 이후에도 계속 영화제 지형을 괴롭혔다. 소규모 영화제도 다양하게 개최됐다. 특히 1997년부터 시작된 십만원비디오페스티벌은 저예산 아마추어 정신을 견지하며 1990년대 청년문화 특유의 유희성을 대변했다. 2000년에는 또 하나의 국제영화제가 추가됐다. 대안·디지털·독립영화의 최전선을 주목하는 전주국제영화제가 부산, 부천과 새로운 차별점을 만들며 국제영화제 대열에 합류한 것이다.

이처럼 1996년을 시작으로 이전에는 상상할 수 없었던 수많은 영화제가 출범하고, 관객들은 열정적으로 동참했다. 영화잡지는 영화제 개막과 상영 정보를 알리는 역할뿐 아니라 행사를 기록하고 평가하는 역할을 맡아 영화제 문화의 선순환에 기여했다.

1990년대의 영화청년들은 비디오 대여점과 영화잡지를 통해 이전과는 다른 수준의 콘텐츠를 충족할 수 있었고, 더 많은 영화를 만나기 위해 사설 비디오테크, 예술영화관으로 이어지는 시네마테크를 거처로 삼았으며, 국제영화제에서 하루 서너 편씩 치열하게 영화를 보며 동시대 새로운 영화에 대한 갈망을 해소했다. 하이텔의 '시네마천국', 천리안의 '스크린' 같은 PC통신 속 영화 동호회가 각자의 컬트영화를 공유하고 영화 정보를 가지고 노는 놀이터가 되었던 것도 빼놓을 수 없다. 당시 청년들이 영화 마니아 혹은 시네필로 성장해 간 핵심적 자질은 바로 부지런한 컬렉션과 각자의 개성에 기반한 큐레이션 능력이었다.

이처럼 1990년대의 시네마테크 문화는 기획자의 역할이든 참가자의 역할이든 청년세대가 직접 만들어 낸 것이었다. 어떻게 영화를 공부할 수 있을지 앞서 모색한 이들을 '문화원 세대'라고 부른다면, 1990년대의 영화청년들은 좀 더 정교하게 영화를 섭렵해 간 '시네마테크 세대'로 명명할 수 있다.

시네마테크를 만들어 가다

한국의 영화광들이 '시네마테크'라는 말을 처음 듣고 사용하기 시작한 것은 1970년대 프랑스문화원을 통해서였다. 대체로 예술영화를 상영하고 영화 동호인들이 모이는 공간을 그렇게 불렀다. 프랑스어인 시네마테크cinematheque는 책을 보존해 사람들이 열람할 수 있는 도서관을 뜻하는 비블리오테크bibliothèque처럼 영화 관련 자료를 컬렉션으로 보존하고, 이를 현재 시점에서 큐레이션해 상영·전시·열람 등의 방식으로 공개하는 공간을 뜻한다. 영화 유산을 보존하고 활용할 사업을 펼친다는 점에서 크게 보면 필름 아카이브film archive와 동의어이고, 좁게는 고전과 예술영화의 상영뿐만 아니라 이곳을 중심으로 영화 애호가들이 여러 활동에 참가할 수 있는 예술영화 상영관을 지칭한다.

2022년 현재 한국의 시네마테크로는 서울아트시네마를 위시하여 전국의 민간 시네마테크들 그리고 공공 역할을 하는 시네마테크 부산과 한국영상자료원의 시네마테크KOFA를 들 수 있다. 공식적으로 시네마테크라는 이름을 걸고 활동하며, 역사적·개념적 의미를 부여할 수 있는 공간들이다. 서울아트시네마는 2002년 사단법인 한국시네마테크협의회가, 시네마테크 부산은 1999년 부산광역시가 설립해 운영을 시작했다. 국가가 운영하는 한국영상자료원의 경우, 예술의전당에 자리 잡고 한국필름보관소에서 이름을 바꾼 1991년부터 영화관과 도서관을 운영했지만, 본격적인 시네마테크 역할을 시작한 것은 2007년 상암동 청사로 이전하면서이다. 영상도서관과 함께 2008년 시네마테크KOFA, 한국영화박물관까지 개관해 고전·예술영화를 공부하고 향유할 수 있는 안정적인 공간이 마련됐다.

왜 시네마테크가 필요한가

이처럼 2000년 전후에야 비로소 민간과 공공에 본격적인 시네마
테크가 등장하기 시작했다면, 1990년대는 어떤 상황이었을까. 당
시 한국 사회에서 시네마테크에 대한 문제의식은 얼마나 적극적
으로 개진되고 있었고, 고전 · 예술영화를 상영하는 기능은 과연
어떤 주체들이 맡고 있었을까.

1990년대 한국의 시네마테크 지형을 탐색하기 위해서는 《로드
쇼》 1989년 10월호의 '파리통신' 〈국내 최초 소개: 영화천국, 시네
마떼끄를 가다〉*라는 기사가 당시 분위기를 살피는 데 도움이 된
다. 1936년 앙리 랑글루아와 조르주 프랑주가 설립한 "전 세계 영
화광들에게 신화적 장소로 알려진 프랑스의 영화박물관 시네마
떼끄"의 면모가 구체적으로 소개되었다. 잡지의 파리 특파원은 당
시 '시네마테크 프랑세즈'의 비블리오테크 관장과 인터뷰한 내용
을 중심으로, 프랑스 파리에 영화관뿐만 아니라 영화박물관과 도
서관이 함께 자리 잡은 "영화의 과거와 현재, 미래를 잇는 터전"인
시네마테크 공간을 소개하며 그 가치를 이렇게 설명한다.

> 만일 '시네마떼끄'가 없었다면 누벨바그도 없었을 것이며, 전 세
> 계 영화의 교통정리도 실패로 끝났을 것이다. 1년에 2천 편씩 상영
> 하는 이 꿈의 궁전은 진짜 영화학교가 바로 '영화 보기'라는 평범
> 한 진리를 다시금 깨닫게 한다.**

---

* 당대 자료를 인용하는 경우에는 원문의 표기를 따랐다. 외래어 표기법에 따라 '시네마테크'로
  적어야 하지만, 원문에 따라 '시네마떼끄' 등으로 표기했다.
** 필자가 문맥에 맞게 일부 문장을 수정했다.

시네마테크라는 공간이 왜 필요한지 설파하는 이 기사의 행간에는 유럽 선진국의 시네마테크가 그저 부럽다기보다 어떤 형태로든 한국에도 설립되어야 한다는 바람이 담겨 있다. 민간 협회인 시네마테크 프랑세즈가 프랑스 국립영화센터CNC 소속으로 국가적 지원을 받고 있다는 정보를 강조하는 대목도 그런 맥락으로 읽힌다. 특히 "필름을 보존하고 재복원 작업을 하고, 배급하는 것 모두 영화를 구하는" 실천이라는 비블리오테크 관장 노엘 지레의 언급은 현재 시점에도 눈여겨봐야 할 대목이다. 영화가 담긴 매체를 안전하게 보존하는 것만큼이나 큐레이션을 통해 동시대의 사람과 만나게 하는 것이 영화의 가치를 이어 나가는 훌륭한 방법이기 때문이다.

1990년 전후 이런 고민을 가장 먼저 실천에 옮긴 것은 민간의 시네마테크들이었고, 그 동력의 원천은 영화청년들의 열정이었다. '영화공간 1895'를 시작으로 그 유산을 이어 간 '씨앙씨에', 1990년대 내내 꿋꿋하게 버텨 서울아트시네마의 물꼬를 튼 '문화학교 서울', 또 천안의 '영화공방', 부산의 '1/24' 등 각 지방 도시에 생겨난 시네마테크들이 그것이다. 당시의 시네마테크 공간들은 엄밀히 말해 복사한 비디오를 상영하는 비디오테크라는 한계가 있었지만, 이는 결코 약점이 되지 않았다. 이론과 제작을 막론하고 영화를 제대로 공부해 보자는 영화청년들의 분명한 의지에서 출발했기 때문이다. 한편 공공영역에서는 프랑스, 독일 등 외국 문화원이 1970년대부터 시작한 상영 행사를 이었고, 한국영상자료원도 극장과 자료실을 중심으로 공공 시네마테크로서의 역할을 고민하기 시작했다. 1981년에 설립된 서강대 커뮤니케이션센터도 1992년 3월부터 학생과 일반인을 대상으로 영상자료실을 열어 시네마테크 기능을 강화했다.

시네마테크를 모색하다

1990년대 민간 시네마테크 모델을 처음 만든 것은 바로 '영화공간 1895'였다. 기록을 종합해 보면 처음 문을 연 것은 1989년경으로, '영화마당 우리' 출신의 이언경이 서울 마포구 대흥동의 허물기 직전의 건물 2층을 빌려 공간을 꾸리기 시작했다. 영화마당 우리는 프랑스문화원 기반의 시네클럽과 독일문화원의 동서영화연구회의 대학생들이 중심이 되어 1984년에 만든 영화운동 모임이다. 특히 영화마당 우리의 연구 사업과 스터디 활동을 물려받은[1] 영화공간 1895는 영화를 공부하고 싶어도 변변한 책 하나 없고, 영화를 보고 싶어도 볼 수 없던 시절에 가장 먼저 시네마테크 운동을 표방했던 곳으로 기록된다.[2] 1995년 5월 《키노》 창간호는 영화공간 1895가 처음 둥지를 틀었던 대흥동 건물에서 촬영한 이언경의 모습과 함께 그를 1980년대 영화광의 대표로 소개한다.

70년대를 '헐리우드키드'가 문화원을 통해 뭉치고 성장한 세대라면 80년대는 자신에게 일당백 정신과 카피(복사) 문명을 통해 성장한 '필사적 비디오 키드'의 시대라고 말한다. 선배들이 늘 영화공부의 텍스트로 삼는 그 걸작들을 볼 길이 없고 알 수도 없어 목이 말랐고, 외국 곳곳에서 유학 중인 친구·선배들을 통해 하나둘 비디오를 모으기 시작했다. 마치 '고다르의 손자 손녀처럼' 영화를 보던 그때, 이언경 씨는 부모님을 협박(?)하고 가진 돈을 몽땅 쏟아

'영화공간 1895'를 만들었다.

"우리가 수없이 해낸 불법 비디오 복사로 꼬마들이 고다르를 알게 되었고"라는 이언경의 말처럼, 1990년대 영화광들은 직배 이후 외국영화의 홍수와 사설 시네마테크 문화를 자양분 삼아 성장했다. 이언경이 만든 시네마테크는 후자의 출발점이었다. 영화공간 1895가 공식적인 행보를 가시화한 것은 1990년이다. 10월 1일 '영화연구소 영화공간 1895'라는 이름으로 문을 열어, 영화학도와 젊은 영화인을 대상으로 회원을 모집했다. 처음에는 매일 저녁 6시와 8시 반 2회 상영과 함께 일요일 저녁 7시에 젊은 영화학자와 비평가들의 강좌가 운영됐다. 첫 상영 프로그램에서는 김기영, 세르게이 에이젠슈테인, 로만 폴란스키 감독 등이 집중조명됐다.[3] 당시 《한겨레》의 기사는 비록 규모는 조촐했지만 열정이 가득했던 한국 시네마테크 운동이 시작된 공간을 다음과 같이 전한다.

영화공간 1895(대표 이언경)는 평범한 건물의 2층에 마련된 20평 넓이의 공간이다. 24인치 텔레비전, 비디오녹화재생기와 4개의 책장, 그리고 건물의 모서리 쪽에 생긴 자투리 공간에 효율적으로 자리잡은 의자들. 책장을 채우고 있는 것은 4백여 편의 영화 비디오 테이프들이다.[4]

영화 상영과 이론 강좌뿐만 아니라, 1991년 3월부터는 영화제작에 관심 있는 성인과 대학생을 대상으로 16mm 필름을 경험하게 하는 촬영 워크숍 '카메라를 든 사나이'를 열어, 영화공간 1895를

(왼쪽) '영화공간 1895' 모습. 당시 기사의 사진 설명은 이렇다. "우리 영화교육에는 영화이론만 있고, 영화는 없다. 젊은 영화평론가들이 모은 영화를 교재로 나눠 보는 공부방 '영화공간 1895'" (오른쪽) 명륜동으로 옮긴 '영화공간 1895'의 시사실 | 사진 출처: 왼쪽《한겨레》, 1991년 2월 3일자, 오른쪽《조선일보》, 1991년 10월 15일자

(왼쪽) 1992년부터 시사실에 스크린과 프로젝터가 들어온 것으로 보인다. (오른쪽) 자료실 한쪽 벽에 복사한 비디오가 가득 차 있는 것을 확인할 수 있다. | 사진 출처:《로드쇼》, 1992년 1월호

대표하는 교육 프로그램으로 안착시켰다. 영화공간 1895는 1991년 10월 종로구 명륜동으로 공간을 옮겼고, 시사실 공간은 14평 남짓이었지만 이제 50석가량 되는 좌석 앞에 32인치 대형 TV 수상기가 놓였다.[5] 당시《한겨레》는 국가 차원이나 영화를 가르치는 대학에서 제대로 된 시네마테크와 영상자료실을 운영해야 한다는 비판의 목소리를 내며, 영화공간 1895에 '민간 영상자료원'이라는 호칭을 붙이기도 했다. 영화이론 강좌 역시 확대됐다. 영화 전문 계간지《영화언어》와 공동주최로 '24시간 영화학교'를 개설해 이광모,

전양준, 김지석, 이효인, 이용관, 정성일 등 영화비평과 이론을 먼저 공부한 젊은 영화인들이 강사진으로 참가했다.[6] 이처럼 한국 최초의 민간 시네마테크는 전공을 막론하고 영화 공부에 본격적으로 도전하려는 대학생들의 요람이 되어 주었다.

영화공간 1895는 이언경이 제작 현장에 도전하면서, 1992년 8월 '영화공간 씨앙씨에'로 이어진다. 영화공간 1895의 7백여 개 비디오 자료와 시설 일체를 인수해 손수 한글 자막을 추가하는 등 보완 작업을 거쳐 새로운 공간을 만든 손주연은, 비디오와 16mm 필름 라이브러리가 있던 서강대 커뮤니케이션센터의 조교 출신이었다. 씨앙씨에는 매달 영화제 방식의 상영 프로그램, 영화 강좌와 함께 회원제 비디오 라이브러리를 운영해 시네마테크로서의 역할을 다져 갔다. 개관 행사는 잉마르 베리만 영화제였고, 9월에는 호금전 · 허안화 · 관금붕 감독을 소개하는 홍콩영화제를 개최했다. 또, 신철, 이광모, 조재용 등이 강사로 나서 영화 연출론과 시나리오 창작반 등의 워크숍을 진행했다. 손주연은 사설 시네마테크의 프로그램으로 영화 강좌나 워크숍이 어떤 역할을 했는지를 다음과 같이 설명한다.[7]

시나리오 워크숍도 했었고 감독 연출 워크숍도 했었어요. 그리고 기획도 했었고. 그런 문화 강좌 같은 것들이 그 당시에는 없었기 때문에 영화를 하고 싶고 또 영화 하는 사람과 만나고 싶고 그러면 이런 워크숍을 찾죠. 그래서 문화학교 서울이랑 저희랑 영화사랑이랑 다 워크숍을 했어요. 왜냐하면 그게 수익을 조금이나마 만들 수 있는 유일한 창구였던 것 같아요. 그것 외에 자료집 판매

이런 것들인데 돈이 별로 안 되고 그러니까, 워크숍을 해서 수강료를 받아서 그걸로 강사료 드리고, 강사들도 어려우니까 강사료가 도움이 되는 거고 서로 그렇게.*

1993년 시점 씨앙씨에의 회원은 2백여 명이었고, 그중 직장인이 50명에 달했다.[8] 문화의 시대가 펼쳐진 1990년대 초중반 한국 사회의 분위기를 어느 정도 짐작하게 만드는 대목이다. 이처럼 젊은 영화인들의 주도로 문화 지형이 큰 변화를 맞았지만, 청년들이 결집하는 상영 행사는 여전히 당국의 주목을 받았다. 일례로 1994년 3월 씨앙씨에가 기획한 커트영화제 '검열과 영화'는 공연윤리위원회의 제재로 행사가 무산되기도 했다. 〈베티 블루〉(장 자크 베넥스, 1986) 등 국내 개봉 때 검열로 잘려 나간 영화 6편을 오리지널 버전의 비디오로 상영하려던 기획이었는데, 공연윤리위원회로부터 공연법 위반을 통보받은 종로구청이 비디오테이프를 압수한 것이다.[9] 이 과정에서 북한영화 비디오가 발견되면서 대표였던 손주연이 경찰서에 연행되기도 했다. 씨앙씨에의 운영은 1995년 손주연이 이광모 감독이 설립한 영화사 백두대간에서 일하게 되면서 실질적으로 마무리된다. 그가 바로 백두대간이 수입한 〈희생〉을 코아아트홀에서 개봉시킨 실무자였다. 씨앙씨에가 문을 닫을 당시 씨앙씨에의 비디오 컬렉션은 1천 편에 달했고, 그 자료는 모두 한신대 영상자료실로 이관됐다.[10]

---

* 필자가 문맥에 맞게 일부 문장을 수정했다.

잡지 속 상영 프로그램

1990년대 영화잡지에서 시네마테크 공간을 본격적으로 소개하는 기사는 《스크린》 1991년 2월호부터 발견된다. 〈스크린 게시판〉이라는 섹션에서 '영화애호가를 위한 다양한 프로그램들'이라는 제목으로 영화를 공부할 수 있는 공간들에 대한 정보가 소개됐다. 그 내용을 보면 다음과 같다. 예술의전당으로 확장 이전한 한국영화필름보관소(1991년 9월부터 '한국영상자료원'으로 명칭 변경)는 1991년 1월을 '춘사 나운규의 달'로 정해 〈나운규의 일생〉(최무룡, 1966) 등의 고전영화를 상영했고, 영화공간 1895는 수급할 수 있는 비디오를 모두 모아 스탠리 큐브릭 등 감독 40명의 작품을 대대적으로 틀었다. 같은 지면에는 고전음악감상회와 영화감상회를 개최하는 '오디오 문화공간 씨네클럽', 영화책 전문 출판사이자 상설 시네마테크를 운영하는 '영화사랑', 도서출판 한길사 부설기관인 '한길문학예술연구원'의 영화예술학과가 함께 소개되었다.

1992년 1월호부터 《스크린》은 주로 프랑스문화원의 상영작을 알리던 기존 〈스크린 랜드〉란과 더불어 〈시네마 스페이스〉란을 시작한다. 영화 도서를 소개하는 〈시네마 북〉 지면도 이때 추가됐다. 〈시네마 스페이스〉에서는 제목 그대로 영화문화 관련 공간을 소개했는데, 1월호는 종로구 관철동 코아아트홀 3층의 '코아시네마라이브러리', 2월호는 종로구 이화동에 자리한 '영화사랑', 3월호는 동숭아트센터 지하 1층에 있던 영화전문숍 '키노'가 주인공이었다. 9월부터는 〈시네마떼끄〉란도 추가됐다. 한국영상자료원이 프랑스대사관과 공동주최로 '카이에 뒤 시네마 선정 전후 프랑스영화 감상회'를 개최한다는 소식 등이 첫 지면을 장식했다.

1992년은 시네마테크 활동이 사회적으로 주목받은 원년이라고 할 수 있다. 시네마테크 프랑세즈를 자세히 소개했던 《로드쇼》 역시 1992년 1월호에서 〈필름 라이브러리〉 특집을 꾸미며 '영화공간 1895', '영화사랑', '코아시네마라이브러리'의 사설 시네마테크 세 곳의 소식을 알렸다. 이때 영화공간 1895는 루이스 부뉴엘과 로베르토 로셀리니의 작품을 모아 상영했고, 영화사랑은 우디 앨런 특집을 비롯한 다양한 프로그램을, 종로 코아아트홀에서 운영했던 코아시네마라이브러리는 네오리얼리즘 영화와 1960년대 한국영화를 소개했다. 코아아트홀은 연회원 제도를 운영했는데, 연회비를 내면 연간 관람권 10장뿐 아니라 라이브러리 이용 자격을 부여해 자체 시사실에서의 추가 영화 관람과 도서 등 자료 열람을 할 수 있었다. 기존의 〈문화원 인포메이션〉 지면에서는 역시 프랑스문화원 영상실의 상영작들을 소개했다. 《로드쇼》 1992년 2월호 〈문화원 인포메이션〉에서는 종로구 사간동에 있던 프랑스문화원과 '전 필름보관소'였던 한국영상자료원의 프로그램을 소개했다. 전자는 장 르누아르의 작품 등을, 후자는 '좋은 영화보기' 운동을 이어 가며 〈이장호의 외인구단〉(1896) 등을 상영했다. 이후에는 '씨앙씨에'의 홍콩영화제와 천안 '영화공방'의 개관 영화제 소식을 전한 1992년 9월호처럼 〈문화원 인포메이션〉을 통해 사설 시네마테크 정보를 다루기도 했다. 1993년 12월호부터 음반 등 대중문화 전반의 새 소식을 알리는 〈로드쇼 안테나〉 섹션을 만들고 '무비' 면에서 사설 시네마테크 소식을 전하다가, 1994년 8월호부터는 '시네마떼끄' 정보를 구분해 문화학교 서울, 시네포럼, 영화연구소 OFIA 등의 상영 소식을 다뤘다.

영상자료원이 예술의전당 내 시사실에서 클래식 한국영화 상영을 꾸준히 진행하던 사이, 제1회 부산국제영화제 소식을 전한 《로드쇼》 1995년 10월호에는 〈시네마테크 탐방: 당신이 궁금해하는 한국영상자료원의 모든 것〉이라는 자세한 소개 기사가 실렸다. 1991년에는 '연극영화의 해'를 기점으로 영화진흥공사와 필름보관소 · 영화평론가협회가 공동으로 좋은 영화 보기 운동을 전개했는데, '우리영화 기획전'과 감상과 토론을 결합한 '토요영화 감상회'가 주요 프로그램이었다. 국내외 비디오테이프 2,500여 편 등 영화 관련 자료를 볼 수 있는 원내 영상자료실도 소개됐다. 당시 영화를 공부하는 사람들이 하루 평균 30명씩 모였던 공간이다. "한국영상자료원에는 필름, 포스터, 스틸사진 등을 보관하고 있습니다. 특히 초기 한국영화 필름의 복원이나 보유에 중점을 두고 있습니다. 아쉽게도 이것들은 일반인이 열람하실 수는 없습니다"라는 기사 속 문장은 당시 영상자료원이 여건상 시네마테크보다는 아카이빙 기능에 집중했음을 알 수 있다. 하지만 영상자료원의 시네마테크는 민간과 달리 필름으로 상영하는 장점이 있었다. 정기적으로 한국 고전영화 프로그램을 운영했을 뿐만 아니라, 해외 고전영화와 예술영화도 각국 문화원을 통해 필름을 수급해 관객들에게 선보였다. 한국의 영화문화가 본격적으로 꽃핀 1990년대 중반, 영상자료원 역시 적극적인 활동을 요구받았다.

1995년 5월에 나온 《키노》 창간호 역시 잡지 말미에 〈CINEMATHE-QUE〉 섹션을 배치해 문화학교 서울 · 영화연구소 OFIA 등 사설 공간, 한국영상자료원 · 프랑스문화원 같은 공적 공간의 상영 프로그램을 고루 소개했다. 이때 문화학교 서울은 〈저수지의 개들〉

(쿠엔틴 타란티노, 1992) 등 영화광들을 위한 1990년대 걸작 시리즈와 1995년 영화 100주년을 기념해 세계영화사 100선 중 〈마지막 웃음〉(F. W. 무르나우, 1924) 등 10편을 상영했다. 영화연구소 OFIA는 영화 탄생 100주년을 맞아 국가별 순례 10선을 상영했는데, 5월부터 시작한 첫 프로그램은 장 뤽 고다르의 〈남성, 여성〉(1966) 등 프랑스영화 10선이었다. 영상자료원은 5월을 맞아 '60년대 우리 영화, 우리 가정사'라는 주제로 〈서울의 지붕밑〉(이형표, 1961) 등 1960년대 가족 멜로드라마와 최신 독일영화 감상회를 열었고, 프랑스문화원에서는 〈안개 낀 부두〉(마르셀 카르네, 1938)와 〈투캅스〉(강우석, 1993)의 오리지널 〈마이 뉴 파트너Les Ripoux〉(클로드 지디, 1984) 등 고전부터 상업영화까지 다양하게 공개했다.

1995년 12월호 《키노》의 〈시네마떼끄〉란은 3부로 확대됐다. 문화학교 서울은 중국·홍콩·대만의 영화를 상영하는 '3중국영화제' 등을, 영화연구소 OFIA는 '음악과 영화전' 등을, '영화도서관 빛'은 애니메이션 영화제 등 다양한 상영 프로그램을 활발하게 기획하고 공개했다. 지방란도 따로 마련됐다. '광주 필름 리뷰'는 세계영화 100년 영화사와 그 작가들을 연이어 공개했고, 부산 씨네마떼끄 1/24는 아시아 걸작 40선 시리즈를, 천안 영화공방은 코엔 형제 등 앞으로의 영화작가를 예측해 보는 '2001년 시네아스트' 시리즈를 개최했다. 한편 공공영역에 대해서는 "12월의 영상자료원에는 즐비한 프로그램이 없다"는 비판조로 〈안개기둥〉(박철수, 1986) 등 4편만 '남편과 아내'라는 주제로 상영한다고 전한다. 이때 프랑스문화원은 월요일부터 토요일까지 하루 두 차례 비디오로 상영했고, 이탈리아문화원에서는 수요일을 뺀 평일 3회 상영,

수요일 저녁에는 한글 자막이 있는 영화를 상영했다고 되어 있다.

관객 운동의 기반을 다지다

1992년 이후 서울에서는 신표현·문화학교 서울·영화연구소 OFIA·시네포럼 등이, 지방에서는 충남 천안의 영화공방을 시작으로 부산의 1/24, 대구의 영화언덕, 광주의 굿펠라스 등이 시네마테크 지형을 형성했다. 하지만 1995년 10월 기사에 의하면, 문화학교 서울과 영화연구소 OFIA를 제외한 다른 곳들은 문을 닫거나 어렵게 명맥만 유지하는 형편이었다.[11] 가장 큰 문제는 안정적인 운영을 위한 재원 마련이었던 것으로 보인다. 소장한 자료들이 대부분 불법 복사한 비디오테이프였다는 점에서 저작권 문제도 피할 수 없었다. 당시 비디오테크 진영은 회원제 운영을 방패로 판권을 확보하지 않고 유료로 상영하는 허점을 피하는 식이었다. 하지만 작가주의 예술영화와 컬트영화를 감상하려는 청년들의 열정은 좀처럼 식지 않았고, 또 다른 시네마테크 공간이 생겼다 사라지기를 반복하게 된다. 1990년대 중반의 시네마테크 지형에 관해서는 당시 문화학교 서울의 사무국장 곽용수의 문장을 참고할 수 있다.[12]

90년대 씨네마떼끄의 공간들은 초기의 80년대의 연속선상에 놓여 있는 영화 공간들과 이후 새롭게 부상한 영화 공간들과 지방의 씨네마떼끄들로 나눠 볼 수 있다. 이것은 영화운동의 연속상에서 진행되었던 동호회 모임의 성격이 이젠 씨네마떼끄라는 성격의 단체들로 그 성격상의 변화를 가져왔다.

정치의 시대였던 1980년대의 영화운동은 영화의 예술성을 탐구하는 쪽보다는 민중운동의 도구로서, 사회적 실천으로서 영화를 제작하고 대안적인 배급망을 구축하는 것에 집중했다. 1970년대 후반 문화원 세대가 개척한 시네필 문화는 1980년대의 주류적 흐름에서는 벗어났지만 영화마당 우리에서 영화공간 1895로 그 명맥이 이어졌고, 씨앙씨에와 문화학교 서울 등이 민간 시네마테크 모델을 만들어 내며 제자리를 찾았다. 하지만 사설 시네마테크를 안정적으로 운영하는 것은 늘 어려운 과제였고, 전국의 시네마테크들은 공동으로 생존을 모색하고자 연합체를 꾸렸다. 제1회 부산국제영화제에 모여 창립대회를 준비한 후 1997년 5월 30일 발족한 '전국 씨네마떼끄 연합'이 그것이다. 제도적 한계에 공동으로 대응하고 지역 간 교류 활동을 강화해 관객운동의 기반을 다지기 위해서였다. 문화학교 서울을 중심으로 씨네마떼끄 1/24(부산), 씨네마떼끄 컬트(대전), 영화로 세상보기(광주), 온고을 영화터(전주), 제7예술(대구), 씨네하우스(대구), 시네오딧세이(청주), 강릉씨네마떼끄(강릉), 씨네마 드리밍(평택), 영화열망(부천), 씨네마떼끄 시선(성남), 영화만세(제주), 씨네오름(제주) 등 14개 단체가 함께 했다.[13] 결과적으로 시네마테크 연합의 가장 큰 성과는 한국 독립영화의 배급과 상영을 조직화한 것이다. 일례로 1996년부터 독립영화 작가들이 관객과 만나기 위해 직접 개최한 '인디포럼' 영화제는 문화학교 서울의 주최를 시작으로 '전국 씨네마떼끄 연합'을 순회했다.

지방의 시네마테크들 역시 관객운동에 매진했다. 1993년 3월 부산 남천동에 문을 연 씨네마떼끄 1/24은 부산 프랑스문화원을 중심으로 활동하던 '부산씨네클럽'(1984년 창립) 소속의 김희진 등이 주축이었다. 지역 시민들과 함께 호흡하기 위해 '예술영화의 대중화'를 기치로 내세운 부산 최초의 민간 시네마테크이다. 김희진에 이어 양정화가 대표를 맡아 해외 예술영화를 한글 자막을 넣은 비디오로 상영하고 영화비평 강좌도 개설했다. 당시 강사는 이용관, 이효인, 오석근, 김지석, 전수일 등이었다. 1/24은 부산의 영화문화를 확장시키는 모체가 되었다. 제1회 부산국제영화제 개최 당시 자원봉사팀을 맡은 것도 그 구성원들이었고, 1999년 부산독립영화협회가 결성될 때에도 제 역할을 했다.[14] 대전 씨네마떼끄 컬트는 '김기영 영화제'(6월), '현대 일본영화의 흐름과 경향'(10월), '시비걸기 씨네마떼끄는 죽었다, 없다'(12월) 같은 흥미로운 주제의 프로그램으로 1997년에 집중적으로 활동했고,[15] 대구에서는 영화언덕을 이은 제7예술과 씨네하우스가 합친 '씨네마떼끄 아메닉'이 1998년부터 활동을 시작했다. 제7예술의 김희경에 이어 두 번째 대표는 원승환이 맡았다. 씨네마떼끄 아메닉은 독립영화 정기 상영회를 중심으로 인디포럼의 대구 순회 상영을 진행하고 대구경북여성단체연합과 공동으로 대구여성영화제를 개최했다.[16] 2000년 대구독립영화협회가 발족할 때에는 준비 작업에 합류했다.

'문화학교 서울'이라는 성과

운영 규모와 밀도, 존속 기간 등의 면에서 1990년대를 대표하는 사설 시네마테크는 단연 '문화학교 서울'이다. 이곳은 시네마테크 운동의 중심이었을뿐만 아니라, 영화학계의 연구자와 독립영화 진영의 인력을 배출하는 요람이었다. 한의사 최정운이 곽용수 등 자신을 찾아온 청년들에게 사비로 세미나 공간을 마련해 준 것이 그 시작이었다. 1991년 5월 영화 스터디 모임으로 시작한 문화학교 서울은 1993년 1월 중국의 5세대 영화감독들을 조명한 중국대륙영화제를 시작으로 시네마테크로서 첫발을 내디뎠다. 《키노》 1997년 7월호는 "이 땅에서 시네마떼끄 운동을 하고 있는 '중심으로서의 영화광'들"을 호명하며 다음과 같이 소개한다.

서울에서 영화를 많이 보았다고 자부하는 사람들에게 '문화학교 서울'은 그 어떤 대형 극장보다 친숙한 이름일 것이다. 동작구 총신대 사거리, 한의원이 있는 허름한 건물의 3층에 위치한 '문화학교 서울'은 만 5년 동안 한 자리를 지켜 왔으며 지금은 국내 최대의 작품 보유량과 1,000명이 넘는 회원과 준회원, 일반회원을 자랑하고 있다. 각종 영화제에 대한 정보가 깨알같이 적힌 게시판을 따라서 사무실로 들어서면 50평 남짓한 공간에 50석 정도의 시사실과 사무실, 연구실, 제작실 등이 갖추어져 있다. 아직은 VCR과 빔 프로젝트, 100인치 스크린을 통한 비디오 시사를 하기 때문에 결코 화질이 선명하다고 할 수는 없지만 이곳은 어엿한 한국 최고의 시네마떼끄다. 솔직히 하드웨어로 따지면 '비디오떼끄'라는 명칭이 더 정확하겠지만, '문화학교 서울'의 취지나 운영 방식은 선진국의 시네마떼끄에 뒤질 바 없기 때문이다.

문화학교 서울이 시네마테크 운동을 본격적으로 고민하고 담론화한 것은 1994년부터다. '영화를 읽자'는 모토였다. 수동적인 '영화 보기'에서 벗어나 영화의 의미를 찾아내고 영화 속에 감추어진

문화학교 서울의 시네마테크 운동을 소개한 《경향신문》 기사. 〈관객들이 세운 '영화의 보고'—국내 최대 사설 시네마테크 '문화학교 서울'〉 | 사진 출처:《경향신문》, 1994년 3월 18일자

이데올로기를 밝혀내는 주체적인 '영화 읽기'에 기반한 관객운동을 도모한 것이다. 이처럼 1990년대 영화청년들이 장착한 영화 매체를 대하는 비판적 태도와 해석적 사고는 문화학교 서울을 비롯한 사설 시네마테크의 정신적 기반이 되었다. 씨앙씨에·시네포럼 등이 경영난과 법규상의 문제로 해체된 1995년 이후, 문화학교 서울은 비록 물리적 공간은 협소했지만 실질적으로 가장 큰 규모의 민간 시네마테크로 존재했다. 1997년 당시 기획팀·홍보팀·출판팀·연구소·제작소 등에 70여 명이 속한 꽤 큰 조직이었으며, 운영위원인 사무국장 곽용수·기획실장 조영각·제작소장 이주훈·연구소장 김성욱·편집장 김형석·번역 및 홍보 담당 김영덕이 실

무를 맡아 1인 10역 이상의 일을 해냈다. 대표 최정운은 아래층에서 한의원을 경영하며 꿋꿋하게 문화학교 서울의 재정을 지원했다. 최정운은 그 자체로 영화 같았던 문화학교 서울의 활동을 다음과 같이 회고했다.

정기상영회 시작할 때부터 불법이지만, 필요한 불법이라고 생각했다. 불법이 아니면 영화 서적에 나와 있는 작품들을 볼 수 없으니까. 관객이 늘어날 때마다 누군가는 불법을 저질러야 하는구나, 그랬다.[17]

경찰들이 수시로 찾아오는 등 실제 시네마테크의 운영 과정은 악전고투의 연속이었지만, 문화학교 서울이 버틸 수 있었던 동력은 관객운동에 관한 진지한 고민과 '새로운 영화 읽기의 제안'을 내건 연구 풍토였다. 이들은 '문화학교'라는 아카데믹한 뉘앙스를 방패 삼아 카피레프트copyleft 상영을 이어 나가는 한편, 영화학과 대학원 과정을 능가하는 여러 연구팀을 운영했다. 처음에는 다른 사설 시네마테크와 비슷하게 동호인 모임 성격으로 매달 소규모 영화제와 교육 강좌를 운영했지만, 1994년부터 연구소와 출판사로 역할을 확장하며 한국 영화학의 빈약한 기반을 메워 가는 데에 적지 않은 역할을 했다. 회원제도 일반회원과 연구회원 두 가지로 운영됐다. 전자는 시네마테크에 참여할 기본 자격에 두 달에 한 번 개최하는 회원 영화제에 무료로 초대했고, 후자는 모든 영화제에 무료로 초대하고 영화 공부를 할 수 있는 공간과 자료를 제공했다. 문화학교 서울의 연구팀을 거쳐 영화과 대학원, 영상원, 한

▌ **문화학교 서울 시사실 풍경.** | 사진 출처: 《키노》, 1997년 7월호

국영화아카데미로 진학하는 학생들이 늘어나며 의도치 않게 '영화과 입시학원'의 역할을 맡기도 했다. 대학원 영화과 이론 과정에 영화가 아닌 다양한 전공의 학부 졸업생들이 경쟁적으로 입학했던 경향도 1990년대부터 정착된 현상이다. 강좌를 통해서는 영화를 먼저 공부한 선배와 대학원에 진학해 영화를 공부하려는 후배들의 만남이 이뤄졌다. 일례로 1997년 10월에 개최된 영화비평 강좌 '당대 미국영화, 그 흐름과 텍스트를 읽기'에서는 주유신, 문재철, 오영숙이 강사로 나서 뉴할리우드 영화의 정치성을 분석했다. 이때 상영 프로그램은 1917년 볼셰비키 혁명 80주년을 기한 러시아영화제였다.

1994년부터는 영화제 자료집뿐만 아니라 공식적인 출판도 진행했다. 4호로 멈추긴 했지만 시네마테크 운동의 이론적 실천이었던 영화전문지《씨네필》을 내놓았고, 영화 100주년을 맞아 세계

영화사 대표작들을 일별한 《불타는 필름의 연대기》(1995), 문화학교 서울의 한국영화 모임 '비상구' 회원들의 평론을 모아 1995년 한국영화를 결산한 《한국영화 비상구》(1996)를 출판했다. 원고 집필부터 편집 디자인은 물론이고 서점 납품까지 구성원들이 직접 맡았던 이 책들은 영화청년들의 교과서가 되었다. 특히 《불타는 필름의 연대기》는 초판 5천 부가 매진된 후 3판까지 나온 스테디셀러였다.

1994년 문화학교 서울이 발간한 《씨네필》 1~4호 표지. | 사진 출처: 《키노》, 1997년 7월호

2002년 1월 전국 15개 시네마테크 단체들이 연합해 사단법인 한국시네마테크협의회가 출범했고, 5월에는 한국 최초의 비영리 시네마테크전용관인 서울아트시네마가 소격동 아트선재센터에서 개관했다. 최정운이 이사장을 맡았던 한국시네마테크협의회뿐만 아니라, 협의회가 운영한 서울아트시네마는 문화학교 서울을 모델로 시네마테크 문화를 개척한 인력들이 만들어 낸 성과였다. 이렇게 1990년대의 사설 시네마테크는 합법적인 영화관으로 거듭나게 된다. 한편 서울아트시네마가 예술영화전용관이라는 이름이 아닌 시네마테크전용관으로 규정된 것은 동시대 예술영화의 상영뿐만 아니라 대중에게 고전 명작의 감상 기회를 넓히자는 임무를 선명히 하고자 함이었다. 소규모 컬렉션이지만 자체의 필름 라이

브러리도 구축해 갔다.

예술영화전용관의 등장

1995년 11월 10일 한국 최초의 예술영화전용관 '동숭씨네마텍'*이 개관했다. 영화사 백두대간이 250석 규모의 동숭아트센터 2관을 임대해 운영을 시작하면서, 말 그대로 예술영화만을 상영하는 극장이 처음 출현한 것이다. 기본적으로 영화관은 상업영화를 상영하며 영리사업을 목적으로 한다. 예술영화관이라고 해도 적자로 운영될 수는 없는 노릇이어서 당시에도 우려의 목소리가 컸다. 일견 무모해 보이는 도전이 가능했던 것은 1990년대 초반부터 사설 시네마테크들이 매진해 온 관객운동의 결실 덕이었다. 작가주의 예술영화에 대한 감식안을 개발하며 스크린 상영을 고대하는 관객 집단의 출현은 예술영화를 합법적으로, 그것도 필름으로 상영하는 전용 영화관이 등장하는 결정적인 기반이 되었다. 《스크린》 1995년 12월호는 예술영화전용관 탄생의 의미를 다음과 같이 전한다.

상업영화 극장이나 비디오로는 볼 수 없었던 세계 걸작 영화들에 대한 갈증을 채워 주던 이 씨네마떼끄들은 사실상 불법 복제된

* 당시 신문광고(《조선일보》, 1995년 2월 21일자 등)를 확인하면 백두대간이 수입하고 배급한 〈희생〉은 1995년 2월 25일 종로의 코아아트홀뿐만 아니라 강남의 뤼미에르와 동숭아트센터 별관인 동숭씨네마텍에서 동시에 개봉했다. 백두대간이 1995년 11월 예술영화전용관 운영을 시작하며 기존 이름을 승계했음을 알 수 있다. 참고로 동숭아트센터가 예술영화 중심의 상영관을 의도한 동숭씨네마텍을 개관한 것은 1994년 5월이다. 언론 지면에서는 1994년 9월 17일 〈세가지 색: 레드〉(크쥐시토프 키에슬로프스키, 1994), 〈순수의 시대〉(마틴 스코세이지, 1993)를 개봉할 때부터 동숭씨네마텍이라는 명칭이 확인된다(《조선일보》, 1994년 9월 13일자).

비디오테이프로 상영하던 비합법적 공간이었다. '동숭씨네마텍'의
취지는 이렇게 그늘진 곳에 있으면서, 그 기능과 의미를 제대로 인
정받지 못하던 씨네마떼끄를 합법적인 필름 판권 소유, 대여를 통
해 양성화시키고 널리 보급하겠다는 데에 있다. 이른바 한국에도
'필름 씨네마떼끄'의 시대가 온 것이다.

한국에서 제대로 된 시네마테크를 개관하는 작업은 미국 유학
을 마치고 돌아온 이광모가 이런저런 타진 끝에 1994년 4월 영화
사 백두대간을 설립하면서 시작됐다. 핵심은 "상업영화권의 영화
를 보자니 뭔가 사기당하는 느낌이고 (예술영화의) 비디오를 보자
니 답답한" 영화광들의 갈증을 풀어 줄 수 있는 공간을 만드는 것
이었다.[18] 예술영화의 전문적인 상영뿐 아니라 토론, 강좌, 연구 등
다양한 활동을 염두에 두었다. 프로젝트명은 '빛의 예술을 감상
하는 마당'을 의미하는 '광장光場'이었는데, 이에 더해 '열린 마당',
즉 "고급영화를 보고 서로 얘기하는 '장'을 마련하자"는 중의적 의
미를 담은 명명이었다. 한국영화 연출을 준비하던 이광모는 광장
프로젝트에 착수한 배경을 다음과 같이 설명했다.

관객운동 없이는 좋은 영화를 만들 수조차 없다는 판단이 들었
다. 지나치게 상업화하고 획일적인 것에 매여 관객 스스로 진지하
고 현실을 해부하는 영화에 익숙치 않는 풍토에서 영화를 만들어
보아야 나의 한풀이밖에 안 된다.[19]

1994년 하반기부터 백두대간은 고전 · 예술영화의 판권을 40여

편 구입하는 등 '광장' 프로젝트를 실행시켰다. 백두대간이 1995년 3월 '영화탄생 100주년 기념영화제 – 현대영화 베스트7'을 동숭아트센터와 계몽아트센터에서 개최한 것도 그 일환이다. 무엇보다 이 영화제의 의미는, 1990년대 초반 사설 시네마테크에서 복사한 비디오 화질로 만난 작품들을 35mm 필름으로 영화관의 대형 스크린에서, 그것도 한글 자막이 있는 상태로 감상하게 되었다는 데에서 찾을 수 있다. 70~80년대 작가주의 예술영화로 구성된 베스트7은 당시 시네필들이 가장 아끼는 작품들이었다. 바로 〈천국보다 낯선〉(짐 자무시, 1984), 〈레닌그라드 카우보이 미국에 가다〉(아키 카우리스마스키, 1989), 〈화니와 알렉산더〉(잉마르 베리만, 1982), 〈노

스텔지어〉(안드레이 타르코프스키, 1983), 〈영국식 정원 살인사건〉(피터 그리너웨이, 1982), 〈파드레 파드로네〉(타비아니 형제, 1977), 〈붉은 시편〉(미클로시 얀초, 1972)의 7편이다. 백두대간은 판권을 확보한 영화들을 미리 공개하며 마니아 관객층을 분석하고 예술영화 시장을 확인했다.

이렇게 1995년 11월 '동숭씨네마텍'은 백두대간이 운영하는 예술영화전용관으로 새롭게 출발한다. 개관 시점 '광장'이라는 이름도 고려했지만, 기존 동숭

동숭씨네마텍 개관 시 전경. | 사진 출처: 《스크린》 1995년 12월호

아트센터 별관을 지칭하던 이름을 그대로 사용했다. 개관 시점에 동숭씨네마텍은 50편 이상의 예술영화 판권을 확보했고, 이를 바탕으로 6개월 단위로 상영작을 확정하겠다고 알렸다. 이듬해 5월까지의 상영 일정이 미리 공개되자, 시네필들의 호응은 뜨거웠다. 당시 언론 역시 새로운 성격의 영화관의 출현에 관심을 보였다. 동숭씨네마텍은 기존 영화관과는 다른 예술영화전용관을 목적한 것이지만, 사실 운영 내용은 정상적인 영화관으로의 복귀에 가까웠다. 동숭씨네마텍은 상영 횟수를 늘리기 위해 필름을 자르거나 흥행 성적에 따라 작품을 내리거나, 날림으로 자막을 번역하거나 엔딩크레디트가 끝나기도 전에 불을 켜는 일반 영화관의 상영 방식을 탈피하겠다고 선언했다. 11월 11일부터 상영된 첫 번째 프로그램은 짐 자무시의 〈천국보다 낯선〉과 단편 〈커피와 담배〉(1993) 묶음이었고, 12월에는 제인 캠피온 영화제에 이어 그의 첫 장편 〈스위티〉(1989)와 첫 단편 〈과일 껍질〉(1982)을 세트로 개봉했다. 이때 '제인 캠피온 감독의 영화 세계'에 대한 강좌도 함께 열었는데, 강사는 변재란이었다.

동숭씨네마텍은 예술영화뿐 아니라 국내외 단편영화와 다큐멘터리 상영을 프로그래밍 방향으로 잡았다. 개봉한 작품의 감독이 만든 단편영화를 같이 상영하는 것은 동숭씨네마텍의 시그니처 프로그램이었다. 사실 일반 개봉관에서 본편과 한 세트로 문화영화를 동시 상영하는 법적 의무는 놀랍게도 1998년까지 지속됐다. 동숭씨네마텍은 장편 개봉작과 함께 상영하는 문화영화 자리에 단편영화를 배치한 것이다. 〈지하생활자〉(김대현, 1993), 〈백색인〉(봉준호, 1994) 등 한국 신진 감독들의 단편은 1996년 1월 〈소년, 소녀를

11월 11일 토요일 - 당신이 꿈꾸던 영화 세상 -

한국 최초의 **예술 영화 전용관** 탄생!

문화 선진국에는 그 나라의 일상 문화를 마당에가 세계적 명소로'자리같은 예술 영화 전용관들이 있습니다.
프랑스의 시네마테크 프랑세즈, 미국의 안텔러지 극장, 일본의 이와나미 등등... 예술 영화 전용관을 하나 갖는 부끄러운 우리 현실...
11월 11일(토) 우리나라에도 드디어 원전의 새로운 개념의 열린 문화 공간, '예술 영화 전용관 동숭 씨네마텍'이 탄생합니다.

천국보다 낯선

예술 영화 전용관 개관 기념작
STRANGER THAN PARADISE

21세기 씨네아스트 **짐 자무쉬 감독 작품**

천국을 찾아나선 두 남자와 한 여자의 쓸쓸하고도 아름다운 ...
나로부터의 탈출, 천국으로의 탈출

"가장 독창적이고 멋지고 독특한 미국 독립 영화" - 뉴욕 타임즈

"감성과 위트로 만들어진 매혹적인 영화. 이전에 보았던 영화들과는 전혀 다른 느낌을 준다." - 시카고 선 타임즈

칸느 영화제 황금 카메라상
로카르노 영화제 그랑프리
전미 비평가 협회가 뽑은 그해 최고의 영화

각본 감독 짐 자무쉬 | 촬영 존 루리 | 프로덕션 디자이너 사라 드라이버 | 편집 톰 다칠로
출연 존 루리, 에스테르 발린트, 리차드 에드슨
음악 I Put a Spell on You (by Screaming Jay Hawkins)

(주) 영화사 **백두대간** 수입 배급 / 협찬 : 영풍문고, 써클 K

11월 11일(土) 개봉!

동숭 씨네마텍

4호선 혜화역 741-3391~4

1회	11:00
2회	1:00
3회	3:00
4회	5:00
5회	7:00
6회	8:50

▌ 동숭씨네마텍 개관작 〈천국보다 낯선〉 전단. | 사진 제공: '프로파간다' 최지웅

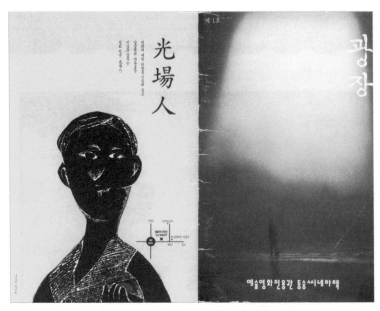

■ 동숭씨네마텍 이용 안내와 상영 스케줄 정보가 기록된 수첩형 팸플릿 표지.

만나다〉(레오 카락스, 1984)가 개봉할 때부터 자리를 할당받았다. 동숭씨네마텍은 개관 후 1년 반 남짓의 기간 동안 〈노스텔지어〉, 〈내 친구의 집은 어디인가〉(압바스 키아로스타미, 1987) 등 장편 예술영화 15편과 한국 단편영화 50여 편을 상영하는 성과를 거두었다. 개관 첫해 250석의 소극장에 한 달 평균 3만 명 가까운 관객이 들었다.

동숭씨네마텍의 1주년 기념 백서도 평가하고 있듯이, 본격적인 시네마테크를 만들겠다는 애초 계획대로 강좌와 토론 프로그램이 활발하게 진행되지는 못했다. 처음에는 아카데미 정기 강좌를 진행하다가, 상영과 연계해 대중으로 대상을 넓힌 '열린 강좌'가 그 자리를 대신했다. 1996년 5월의 〈레닌그라드 카우보이 미국에 가다〉 상영에 맞춘 첫 강좌는 대중음악평론가 강헌이 맡았다. 7월의

2회 열린 강좌는 〈이레이저 헤드〉(1977) 개봉과 함께 박찬욱 감독이 '린치라는 자'라는 제목으로 데이비드 린치 감독의 영화 세계 강연자로 나섰다. 8월 3회 강좌는 평론가 정성일이 〈내 친구의 집은 어디인가〉 상영과 연계해 '키아로스타미의 영화 세계는 어디인가'라는 주제로 강연했고, 11월 4회 강좌는 당시 《씨네21》 기자 김영진이 개관 1주년 기념으로 개봉하는 〈화니와 알렉산더〉에 맞춰 '베리만 VS 모더니즘'이라는 제목으로 잉마르 베리만의 작품 세계에 대해 강의했다.[20] 12월 〈영국식 정원 살인사건〉의 개봉에 맞춘 5회 강연은 '피터 그리너웨이 영화 속으로의 미로여행'이라는 제목으로 이용관 교수가 맡았다.[21] 상영작과 연계한 강연의 면면에서 1990년대 중반 예술영화 수용의 일단을 엿볼 수 있다.

예술영화전용관으로서 동숭씨네마텍의 운영 과정은 한국에서 예술영화의 기준을 세우는 작업이기도 했다. 1996년 12월 동숭씨네마텍은 문예진흥기금 환급과 스크린쿼터 완화를 골자로 한 예술영화전용관 운영 신청서를 문화체육부에 제출하여, 1997년 2월 예술영화전용관으로 공식 승인을 받았다. '비공인' 예술영화전용관에서 국가의 보증을 받는 극장이 되면서 예술영화를 연간 상영 일수의 5분의 3 이상 상영하면 매년 8,500만 원 상당의 문예진흥기금을 환급받을 수 있었다. 하지만 한국영화를 연간 5분의 2 이상 상영해야 하는 스크린쿼터 완화는 받아들여지지 않았다. 동숭씨네마텍이 이를 요청한 이유는 상업영화가 아닌 한국 독립 · 예술영화로 스크린을 채우는 것이 쉽지 않았기 때문이다. 예술영화전용관에 대한 국가적 지원이 결정되었지만, 상영작의 예술영화 여부를 판정하는 객관적인 기준을 정할 수 없는 것이 과제로 남았다. 당시 문체부는 한국영화평론가협회 회원 10명을 선정해 판정하는 것으로 제안했으나, 시행 초기는 물론 현재에도 최신작의 예술영화 가부를 따지는 것은 쉽지 않은 문제이다.[22]

시네마테크를 다시 모색하기

햇수로 극장 운영 3년 차인 1997년, 백두대간은 동숭씨네마텍에서 상영한 예술영화 20편의 관객 수를 근거로, 수도권에만 1만~2만 5천 명의 영화 마니아가 있는 것으로 추정했다. 이들은 작가주의 예술영화에 한정되지 않고 작품성 있는 영화가 개봉하면 입소문을 내는 코어 관객층이기도 했다.[23] 하지만 동숭씨네마텍으로 상징되는 1990년대 중반의 예술영화 붐이 시네필 관객층의 확장으로 견고하게 이어지지는 못했다. 전에 없던 마니아문화가 현상을 주도한 것은 사실이지만, 그 이면에는 기존 상업영화 중심의 극장문화에 대한 반감과 정확한 방향성 없이 단지 새로운 것만 추구하는 문화적 욕구, 〈희생〉이 점화시킨 '고급'영화를 소비하는 유행 같은 것이 만들어 낸 일시적인 거품도 포함되어 있었다. 시네필층의 지속적인 관심을 끌고 더 넓은 관객층까지 소구하는 체계적인 작업으로 이어지진 못한 것이다. 2000년 12월호《스크린》은 〈시네마테크 혹은 예술영화전용관〉이라는 기사의 서두를 다음과 같이 시작한다.

90년대 중반 한국 극장가엔 이상 기운이 감돌았다. 안드레이 타르코프스키의 〈희생〉, 압바스 키아로스타미의 〈내 친구의 집은 어디인가〉 같은 예술영화를 보려는 관객들이 대거 극장에 몰렸던 것이다. 대부분의 예술영화가 어렵지 않게 1만 명의 관객을 동원했고 간혹 10만 명을 넘기는 경우도 있었다. 그 후 5~6년. 그때 그 관객들은 소리소문없이 사라졌다. 이제 예술영화, 좀 더 정확히 말하자면 유럽이나 아시아 등 비할리우드 영화를 보러 극장을 찾는 관객은 잘해야 4~5천 명에 지나지 않는다. 극장에 걸린 예술영화가 장사가 되던 시절, 비디오테크나 씨네카페도 덩달아 활성화됐다. 극장에서도 볼 수 없고 비디오로도 출시되어 있지 않은 서구 거장들의 작품을 비디오로 카피해 상영하는 씨네카페도 성황을 이루었다. 그러나 이들 역시 예술영화 붐의 퇴조와 운명을 같이했다. 씨네카페들은 영화 상영을 접었고 비디오테크는 더 이상 젊은 영화광들로 붐비지 않는다. 예술영화의 성행은 고급스런 유행에 지나지 않았다는 진단이 조심스럽게 내려졌다. 영화사 100년을 대표하는 작품들이 골고루 소개되어 관객들을 진정한 고급 영화애호가로 성숙시키지 못했던 것이 실패의 원인으로 지적됐다.

2000년대에는 1990년대 중후반 다소 낭만적이기도 했던 예술영화 위주의 상영관 모델이 성립되기 힘들었다. 무엇보다 1998년부터 등장한 멀티플렉스 상영관이 극장의 개념을 바꾸며 압도적 규모와 공간적 장점으로 관객을 흡수했기 때문이다. 예술영화를 상영하는 지형에서는 "반짝했다 사라진 예술영화 관객"을 다시 결집시킬 구체적인 방책을 가다듬어야 했다. 2000년, 동숭씨네마텍을 공동으로 운영했던 동숭아트센터와 백두대간은 각각 대학로의 하이퍼텍 나다와 씨네큐브 광화문을 새로 개관한다. 예술영화전용관이라는 정체성을 원점부터 고민하겠다고 밝힌 하이퍼텍 나다는

8월 147석 규모로 문을 열었다. 작품성과 실험성이 있는 영화와 함께 관객 중심으로 극장을 운영하겠다는 포부였다. 백두대간은 12월 신문로 흥국생명 사옥으로 자리를 옮겨 일반 영화를 상영하는 씨네큐브 광화문과 함께, 백두대간이 수입하는 영화를 상영하는 아트큐브를 개관했다. 상영작 개봉 사이에는 기획전이나 소규모 영화제를 덧붙여 예술영화 문화를 부활시키기 위해 노력했다.

그러나 멀티플렉스의 극단적인 상업성이 시장을 장악하면서, 예술영화전용관들은 길게 버티지 못했다. 결국 2006년 6월 시네코아가, 2011년 6월 하이퍼텍 나다가 문을 닫았다. 백두대간은 2009년 8월까지 씨네큐브를 운영했고, 현재는 2008년 8월부터 개관한 아트하우스 모모 2개 관을 예술영화전용관 지원을 받아 운영 중이다. 상업영화 중심의 시장 논리에서 예술영화전용관과 시네마테크전용관이 성립하고 그 틈바구니에서 유지되려면 국가나 공공 차원의 정교한 지원이 필수적이다. 여러 부침을 겪었지만 2022년 현재, 광주극장 등 21개의 예술영화전용관과 안산 명화극장 등 2개의 클래식영화전용관, 인디스페이스 등 7개의 독립영화전용관 그리고 서울아트시네마가 고전영화 중심으로 상영하는 시네마테크전용관으로 인정받아 영화진흥위원회의 지원을 받고 있다. 한국영상자료원 시네마테크KOFA와 2011년 부산 센텀시티 내 영상 복합문화 공간인 영화의전당에 새 둥지를 튼 시네마테크 부산 같은 공적 지형 역시 시네마테크의 문화적 가치를 지키기 위해 고군분투 중이다.

1 성하훈, 〈한국영화운동 40년 ⑱〉, 《오마이뉴스》, 2020년 10월 12일.
2 성하훈, 〈한국영화운동 40년 ⑥〉, 《오마이뉴스》, 2020년 2월 25일.
3 〈국내외 명작영화 비평감상-'영화공간 1895' 해설·강의 등 곁들여〉, 《한겨레》, 1990년 9월 23일.
4 〈국내 소개 안 된 좋은 영화 가득〉, 《한겨레》, 1991년 2월 3일
5 〈예술혼 새출구 '영화모임' 급증〉, 《조선일보》, 1991년 10월 15일.
6 〈영화공간 1895 '24시간 영화학교' 개설〉, 《한겨레》, 1991년 12월 8일.
7 2008년 중앙대 첨단영상대학원 BK21 프로젝트 인터뷰.
8 〈한국의 30대-직장 내 소모임 활동〉, 《한겨레》, 1993년 12월 21일.
9 〈'씨앙씨에' 공연법 위반-원작외화 상영 등 무산〉, 《경향신문》, 1994년 3월 18일.
10 성하훈, 〈한국영화운동 40년 ⑱〉, 《오마이뉴스》, 2020년 10월 12일.
11 〈정부, 기업 외면 속 홀로서기〉, 《경향신문》, 1995년 10월 21일.
12 〈한국 씨네마떼끄 운동사〉, 《씨네필》 4호, 1994년 10월 18일.
13 〈시네마테크들 뭉쳤다〉, 《씨네21》 103호, 1997년 5월 27일.
14 성하훈, 〈한국영화운동 40년 ⑮〉, 《오마이뉴스》, 2020년 8월 7일.
15 《로드쇼》, 1997년 6월호, 10월호, 12월호.
16 성하훈, 〈한국영화운동 40년〉, 《오마이뉴스》, 2022년 7월 29일.
17 이영진, 〈관객의 뜻과 함께 우직하게 간다〉, 《씨네21》 743호, 2010년 3월 9일.
18 〈시인보다 낯설게, 예술영화관 '광장'을 시작하면서〉, 《키노》, 1995년 12월호.
19 〈시네마테크 시대 열린다〉, 《씨네21》 24호, 1995년 10월 17일.
20 ㈜영화사 백두대간·동숭아트센터, 《예술영화전용관 동숭씨네마텍 1주년 기념 백서》, 1996.
21 〈피터 그리너웨이 작품세계 조명〉, 《경향신문》, 1996년 12월 24일.
22 〈첫 '검인' 예술영화전용관〉, 《씨네21》 93호, 1997년 3월 18일.
23 〈시네마키드〉, 《동아일보》, 1997년 5월 23일.

한국영화의 디지털 VFX와
시네마 사운드

| 김익상 |

쥬라기의 공룡이 한국영화계에 준 충격

1993년 7월 개봉한 한 편의 할리우드 영화가 충무로 영화인들에게 충격을 주었다. 스티븐 스필버그의 〈쥬라기 공원〉(1993)이었다. 사실 시장규모, 기술력 등 모든 면에서 한국영화는 할리우드와 비교 대상이 아니었기 때문에, 냉정하게 말하면 '충격'이란 표현은 다소 과장된 것일지도 모른다. 그럼에도 불구하고, 컴퓨터그래픽 CG을 사용해 멸종된 공룡을 생생하게 스크린에 살려 낸 〈쥬라기 공원〉은 전혀 다른 차원으로 다가왔다. 이때의 '충격'이란 할리우드는 이제 감독이 상상만 하면 보여 주지 못할 것이 없다는 경이로움, 그리고 그것이 불가능해 보이는 한국영화 현실에 대한 탄식과 절망에 가깝다고 할 수 있을 것이다.

그러나 이런 와중에도 어떤 영화인들에게는 CG가 탄식과 동경의 대상이 아니라 '해야만 하는 과제'로 다가왔다. 아무런 기술적 기반도, 성공 가능성도 없고 시장도 척박했던 1990년대의 한국에서 어떻게 그들은 CG를 영화에 사용할 생각을 했을까.

한편, 영화 사운드의 측면에서도 1990년대는 중대한 전환기였다. 1927년 〈재즈싱어〉(리처드 플레이셔)에서 알 졸슨이 관객에게 말을 건넨 이후, 영화 음향은 70여 년간 필름 사운드트랙에 광학 신호를 기록하는 방식을 사용하고 있었다. 그랬던 것이, 1990년대부터 영화에 다양한 방식의 디지털 사운드 방식이 개발·도입되기 시작하였고, 현재는 모든 영화에서 디지털 사운드를 사용하고 있다.

디지털이 영화의 제작·배급·상영에 적용되고 20년이 지난 지금, 한국영화는 작품 완성도, 문화적 파급력, 기술 수준 등에서 많은 변화를 겪었다. 그중에서도 디지털 시각효과vFx의 발전은 괄목할 만하다. 이제는 〈승리호〉(조성희, 2019) 같은 한국영화가 글로벌 플랫폼을 통해 동시간에 전 세계 관객에게 공개되어 할리우드의 작품들과 비교·평가를 받는 시대가 되었다. 물론 그렇다고 해서 현재 한국 시각효과의 수준이 할리우드와 동등하다는 것은 아니다. 그러나 초격차를 보였던 30년 전에 비한다면 지금은 적어도 가격 대비 성능 측면에서 격차가 현저히 줄었다고 평가할 수 있다.* 이제는 용어도 'CG 작업'이라 부르지 않고 '디지털 VFX'로 확대되었다. 시각효과 개념이 본격적으로 자리를 잡아 가고 있는 것이다.

예전에는 VFX란 개념 자체가 없다 보니 CG라고 하는 게 말하기 편하니까 영화 쪽에서 그냥 CG라고 했는데, … 함축적으로는 실제 촬영을 해서 얻을 수 없는 모든 영상을 디지털 기술로 처리하는 과정, 그리고 그 결과물을 시각효과라고 합니다. _강종익(덱스터 스튜디오 대표) [1]

---

* 위지윅 스튜디오의 박관우 대표는 크리처 제작 부분을 제외하면, 매트페인팅과 디지털 구조물 합성 작업 수준은 할리우드에 근접했다고 평가하였다(박관우, 필자 대면 인터뷰, 2022년 7월 6일).

그동안 무슨 일이 있었던 것일까. 필자는 시각효과 전문가는 아니지만, 한국영화에 디지털 VFX가 정착하던 시기에 공교롭게도 CG를 많이 사용한 영화들을 제작한 탓에 VFX의 발전 과정을 현장에서 목격할 기회가 있었다. 따라서 이 글은 엄정한 학술적 가치를 추구하는 논문이라기보다, 1990년대의 디지털 VFX와 시네마 사운드의 도입 과정을 경험한 영화인이 당시를 기록할 목적으로 작성된 일종의 보고서임을 밝힌다.

시각효과 개념이 없던 한국영화

1990년대까지 한국영화계에는 시각효과의 개념도 경험도 없었다. 이 말을 이해하려면 먼저 특수효과SFX: special effects와 시각효과 VFX: visual effects의 차이를 알아야 한다. 통상 특수효과는 강풍, 강우, 강설 등의 기상현상을 인위적으로 만들거나 전문가들이 촬영 현장에서 총격과 폭파, 특수분장 등을 실행하는 기술을 말한다. 가령 비바람이 몰아치는(강풍, 강우) 전쟁터에서 병사들이 여기저기에서 터지는 포탄을 피해(폭발) 총을 쏘며(총격), 적진을 향해 돌격하다가 피를 흘리며 쓰러지고(피탄 효과[**]), 팔다리가 떨어져 나가는(특수분장) 병사의 모습을 카메라가 촬영장에서 직접 촬영하는 것이 특수효과이다. 촬영 단계에서 이런 그림을 만들려면 연기

[**] 풍선에 붉은 물감을 달아 배우가 입은 옷 안에 넣고 터트려 총탄에 피격되는 느낌을 주는 특수효과.

자, 스태프들의 안전을 담보하는 전문가들의 숙련된 기술이 필수적으로 요구된다.

반면에 시각효과는 주로 후반 작업에서 이루어진다. 전투 장면의 예를 계속 이어 가자면, 적진을 뚫고 목적지에 도착한 특공대가 거대한 대포를 폭발시켜 낭떠러지 아래로 떨어뜨리는 장면을 만든다고 가정해 보자. 실제로 커다란 대포를 만들어 폭파시키는 것은 제작비도 많이 들고 위험하다. 시각효과 전문가는 대포의 규모를 보여주는 사실적인 배경 그림(매트 페인팅matte painting)을 만들고, 대포 모형(미니어처 모델링miniature modeling)을 제작한다. 그리고 블

〈쥬라기 공원〉에서 사용된 애니매트로닉스의 예 | 〈쥬라기 공원〉(스티븐 스필버그, 1993), 사진 출처: pinterest.com

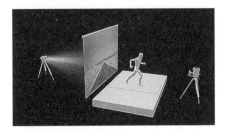

리어스크린 프로젝션의 원리 | 출처: filmriot.com

〈터미네이터〉에서 사용된 스톱모션의 예 | 〈터미네이터〉(제임스 캐머런, 1984), 사진 출처: facebook.com

루스크린 앞에서 연기를 하는 배우들과 떨어지는 대포를 촬영한 후 둘을 합성composition하면 완성된 장면이 나온다. 디지털 시각효과가 개발되기 전까지는 이런 과정을 모두 수작업으로 진행했다. 여기에는 애니매트로닉스animatronics, 리어스크린 프로젝션rear screen projection(또는 screen prosess), 스톱모션 애니메이션stop motion animation 기법 등이 활용되었다.

할리우드는 디지털 시각효과가 도입되기 수십 년 전부터 이미 판타지, 대형 사극, 액션, SF 영화의 제작으로 전통적인 아날로그 시각효과 기술이 충분히 축적되어 있었다. 반면, 한국영화계는 시각효과를 사용하는 영화 자체가 드물었다. 일본에서 〈고지라〉(혼다 이치로, 1954)가 성공하자 1967년 김기덕 감독이 〈대괴수 용가리〉를 제작했지만, 일본에서 미니어처 제작자와 수트 액션suit action 전문가를 초빙해 만든 작품이었다. 이후 한국영화 현장에서는 제작비와 제작 환경, 인력 등의 문제로 아날로그 시각효과 기술이 발전하지 못하였다.

1990년대 충무로에 젊은 영화인들이 진입하면서 한국영화의 기획 방향이 전환되기 전까지 한국에 시각효과 개념이 없었던 것은 어쩌면 너무도 당연한 현실이었다. 그런 상황에서 몇몇 몽상가들이 한국영화에 컴퓨터그래픽스를 적용할 계획을 세우고 있었다.

아무것도 없이 시작한 한국영화의 컴퓨터그래픽

신씨네와 신철: 몽상가, 혹은 혁명가

SFX나 VFX는 그 자체가 목적이 아니라 감독의 비전을 스크린에 구현하는 수단이다. 컴퓨터그래픽은 당시 한국에서 아무도 하지 않은 새로운 시도였다. 시도는 결국 산업이 허용하는 시장의 내구력과 관련이 있어, 성공하면 시장은 다음에도 이를 허용할 체력이 생긴다. 그런 의미에서 기획사로 먼저 이름을 알린 다음 제작사로 전환한 영화사 신씨네의 출범은 1990년대 한국영화의 산업적 성장에서 중요한 순간이었다.

신씨네의 대표 신철은 다소 독특한 면이 있는 인물이었다. 서울대 미학과에 입학했지만 학업에는 관심이 없었고, 영화 연출부와 피카디리극장, 명보극장 기획실(선전실) 등에서 일하면서 영화 실무를 배웠다. 이때 관객 접점 부서에서 일했던 경력이 나중에 그의 상업영화 기획 감각에 영향을 미친 것으로 보인다. 그러다 제작사 '황기성사단'과의 인연으로 〈행복은 성적순이 아니잖아요〉(강우석, 1989)를 기획하고, 이어서 익영영화사(피카디리극장 계열의 영화제작사)가 제작한 〈결혼이야기〉(김의석, 1992)로 확실하게 존재감을 알렸다. 앞선 성공작에 탄력을 받아 제작사로 전환한 신씨네는 창립작 〈101번째 프로포즈〉(오석근, 1993)를 만들고, 이어서 후속작 〈구미호〉(박헌수, 1994)의 제작을 발표했다.

〈구미호〉는 당시로서는 이색적 영화였다. 1970~80년대를 거치며 한국에서는 거의 소멸되었던 판타지 장르의 부활이라는 측면과 홍보용으로 내세운 배우 고소영이 여우로 변신하는 스틸사진이 화제를 모았다. 그러나 〈구미호〉는 기획 단계부터 넘어야 할 장벽이 있었다. 1970년대 이후 단절된 판타지영화를 제작하려면 시각효과의 사용이 필수적이었지만, 한국에는 아날로그 시각효과 기술이 축적되지 않았고 실행할 인력도 없었다. 새로운 시각효과 도구인 CG를 만들 인력도 없었다. 컴퓨터그래픽 장비의 운용이나 기술을 갖춘 사람도 광고 분야의 소수뿐이었다.* 이렇게 척박한 환

---

* 올림픽을 앞두고 방영되어 화제를 일으킨 삼성전자의 Full CG 광고 '휴먼테크'가 있었지만 실제 제작은 제일기획의 발주로 미국의 리듬앤휴Rhythm & Hue가 맡았고, 한국에서는 비손텍 같은 광고 후반업체에서 일부 CG 작업만을 하는 상황이었다.

경에서도 신철은 〈구미호〉에 컴퓨터그래픽을 사용하기로 결정하고 이를 전담할 '이미지메이커'라는 자회사를 설립했다. 경영자로서는 현실을 무시한 몽상적 결정이었지만, 돌이켜 보면 한국영화에 디지털 VFX의 초석을 놓은 혁명적 결단이었다.

시행착오와 악전고투를 거쳐 완성된 〈구미호〉

필름으로 찍던 1990년대 영화에 CG를 사용하는 것은 상당히 번거롭고 화질의 열화劣化를 감수해야 하는 작업이었다. 필름 소스를 스캐닝해서 디지털 데이터로 만들고, 컴퓨터에서 실사와 그래픽을 합성하여 완성된 화면을 다시 필름으로 옮겨야 하는데, 물리적 특성이 다른 매체를 전환하며 복사하다 보니 화질이 떨어질 수밖에 없었다. 작업용 컴퓨터도 고성능의 워크스테이션급을 사용해야 했다. 당시 IBM은 도스DOS라는 텍스트 기반의 운영체계를 쓰고 있었고, 애플의 매킨토시는 윈도우즈Windows의 원형 같은 그래픽 유저 인터페이스graphic user interface를 사용했지만 주로 출판이나 광고 같은 디자인 분야에서만 일부 사용되고 있었다. 한 마디로, 컴퓨터로 그림을 그린다는 개념 자체가 생소하던 시기였다.

제가 89학번인데 당시 90년대 초반 학교 전산실에 컴퓨터가 보급돼서 … 텍스트를 치고 프린트하면 찍찍찍찍 해서 나와요. 그 과정이 너무 신기한 거예요. 그래서 지금 컴퓨터그래픽 하는 친구들은 (당시) 전산실에 자주 가던 애들이었어요. … 그때 제가 광고 과제물을 사진 찍어서 충무로(인쇄 골목)에 가서 스캔 받아 가지고 A4용지에 출력해서 제출했더니 교수님이 에어브러쉬로 그려야 하는

데 성의 없이 만들었다고 혼나고. _손승현(웨스트월드 대표이사) [2]

뿐만 아니라 동영상 작업 같은 대용량 그래픽 처리를 감당하는 고사양 컴퓨터는 미국의 실리콘 그래픽스사Silicon Graphics, Inc에서 주로 생산하였는데, 실리콘 그래픽스는 하드웨어와 소프트웨어를 통틀어 CG 솔루션을 지닌 거의 유일한 회사였고, 따라서 전 세계의 모든 컴퓨터그래픽이 특정 회사의 특정 장비에만 의존해야 했다.

게다가 필름과 디지털을 오가는 중에 발생하는 화질 열화도 난제였다. 앞서 설명했던 것처럼 당시에는 모든 영화를 필름으로 촬영했기 때문에, 영화에 CG를 넣으려면 먼저 필름에 담긴 영상 소스를 디지털로 변환하고 컴퓨터그래픽 작업이 완성되면 이를 다시 필름으로 녹화했다. 이런 작업을 스캐닝-레코딩이라고 한다.

필름을 스캐닝-레코딩하려면 영국의 옥스베리사에서 개발한 옥스베리 머신을 사용해야 했다. 1990년대에 옥스베리 머신 같은 고가 장비는 영화진흥공사(영화진흥위원회의 전신)에서만 보유하고 있었는데, 당시에는 주로 자막 타이틀이나 디졸브, 오버랩 등 필름 광학 작업에 사

당시 영화진흥공사 현상실에서 사용한 것과 같은 모델인 옥스베리 머신. | 사진 출처: http://www.oxberry. com/oxberry1600_page.html

---

* 요즘처럼 개인 PC에서 그래픽 처리가 가능해진 것은 NVIDIA의 그래픽카드 출시 이후이다. 그 결과, 현재의 디지털 작업은 실리콘 그래픽스 같은 메인 시스템으로 작업하지 않고 아티스트가 개인 컴퓨터로 할당된 과업을 완수한 다음 이를 스토리지에 모으는 방식으로 바뀌었다.

용되었고 CG의 스캐닝 용도로는 사용되지 않았다.

신철은 할리우드 영화에서 사용하던 CG 장비를 통째로 수입하기로 결심했다. 당시 가격으로도 10억이 넘는 고가의 장비였다. 그리고 장비 운용을 위한 전문 인력도 수배했다. 그렇게 광고에서 CG 경험이 있던 몇 명이 '이미지메이커'에 합류하면서 한국 최초로 CG를 사용한 영화 〈구미호〉의 제작이 시작되었다.

그러나 광고 출신 인력도 컴퓨터에서 완성된 CG를 방송용 비디오테이프로 출력한 경험만 있었지 이를 필름에 어떻게 담을지 모르기는 마찬가지였다. 이렇게 기술도, 경험도, 인력도 불완전한 상태에서 〈구미호〉는 제작되었다.

〈구미호〉의 제작 발표를 앞두고, 충무로는 그동안 한국영화계에 신선한 바람을 불러왔던 신씨네가 이 영화를 통해 또 어떤 새로운 감각을 보여 줄지 기대하고 있었다. 〈구미호〉는 제작발표회에서 CG 작업을 맡게 될 신씨네의 자회사 이미지메이커를 소개하면서, 영화에 사용될 여러 CG 장면 중 특히 배우 고소영이 여우로 변신하는 장면에서 몰핑morphing기법이 사용될 것이라고 설명했다.[3] 몰핑은 마이클 잭슨의 뮤직 비디오 〈Black or White〉나 제임스 캐머런의 〈터미네이터 2〉(1991)로 한국 관객에게도 익숙한 기법이었다.

물론 우려의 목소리도 있었다. 한국에서 할리우드와 같은 수준의 CG를 만들 수 있겠는가 하는 것이었다. 이를 의식해서인지 신씨네는 〈구미호〉에 삽입될 컴퓨터 영상 부분에 자회사 이미지메이커와 한국과학기술연구원KIST의 컴퓨터그래픽 연구팀이 공동 작업을 하게 될 것이라는 소식을 대대적으로 알렸다.[4] KIST와의

몰핑 기법을 강조한 〈구미호〉의 포스터 이미지(왼쪽). 몰핑 기법을 활용한 〈터미네이터 2〉의 유명한 장면(오른쪽). | 왼쪽 〈구미호〉(신씨네, 박헌수, 1994), 오른쪽 〈터미네이터 2〉(제작 Carolco Pictures Inc., 수입 세경영화, 제임스 캐머런, 1991)

협업은 홍보용 이벤트라는 성격이 분명 있었지만 불가피한 선택이기도 했다. 누구도 영화용 CG 작업 경험이 없던 실정과 품질에 대한 의구심이 가득한 상황에서 국내 최고의 국가기술연구기관과의 협업은 작업에 대한 신뢰도를 높이는 데에 일조했다.

그러나 홍보와 달리, 완성된 영화에 구미호의 몰핑 장면은 없었다. 대신 저승사자들이 지키고 있는 승강장으로 망자들을 태운 저승열차가 도착하는 장면에서 디지털 합성이 일부 사용되었으나 별다른 주목을 받지 못했다. 고소영의 구미호 변신 몰핑을 기대하던 관객에겐 실망스러운 결과물이었다. 몰핑이 사용되지 못한 이유로는 기술적 한계와 함께 "산업기술에 치중했던 공대생들의 미적 감각"[5]의 문제도 있었다. 과학기술 지향의 KIST 인력과 예술적 표현을 요구한 영화인들 사이의 소통 문제였다.

컴퓨터그래픽의 제작비도 무시하기 어려웠다. 당시는 1MB의 데이터를 저장하는 데 들어가는 비용만 100만 원을 호가했기 때

▌ 디지털 합성 기술이 사용된 〈구미호〉의 한 장면. | 〈구미호〉(신씨네, 박헌수, 1994)

문에, 몇 초 분량의 CG라도 이를 데이터 용량으로 환산하면 상당한 비용을 감수해야 했고, 그렇다 보니 CG 비용만으로 영화의 제작비를 초과할 지경이었다.

결과적으로 영화가 개봉되고 기대했던 결과가 나오지 못하자, 이미지메이커의 CG 인력은 현실의 장벽을 절감하고 대부분 광고업계로 돌아갔다. 신씨네 이미지메이커의 작업실에는 "현상소와 회사를 오가며 심부름하던 막내"[6] 박관우만 남게 되었다.

〈은행나무 침대〉로 부활한 신씨네 컴퓨터그래픽스

1994년 〈구미호〉의 장비가 그대로 남아 있던 신씨네에 〈누가 용의 발톱을 보았는가〉(강우석, 1991)의 작가로 주목받던 강제규가 〈은행나무 침대〉(1995)의 시나리오를 들고 찾아왔다. 한동안 충무로에서 제작의 명맥이 끊겼던 판타지로맨스 장르였다. 당시 국내에서 강제규의 시나리오 속 판타지를 구현할 수 있는 제작사는 CG 장비와 이

를 운영해 본 경험이 있는 신씨네뿐이었다. 강제규의 시나리오를
본 신철은 바로 제작을 결정했다. 하지만 이미지메이커에는 〈구미
호〉 제작 당시 막내 직원이었던 박관우 외에 운영 인력이 없었다.
박관우는 대학에서 기계공학을 전공하고 영화를 좋아하는 청년으
로 기술과 예술을 모두 아는 인물이었다. 그는 〈구미호〉를 작업하
면서 어깨너머로 CG 작업을 배우고, 밤에 혼자 남아 고장 난 장비
를 분해해서 재조립한 경험도 있었다.

당시 레코딩 장비는 컴퓨터로 출력한 화면을 CRT 모니터에 띄
우고 이를 콤마 촬영이 가능한 필름 카메라로 한 프레임씩 찍는 방
식이었어요. 모니터와 필름 카메라에 주사선이 일치하지 않아서
모니터에 줄이 나타났는데 이걸 피하기 위해 카메라 셔터가 간헐
적으로 작동하면서 찍어야 했는데 이 간헐 장치가 고장이 난 거죠.
그걸 다 뜯어서 다시 조립하니까 작동되더라구요. _박관우[7]

신철은 이런 박관우의 재능을 눈여겨보고 컴퓨터그래픽 실장으
로 기용하였다. 당시 20대의 젊은이에게는 파격적인 제안이었다.
〈은행나무 침대〉의 제작이 확정되면서 이미지메이커는 '신씨네
컴퓨터그래픽스'로 이름을 바꾸었고, 박관우는 이 자회사의 책임
자가 되었다.

〈은행나무 침대〉에 사용된 시각효과는 주로 디지털 합성이었
다. 촬영 현장에서 당장 구현하기 어려운 물체나 배경을 별도로
촬영 또는 컴퓨터그래픽으로 제작한 후, 스튜디오에서 촬영된 실
사 영상과 결합하는 방식이었다. 가령 촬영이 시작된 5월에는 은

행나무에 단풍이 들기 전이고 적절한 은행나무도 없어 미니어처로 나무를 제작했고, 잎사귀도 하나하나 수작업으로 만들어 붙였다. 당시 한국에서 미니어처를 제작할 수 있는 인력도 광고 분야밖에 없어서, 광고용 미니어처를 제작했던 '디모'의 정용훈과 신용준이 은행나무를 만들었고, 촬영 역시 광고에서 미니어처 촬영 경험이 있던 박현철*이 담당했다. 은행나무에 달려드는 독수리는 미국에서 훈련된 독수리를 필름으로 촬영, 스캐닝하여 디지털로 합성하는 방법을 사용했다. 독수리를 촬영하기 위해 미국까지 간다는 것이 지금으로서는 이해하기 어렵겠지만, 1990년대에는 지금처럼 스톡 필름stock film**을 쓰기도 어려웠고 CG로 깃털을 표현하거나 3D 애니메이션으로 동물의 움직임을 정교하게 표현하는 일은 아직 할리우드도 시도하지 않은 때였다.*** 황장군에게 쫓기던 미단공주(진희경)와 수현(한석규)이 떨어지는 장면에서도 디지털 합성 기술이 활용되었는데, 크레인에 매달려 떨어지는 배우들을 부감으로 촬영하는 앵글은 당시에는 혁신적인 화면이었다. 벽에서 튀어나오는 황장군의 얼굴도 이전의 한국영화에서는 보지 못했던 장면이었다.[8]

〈은행나무 침대〉는 1996년 2월 17일 서울 명보극장을 비롯해 서울 14개관에서 동시개봉하여 총 66만 명의 관객을 동원하며 흥

---

* 박현철은 이후 시각효과 면에서 새로운 시도들을 보여 주었던 〈퇴마록〉(박광춘, 1998)과 〈2009로스트메모리즈〉(이시명, 2001) 등에서 촬영감독으로 활동했다.
** 업계 용어로 지금의 게티 이미지뱅크처럼 영화나 광고에서 필요한 자료화면을 구해다 쓰던 것을 말한다.
*** 최초의 디지털 장편 애니메이션인 〈토이 스토리〉(존 라세터, 1995)도 털이 없고 피부 모공이나 머리칼을 표현할 필요가 없는 플라스틱이나 목제 장난감을 오브제로 사용했다.

▌〈은행나무 침대〉 속 낙하 장면은 배우들이 와이어를 묶고 연기한 후, 이를 건물 옥상에서 촬영한 부감 영상에 합성한 것이다. | 〈은행나무 침대〉(제작·배급 신씨네, 강제규, 1955)

행에도 성공했다.˙ 당시는 영화관입장권통합전산망이 가동되지 않아서 전국 관객은 집계되지 않았지만 지방 관객 수를 충무로식 '우라'(충무로에서 통용되던 일본식 업계 용어로 '공공연하지 못한 것'을 의미함)로 추산해 봤을 때, 최소 전국 400~500만 명의 관객은 동원했을 것으로 추정된다. 〈은행나무 침대〉의 성공은 여러모로 영화인들에게 자극제가 되었다. 〈은행나무 침대〉의 시각효과는 비록 기술적 한계가 분명했지만 전체적인 완성도가 CG의 부분적 결함을 덮어 주었다. 특히 새로운 기획을 준비하던 영화인들에게 〈은행나무 침대〉의 성공은 '한국에서도 CG를 사용한 영화를 제작할 수 있고 흥행도 가능할까'라는 질문에 대한 답변이 되어 주었다.

　물론 〈은행나무 침대〉의 성공 요인을 CG 한 가지로 요약하는 것은 적절하지 않다. 판타지로맨스라는 기획의 참신성, 강제규 감

˙ 영화진흥공사에서 발간한 1997년 《한국영화연감》에 따르면, 〈은행나무 침대〉의 서울 지역 기준 총 관객 수는 45만 2,580명이다. 그러나 당시 신씨네와 올댓시네마에서 각 영화사와 극장 업계의 발표를 토대로 집계한 결과에 따르면, 〈은행나무 침대〉는 서울 지역 기준 총 66만 명의 관객을 동원하며 1996년 상반기 흥행 1위를 차지했다.(《동아일보》, 1996년 6월 29일자)

독의 각본과 연출력, 톱스타 한석규·심혜진의 기용, 이동준의 아름다운 영화음악에 더해, 금융자본 최초로 영화에 제작비를 투자했던 일신창업투자(김승범 수석)의 과감한 투자 결정 등 모든 요인이 합쳐진 결과로 보아야 할 것이다. 잘될 영화는 모든 요소가 다 좋아서 잘되지만, 안 될 영화는 아무리 애를 써도 안 된다는 충무로의 속설을 그대로 보여 준 영화였다.

하지만 신씨네는 〈은행나무 침대〉의 흥행 성과를 모두 가져가지 못했다. 당시는 서울, 부산의 개봉관만 직접배급을 하고 지방 중소 도시는 지방 흥행업자에게 판권을 판매하는 간접배급 방식을 사용했는데(이때 지방 판권의 가치를 매기는 것을 '우라 가격 산정'이라고 했다), 지방의 판매 수익이 제대로 수금되지 않았던 것이다. 다행히 직접 배급한 서울 개봉관의 폭발적인 흥행 덕에 제작비는 회수했지만 기대했던 이익은 실현되지 않았다.** 하지만 한국영화계에서 〈은행나무 침대〉는 확실한 흥행작이자 한국 기획영화의 모범으로 충무로에 각인되었다.

〈퇴마록〉으로 시작된 본격적인 디지털 VFX 시대

〈은행나무 침대〉의 성공으로 1990년대 말~2000년대 초반에 걸쳐

** 1990년대까지 대부분의 영화는 서울을 제외한 나머지 지역에서는 간접배급 방식으로 상영되었는데, 부산은 경우에 따라 극장주와 직접 계약을 맺고 직배를 하는 경우가 있었다. 김승범에 따르면 〈은행나무 침대〉는 서울과 부산 지역 개봉관은 직접 배급, 나머지 지역은 간접 배급으로 필름을 유통했다.(김승범, 전화 인터뷰, 2022년 7월 11일)

충무로에는 CG를 사용한 일련의 기획영화가 쏟아진다. 〈퇴마록〉
(박광춘, 1998), 〈쉬리〉(강제규, 1999), 〈건축무한 육면각체의 비밀〉(유상욱,
1999), 〈2009로스트메모리즈〉(이시명, 2001), 〈내추럴시티〉(민병천, 2003),
〈튜브〉(백운학, 2003) 같은 대규모 예산의 '한국형 블록버스터' 영화
들이 줄을 이었다. 현재 한국형 블록버스터의 대표작은 단연 〈쉬
리〉를 꼽지만, 최초로 '한국형 블록버스터'라는 마케팅 용어를 사
용한 영화는 〈퇴마록〉이었다.

〈퇴마록〉은 제작사 폴리비전의 창립작이었다. 사실 〈퇴마록〉 제
작에는 위험 요소가 많았다. 제작사 대표는 물류업계 출신이었고,
기획자(제작본부장)는 영화 전공자였지만 충무로 경력이 없고 삼
성영상사업단 이력이 전부였다. 감독은 〈은행나무 침대〉의 조감
독 출신 박광춘이었다. 한 마디로, 모두가 신참이었는데도 전면적
으로 CG를 사용하는 판타지 액션영화를 시도한 것이다. 우여곡절
끝에 완성된 〈퇴마록〉은 기획의 화제성과 '한국형 블록버스터'라
는 마케팅 덕에 개봉 첫 주에 제작비를 모두 회수하는 양호한 성
적을 거두었으나, 드라마의 완성도에 대한 불만으로 급격한 흥행
하락세를 보였다. 그러나 컴퓨터그래픽스와 기술 부분에만 초점
을 맞추면, 〈퇴마록〉은 2022년까지 이어지는 한국의 VFX 판도를
결정한 영화였다. 오늘날 대표적 디지털 VFX 회사로 성장한 덱스
터Dexter, 모팩Mofac 그리고 웨스트월드West World 같은 회사의 모체
가 〈퇴마록〉을 기점으로 만들어졌다. 뿐만 아니라, 디지털시네마
사운드에도 DTSdigital theater sound의 효과를 확실하게 알린 작품이
었다.

당시 〈퇴마록〉의 제작진은 아직 한국영화의 전면적인 CG 활용

가능성을 확신하지 못했다. 특히 〈은행나무 침대〉에서 해결하지 못한 스캐닝-레코딩 과정의 화질 열화 문제는 심각한 도전이었다. 물론 할리우드에 의뢰하면 좋겠지만, 그 비용을 생각하면 실현 불가능한 아이디어였다. 대안으로 떠오른 곳이 〈천상의 피조물〉(피터 잭슨, 1994)과 〈프라이트너〉(피터 잭슨, 1996)를 제작하여 비할리우드권에서 유일하게 영화 CG 기술력을 검증받은 뉴질랜드의 WETA였다. 제작진은 시나리오에서 CG 컷을 골라 WETA와 협상을 시도했으나, WETA에서 제시한 가격 역시 당시 한국영화의 예산으로는 감당하기 어려운 수준이었다. 결국 〈퇴마록〉의 기획자와 감독은 국내에서 대안을 찾기 시작했다.

〈퇴마록〉을 제작한다는 소식이 알려지자 몇몇 팀이 접촉을 해 왔다. 그중에는 이전 영화의 성과를 샘플로 내놓거나 자기 회사가 최신 장비를 갖추고 있음을 어필하는 곳도 있었다.* 장비도 중요하지만 그것을 영화적 맥락에 맞추어 효율적으로 사용할 수 있는 인력의 창의성을 중요시하던 제작진에게 〈천상의 피조물〉에서 사용된 장비인 '시네온CINE-ON'이 한국에 도입됐다는 정보가 입수되었다.

시네온은 (코닥이 개발한) 시스템이에요. 제닉스 스캐너가 (필름을) 스캔하면 그게 하드에 저장되어서 그걸 오닉스라는 컴퓨터에 보내 토네이도라는 프로그램으로 합성을 하는 거예요. 그걸 다시

---

* 당시 〈퇴마록〉 제작진에 접촉해 온 회사 중에 "우리는 〈스타워즈 에피소드 4: 새로운 희망〉(조지 루카스, 1977)의 데스 스타 공격 장면에 사용된 '모션 컨트롤 카메라Motion control camera'가 있으니 같이 하자"고 한 곳도 있었다. 한 마디로 제작되는 영화에 어떤 장면이 들어갈지도 모르면서 '자신들이 최신 장비를 가졌으니 일단 작업하자'는 식이었다.

〈퇴마록〉 중 TV에서 나온 반투명 크리처와 대치하는 장면. | 〈퇴마록〉(제작 폴리비전픽쳐스, 제공 일신창업투자·국민기술금융, 박광춘, 1998)

(필름으로) 레코딩하는 솔루션을 코닥이 갖고 있는 거고요. 레코더는 솔리티언이라는 레코딩 전문회사. 이거를 코닥이 조합해서 시네온이란 이름으로 판 것이에요. _손승현 [9]

당시 LIM의 실무 담당자였던 강종익은 후배 손승현을 추가로 합류시켰고, 제작진은 그들에게 〈퇴마록〉의 CG를 모두 맡기기로 협의했다. 모든 작업이 끝난 후 강종익은 영화 포스터에 한국영화 최초로 '시각효과 강종익'이라는 크레딧을 올렸다. 본격적으로 디지털 VFX를 총괄하는 'VFX 슈퍼바이저visual effect supervisor' 개념이 도입된 것이다.

〈퇴마록〉에 사용된 시각효과에는 획기적인 최초의 시도가 몇 개 있었다. 첫째는 풀Full CG로 움직이는 크리처를 구현한 것이다. 이전까지 한국영화에서 시도된 CG는 거의 블루스크린 배경으로 촬영된 실사 인물을 컴퓨터 이미지와 합성하는 것이었다. 즉, 초현실적 배경의 그래픽에 배우의 실제 움직임을 합쳐서 만들었다. 하지만 〈퇴마록〉의 크리처는 브라운관에서 현실로 튀어나와 인간

〈퇴마록〉 제작 당시 실제로 사용한 실리콘 그래픽스의
오닉스 2 컴퓨터. | 사진 출처 : '웨스트월드' 전시 촬영

(준후)과 대결 자세를 펼치는 동작을 구현했다는 점에서 획기적이었다. 이 부분을 담당한 사람은 〈은행나무 침대〉 크레딧에는 이름을 올리지는 못했지만 아티스트로 참여했던 장성호(현 모팩 스튜디오 대표)였다.

당시 실리콘 그래픽스를 한국에서 다룰 수 있던 사람은 다 합쳐봐야 10명 남짓이었죠. 서로가 아는 사이였어요. 신씨네의 박관우 실장도 그래서 알던 사이였는데 〈은행나무 침대〉 막판에 도와 달라고 해서 몇몇 작업을 했지만 부분적으로 참여해서 크레딧을 얻지는 못했습니다. _장성호[10]

강종익의 제안으로 〈퇴마록〉 시각효과팀에 합류한 장성호는 당시 미국에서도 아직 출시 전이던 3D 프로그램 '후디니Houdini'의 베타 버전을 입수하여 반투명 크리처를 만들어 냈다. 특히 반투명 캐릭터는 난이도가 높은 작업이었다. "반투명의 캐릭터는 각도에 따라 빛을 투과시키거나 반사시켜야 했고, 공간 내 조명에 따른 신체 각 부분의 명암도 다르게 드러나야 했기 때문에 투광이 되는 오브제보다 작업이 어려웠다. 하지만 적어도 〈어비스〉(제임스 캐머런, 1989) 이후 몇 년이 지났으니 한국도 그 정도는 가능하다는 것을 입증하기 위한 시각효과 담당자의 의도가 작용"[11]한 작업이었다.

이 밖에도 〈퇴마록〉에는 레이 트레이싱ray tracing,* CG를 사용하여 폭발과 화염을 키우는 등 당시에는 시도되지 않았던 다양한 시각효과가 구현되었다.

디지털 영화 촬영과 필름 시대의 종말

디지털 촬영 기술

디지털 기술의 도입은 영화제작의 많은 부분에 영향을 미쳤다. 사실 디지털은 영화의 모든 것을 바꾸었다 해도 과언이 아니다. 필름으로 상영하던 1990년대까지는 아날로그 촬영-디지털 VFX-아날로그 출력이라는 불완전한 작업 파이프라인에 의존했다. 그 과정에서 화질은 물론이고 비용과 시간의 손실을 감수해야 했다. 조지 루카스가 디지털 영화 제작을 선언하고 〈스타워즈1: 보이지 않는 위험〉(1999)부터 소니 HD 카메라로 디지털 촬영을 시작했지만,

---

* 가상의 광선이 물체 표면에 반사되는 경로를 추적하여 빛이 반사되는 각 점들을 계산해 픽셀로 구현하는 기술이다. 그래픽으로 만들어진 영상에 현실감을 높이는 역할을 하지만, 영상 속 모든 물체에 대한 빛의 반사를 계산해야 하기 때문에 계산량이 엄청나게 많아 렌더링에 많은 시간이 소요된다. 그만큼 자연스러운 표현이 가능해 오늘날 VFX 작업에서 선호되는 방식이다.

최종 상영은 필름으로 했기 때문에 전 과정이 디지털 프로세스는 아니었다.

디지털 촬영은 당시 기술을 선도하던 일본 전자회사에도 중요한 과제였다. 2001년 파나소닉이 베리캠Varicam을 출시하면서 디지털 촬영의 확산을 시도했는데, 해상도는 향상되었지만 비디오 룩video look을 벗어나지 못해 필름 룩film look을 추구하는 영화인들의 신뢰를 얻지 못했다. 필름 촬영은 화면의 선예도鮮銳度, 해상도뿐 아니라 셀룰로이드 매체가 현상액과 화학적으로 반응해서 만드는 명부明部와 암부暗部의 디테일, 화면의 질감 등 세부적인 요소들이 전체적인 룩을 결정한다. 당시의 HD 카메라는 쨍하고 선명한 이미지는 포착 가능해도, 필름의 깊고 섬세한 표현은 따라가지 못했다.

디지털 영화 촬영이 지지부진하던 2005년, 선글라스 제조사 오클리Oakley가 필름 룩을 구현할 수 있는 디지털카메라 '레드원RED ONE'을 출시하면서 상황이 급변했다. 〈반지의 제왕〉(2001~2003)을 감독한 피터 잭슨이 이 카메라의 성능을 극찬하면서 디지털 촬영은 돌이킬 수 없는 대세가 되었다.** "RED의 성공 비결은 카메라의 C-MOS 촬상판 센서 크기를 35mm 필름과 같은 크기로 키우는 것이었다. 센서 규격이 35mm 네가필름의 프레임과 같아지면서 이미지 품질이 좋아지는 혁신을 이루어 낸 것이다."[12] RED 카메라의 출현으로 촬영-편집-VFX-프린트-상영에 이르는 디지털시네

** 그 여파로 아리Arri나 파나비전 같은 전통적인 영화 카메라 제조사들도 급기야 2011년부터 더 이상 영화용 아날로그 카메라를 만들지 않겠다고 발표한다. 영문 위키피디아 'Red Digital Camera' 항목 참고. https://en.wikipedia.org/wiki/Red_Digital_Cinema.

마의 일관된 작업공정이 구축되었고, 시각효과의 전 과정에서 효율성과 질적 향상을 도모할 수 있었다.

디지털시네마 사운드의 본격적인 도입

디지털로의 전환은 사운드 분야에도 큰 영향을 미쳤다. 1990년대 들어 할리우드에서는 영화 사운드에 디지털을 도입하려는 시도가 본격화되었다. 그러나 아직 디지털시네마 사운드의 표준이 정리되지 않아서 스튜디오마다 자기 방식을 표준으로 만들기 위해 각축전을 벌이는 양상이었다.* 기록상 최초의 디지털 사운드 영화는 돌비디지털을 채용해서 1992년 개봉한 〈배트맨 리턴즈〉(팀 버튼)였지만, 본격적인 포문은 DTS를 사용한 스티븐 스필버그의 〈쥬라기 공원〉이었다.

관객들은 생생하게 살아 움직이는 티라노사우루스가 지르는 엄청난 포효를 들으면서 완전히 압도당했다. 결과적으로 〈쥬라기 공원〉은 시각효과와 사운드 모든 면에서 디지털 혁명을 가져온 셈이다. 하지만 DTS는 음장감이나 해상도에서는 압도적인 반면, 소리를 필름에 입히지 못하고 별도의 CD에 담아 돌려야 하는 기술적 한계로 인해 간혹 필름에 새겨진 타임코드와 CD 재생의 싱크로 신호가 맞지 않아 사운드가 끊기며 영사映寫 사고가 발생하는 등의 문제가 있었다.

이런 단점을 보완하기 위해 소니Sony와 돌비Dolby는 각각 필

---

* 산업에서 기술표준을 정하는 것은 매우 중요하다. 특정 방식이 표준이 되면 소프트웨어의 호환성이 담보되는 동시에 시장을 지배하여 엄청난 매출이 보장되기 때문이다.

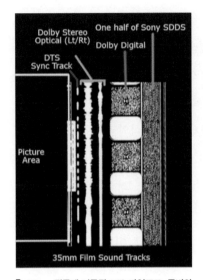

35mm 필름에 기록된 DTS 타임코드, 돌비와 SDDS의 사운드트랙. | 사진 출처: https://mir. pe/wiki/DTS

름에 디지털신호를 새기는 방식으로 SDDSSony Dynamic Digital Sound와 돌비디지털Dolby Digital을 발표했다. 사운드 품질은 DTS, 안정성은 SDDS와 돌비디지털이 경쟁하는 양상이었다. 스튜디오들은 자사의 방식을 기술 표준으로 자리잡게 하기 위해 텐트폴tentpole 급의 블록버스터에 자사의 기술 방식을 적용했다. 가령 소니(콜럼비아)는 〈라스트 액션 히어로〉(존 맥티어넌, 1993)를 SDDS로, 유니버설은 〈쥬라기 공원〉과 〈라이언 일병 구하기〉(스티븐 스필버그, 1998)에 DTS를 사용하는 식이었다.**

이렇게 할리우드 스튜디오가 차세대 디지털 사운드의 패권을 놓고 각축을 벌이는 동안, 한국의 영화관들은 눈치를 보고 있었다. 대도시의 주요 개봉관 사운드 시설은 대부분 1990년대에 아날로그 방식의 돌비서라운드Dolby Surround를 갖추고 있었고, 중소 도시 재개봉관은 입체음향도 아닌 2채널 스테레오를 사용하고 있었다. 사실 당시의 흥행업자들은 스테레오 사운드만으로도 관객이 줄을 서는데 굳이 시설에 투자할 필요가 없다고 생각했다.

그러나 할리우드 직배 영화사가 블록버스터를 상영하는 조건으로 영화관에 디지털 사운드 시설을 요구하자, 피카디리와 서울극

** 영상과 사운드의 싱크로 문제는 아날로그 매체인 필름이 디지털 사운드 재생과 결합되며 발생한 기술적 불일치로, 영화의 모든 데이터가 디지털로 처리되는 현재는 이런 문제가 없다.

장 등 몇몇 개봉관에서 디지털 사운드 시스템을 갖추기 시작했다. 하지만 아직 미국에서도 사운드 시스템의 표준화가 이루어지지 않은 상황에서 국내 영화관이 모든 시설을 갖추기는 무리였다. 때문에 국내 상영관들은 각 극장 상황에 맞게 DTS · SDDS · 돌비디지털 중 하나의 시스템을 선택해야 했다. 유일하게 모든 방식의 디지털 사운드 재생 시스템을 가진 극장은 태평로의 '씨넥스Cinex'였는데 DTS, 돌비디지털, SDDS가 모두 가능해서 1990년대 할리우드 직배 영화의 단골 시사회 장소가 되었다.

각축을 벌이던 디지털시네마 사운드 포맷은 21세기에 들어서면서 돌비의 확실한 우위로 정리되었다. 거의 모든 극장에 돌비디지털이 설치되었고, 현재는 천장에서도 소리가 쏟아지는 돌비애트모스Dolby Atmos 시스템으로 발전했다. 돌비는 음향 기술에서 오랜 역사와 기술력이 있었고, 극장용 사운드에서도 최초의 서라운드 시스템으로 1970년대부터 시장을 장악하고 있었으니 돌비의 승리는 당연한 귀결일지도 모른다.

영화의 디지털 전환은 영화사상 가장 위대한 기업 중 하나인 코닥Kodak에 종말을 가져왔다. 1990년대까지 영화용 필름은 미국의 코닥, 유럽의 아그파AGFA, 일본의 후지Fuji로 나뉘었으나, 사실 코닥이 압도적으로 시장을 점유하고 있었다. 하지만 아이러니하게도

---

* 씨넥스는 삼성이 영화산업에 진출하면서 개봉관 확보에 어려움을 겪자 자체 개봉관의 필요성을 느껴서 만든 직영 개봉관이다. 원래 삼성생명빌딩 지하의 국제회의장을 개조해서 만든 곳으로 넉넉한 좌석 배치, 최신 영사 및 사운드 시스템으로 할리우드 영화의 제작 의도를 가장 잘 구현하는 상영관으로 각광을 받았다. 나중에 멀티플렉스가 생기면서 상업성이 떨어지자 2002년 문을 닫는다.(신승렬, 〈삼성은 '씨넥스'를 꼭 폐관해야 하나: 당대 최고의 전문가들이 만든 극장의 예술품〉, 《오마이뉴스》, 2002년 11월 27일자 기사 참고. https://star.ohmynews. com/NWS_Web/OhmyStar/at_pg.aspx?CNTN_CD=A0000095038.

코닥이 1970년대 미 항공우주국NASA의 의뢰를 받아 달 탐사용으로 최초 개발한 디지털카메라가 1990년대부터 일반에 상용화되면서 사진용 필름 시장이 먼저 잠식당하고, 영화에도 디지털이 도입되면서 코닥의 필름 사업은 큰 재정적 어려움에 처하게 되었다. 어쩔 수 없이 코닥은 할리우드 중심에 있었던 코닥극장을 매각했고, 지금 그 극장은 돌비극장으로 이름을 바꾸어 운영되고 있다.**

디지털 사운드가 도입되면서 강제로 업종을 변경해야 했던 기업의 하나로 나그라Nagra를 빼놓을 수 없다. 나그라는 영화용 동시녹음 장비를 휴대용으로 만들어 엄청난 성공을 거두었을 뿐 아니라 영화미학에도 큰 영향을 미쳤다. 프랑스 누벨바그나 아메리칸 뉴시네마 영화들은 이동과 휴대가 간편한 나그라 녹음기가 아니었다면 제작되기 어려웠을 것이다. 디지털시네마 사운드의 도입으로 동시녹음 장비가 더 간편해지고 릴테이프 방식의 녹음기 수요가 줄어들자, 나그라는 하이엔드 오디오 기업으로 업종을 변경하여 현재까지 명맥을 이어가고 있다.

1990년대까지 동시녹음 기사의 필수 장비였던 나그라 포터블 레코더. | 사진 출처: 나그라 오디오 공식 홈페이지 https://www.nagraaudio.com/product/nagra-iv-s/

일단 대세가 형성되자, 한국영화 제작 현장에서도 디지털 시네마로의 전환이 굉장히 빨리 진행되었다. 디지털 사운드의

** 디지털시네마로 코닥이나 후지, 아그파가 완전히 폐업한 것은 아니다. 이들 회사는 업종을 변경하여 기업을 계속 유지하고 있는데, 가령 아그파는 화학 분야의 원천기술을 이용하여 의학·산업용 영상 기업으로 업종을 변경했다.

도입은 1990년대에 이미 시도되고 있었다. 첫 시작은 DTS 방식이었다. 당시 후반작업 업체 A&D의 대표였던 이규석이 DTS 사운드 마스터링을 습득해 한국 최초로 1995년 여균동 감독의 〈맨〉을 작업했고, 이어서 〈체인지〉(이진석, 1996), 〈패자부활전〉(이광훈, 1997), 그리고 〈퇴마록〉을 작업했다. 〈쥬라기 공원〉의 DTS가 1993년임을 감안하면 한국영화의 디지털 사운드 도입은 결코 늦은 것이 아니다. 다만 앞의 영화들은 주로 코미디, 멜로영화였기 때문에 사운드 이펙트가 부각되는 작품은 아니었고, 〈퇴마록〉에서 시각효과와 결합되면서 디지털 사운드의 강점이 드러나기 시작했다. 월향검이 하늘을 나는 장면, 대규모 폭발, TV에서 튀어나온 반투명 크리처가 움직이며 내는 액체 느낌의 사운드 이펙트와 폴리foley*가 관객들에게 신선한 자극을 주었다.

그러나 〈퇴마록〉의 서울 개봉관 중 DTS 5.1 사운드를 제대로 구현한 극장은 씨넥스와 강남의 씨티극장 정도였고, 나머지는 아날로그 돌비서라운드 프린트로 상영했다. 일부 영화광들을 제외하고는 영화 사운드의 질까지 따져 가며 영화를 관람하던 관객이 드물던 시절이었지만 DTS 사운드의 우수성은 화제가 되었다. 2000년대 들어 할리우드 영화의 디지털 사운드 표준이 돌비디지털로 정착되고, 영화 프린트도 디지털 프린트DCP:digital cinema package**로 보편화되면서 결국 개봉관들이 모두 디지털 사운드 시스템을 도입하게 된다. 특히 1998년 CGV 강변 11이 개관하면서 멀티플렉스

---

* 실감 나는 영상 표현을 위해 소도구와 장비를 이용해 효과음을 만들어 내는 것.
** 디지털로 제작된 콘텐츠를 극장용 상영 포맷으로 변환하는 작업을 DCP라고 한다. 현재 극장 상영은 모두 DCP 소스로 이루어진다.

시대가 열리자, 모든 상영관이 장비를 신설 또는 변경하면서 2000년 이후로 시네마 사운드의 디지털 전환은 더욱 속도를 내게 된다. 그렇게 지금은 촬영부터 상영까지 전 과정이 디지털화되었다.

디지털이라는 고속열차에 가장 빨리 올라탄 한국영화

1990~2000년대 초에 걸쳐 한국영화는 괄목할 만한 성장을 이루었다. 수시로 나오는 천만 흥행영화로 '천만클럽'이라는 신조어가 생기고, 1인당 연간 영화 관람 횟수는 세계 최고 수준을 기록했다. 시장규모도 커져서 팬데믹 이전에는 글로벌 6~7위의 매출액까지 도달했다. 비록 팬데믹으로 영화계 전반에서 어려움을 호소했지만, 2021년에는 〈오징어게임〉 같은 작품이 의외의 대성공을 거두기도 했다. OTT 시리즈 〈오징어게임〉은 감독과 제작진이 모두 영화인이란 점에서 한국영화의 확장으로 볼 여지도 있다. 이 밖에 〈기생충〉(봉준호, 2019), 〈미나리〉(리 아이작 정, 2020), 〈파친코〉(코고나다·저스틴 전, 2022), 〈헤어질 결심〉(박찬욱, 2022) 같은 한국영화나 한국계 영화인의 작품이 세계영화계에 미친 영향력을 언급하는 것은 이제 진부할 지경이다.

디지털 영화로의 전환도 한국이 세계에서 가장 빨랐다. 아날로그의 맨 뒷자리에서 세계영화계의 변방에 머물던 한국영화는 지난 30년간 디지털시네마라는 고속열차에 탑승하면서 괄목할 만한 성장을 이루었다. 원천기술은 일본이나 미국에서 개발되었지만 그것을 본격적으로 사용한 것은 한국의 영화인들이었다. RED의 도입 이후 한국영화는 대부분의 영화를 디지털로 촬영했고, 나중에 전통의 카메라 명가 아리Arri가 디지털카메라 알렉사Alexa 시리즈를 개발하자 한국의 감독과 촬영감독은 삽시간에 레드를 내려놓고 아리 카메라를 사용했다. 알렉사는 기종도 다양해서 35mm 센서, 65mm 센서, IMAX 센서를 부착한 카메라를 골고루 내놓아 필름 시절에 대응하는 라인업을 갖추었다. 현재는 방송드라마와 영화 모두 알렉사를 사용하고 있어서 적어도 촬영본을 기준으로 화질에는 TV 드라마와 영화의 차이가 없어졌다. 디지털 영사기와 디지털 프린트를 미국이나 일본보다 앞장서 상용화한 것도 한국이었다. 디지털 정보혁명이 한국 사회를 바꾸었듯 영화계도 변모시켰다. 그러면서 영화계 내에서도 사라지는 업종이 있는가 하면, 새로운 직종이 생겨나기도 했다. 필름현상소와 색보정 기사가 사라졌고, 촬영부 막내가 하던 필름 교체와 보관은 디지털 데이터 매니저가 담당하게 되었다.

물론 한국영화의 발전이 기술적 요인에만 있었던 것은 아니다. 한국영화에 대한 관객의 성원, 영화계에 유입된 뛰어난 인재들, 지원하되 간섭하지 않는다는 영화진흥정책, 멀티플렉스 영화관으로 쾌적한 관람 환경이 만들어진 점 등이 복합적으로 작용했다고 보는 게 옳다. 그럼에도 불구하고, 아무것도 없고 아무도 모르던 당시에 컴퓨터그래픽을 시도한 영화인들의 도전 정신이 없었다면 한국영화의 오늘은 사뭇 달라졌을 것이다.

미주

1 한국영상자료원에서 덱스터 스튜디오 10주년 기획전으로 마련한 〈[VFX 탐구영역 × 덱스터 스튜디오 10주년] "퇴마록"부터 "승리호"까지〉에서 진행된 덱스터 스튜디오 강종익 대표와의 인터뷰 발췌. 한국영상자료원 유튜브 계정 https://www.youtube.com/watch?v=E9Xnu94Lr2g(업로드일: 2021.12.11.)

2 손승현(웨스트월드 대표이사), 필자 대면 인터뷰, 2019년 9월 9일.

3 《쥬라기…》 같은 SFX영화 만든다, 《조선일보》, 1993년 10월 22일.

4 〈컴퓨터그래픽으로 한국미 형상화〉, 《조선일보》, 1994년 1월 8일.

5 신철(영화제작사 신씨네 대표), 필자 대면 인터뷰, 2017년 6월 3일.

6 박관우, 필자 대면 인터뷰, 2022년 7월 6일.

7 박관우, 필자 대면 인터뷰, 2022년 7월 6일.

8 〈은행나무 침대〉와 〈퇴마록〉의 VFX에 관한 자세한 내용은 김익상·김승경, 〈한국영화 디지털 VFX의 시작: 〈퇴마록〉을 중심으로〉, 《문학과 영상》 vol.20, no.3, 2019, 465~490쪽 참고.

9 손승현, 필자 대면 인터뷰, 2019년 9월 9일.

10 장성호(모팩스튜디오 대표), 전화 인터뷰, 2022년 6월 28일.

11 김익상·김승경, 〈한국영화 디지털 VFX의 시작: 〈퇴마록〉을 중심으로〉, 《문학과 영상》 20권 3호, 2019, 479쪽.

12 박현철(촬영감독), 전화 인터뷰, 2022년 7월 24일.

화보

사진으로 보는
1990년대 한국영화의 순간들

| 이수연 |

1990

1990년 6월 9일 단성사에서 개봉한 〈장군의 아들〉(임권택, 1990)은 11월 30일까지 175 일간 총 관객 수 67만 8,946명을 동원하여 1990년 한국영화 흥행 순위 1위에 올랐다. 미국영화 직배로 어지러운 한국영화계에 〈장군의 아들〉의 흥행은 반가운 소식이 아 닐 수 없었다.

1990년 8월 20일~9월 16일까지 러시아(당시 '소련') 모스크바에서 한국영화주간 행사가 개최되었다. 1988년 올림픽의 기운을 타고 소련의 영화인들이 내한한 것을 시작으로 1989년에는 〈아제아제 바라아제〉(임권택, 1989)가 모스크바국제영화제에서 여우주연상(강수연)을 수상했으며, 1990년에는 모스크바·타슈켄트·알마티 3개 지역 영화제에서 한국영화주간 행사가 열리는 등 공산권 국가와의 문화 교류가 활발하게 진행되었다.

1990년 12월 8일 UIP의 직배를 저지하기 위해 〈사랑과 영혼〉(제리 주커, 1990)이 상영되고 있는 서울극장 앞에 영화인들이 모였다.

1991년 4월 17일 남양주종합촬영소 기공식이 개최되었다. 남양주시 132만 3,113제곱 미터 부지에 건설된 이 촬영소에는 영화 촬영을 위한 실내 스튜디오, 야외 세트, 녹음실, 소품실과 의상실 등이 설계되었다.

1992

1992년 7월 4일 피카디리에서 개봉한 〈결혼이야기〉(김의석, 1992)는 제작 당시 전문 프로듀서 시스템 · 제작 분야별 독립책임제를 도입하여 화제가 되었다. 투자 · 배급과 기획 · 제작을 분리하여, 투자사인 익영영화사(피카디리극장에서 설립한 영화사)는 자본금과 배급망을, 신씨네는 기획부터 제작까지를 담당하였다.

1993년 4월 10일 단성사에서 〈서편제〉(임권택, 1993)가 개봉했다. 개봉 초기부터 관객들의 입소문을 타며 흥행 열기를 이어 간 〈서편제〉는 그해 10월부터 서울 시내 7개 극장에서 연계상영되기 시작했다. 〈서편제〉는 12월 3일 종영(씨네하우스)되기까지 총 238일 동안 서울 지역 기준 103만 5,741명의 관객을 동원했는데, 이 기록은 역대 한국영화 흥행사상 최다 관객 수였다. | 사진 제공: 부산영화체험박물관

1993년 여름 대한민국은 대전에서 개최된 세계박람회의 열기로 뜨거웠다. 박람회 프로그램 중 하나로 '엑스포93 국제영화제'(9월 5~17일)가 개최되어 전 세계 18개국 다큐멘터리를 비롯한 영화 30여 편이 하루 2회씩 상영되었다. 국내 작품으로는 〈서편제〉, 〈화엄경〉(장선우, 1993), 〈우리들의 일그러진 영웅〉(박종원, 1992) 등 극영화 3편과 문화영화 〈도편수〉(김항원 · 김성민, 1992), 〈한국의 시제〉가 선정되었다.

문화체육부가 한국영화의 부진을 이유로 국산영화 의무상영일수를 기존 146일에서 106일로 단축하겠다고 밝히자, 이에 반발한 영화인들이 1993년 10월 24일 '스크린쿼터 사수를 위한 범영화인 비상대책위원회'를 결성했다.

1994

1994년 1월 29일, 미국영화 직배에 조직적으로 대항하고자 국내 영화사 대표들을 중심으로 '한국영화제작자협회'가 발족했다. 사진은 같은 해 2월 28일에 개최된 창립대회의 모습이다.

1994년 3월 28일, 영화진흥공사 부설 한국영화아카데미가 10주년을 맞이했다. 10주년 기념행사는 제11회 입학식과 함께 진행되었는데, 사진에서 11기 입학생 중 봉준호 감독(오른쪽 끝)의 모습도 볼 수 있다.

'94칸느 영화제 대상 수상작
「펄프 픽션」감독 기자회견

1994년 8월 30일, 칸국제영화제 황금종려상 수상 작품 〈펄프 픽션〉(쿠엔틴 타란티노, 1994)의 국내 개봉을 기념하여 쿠엔틴 타란티노 감독이 내한했다. 1994년에는 유독 해외 영화인들이 한국을 많이 찾았다. 2월에는 중국 5세대 감독 중 한 명인 첸 카이 거가, 4월에는 재일교포 감독 최양일이 한국을 방문했다.

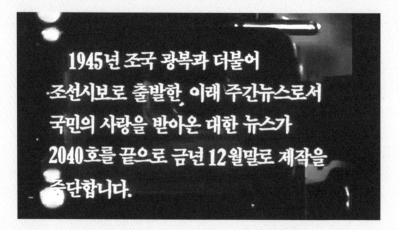

1945년 조국 광복과 더불어 조선시보로 출발한 이래 주간뉴스로서 국민의 사랑을 받아온 대한 뉴스가 2040호를 끝으로 금년 12월말로 제작을 중단합니다.

TV가 전국적으로 보급되어 더 이상 뉴스영화를 국가 주도로 제작할 필요가 없어지면서 1994년 12월 2040호를 마지막으로 〈대한뉴스〉 제작이 중단되었다. | 사진 출처: e-역사영상관

1995년 3월 7일, 영화인들이 일본영화 수입에 반대하며 당시 〈가정교사〉(이즈미 세이지, 1993)가 상영 중이던 국도극장부터 가두 행진을 했다. 〈가정교사〉는 미·일 합작영화로 공연윤리위원회에서는 이 영화를 '미국영화'로 판단하여 상영을 허가했다. 그러나 일본문화 개방을 우려하던 국내 여론은 이 영화를 '미국영화로 위장한 일본영화'라고 비난했다. 게다가 뒤이어 〈장군 마에다〉(골든 헤슬러, 1991)까지 상영이 결정되자 반발 여론은 더욱 거세어졌고, 이에 책임을 지고 당시 공연윤리위원회 위원장 김동호가 사퇴를 표하기에 이르렀다. 이러한 일련의 사건이 추후 '일본대중문화 개방'의 초석이 될 거라고 우려한 영화인들은 '일본영화 수입저지 범영화인 투쟁위원회'를 결성하고, 거리로 나와 시위를 하는 등 직접 행동에 나섰다. | 사진 출처: 《동아일보》, 1995년 3월 8일자

1995년 3월 8일, 멀티미디어 시대를 맞아 영상산업을 21세기 전략산업으로 집중 육성하겠다는 기치 하에 한국예술종합학교 영상원이 개원했다. 영상원은 개원 첫해 최민(원장), 김소영(영화이론), 오명훈(영화제작), 홍순철(방송제작), 정진홍(커뮤니케이션이론), 김형수(영상디자인) 등 6명의 교수진을 임용하고, 46명의 학생을 입학시켰다.

1995년 4월 26일, 〈가을의 전설〉(에드워드 즈윅, 1994)을 상영 중이던 대한극장에서 일련번호가 같은 입장권 2장이 발견되어 파문이 일었다. 이에 한국영화제작가협회는 기자회견을 갖고 현행 극장 입장권의 양식과 내용이 통일되어 있지 않고, 공연신고 관리 체계가 허술하다는 등의 문제점을 지적하면서 입장권 발매 및 흥행 통계의 전산화를 요구했다. | 사진 출처: MBC 〈뉴스데스크〉 1995년 4월 26일 방송 화면

1995년 8월 11일부터 13일까지 한국종합전시장 COEX에서 문화체육부 주관, 동아일보사 후원, 한국애니메이션제작자협회 주관으로 제1회 서울국제만화페스티벌SICAF이 개최되었다.

1995년 11월 11일, 대학로 동숭씨네마텍 2관이 새롭게 단장하고 예술영화전용관으로
개관했다. 이 극장은 영화사 백두대간(대표 이광모)과 동숭아트센터(대표 김옥랑)가 공
동운영했다. 개관 첫 작품으로는 〈천국보다 낯선〉(짐 자무시, 1984)이 상영되었다.

1995년 11월 13일, 조선일보사와 CJ(당시 제일제당)의 초청으로 미국의 영화감독 스티븐 스필버그와 드림웍스 CEO 제프리 카젠버그가 내한했다. 1993년 삼성과 분리를 선언한 CJ는 1995년 4월 드림웍스와 3억 원의 투자계약을 맺으며 삼성보다 먼저 영화산업에 뛰어들었다. 이전부터 영화산업에 뛰어들고자 발판을 닦고 있던 삼성 역시 같은 해 7월 '삼성영상사업단'을 설립하며 본격적인 영화산업 진출을 알렸다.

1996

1996년 9월 13일, 국내에서 최초로 개최한 국제영화제인 제1회 부산국제영화제가 부산 수영만 요트경기장 야외극장에서 막을 올렸다. 제1회 개막작으로는 마이크 리 감독의 영화 〈비밀과 거짓말〉(1996)이 상영되었다. 부산국제영화제는 9월 21일 역시 수영만 요트경기장에서 열린 폐막식까지 장장 9일간 화려한 행사와 국내외 게스트, 그리고 새로운 영화들로 가득 채워졌다. | 사진 제공·부산국제영화제

1996년 10월 12일, 서울 명동성당 앞에서 "영상물에 대한 검열 철폐"를 주장하며 〈파업전야〉(이은기·이재구·장동홍·장윤현, 1990)의 거리상영회가 열렸다. 같은 해 6월 14일 '푸른영상' 대표 김동원 감독이 「음반 및 비디오에 관한 법률」(음비법) 위반 혐의로 긴급구속된 이후 영화에 대한 표현의 자유를 지키기 위해 푸른영상을 비롯한 6개 독립영화단체와 방송개혁시민연대, 방송단일노조추진위원회, 민주언론운동협의회 등이 '표현의 자유 쟁취와 영상 관련 악법폐지를 위한 대책위원회'(공동대표 이장호·이충직·김용태)를 결성했다. 앞서 10월 4일에 헌법재판소가 「영화법」 제12조와 13조 1항(공연윤리위원회 사전심의 규정)이 위헌이라는 결정을 내렸는데, 이에 대책위는 '영화 검열 위헌결정 환영 및 표현의 자유 완전 쟁취를 위한 결의대회'를 열고 〈파업전야〉를 특별상영했다. | 사진 출처: 《한겨레》, 1996년 10월 12일자

1997

1997년 4월 11일부터 17일까지 "여성의 눈으로 세상을 보자"는 캐치프레이즈 아래 제 1회 서울여성영화제가 개최되었다. '새로운 물결', '아·태 영화', '한국영화', '쟁점', '딥 포커스', '단편영화 및 비디오 경선' 등 6개 부문으로 나누어 29편의 초청 영화와 단편영화 및 비디오 경선 본선 진출작 10편 등 총 39편이 상영되었으며, 3회까지는 2년을 주기로 개최되었다. 사진은 같은 해 3월 4일에 열린 공표식 모습.

1997년 6월 28일, 종로구 낙원상가에 위치한 허리우드극장에 한국영화만을 상영하는 '한국영화전용관'이 신설되었다. 허리우드극장은 레드·그린·블루 3개관을 갖춘 복합상영관으로, 그중 300석 규모의 블루관이 한국영화전용관으로 운영되었다.

1997년 8월 29일부터 9월 5일까지 제1회 부천국제판타스틱영화제(조직위원장 이해선)가 개최
되었다. 부천 시민회관에서 열린 개막식에는 영화계 인사들과 부천 시민들이 참석하여 개막작
인 조르주 멜리에스의 〈달세계 여행〉(1902)을 감상했다.

1997년 11월 5일, 경기도 남
양주시 서울종합촬영소의
그랜드 오픈식이 열렸다.
1991년 4월 공사를 시작하여
6년 7개월 만에 완공되었다.

1997년 10월 6일, 제42회 아시아태평양영화제가 제주에서 개최되었다. 아시아 · 태평양 지역 10여 개 국가 대표단 390명이 참여한 이 영화제에서 당시 해외 영화제에서 주목을 받던 대만, 일본, 한국의 영화들이 최우수감독상과 작품상, 남 · 여우주연상 등을 두고 치열한 경쟁을 벌였다. 대만 창치융 감독의 〈그런 인생〉이 최우수작품상을, 〈우나기〉(1997)의 이마무라 쇼헤이 감독이 최우수감독상을 수상했으며, 〈첨밀밀〉(진가신, 1997)의 장만옥이 최우수여우주연상을 수상했다. 신인감독상에는 〈돼지가 우물에 빠진 날〉(1996)로 데뷔한 홍상수가 수상의 영예를 안았다. | 사진 출처: KBS 〈뉴스9〉 1997년 10월 6일 방송 화면

1998

1998년 2월 5일, 자택에서 일어난 화재로 김기영 감독과 부인 김유봉이 별세하였다. 1997년 국내외 각종 영화제에서 그의 작품이 새롭게 주목을 받고 있던 터에 일어난 사고라 더욱더 많은 이들을 안타깝게 했다. 1998년에는 1월 유영길 촬영감독이 〈8월의 크리스마스〉(허진호, 1998)를 마지막으로 별세했고, 3월에는 일제강점기부터 활동한 배우 겸 감독 전택이, 6월에는 배우 김진규가 타계하였다. | 사진 출처:《씨네21》

1998년 4월 4일, 국내 최초의 멀티플렉스 극장 'CGV 강변 11'이 개관했다. 서울 지하철 2호선 강변역 인근(현재의 테크노마트)에 세워진 CGV 강변 11은 극장 내 11개 관을 갖추고 있었으며, 대형 쇼핑몰 안에 위치하여 영화 관람과 함께 대규모 주차시설, 할인매장, 게임센터 등을 이용할 수 있었다.

1998년 7월 10일, 문화관광부에서 '국산만화 TV 의무 편성 비율'을 고시했다. 이에 따르면 공영방송은 매주 50분(25퍼센트), 민영방송은 30분(15퍼센트) 이상 국산 만화 영화를 의무 편성해야 했다. 이미 국내 TV 방영 애니메이션 중 90퍼센트가 일본 애니메이션인 데다가, 곧 본격적인 일본 대중문화 개방을 앞둔 시점에서 국산 애니메이션 산업을 보호하기 위한 대비책이었다. 그러나 국산 애니메이션 제작 비용보다 일본 애니메이션 수입 비용이 더 저렴했기 때문에, 이 시책은 그다지 실효성이 없었다. 그럼에도 본 시책이 발표된 1998년에는 한국 TV 애니메이션 〈스피드왕 번개〉(성백엽, 1998)(위 사진)와 6년 만에 후속 시리즈를 낸 〈날아라 슈퍼보드 4〉(송정율, 1998)가, 이듬해에는 〈검정고무신〉(송정율 외, 1999)이 제작·방영되어 어린이들에게 많은 인기를 얻는 등 국내 애니메이션 산업 내에서도 경쟁력을 높이려는 다양한 시도가 이루어졌다.

1998년 7월 30일, 국내 영화계 종사자들이 광화문 정부종합청사 앞에서 '스크린쿼터 사수 범영화인 궐기대회' 집회를 가진 후 종로3가 피카디리극장 앞까지 가두시위를 진행했다. 1988년 수입자유화 이후 계속해서 스크린쿼터제 유지를 주장했던 영화인들의 싸움은 1990년대 내내 이어졌다. 그러나 대규모 집회보다 스크린쿼터제 수호의 의의를 홍보하는 데 집중했던 영화인들은, "스크린쿼터제가 오히려 영화산업 기반을 흔들고 있다. 영화업계 위기를 극복하기 위해서라도 스크린쿼터를 풀어야 한다"는 당시 한덕수 통상교섭본부장의 발언(《조선일보》, 1998년 7월 23일자 기사)으로 다시 들끓기 시작했다. 이 발언이 있고 사흘 후인 7월 27일, 서울 남산 감독협회에서 '스크린쿼터 사수 범영화인 비상대책위' 결성식을 갖고 기자회견을 열어 한덕수 본부장의 사과와 한미투자협정 대상에서 영화를 제외시켜 줄 것을 요구했다. 그리고 30일 궐기대회를 기점으로 스크린쿼터 사수를 위한 영화인들의 본격적인 움직임이 다시 시작되었다. | 사진 출처: 《매일경제》, 1998년 7월 31일자

1998년 10월 20일, '98 문화의 날 기자회견에서 일본 대중문화의 단계적 개방 방침이 발표되었다. 이에 따라 4대 국제영화제에서 작품상과 감독상을 수상한 일본영화와 한일 공동제작 영화의 국내 상영이 즉시 허용되었다. 이외에도 비디오, 출판, 만화 중 일부가 즉시 개방 대상에 들어갔다. 일본 대중문화 개방에 대한 각계의 우려에도 불구하고 대중들은 대체로 긍정적으로 받아들였다. 이를 증명하듯 같은 해 9월 부산국제영화제에서 상영한 일본영화 13편의 표가 대부분 매진되었고, 관객들의 평가도 좋았다. 10월 초 《경향신문》에서 실시한 여론조사에 따르면, 일본 대중문화 수입 개방에 찬성한다는 의견이 무려 76퍼센트를 차지했다. 10월 20일 개방 발표 후 국내에 수입·상영된 제1호 일본영화는 기타노 다케시 감독의 〈하나비〉(1997)이다. 〈하나비〉는 12월 5일 피카디리를 비롯하여 서울 시내 20개 관에서 개봉하여 12월 18일까지 총 3만 7,771명의 관객을 동원했다. 사진은 〈하나비〉가 상영되던 피카디리극장 앞의 모습. | 사진 출처: 《조선일보》, 1998년 12월 7일자

1999년 1월 31일, 충무로에서 가장 수익률이 높은 3개 회사, 신씨네(대표 신철)·우노필름(대표 차승재)·명필름(대표 이은)이 공동 자금조달, 제작, 배급을 위한 연대 프로젝트 '섬SUM'을 발표했다. 당시는 1990년대 중반 대거 영화산업에 진출했던 국내 대기업들이 IMF 이후 하나둘 영화계를 떠나는 한편, 일신창투의 성공으로 벤처 금융자본이 영화계로 유입되는 상황이었다. 이에 세 명의 대표는 거대 영화 자본에 흔들리지 않는 안정적 영화 자본 개발을 위해, 합병이 아닌 3개사 각자의 개성을 살린 '협동조합'의 형식으로 협업함으로써 불필요한 경쟁을 지양하고 투자자들에게 선택의 폭을 넓혀 본질적인 영화산업의 체질 개선을 이루고자 했다. | 사진 출처: 《조선일보》, 1999년 2월 1일자

1999년 2월 13일 서울 28개, 전국 70개 관에서 〈쉬리〉(강제규, 1999)가 개봉했다. 〈쉬리〉는 한국영화사상 가장 단기간(3주)에 100만 관객을 돌파했고, 3월 6일 그때까지 한국영화 최고흥행작이었던 〈서편제〉(임권택, 1994)의 기록(서울 기준 103만 5,741명)을 경신했다. 이어 4월 10일에는 역대 영화 흥행 최고기록을 보유하고 있던 〈타이타닉〉(제임스 캐머런, 1997)의 기록(197만 1,780명)까지 깨며 200만 관객을 넘어섰고, 최종 결과 244만 8,399명(서울 기준)으로 한국영화와 외화를 통틀어 최고흥행작이 되었다. 〈쉬리〉의 흥행으로 '쉬리' 물고기 키우기와 주제가였던 'When I Dream'까지 인기를 끌 정도로 전국이 '쉬리 신드롬'에 휩싸였다. 사진은 〈쉬리〉가 상영 중이던 서울극장 앞의 모습. | 사진 출처 : 《한겨레》, 1999년 6월 9일자

1999년 6월 8일 영화진흥위원회(영진위)가 출범했다. 1999년 1월 7일 국회에서 새 「영화진흥법」이 통과되면서, 국가 주도의 통제적 성격이 강했던 영화진흥공사에서 한국영화 발전을 위한 정책 수립 및 지원을 주된 역할로 하는 영화진흥위원회 출범의 기초가 만들어졌다. 그러나 영진위 출범 전부터 위원 구성을 두고 논란이 일었다. 5월 28일 문화관광부는 위원장 신세길, 부위원장 문성근, 그 외 임권택·정지영·안정숙·조희문·채윤경·김우광·김지미·윤일봉을 위원으로 발표했다. 이에 김지미와 윤일봉이 위원직을 수락한 적 없다며 위원 구성에 법적 하자가 있다고 주장했다. 결국 사태 수습을 위해 위원장과 부위원장이 사퇴하고, 박종국 위원장·조희문 부위원장이 새로 지명되었다. 그러나 10월, 이번에는 영진위의 개혁성에 의문을 제기하며 정지영, 문성근, 안정숙 위원이 사퇴했다. 영진위와 문화부에 대한 비난의 목소리가 높아지자, 결국 12월 22일 박종국 위원장마저 자리에서 물러났다.

스크린쿼터 사수를 위한 영화인들의 투쟁은 1999년에도 계속되었다. 한미투자협정 과정에서 미국 측은 꾸준히 '스크린쿼터 폐지'를 주장했다. 이에 영화인들은 다양한 방식으로 스크린쿼터 사수 투쟁을 이어 갔다. 6월에 "2002년 이후 스크린쿼터의 단계적 축소안을 가지고 미국과 협상에 나선다"는 소식이 언론을 통해 전해지자, 영화인들은 다시 거리로 나섰다. 서울 광화문에서뿐만 아니라 부산의 영화인들도 스크린쿼터 사수 투쟁에 힘을 더했다. 당시 박지원 문화부장관은 영화인들의 반발을 잠재우기 위해 "현행 방침을 고수할 것"이라고 했지만, 다시 10월 6일 한덕수 통상교섭본부장이 "이행의무 금지원칙의 대상으로 정하되 예외로 인정하는 방식"으로 협상이 진행 중이라고 밝혀, 2000년에도 스크린쿼터 사수 투쟁이 계속될 것임이 예고되었다. 사진은 1999년 6월 18일 스크린쿼터 폐지 투쟁에 나선 영화인들의 모습.

1999년 8월 17일, 영상물등급위원회가 영화 〈거짓말〉(장선우, 1999)에 대해 3개월 등급 보류 판정을 내린 것에 대해 제작사인 신씨네가 기자회견을 열고 재심을 요구하겠 다고 발표했다. 1999년에는 2편의 영화가 연달아 등급보류 판정을 받아 논란이 되 었다. 3월 영화 〈노랑머리〉(김유민, 1999)가 영화등급심의가 생긴 이래 첫 등급보류 판 정을 받은 데 이어 7월에 다시 영화 〈거짓말〉이 등급보류 판정을 받은 것이다. 당시 〈거짓말〉은 모스크바·베니스·런던 등 해외 국제영화제에 초청을 받으며 큰 화제를 모았는데, 등급보류 판정을 받으면 국내에서 개봉조차 할 수 없었기에 더욱 논란이 컸다. 심의가 계속 미뤄지는 사이, 인터넷과 불법복제 비디오로 〈거짓말〉이 유통되 는 사태까지 벌어졌다. 결국 〈거짓말〉은 12월 29일에야 '18세 미만 관람불가' 등급으 로 심의를 통과하여 2000년 1월 개봉이 가능해졌지만, 개봉 연기와 불법유통으로 인 해 제작사 신씨네는 막대한 손해를 입었다.

2부

1990년대 한국영화산업의 빅뱅
: 영화제작자 14인의 인터뷰

강우석 강제규 김승범 김조광수 변영주 신 철 심재명
오기민 유인택 이 은 이춘연 장윤현 차승재 황기성

| 허남웅 |

1990년대 한국영화계는 그야말로 변화에, 변화에, 변화를 거듭한 '빅뱅'의 시대였다. 신세대 감성을 장착한 새로운 문법의 영화가 시장에 신선한 바람을 일으키면, 그 여운이 채 가시기도 전에 이전에는 볼 수 없었던 '때깔'의 수준 높은 작품이 연달아 뒤를 이었다. 한국영화에서 산업의 가능성을 본 대기업 자본이 유입되고, 그에 뒤질세라 금융자본 또한 한국영화에 적극적인 투자를 아끼지 않았다. 한편에서 과학적인 시장조사와 합리적인 제작 시스템을 전제로 한 기획영화가 선풍을 일으키는 동시에, 다른 한편에서는 프로듀서 출신의 제작자가 한국영화의 다양성을 이끌었다. 대기업은 영화사를 차리고 멀티플렉스를 곳곳에 세워 제작부터 배급까지 독과점하는 산업구조를 형성했다.

거짓말 같지만, 이 모든 게 1990년대의 짧은 10년 동안 벌어진 일이다. 아니, 역사적 사건이다. 최초의 한국영화 〈의리적 구토〉(김도산, 1919)가 1919년에 발표된 이래 한국영화사史에서 제작과

배급과 상영이 극도로 조직화되어 산업의 형태로 진입한 건 1990
년대의 빅뱅이 있었기에 가능했다. 한국영화라는 필드에 종사한
모두의 성과라고 해도 과언이 아닌 1990년대 변화의 중심에는 당
시 앞장서서 변화를 이끌어 낸 제작자와 투자자, 감독들이 존재한
다. 이들은 할리우드 영화 수입에 필요한 편수를 맞출 목적으로
관습적으로 한국영화를 만들고 작품의 질에는 신경 쓰지 않던 풍
조에 반기를 들었다. 이들은 한국영화의 수준을 높이려고 아이디
어를 짜고, 관객의 기대감을 충족하는 영화를 꾸준히 제작하고자
기존에는 없던 시스템을 고안했다.

2008년 중앙대학교 첨단영상대학원은 세계적 수준의 연구 인
력 양성을 목적으로 하는 국가 프로젝트 BK21 사업을 진행하며,
영화학과 주진숙 현現 명예교수의 주도 하에 한국영화산업을 선
두에서 이끈 17인을 인터뷰했다. 한국영상자료원은 2021년에 이
자료를 기증 받아 본 책의 2부에 활용했다. 자료에 등장하는 17인

중 15인의 인터뷰 대상자들의 답변을 부분 인용하였고, 특히 1990
년대 한국영화산업에서 빼놓을 수 없는 제작자와 투자자, 감독이
라 할 14인(강우석, 강제규, 김승범, 김조광수, 변영주, 신철, 심재명, 오
기민, 유인택, 이은, 이춘연, 장윤현, 차승재, 황기성-가나다순)에 관해서
는 당시 영화계 상황을 전하는 기사와 함께 더 상세하게 서술했
다. 이들이 어떻게 한국영화계에 입문하였는지, 한국영화산업의
지형도를 바꾼 영화를 만드는 과정에서 무슨 역할을 했는지 등의
질문에 대한 이들의 답변을 필터 삼아 1990년대의 한국영화계를
조망했다.

중앙대학교 첨단영상대학원 연구팀은 인터뷰 말미에 '한국영화
의 힘은 무엇이라고 생각합니까?', '다른 이가 만든 작품 중 관심
가는 영화는 무엇입니까?' 두 개의 공통 질문을 던졌다. 14인의 인
터뷰 대상자들은 전자에 대해서는 표현의 자유를 가능하게 한 민
주화의 도래, 우수한 인력의 충무로 유입, 기존에 없던 유통 질서

확립 등 다양하게 답변했다. 반면에 후자의 질문에는 하나같이 봉준호 감독의 〈살인의 추억〉(2003)이라고 답했다. 두 개의 질문과 답변은 실은 통하는 것이기도 하다. 새로운 시도를 가능하게 했던 숱한 산업의 변화 과정에서 성공과 실패를 반복하다 보면 결국 걸작이 나온다는 진리 말이다.

그것은 1990년대에만 유효한 것이 아니라 지금에도 통용되는 가치이다. 다시 말해, 앞서 언급한 14인을 나침반 삼아 1990년대 한국영화산업의 무수한 가능성의 길을 통과해 도착한 지점은 2022년 한국영화의 현재이다. 물론 이 14인 외의 다른 영화인으로 한국영화산업의 지형도를 그린다면 1990년대의 변화 과정은 또 다른 형태를 띨 것이다. 그처럼 1990년대는 전에 없었던 시도와 그에 따른 결과가 다양하게 제출된 시기이다. 1990년대가 없었다면 지금의 한국영화와 한국영화산업도 없었다는 건 자명하다. 1990년대는 한국영화와 산업을 이끈 르네상스의 출발점이다.

1990년대는 한국영화와 산업을
어떻게 변화시켰나*

1980년대를 떠나보낸 새로운 10년의 첫해, 그러니까 1990년을 맞이하는 한국영화계는 기대와 실망이 교차했다. 월간지《로드쇼》는 1990년 1월호에 1990년의 한국영화를 전망하는 리포트를 중요하게 배치했다. 〈1990년, 한국영화는 전진한다〉는 제목의 기사를 통해 '이제 새롭게 시작하는 한국영화는 어디로 갈 것인가?'라는 질문형의 첫 문장으로 한국영화의 현재를 진단하고 미래를 점쳤다.

공연윤리위원회의 가위질로 수난을 겪은 박종원 감독의 〈구로아리랑〉(1989) 스틸을 헤드 이미지로 실은 이 기사는 암울했던 1989년의 한국영화계를 함축해서 보여 준다. 이 글을 쓴 당시 정성일 차장은 "1989년 한국영화는 아무것도 잘되어 가지 않았다"고 전제하면서 "새로운 바람은 바로 여기서부터 출발한다"고 1990년대 한국영화의 '전진'에 기대를 드러냈다. 그 근거로 "90년대에 데뷔하는 감독들은 우선 새롭다. 그들은 어떤 의미에서 주제와 스타일의 문제, 그리고 화면과 공간의 문제를 지금까지 한국영화와는 전혀 다르게 해석하는 첫 번째 세대들인지도 모른다"고 쓰고 있다.

....

* 본문에 언급한 흥행 관련 수치는 별도 표기가 없는 경우 '영화관입장권통합전산망' 참조.
중앙대학교 첨단영상대학원 프로젝트 〈한국영화, 열정을 말하다〉의 인터뷰 영상에서
발췌한 인용문은 밑줄로 표기했다.

그의 전망처럼, 2년 후 한국영화는 할리우드 직배 영화에 맞서 고전했지만, 신세대 감독의 출현과 그들의 새로운 시도로 한국영화를 향한 관객의 인식 변화를 모색했다. 월간지《스크린》은 1992년 3월호에서 지난 2년간의 한국영화를 결산하는 기사에 〈영화시장은 후퇴, 새로운 시도는 전진〉이라는 제목을 붙였다. 송용덕 기자는 1990년과 1991년을 구분해 한국영화 시장을 분석하면서 각각 '막대한 물량과 작가정신의 발표', '대작과 해외 로케이션 범람'이라는 소제목으로 그해의 경향을 압축했다.

1990년 부분에서는 "17편의 한국영화가 제작되었지만, 3.3 퍼센트의 관객 감소와 더불어 방화 관객은 더욱 감소한 추세를 나타내었다"고 한국영화의 현실을 냉정하게 짚었다. 그런 후 정지영 감독의 〈남부군〉, 임권택 감독의 〈장군의 아들〉 등과 같은 대작과 박광수 감독의 〈그들도 우리처럼〉, 장선우 감독의 〈우묵배미의 사랑〉(1990), 배창호 감독의 〈꿈〉 등 예술성이 돋보이는 작품을 언급하며 "1990년은 막대한 물량과 투철한 작가정신이 돋보였던 한 해였다"고 마무리한다.

1991년과 관련해서는 "주먹세계의 영화, 순애보적 사랑, 통일지향적 작품들, 이데올로기물, 월남전, 복고적 낭만주의의 영화 등 흥행 10위까지를 살펴보아도 모두가 다를 정도로 다양한 소재를 다루고 있다"면서 이명세 감독의 〈나의 사랑, 나의 신부〉, 장길수 감독의 〈은마는 오지 않는다〉, 강우석 감독의 〈누가 용의 발톱을 보았는가〉 등을 짚었다. 그러면서도 기획 영화의 부재에 아쉬움을 드러내며 "여름방학을 겨냥한 비슷한 기획의 영화들이 대실패를 기록, 충무로의 기획 부재에 대한 아픈 반성의 기회를 만들기도 했다"고 분발을 촉구했다.

여기서 주목할 만한 대목은 에로영화가 줄었다고 한 분석이다. "1991년은 그 어느 해보다도 다양한 소재들이 흥행 순위에 들었고 비디오용 에로영화가 크게 쇠퇴함에 따라 에로영화가 많이 줄어들었다는 점이 특색이다." 실제로 1980년대 중반까지 한국영화는 전두환 정권의 3S(sports, sex, screen) 정책에 발맞춰 다양한(?) 에로물을 양산하며 한국 관객에게 자국 영화에 관한 이미지를 좋지 않게 각인시켰다.

그도 그럴 것이 1980년대 중반까지만 해도 한국의 영화사는 영화 수입과 제작을 병행했다. 당시 영화법은 한국영화 4편을 제작하면 외화를 수입할 수 있는 쿼터를 부여했다. 외화, 그중 흥행이 보장된 할리우드 영화의 개봉은 수익과 직결됐던 까닭에 영화사들은 외화 수입쿼터를 얻고자 의무적으로 한국영화를 제작했다. 제작비는 많이 들이지 않으면서 짭짤한 흥행 수익을 얻을 수 있는 장르가 에로물이었기 때문에, 많은 영화사들이 관객의 말초신경을 자극하는 데에 신경 썼다. 그래서 잘 만든 할리우드 영화를 일컫는 '외화'의 반대 개념으로 자국에서 만든 영화라는 뜻의 '방화邦畵'로 불리며 한국영화의 이미지를 깎아 먹었다.

계보가 생기다
: 기획영화의 출발

1985년 9월 제5차 영화법 개정에 따라 외화 수입이 자유화되고, 제작사를 차리면 누구라도 영화를 만들 수 있는 환경이 조성되면서 한국영화계도 변화를 모색했다. 이후 가장 먼저 생긴 영화사는 '(주)황기성사단'이었다. 1960년대 후반부터 제작·기획에 참여하여 제작자로 22편, 기획자로 55편(KMDb 참조)의 필모그래프를 남긴 황기성은 "성性과 폭력을 지나치게 상품화하는 작품은 나 스스로 피했어요"라고 확고한 제작 철학을 밝힌다. 처음 기획자로 참여한 〈마지막 요일〉(1967)부터 제작자로 마지막 작품이 된 〈후궁: 제왕의 첩〉(2011)까지, 그처럼 오랜 기간 제작자와 기획자로 한국영화계에 투신한 사람은 찾을 수가 없다.

영화라는 단어, 도구를 가지고 지나치게 예술적으로 가는 거를 원하지 않았어요. 그렇다고 지나치게 상업화하는 것도 바라지 않았고요. 많은 사람에게 재밌고, 아름다운 이야기를 전달하는 영화를 만들고 싶다, 이게 황기성사단이 지향하는 부분이었죠.

황기성이 제작·기획한 영화들은 작품성과 상업성이 균형을 맞춘 경우가 많았다. 배창호의 〈고래사냥〉(1984)과 〈고래사냥 2〉(1985), 고등학교 입시생 영화의 유행을 불러온 〈행복은 성적순이 아니잖아요〉(강우석, 1989), 한석규의 1990년대 영화 흥행

불패의 시발점이 된 〈닥터봉〉(이광훈, 1995) 등은 한국영화사의 중요한 작품들일뿐더러 관객의 기억에 오래 남은 영화들이다.

에로물이 범람하는 시대에도 황기성은 조류에 휩쓸리지 않았다. 한국영화가 할리우드에 맞서 경쟁력을 갖출 수 있는 작품이 되도록 노력했다. 영화의 마케팅과 관련해 황기성이 많은 의견을 구했던 심재명 현재 명필름 대표의 말이다.

황기성 대표님께서 얼마나 많은 수의 영화감독을 가지고 있느냐가 아니라 얼마나 훌륭한 영화감독을 보유하고 있느냐가 그 나라 영화산업의 경쟁력이라는 말씀을 하셨어요.

심재명의 발언을 참고해 황기성의 롱런 비결을 밝힌다면, 바로 훌륭한 영화감독과 끊임없이 작업한 덕이다. 김수용 감

황기성 黃奇性(1941~)

"영화는 최고의 자본주의 문화거든. 산업으로 영화를 해석할 줄 아는 프로듀서가 꼭 있어야 해요."

감독이 되고 싶어 영화에 대한 모든 것을 습득하고자 무작정 신상옥 감독이 운영하는 신필름에 들어갔다. 그에게 누구보다 먼저 영화화될 만한 작품을 알아보는 재능이 있음을 눈치 챈 신상옥 감독이 20대 중반 나이의 그를 기획실장으로 발탁했다. 이후 '태창흥업'의 기획상무, '화천공사'의 기획전무를 거쳐 제작자가 되었다. 제작자로 처음 기획한 영화는 〈고래사냥〉이었다. 하지만 당시의 영화법 때문에 제작사가 허가를 받지 못해 '(주)삼영필림'의 쿼터를 받아 제작했다. 이후 〈고래사냥〉의 흥행을 발판으로 영화법 개정을 요구하였으며, '(주)황기성사단'을 설립할 수 있었다. 황기성사단은 창립 작품으로 〈어미〉(박철수, 1985)를 만들었다. 그는 1960년대 중반에 영화계에 들어와 2010년대 초반까지 50년 넘게 현역 제작자로 활동했다. 젊은 인력을 등용하고 적극적으로 소통한 것이 비결이었다. 〈접시꽃 당신〉(박철수, 1988), 〈행복은 성적순이 아니잖아요〉, 〈닥터봉〉 등이 대표작으로 남아 있다.

독과는 〈화려한 외출〉(1977)과 〈야행〉(1977)을, 유현목 감독과는 〈다함께 부르고 싶은 노래〉(1979)를, 임권택 감독과는 〈족보〉(1978)와 〈만다라〉(1981)를, 이장호 감독과는 〈어둠의 자식들〉(1981)과 〈낮은데로 임하소서〉(1982)를, 장선우 감독과는 〈성공시대〉(1988)를 함께했다.

또 한 명을 꼽자면, 〈행복은 성적순이 아니잖아요〉, 〈나는 날마다 일어선다〉(1990)의 강우석 감독이다. 강우석은 〈행복은 성적순이 아니잖아요〉를 함께했던 황기성사단을 이렇게 평가했다.

아이들이 공부 때문에 자살하는 일로 굉장히 사회문제가 됐어요. 이를 반영한 〈행복은 성적순이 아니잖아요〉는 연극무대에 먼저 올랐던 작품입니다. 그걸 영화로 옮기자는 아이디어를 냈죠. 그런 측면에서 보면 영화는 만드는 감독도 중요하지만, 누굴 대상으로 어떻게 만들 것인가를 기획하고 프로듀싱하는 역할도 무시할 수 없죠. 그런 제작자와 프로듀서의 존재가 한국영화를 산업적으로 한 차원 높이 끌어올린 거죠.

산업은 시스템을 말한다. 시스템은 공정 과정을 세분화하여 투여한 자본의 손실을 최소화하고 최대의 이윤을 추구한다. 그러기 위해서는 상정한 목표 하에 분야별로 가장 적합한 전문가를 찾아내어 역할을 부여하고, 그들이 최대한 능력을 발휘할 수 있는 환경을 조성해야 한다. 영화라는 제작 과정에서 이와 같은 시스템을 이끄는 것이 프로듀서의 역할이다. 1990년대 초반까지만 해도 한국영화계에는 프로듀서의 역할이 기획자와 혼동되어 마구잡이로 쓰였다. 이와 관련해서는 《로드쇼》의 1993년 6월호 〈충무로 이슈 대담〉에 참여한 당시 신씨네의 기획실장이자 현재 영화사 봄의 대표를 맡고 있는 오정완의 인터뷰 내용을 주목할 만하다.

"기획이라는 용어의 재검토가 필요합니다. '기획'은 일본식 용어로, 전문적인 영역을 표현하는 데에는 무리가 있다고 봅니다. 그래서 저희 신씨네 같은 경우는 할리우드식 용어인 PD 개념을 도입했습니다. PD는 프리프로덕션, 프로덕션, 포스트프로덕션으로 이어지는 영화제작의 전 과정을 컨트롤하는 사람으로 정의될 수 있습니다."

황기성이 정의하는 프로듀서producer의 역할도 오정완이 말하는 바와 맥락을 공유한다.

프로듀서는 영화의 경영자입니다. 작품을 놓고 감독과 대화할 때 뒤쳐지면 안 되고, 감독이 하자는 대로 따라가서도 안 됩니다. 배급업자와 만날 때에는 영업 담당자 이상의 능력도 갖춰야 해요. 프로듀서는 작가 이상의 작가, 상인 이상의 상인이 되어야 합니다.

프로듀서 개념이 자리잡기 시작하고 합리적인 시스템과 과학적인 시장조사를 바탕으로 한 영화들이 흥행에 성공하면서 주목받은 용어가 '기획영화'이다. 《스크린》은 1992년 12월호에서 〈1992년 한국영화계의 수확, 기획영화 A to Z〉를 특집으로 다루면서 기획영화를 다음과 같이 정의했다. "'감'에 의존하는 기존의 구습을 버리고 아이디어에서부터 광고까지 철저히 세분화, 전문화하는 영화를 지칭한다."《로드쇼》역시 1992년 9월호를 통해 "바야흐로 영화는 '기획'으로 승부하는 시대, 한국영화계가 전반적인 위기의식에 휩싸인 92년 여름 시즌에 메이저 할리우드 영화들과 겨루어 성공한 〈결혼이야기〉(김의석, 1992)는 바로 기획력의 승리를 증명하는 좋은 예가 될 것"이라면서 기획영화에 주목했다.

언론은 프로듀서의 역할이 중요해진 〈결혼이야기〉를 기획영화의 효시로 꼽지만, 그러한 분위기를 조성하고 씨를 뿌린 사람은 황기성이었다. 황기성은 황기성사단의 창립작 〈어미〉를 준비하면서 기획 개념으로 영화의 꼴을 완성해 갔다.

《주간중앙》이라는 주간지를 보니까, 어떤 회사원이 출장을 부산으로 갔는데 사창가에서 자기 옆집에 살던 소녀를 만나서 깜짝 놀란 거야. 그 충격으로 그 조직을 폭로한 거야. 읽고 깜짝 놀랐죠. 이거다. 영화로 만들어야겠다. 방송작가 김수현을 찾아갔어요. 김수현과 이야기를 나누면서 '유괴범에게 납치당한 딸을 경찰도 해결하지 못해 구하러 나선 엄마'의 콘셉트로 영화를 기획했어요.

〈어미〉는 대종상영화제에서 작품상을 받는 등 평가가 좋았다. 황기성사단은 이 영화를 연출한 박철수 감독과 〈안개기둥〉(1986), 〈접시꽃 당신〉 등의 작업을 이어 가다가 〈행복은 성적순이 아니잖아요〉로 장르의 결도, 제작에 참여한 스태프도 전혀 다른 영화를 제작한다. 이 영화를 연출한 강우석은 당시의 제작 분위기를 이렇게 설명한다.

제작 과정에서 새로운 시도를 했던 영화예요. 말하자면, 기획에 대한 중요성이 수면 위로 뜨는 느낌이었어요. 그때 프로듀서로 참여했던 분이 신철 씨예요.

당시 명보극장 기획실에 근무하며 영화제작에 관심이 있던 신철 현現 부천국제판타스틱영화제의 집행위원장은 황기성사단에 합류해 〈행복은 성적순이 아니잖아요〉 제작에 참여했다. 그 과정에서 프리프로덕션에서의 소재 발굴과 감독 선정 등 나름의 체계 속에서 작업을 이어 가려 했다.

〈행복은 성적순이 아니잖아요〉는 실화예요. 고등학생이 쓴 유서를 가지고 드라마타이즈dramatize를 했어요. 관련해서 인터뷰를 많이 했고요. 그 기획을 듣고 황기성 대표님께서 해 보자고 하셨어요. 비슷한 문제의식을 느끼고 있던 강우석 감독이 연출을 맡기로 했고요. 청소년영화이기 때문에 공개 시기는 방학이어야 했어요. 아세아극장에서 개봉했는데 첫날 비가 왔어요. 그런데도 극장 앞에 영화를 보러 온 관객들의 우산들이 쫘악! 잘됐죠. (웃음) 그때 자신을 얻어 기획으로 계속하자. 그러면서 〈결혼이야기〉까지 하게 된 거죠.

〈행복은 성적순이 아니잖아요〉의 크레딧에서는 1990년대 이후 한국영화가 할리우드에 대적할 만한 경쟁력 있는 콘텐츠가 되는 데에 일조한 이름을 여럿 발견할 수 있다. 제작자 황기성을 필두로 기획에 신철과 영화사 '씨네2000'의 대표로 잘 알려진 고故 이춘연, 자료조사에 오정완, 디자인에 〈왕의 남자〉(이준익, 2005), 〈라디오스타〉(이준익, 2006) 등을 제작한 영화사 아침의 대표 고故 정승혜 등이다. 앞서 인용한 강우석의 말에 등장하는 "한국영화를 산업적으로 한 차원 높이 끌어올린 존재"가 바로 이들이었다. 이들을 모은 황기성은 기획영화를 통해 한국영화가 시스템을 갖추고 산업의 성격을 드러내는 과도기에 구심점 역할을 했던 셈이다.

실제로 황기성은 지방 흥행업자에게 받은 투자금으로 영화를 만들던 구시대의 마지막 세대이면서, 그 세대에서는 드물게 기획자의 마인드로 젊은 재능과 손잡고 체계적으로 영화를 만들고자 했던 새로운 유형의 제작자였다. 이춘연도 황기성이 먼저 연락해서 〈접시꽃 당신〉, 〈행복은 성적순이 아니잖아요〉 등을 함께했다.

(대진엔터프라이즈를 설립하고 첫 영화부터 고배를 마셔서 불안할 때) 영화는 만들기만 하면 안 된다, 사업이고 산업이다. 그때 마침 황 사장에게 전화가 온 거야. 같이 좀 하자. 그래? 그러면 황 사장님하고 일하면서 장사하는 법을 배워야겠다, 바로 황기성사단으로 간 거예요.

'프로듀서' 개념이 확실하게 없던 당시, 기획영화를 통해 프

로듀서의 역할이 부각되면서 신철과 이춘연 등은 '1세대 프로
듀서'로 분류되기도 했다. 영화주간지 《씨네21》은 2002년 7월
특집기사 〈기획영화 10년, 충무로의 빅뱅을 돌아보다〉를 통
해 〈결혼이야기〉와 같은 기획영화가 어떻게 한국의 영화산업
을 바꾸었는지를 살피면서 당시 활약했던 황기성, 유인택(기획
시대 대표, 〈미스터 맘마〉(강우석, 1992), 〈아름다운 청년 전태일〉(박광수,
1995), 〈화려한 휴가〉(김지훈, 2007) 등), 안동규(영화세상 대표, 〈헐리
우드키드의 생애〉(정지영, 1994), 〈박봉곤 가출사건〉(김태균, 1996), 〈말하
는 건축가〉(정재은, 2011) 등) 등의 제작자를 묶어 1세대 프로듀서
라고 칭했다.

물론 이 분류법이 맞는지는 따져 볼 필요가 있다. 황기성의
경우, 1960년대 후반부터 기획자로, 제작자로 활동했던 까닭
에 오히려 1세대 프로듀서에 영향을 준 0세대 격에 위치한다
고 하는 편이 더 적절해 보인다. 더군다나 1세대와 영화계 입
문 시기가 비슷하고 활동 기간도 겹치지만, 조금 늦게 제작에
뛰어들었다는 이유로 명필름의 심재명, 전前 우노필름과 싸이
더스의 차승재 등의 제작자를 1.5세대로 분류하는 건 편의적
이라는 인상이 강하다. 2세대(?)로 불리는 오기민 전前 마술피
리, 아이필름 대표도 "1990년대 중반을 전후로 나왔던 그룹과
2000년대에 새로 등장한 이들, 그 정도의 기준으로 구분할 수
있다"는 견해를 밝혔다.

오기민의 인터뷰 내용 중에는 1990년대 중반에 등장한 프로
듀서들의 특징을 언급한 대목도 있다.

이 세대는 기존의 것들과 무지하게 싸우면서 왔어요. 영화사를 만드는 과정에서 자본의 변화를 수없이 많이 겪은 세대이기도 하고요. 그렇게 관행에 맞서 전근대적인 부분들을 깨 가며 자기 영역을 확보한 거죠.

영화는 집단예술이고 적지 않은 돈이 필요한 매체이기 때문에 산업을 지탱하는 자본의 성격에 영향을 받을 수밖에 없다. 그래서 자본의 출처가 변화한다는 건 산업의 질서가 재편된다는 의미이기도 하다.

1980년대만 해도 지방의 극장 흥행업자들이 영화를 상영하는 조건으로 제작비를 대는 경우가 대부분이었다. 그러다 보니 제작비의 규모는 크지 않았고, 완성도보다는 흥행이 될 만한 영화가 주로 제작되었다. 1990년을 전후해서는 비디오 부가판권 시장이 주목받으면서 비디오 플레이어를 생산하는 기업의 투자가 늘어났다. 누가 먼저 좋은 영화를 선점하느냐가 경쟁의 포인트였던 까닭에 새로운 감각의 감독들이 대거 출현했다. 1990년대 중반부터는 삼성영상사업단과 같은 대기업의 영화계 진출이 본격화하면서 1세대 프로듀서로 불리는 이들이 따로 제작사를 차리고 기획영화의 붐을 일으키는 등 변화를 이끌었다. 1990년대 후반 들어 한국영화에 대한 기대치가 커지면서 제작 규모 역시 커졌고, 한국형 블록버스터와 같은 대형 프로젝트를 위해서는 더 큰 제작비를 끌어들일 수 있는 창업투자회사, 즉 금융자본의 역할이 필요해졌다.

한국영화사史의 어떤 시기와 비교해도 1990년대는 영화계에 유입되는 주요 자본금의 줄기가 여러 번 바뀌면서 그에 따라 영화의 종류도, 산업의 질서도 빠르게 달라진 이례적인 10년이었다. 그와 맞물려 새로운 비전을 지닌 프로듀서 마인드의 제작자들이 새로운 자본과 손잡고 과거의 한국영화와는 전혀 다른 작품을 만들며 산업을 변화시켜 나갔다. 몇몇 개인의 힘이 아닌, 과거와 다르게 체계를 갖춘 한국영화를 만들자는 목표 아래 합종연횡을 도모한 일군의 노력이 만들어 낸 변화였다. 이 변화에 주요한 역할을 했던 인물들의 행보, 즉 '계보'를 따라가는 건 1990년대 전후 한국영화산업의 역사를 짚어 보는 일이기도 하다.

변화를 선도하다
: 1세대 프로듀서의 출현

기획영화가 화두로 떠오르면서 가장 스포트라이트를 받은 인물은 〈결혼이야기〉, 〈미스터 맘마〉를 제작한 신씨네의 대표 신철이었다. 황기성은 신철을 일러 "가장 프로듀서다운 프로듀서"라고 평가한다.

프로듀서는 언제든지 새로운 걸 하려고 발버둥 쳐야 해요. 신철은 자기 계획을 세우고 새로운 것을 찾으려는 집념이 그 누구보다 강했어요.

신씨네에서 〈은행나무 침대〉(1996)로 연출 데뷔한 강제규 감독은 신씨네가 한국영화 발전에 끼친 중요한 지점을 언급했다. "연출자에게 신씨네는 신선함과 새로움의 공간이자 무엇보다 도전의 공간이었어요. 〈구미호〉(박헌수, 1994)를 통해 한국영화 속에 컴퓨터그래픽을 접목하려 장비를 들여왔고, 인력을 양성하기 위해 교육과정을 만드는 등의 노력을 했죠. 그에 자극받아 제가 용기를 내서 〈은행나무 침대〉를 시도할 수 있는 동기로 작용했죠."

신철은 1990년대에 이뤄진 한국영화의 새로운 시도에 지분이 많은 제작자이다. 〈구미호〉에서 한국영화 '최초'로 CG 기술을 도입했고, 〈결혼이야기〉로 기획영화의 본격적인 '출발'을 알렸으며, 〈구미호〉의 실패를 발판 삼아 〈은행나무 침대〉에서 더욱 '발전'한 CG 기술로 흥행을 이끌었다. 〈편지〉(이정국, 1997)

신철 申哲(1958~)

"한국영화는 왜 한국에서 잘될 수밖에 없느냐. 할리우드가 못하는, 우리만 할 수 있는 얘기가 너무 많아요."

신철은 어려서부터 만화와 같은 문화 세례를 흠뻑 받으며 성장했다. 실제로 아버지가 〈요격편대〉의 만화가 신현성이다. 그러나 그는 하길종의 〈바보들의 행진〉(1975)을 보고 영화감독의 꿈을 품었다. 서울대학교 미학과에 입학해 문화원 등을 다니며 국내에서 쉽게 볼 수 없는 영화들을 섭렵하다가 김수용 감독의 연출부로 들어갔다. 거기서 연을 맺은 장길수 감독의 권유로 '우성영화사' 기획실에 입사, 〈밤의 열기속으로〉(장길수, 1985)의 제작을 도왔다. 이후 '명보극장' 기획실, 황기성사단을 거치면서 제작에 관심을 두게 됐다. '신씨네'를 차려 그동안 한국영화에서 시도하지 못했던 과감한 기획들로 1990년대 한국영화산업의 지형도를 크게 변화시켰다. 2000년대에 들어서는 CG로 이소룡을 부활시키는 '이소룡 프로젝트'를 추진했고, '(주)로보트태권브이'를 설립해 〈로보트 태권V〉의 3D 애니메이션을 계획하는 등 그 누구보다 신선한 기획과 과감한 추진력으로 관심을 모았다.

와 〈약속〉(김유진, 1998)으로 시대착오적이라는 신파영화를 '부활'시켰고, 〈엽기적인 그녀〉(곽재용, 2001)로 한국을 넘어 아시아 권에서 '독보'적인 흥행 성적을 일궜다.

신씨네가 1990년대 내내 새로운 시도를 할 수 있었던 배경을 당사자인 신철은 이렇게 설명한다.

저는 다른 사람이 하자는 대로 안 했어요. 왜 이 영화를 만들어야 하는지 이유를 정확히 준비했어요. 그렇게 사람들을 설득했어요. 대신 자신 없는 영화, 관객과 만나 승부를 볼 수 없을 거라고 판단한 영화는 될 수 있는 한 안 했어요.

〈결혼이야기〉의 경우, 실제 부부이기도 한 신철과 오정완이 결혼 생활을 시작하면서 떠올린 아이디어가 프로젝트의 출발이었다. '젊은 부부의 결혼 생활'이라는 콘셉트는 분명한 흥행거리였다.

젊은 부부를 만나 인터뷰한 내용을 바탕으로 시나리오의 골격을 잡았다. 20~30대를 겨냥한 작품이었기 때문에 젊은 감각을 지닌 신인 감독 김의석에게 메가폰을 맡겼다. TV 드라마 〈사랑이 뭐길래〉(MBC, 연출 박철, 1991~1992)의 '대발이' 캐릭터로 인기를 끈 최민수와 콜라 CF에 출연하면서 도회적인 이미지를 갖게 된 심혜진이 주인공 부부 역할을 맡았다. 극 중 신혼부부의 설정이 삼성전자의 홍보 타깃과 맞아떨어져 영화 속 신혼 살림으로 쓰이는 가전제품 일체를 협찬받았다. 홍보 단계에서 〈결혼이야기〉가 기존 한국영화와 다르다는 걸 어필하기 위해 젊은 관객들을 대상으로 개봉 전 최대한 많은 시사회를 열었다. 그리고 홍보 문구는 '잘까, 말까, 끌까… 할까?"로 정해 영화에 관한 호기심을 자극했다. 〈결혼이야기〉의 홍보를 맡은 이는 당시 명기획의 심재명이었다.

〈결혼이야기〉는 기획자 개념을 가지고 감독 선정은 물론 제작비를 꾸리고, 상업적 가능성을 찾고, 관객과 소통하는 지점들을 전문적인 영역에서 구현했다는 점에서 이전 한국영화와 큰 차이가 있었어요. 이전 충무로 토착자본과 다르게 〈결혼이야기〉는 본격적으로 영상 사업에 뛰어든 삼성영상사업단이라는 대기업의 자본을 받아 제작된 충무로의 첫 번째 케이스이고요. 영화에 PPL이 도입된 첫 영화이기도 합니다. 제작 단계별 주체가 다르다 보니까 영화를 바라보는 시각도 달랐어요. 가령, 저는 상업적인 측면에서 신혼부부의 성적 코드를 강조하자고 했어요. 신철 대표님은 너무 영화의 공개 전 이미지를 떨어뜨리는 거 아닌지 이견이 있었어요. 〈결혼이야기〉는 첫 시도가 많았기 때문에 무엇이든 매번 찾아가는 영화였어요.

그처럼 〈결혼이야기〉는 철저한 기획을 통해 한국영화에 대한 관객의 관심을 불러일으키고, 신인 감독 기용에 관한 제작사의 불신을 불식시키는 등의 성취를 얻었다. 그와 별개로 기획팀과 홍보팀을 분리하는 등 제작 분야별로 전문성을 확보하며 할리우드식 제작 시스템을 도입, 한국영화가 산업의 단계로 진입하는 전초 역할을 했다는 점도 중요하다. 전문 프로듀서제를 통해 오정완이 전체 진행을 책임지도록 했다. 기존 영화사가 〈결혼이야기〉 투자에 난색을 보이는 동안 창립 회사인 익영영화사가 투자를 결정해 제작사로 크레딧에 이름을 올렸다. 삼성영상사업단은 비디오 판권을 받는 조건으로, 피카디리는 자신의 극장에서 개봉한다는 약속을 받고 부분투자를 했다. 신씨네는 기획사로 이름을 올려 실질적인 프로듀싱 역할을 맡았다. 이때 신씨네는 신철과 함께 유인택이 공동대표를 맡아 배급과 자금 문제 등의 대외적인 업무를 책임졌다.

유인택은 신철에게 공동대표 제안을 받고 "한국영화 한번 멋있게 만들고 싶었다"는 이유로 합류를 결정했다.

그때 한국영화의 점유율이 20퍼센트가 안 됐어요. UIP가 직배 시작한 지 얼마 되지도 않았고요. 더군다나 케이블TV 시대가 열리면서 한국영화는 생존을 걱정해야 했을 때죠. 한국영화는 씨가 마른다는 위기의식이 있었어요. 할리우드 직배 영화에 반대운동만 할 게 아니라 우리도 대안을 마련하자. 한국 관객이 좋아할 만한 영화를 만들자. 그런 배경에서 〈결혼이야기〉가 탄생했어요.

〈결혼이야기〉는 한국 관객에게 자국 영화도 볼 만하다는 인상을 남겼다. 비디오 판권 확보에 관심을 두던 대기업에는 한국영화가 투자 대상이 된다는 인식을 심어 줬다. 그 역할을 한 것이 젊은 영화인들이었다. 이들을 바라보는 영화계 안팎의 시선이 확연하게 변화했다.

기획이라는 건 감독이나 작가가 하는 게 보통이었는데 이번에는

PD 쪽에서 나오고 젊은 사람들이 제작부터 홍보까지 해서 성공시키다 보니까 그게 화제가 됐어요.(신철)

과거에는 감독이 이런 영화를 하고 싶다고 하면 영화사 사장이 그래 한번 해 봐, 그걸로 기획이 끝이었어요. 〈결혼이야기〉는 선진적이고 합리적인 시스템을 도입해 성공적인 결과를 냈고 그러다 보니까 언론도 주목했어요.(유인택)

이에 자신감을 얻은 신씨네는 유인택의 표현으로는 "이번에는 우리가 직접 제작하자!"고 의기투합하여 〈미스터 맘마〉를 준비했다. 신철과 유인택, 그리고 연출을 맡은 강우석이 공동제작을 맡았고, 〈결혼이야기〉로 제작 경험을 갖게 된 신씨네는 기획사에서 제작사로 탈바꿈했다. 〈결혼이야기〉 때와 다

유인택柳寅澤(1955~)

"영화화되게끔 하는 게 내 임무라고 생각했어요. 성공하든, 실패하든, 모두 한국영화의 자산으로 남으니까요."

서울대학교 약대 졸업 후 제약회사에 다니다가 '연우무대'에서 기획 일을 맡았다. 연우무대가 연극계 사상 처음 6개월 공연 정지를 당하자 '유기획'을 설립해 마당극, 노찾사 공연 등을 기획했다. 소설가 황석영, 영화감독 이장호와 '한국민족예술단체총연합'을 만들어 사무국장을 지냈다. 전문적으로 문화운동을 하기 위해 코스타 가브라스 영화제, 〈오! 꿈의 나라〉(이은·장동홍·장윤현, 1989) 상영 등을 하면서 영화 쪽에 발을 내딛었다. '모가드 코리아'에서 〈우묵배미의 사랑〉(1990)을, 이장호 감독의 '판영화사'에서 〈핸드백 속 이야기〉(송영수, 1991), 〈숲속의 방〉(오병철, 1992) 등을 작업했다. 신철의 제안으로 1년간 신씨네의 공동대표 자리를 역임한다. 제작과 기획의 노하우를 습득하고 '기획시대'를 차려 독립했다. 창립작은 김형구 촬영감독의 입봉작이기도 한 〈우연한 여행〉(1994)이었다. 기획시대 대표작으로는 〈너에게 나를 보낸다〉(장선우, 1994), 〈헐리우드키드의 생애〉(정지영, 1994) 등이 있다.

르게 〈미스터 맘마〉는 제작비를 조달하는 데 큰 어려움이 없었다. 신철과 유인택, 그리고 강우석이 제작비 일부를 갹출했고, 〈결혼이야기〉 당시 제작비 투자에 관심을 보였던 대우비디오와의 판권 계약으로 나머지를 충당할 수 있었다. 관련한 신철의 설명이다.

비디오 사업만 하던 대우가 〈결혼이야기〉 때 제작비를 직접 투자하려고 했어요. 하지만 대기업의 영화 투자 성공 사례가 없어서 최종 결재가 나지 않았어요. 결국, 삼성이 부분 투자를 했는데 영화가 성공하면서 대우 또한 인식이 바뀌었어요. 〈미스터 맘마〉 때부터 비디오 판권을 확보하기 위해 대우가 영화 제작비에 돈을 대기 시작했죠.

이어지는 유인택의 말이다.

비디오 판권료에, 지방 배급권을 사전에 판매하는 것까지 미리 파악해서 〈미스터 맘마〉를 제작했죠. 세 명이 공동제작에 이름을 올렸지만, 강우석 감독은 연출을, 기획은 신철 사장이, 저는 배급 역할을 한 거죠.

이들에게 〈미스터 맘마〉의 성공은 〈결혼이야기〉만큼이나, 아니 그보다 더 중요했다. "젊은 제작자의 뉴웨이브 시대를 열었기 때문"이라고 유인택은 의미를 부여했다. 〈미스터 맘마〉는 추석이 지난 1992년 10월 2일에 개봉했다. 비수기 시즌이었고,

개봉관도 피카디리와 단성사, 서울극장 등 종로의 메인 극장가에서 떨어진 국도극장이어서 흥행을 점치기가 쉽지 않았다. 그러나 우려와 달리 개봉 첫날부터 표를 사려는 관객의 줄이 극장 주변으로 길게 이어졌다. 〈미스터 맘마〉의 흥행 성공으로 생긴 4억 원 정도의 수익을 똑같이 분배한 세 사람은 이후 각자의 영화사에서 1990년대 중반 이후 한국영화산업의 '뉴웨이브'를 여는 작품들을 제작한다.

저는 이듬해 1993년 1월에 '기획시대'를 설립했어요. 강우석 감독은 시네마서비스의 전신인 '강우석프로덕션'을 차렸고요. 신씨네는 〈미스터 맘마〉 때 제작사로 법인 등록해서 출발한 상태였죠.

유인택과 강우석에게는 〈미스터 맘마〉 이후로 새 출발을 해야 할 각자의 사정과 포부가 있었다. "〈결혼이야기〉 때부터 1년간 한시적으로 내가 필요하다는 신씨네의 요청이 있었죠." 유인택에게 기획시대 설립은 당연한 수순이었다. 강우석은 강우석프로덕션의 창립작으로 〈투캅스〉(1993)를 만들어 그해 한국영화 흥행 성적 1위를 올리며 스타 감독으로 떠올랐다.

영화를 만들어 돈을 번다면 다른 감독들의 작품을 많이 만들어 배급 시장을 개척하는 게 제가 한국영화계를 위해 할 일이라고 생각했어요. 〈투캅스〉로 돈 많이 벌었죠. 그때부터 영화사 규모를 키우고 제작 편수도 늘렸어요.

이 호언대로 강우석은 강우석프로덕션에서 시네마서비스로 이어지며 〈올가미〉(김성홍, 1997)와 같은 공포물, 〈순애보〉(이재용, 2000)와 같은 멜로, 〈신라의 달밤〉(김상진, 2001)과 같은 조폭코미디물, 〈피도 눈물도 없이〉(류승완, 2002)와 같은 액션, 〈모던 보이〉(정지영, 2008) 같은 시대극 등 다양한 감독과 장르의 한국영화를 제작했다. 강우석 본인은 〈투캅스〉 시리즈로 형사 코미디물의 새 장을 열고, 〈공공의 적〉(2001)을 통해서는 강철중이라는 희대의 캐릭터를 선보였으며, 〈실미도〉(2003)로 한국영화 최초의 천만 영화를 달성했다. 유인택도 정지영의 〈헐리우드키드의 생애〉, 장선우의 〈너에게 나를 보낸다〉, 박광수의 〈아름다운 청년 전태일〉 등 1990년대 중요한 작가로 꼽히는 연출자와 작업을 이어 갔다. 2000년대에는 광주민주화운동을 다뤄 700만 가까운 관객을 모은 블록버스터 〈화려한 휴가〉(김지훈, 2007)로 큰 성공을 거두기도 했다.

한국영화의 점유율은 1992년 15.9퍼센트, 1993년 15.4퍼센트로 최저치를 기록했지만, 기획영화의 출현과 젊은 프로듀서들의 활약이 두드러지면서 1994년부터 25퍼센트로 올라가며 회복세를 보이기 시작했다. 소위 말하는 1세대 프로듀서의 시대를 맞이하게 되는데, 여기서 또 한 명 주목해야 할 인물이 이춘연이다. 제작자로서 이춘연의 활동이 두드러진 건 지금도 이어지고 있는 〈여고괴담〉 시리즈와 수작 멜로물로 평가받는 〈미술관 옆 동물원〉(이정향, 1998) 등을 제작한 1990년대 중후반부터이다. 그 이전 황기성사단에서 근무하던 5년 동안 그는 프로듀서로서 탁월한 감각을 보여 줬다.

어느 날 (신)철이가 차 마시면서 '이런 제목 어떠세요?' 물어. 뭐야 그랬더니 '행복은 성적순이 아니잖아요'래. 원래 제목은 '시험 풀이'야. 근데 (유)인택이 형이 공연을 기획하면서 제목을 바꾼 거래. 바꾼 제목이 너무 좋아. 그래서 바로 사 오라 했지. 그 당시에 갓 데뷔한 강우석을 찾아서 (후에 〈손톱〉(1994), 〈올가미〉 등의 스릴러를 연출한) 김성홍과 함께 시나리오 쓰게 했잖아.

〈접시꽃 당신〉을 만들고 싶다는 장선우를 설득해 〈성공시대〉를 만들게 한 것도 이춘연이다.

장선우가 〈접시꽃 당신〉을 가져왔는데 안 하겠다고 돌려보냈다는 거야. 도종환의 〈접시꽃 당신〉이 지금 아주 난리인데 그걸 왜 보냈

이춘연李椿淵(1951~2021)

"제작자와 작품은 상당히 인연이 있어야 돼. 아무리 내가 밀어내도 내 것이 되려면 결국 오더라고."

고등학교 때부터 연극무대에서 연기를 했다. 연기의 재능을 살려 서라벌예술대학에 입학, 연극을 하다가 남들보다 못한다는 평가를 받고 기획으로 전향했다. 이장호 감독 영화의 조감독을 지냈던 친구의 권유로 화천공사 기획실에 입사해 영화 일을 시작했다. 1985년 김유진 감독과 '대진엔터프라이즈'를 설립해 첫 영화로 〈영웅연가〉(김유진, 1986)를 준비했지만, 흥행에 고배를 마셨다. 이후 황기성사단에서 5년간 근무하며 다양한 흥행작을 경험한 그는, 1993년 '성연엔터테인먼트'를 만들어 〈손톱〉을 제작했다. 1995년 유인택이 합류하면서 '성연엔터테인먼트'의 이름을 '씨네2000'으로 바꾸었다. 1997년에는 유인택이 나가며 독자적으로 '씨네2000'을 운영하기 시작했고, 이듬해에 '마술피리'의 오기민 대표와 함께 현재까지 그 전통이 이어지고 있는 〈여고괴담〉 시리즈를 만들어냈다. 2013년에는 〈더 테러 라이브〉(김병우)로 녹슬지 않은 제작 능력을 과시하기도 했다. 제작뿐 아니라 영화계 전반에 걸쳐 궂은일을 도맡아 해 '큰형님'이라는 별명으로 불린 이춘연 대표는 2021년 5월, 영화의 천국으로 떠났다.

냐? 장선우를 다시 불렀어. 나 화천공사 있을 때 장선우와 〈성공시대〉 하려고 했는데 제작비가 너무 많이 들어가서 안 했잖아. 장선우에게 물었어. 너 〈성공시대〉 하고 싶어, 〈접시꽃 당신〉 하고 싶어? 〈성공시대〉 하고 싶대. 그래서 〈접시꽃 당신〉을 받아 박철수 감독 꼬셔서 했지. 흥행에 성공했잖아.

황기성사단을 나와 '성연엔터테인먼트'를 차린 이춘연은 김성홍 감독의 〈손톱〉을 제작하고는 고민에 빠졌다.

당시에 태흥영화사가 독보적인 회사였어. 최소한 태흥처럼 해야 하는데 그러려면 힘을 모아야 하잖아. 큰 회사를 차리자는 게 내 생각이었어. 근데 신씨네만 해도 제법 크게 살림이 차려져 있었어. 강우석은 꿈이 원대한 사람이야. 유인택은 나와 비슷한 생각을 하고 있었나 봐. 그래서 기획시대와 성연엔터테인먼트가 합쳐져서 '씨네2000'이 탄생했지. PD 시스템을 도입해서 다양한 영화를 많이 만들고 한편으로 씨네아카데미를 설립해 무료로 얘들을 가르치고 매니지먼트까지 가져가자 했지.

"그전부터 메이저 제작사를 만들자는 논의가 있었어요." 이번에는 유인택이 말하는 씨네2000의 설립 배경이다.

이춘연 사장님, 이제 막 독립을 준비하던 차승재 대표, 안동규 사장, 그리고 나까지, 회의를 했어요. 그러면서 회사 이름도 정했죠. 차승재 대표가 '2000년을 대비하자'는 의미에서 씨네2000이라는 이름을 제안했어요. 그러다가 각자의 사정으로 인해 저와 이춘연 사장님 둘이 먼저 합쳤죠.

원대했던 계획과 다르게 이춘연, 유인택이 함께했던 씨네 2000은 〈지독한 사랑〉(이명세, 1996), 〈그들만의 세상〉(임종재, 1996) 등이 흥행에 별 재미를 못 보면서 오래가지 못했다. 유인택은 다시 기획시대에서 영화를 제작했고, 이춘연은 씨네2000을 독자적으로 운영했다.

눈여겨봐야 할 건 1세대 프로듀서로 묶이는 이들의 독특한 관계다. 심재명과 함께 명필름을 운영하는 이은 대표이사가 바라본 이들 관계의 특징이다.

이 세대는 동료 선후배 의식이 굉장히 강해요. 비즈니스 측면에서 보면 경쟁자잖아요. 한편으로 봉건적인 산업을 투명하고 합리적으로 이끌면서 한국영화가 경쟁력을 갖게 한 장본인들이고요. 특별한 역사적 의미가 작용하면서 수평적인 관계로 발전한 것 같아요.

이은이 언급한 1세대 프로듀서의 수평적인 관계를 몸소 경험한 이가 차승재다.

1990년대 초에 '기획실 모임'이라는 게 있었어요. 이춘연 사장님이 대표를 맡았는데 참여한 이들이 모두 마케터였어요. 저는 현장 제작부 출신이에요. 1세대 형님들은 그들 이전에 현장에서 일한 분들에 대해서 불합리하고 비이성적인 사고를 한다는 선입견이 있었어요. 저는 제작실장으로 일하다가 강짜를 부려서 〈101번째 프로포즈〉(오석근, 1993)로 프로듀서가 됐습니다.

차승재는 1세대 프로듀서를 일러 "시장을 인식한 첫 번째 세대"라고 정의한다.

대부분의 영화사들이 시장보다는 회사 사정을 우선 고려한 결정을 내렸기 때문에 여러 편의 작품을 제작하기 힘들었어요. 그와 다르게 1세대 프로듀서들은 한국영화 시장을 파악해 다작을 할 수 있는 스튜디오 시스템의 씨앗을 뿌렸어요. 저 또한 나중에 우노필름에서 많은 영화를 만들 수 있는 시스템을 구축해 운영하려고 했어요.

한국영화계에 기획 시대를 연 1세대 프로듀서들의 성과는

이은 李恩(1961~)

"우리의 밥벌이는 단순한 밥벌이가 아니라 문화를 지키는 일이에요. 문화를 지킨다는 건 부끄러운 게 아니에요."

중앙대학교에서 연극을 전공했다. 군대 제대 후 노동운동을 하다가 영화로 진로를 결정했다. 노동 현장을 다룬 단편 〈공장의 불빛〉(1987)이 한국 독립영화 사상 처음으로 1988년 베를린국제영화제 포럼 부문에 진출하였다. 단편영화제를 통해 알게 된 영화 동지들과 '장산곶매'를 결성하고 〈오! 꿈의 나라〉에 공동연출자로, 〈파업전야〉(이은기·이재구·장동홍·장윤현, 1990)에는 제작자로 참여한다. 심재명과 결혼해서 '명필름'을 창립, 제작자로 활동하며 〈해가 서쪽에서 뜬다면〉(1998)을 연출했다. 2004년에는 강제규필름과 합병한 'MK픽처스'를 영화사 최초로 거래소에 상장시키고 배급에 손을 대기도 했다. 최근에는 해녀와 다큐멘터리 PD의 사랑을 다룬 〈빛나는 순간〉(소준문, 2021)과 전태일 열사를 주인공으로 한 애니메이션 〈태일이〉(홍준표, 2021), 고故 노회찬 의원의 다큐멘터리 〈노회찬6411〉(민환기, 2021)을 제작, 한국영화의 다양성 확대에 힘쓰고 있다.

〈결혼이야기〉, 〈미스터 맘마〉와 같은 로맨틱코미디물에 한정되어 있었다. "두 톱스타를 이용한 단순한 사랑 이야기로 전락한 감이 있는 〈미스터 맘마〉. 이런 결과를 두고 스타시스템을 이용한 상업성만을 추구했다는 지적과 좋은 영화, 젊은 영화의 메카로서 관객들에게 서서히 인식되고 있는 집단 신씨네에 대한 불신의 소리가 높아졌다는 비판도 있었다"는《스크린》(1992년 2월호 〈1992년 한국 영화계의 수확〉 중)의 지적은 한국영화가 어렵게 관객의 신뢰감을 회복한 상황에서 좀 더 다양하고 수준 높은 작품을 원하던 시대적 요구라 할 만했다.

산업이 시작되다
: 강우석과 강제규의 경우

1996년 3월《씨네21》은 창간 1주년 기념 특집으로 〈누가 한국영화를 이끄는가 – 한국영화산업 파워 50〉을 발표했다. 따로 순위를 일별하지 않고 가나다순으로 파워 50인을 소개하면서도 별도의 페이지를 마련해 '파워 50 개인 1위'로 강우석을 조명했다. 기사에서 언급하길 "호칭은 '감독'이지만 PD와 감독 양쪽에서 모두 높은 빈도로 지목되었고, 공교롭게 두 부문의 득표수도 똑같았다"면서 강우석을 '기업형 감독 1호'로 명명했다. 그 이유는 다음과 같다.

최근 충무로에는 "강우석은 감독이라기보다 프로듀서"라는 말이 심심치 않게 나오고 있다. 〈투캅스 2〉를 만든 마당이니만큼 '감독이 아니다'는 뜻이 아니라 '프로듀서로서의 역할이 두드러지고 있다'는 말에 가깝다. 실제로 지난해 시네마서비스를 출범시킨 뒤 자신과 김성홍, 김의석 감독이 연출할 영화를 포함, 한꺼번에 다섯 개 이상을 추진함으로써 PD로서도 A급임을 과시했다. 또한 〈투캅스 2〉에 〈맥주가 애인보다 좋은 일곱 가지 이유〉(김유진 외, 1996)를 엮어서 배급하거나 비디오까지 직배하는 등의 수완을 발휘하고 있다. 또한 '영화로 번 돈은 영화에 투자하는 사람'이라는 신뢰감을 심는 데도 성공했다는 평.[1]

1990년대에 활동한 감독 중 중요하게 언급해야 할 이름은 매우 많다. 임권택은 〈서편제〉(1993)를 만들어 한국영화 역사상 최초로 100만 관객을 달성했다. 장선우는 〈경마장 가는 길〉(1991), 〈꽃잎〉(1996), 〈나쁜 영화〉(1997) 등 발표하는 작품마다 경직된 한국 사회에 논란과 논쟁을 불러일으켜 기존 질서에 반기를 들었다. 홍상수 감독은 〈돼지가 우물에 빠진 날〉(1996)로, 이창동 감독은 〈초록물고기〉(1997)로 데뷔하며 이후 한국영화의 작가주의를 주도할 거장의 탄생을 알렸다.

이들의 작품은 한국영화의 성과이기도 했지만, 감독 개인의 능력이나 이를 뒷받침하는 제작사의 역량 내에서 유효한 가치였다. 그와 다르게, 강우석은 자신이 만든 영화와 한국영화산업을 동일선상에 두고 한국영화계 전체를 책임진다는 대국적인 자세로 작업에 임했다.

난 칸에 가고 싶지 않겠는가. 그렇다고 하더라도 극소수를 위한 영화는 만들지 않을 것이다. 나 같은 감독 서너 명만 똘똘하게 버텨주면 예술영화도 다 살아난다.[2]

강우석프로덕션에서 시네마서비스로 회사명을 바꾼 이유도 이와 관련이 있다.

시네마서비스는 강우석만 영화하는 데가 아니다. 나도 시네마서비스의 일원이 될 테니 다 같이 하자. 그럼 인력풀이 생긴다는 말이죠. 그러면 배급 못할 거 없다. 우리는 대기업 자본을 끌어들이지 않았어요. 직접 벌어서 만들었어요. 자본을 늘 쥐고 있었단 말이에요. 그냥 우리 힘으로 왔다고요.

강우석 康祐碩(1960~)

"영화는 언제나 실패의 가능성을 염두에 두고 해야 합니다. 그러면 실패 안 할 확률이 더 높아집니다."

중학교 때 영화감독이 되겠다고 결심했다. 정인엽 감독 연출부로 충무로 경력을 시작해 조감독 5년 차에 〈달콤한 신부들〉(1989)로 연출 데뷔했다. 정치 미스터리 〈누가 용의 발톱을 보았는가〉(1991)의 실패 이후 장르를 급선회, 사회성이 가미된 코미디로 연출의 변화를 모색한다. 이게 대성공을 거둬 〈미스터 맘마〉(1992), 〈투캅스〉(1993), 〈마누라 죽이기〉(1994), 〈투캅스 2〉(1996), 〈공공의 적〉(2002) 등으로 최고 흥행 감독 반열에 오른다. 2003년에는 〈실미도〉를 연출, 1,108만 관객을 동원하며 한국영화 최초의 천만 영화를 이뤄 냈다. 1995년 '시네마서비스'를 설립한 이후 자신의 영화는 물론이고 〈초록 물고기〉, 〈주유소 습격사건〉(김상진, 1999), 〈흑수선〉(배창호, 2001), 〈취화선〉(임권택, 2002), 〈김씨표류기〉(이해준, 2009) 등 동료 감독들의 다양한 작품을 제작하거나 배급하며 한국영화계에서 독보적인 지위를 누렸다.

실제로 강우석은 1995년 이후 2000년대 초반까지 《씨네21》
이 매년 집계한 한국영화산업 파워 50의 1위 자리를 내준 적이
없다. 그 정도로 한국영화계의 실세이자 실력자로서 독보적인
지위를 점했다.

시네마서비스가 당시 한국영화산업에 미치는 영향력에 대
해서는 기대는 쪽과 경계하는 쪽이 갈리는 편이었다. 이은은
독과점을 우려했다.

강우석 감독님께서는 시네마서비스를 중심으로 나름 한국영화를
규모 있게 키워 경쟁력을 확보할 목적이셨을 거예요. 저나 신철, 차
승재 사장이 볼 때는 독과점 체제로 가는 위험성으로 보였어요. 다
양성이 없어질 정도로 시네마서비스가 너무 세지면 그것도 문제죠.

명필름에서 〈접속〉(1996)을 만든 후 '쿠앤쿠필름'을 차려 독
립한 장윤현 감독은 외부 세력보다는 내부에서 결속된 힘을
키우는 게 더 낫다고 판단했다.

라인이 중요하다. 왜냐면, 돈을 써야 하거든요. 영화라는 게 아무
것도 없는 상태에서 이야기와 콘셉트, 그리고 이를 구현할 재능만
가지고 시작해요. 그걸 믿어 줄 라인이 있어야 해요. 삼성과 대우
같은 대기업이 영화산업에 진입한 상황에서도 시네마서비스는 배
급 1등을 하고 있었어요. 대기업 위주로 가게 되면 기존 영화사들
은 하청업체가 되는 거니까. 그래서 저는 강우석 감독님이 라인을
계속 구축해서 충무로의 투자 환경과 상황을 컨트롤할 수 있게 되

기를 바랐어요. 실제로 제가 영화사를 운영하면서 펀딩 받으려고 대기업을 만나 보니까 안 되겠더라고요. 받아들이기 어려운 여러 가지 조건이 있더라고요.

　　그즈음, 충무로의 화두는 자본의 확보였다. 대기업의 영화 사업 진출이 본격화하면서 영화사들은 그들의 자본을 확보해 영화제작의 안정을 기하면서도 무리한 요구에 휘둘리지 않을 까 염려했고, 그에 대한 대책으로 자체적인 자본 조달 방법에 도 신경 썼다. 나중의 일이지만, 명필름과 강제규필름은 2004 년 1월 주식 상장기업이자 수공구 제조업체인 세신버팔로와 상호 주식교환을 통해 'MK버팔로'라는 새 회사를 만들어 우회 상장 기업이 되었다. 이에 대해 이은은 "멀티플렉스를 가지고 있는 대기업의 자본이 굉장히 강하게 자리잡고 있을 때였어요. 자본이 없는 영화인으로서 자본을 집적시키는 방법으로 자금 이 필요하다. 그에 대응할 방법으로 상장사를 고민했어요"라고 합병 이유를 설명했다.

　　당시 충무로에서 제작비를 자체 조달할 수 있는 영화사는 시네마서비스가 유일했다. 대부분의 영화사는 다양한 방식으 로 외부 자본과 손을 잡았다. 영화 월간지 《키노》는 1997년 1 월호에서 〈1996년 한국영화의 정치경제학〉이라는 제목으로 '1996년 충무로를 움직인 열 개의 사건'을 정리하면서 서문을 이렇게 적었다. "1992년 신씨네의 〈결혼이야기〉에 삼성이 부분 참여하면서 시작된 대기업의 영화산업 진출 4년째인 올해에는 한국영화의 반 이상이 대기업의 제작비 전액 지원으로 제작되었다. 이제는 아무도 기업이 한국영화에서 물러나야 한다고 말하지 않는다. 합작 또는 비디오 판권 입도선매 방식까지 포함한다면 대기업이 개입하지 않는 한국영화는 이제 거의 없다." 그 첫 번째 사건으로 배치한 것이 '금융자본과의 첫 작품 〈은행나무 침대〉'이다.

〈은행나무 침대〉는 〈결혼이야기〉로 대기업 자본을 영화계에 처음 끌어들인 신씨네의 제작 작품이다. 강제규는 시나리오를 쓰면서 "이런 종류의 판타지 장르는 한국영화에는 별로 없었다. 1천 년 전의 장군과 공주가 현대에서 활동한다는 이야기를 기술적으로 구현하는 것이 가능할까?" 의문이 들면서도 이를 실현한다면 "새로움에 목마른 한국영화의 표현 영역을 확장할 수 있을 것"이라는 확신이 있었다. 시나리오를 준비하면서 강제규가 의견을 타진한 상대는 개인적인 친분이 있어 데뷔한다면 함께하기로 일찍이 교감을 나눴던 오정완의 신씨네였다.

이런 걸 준비 중인데 어떠냐고 그랬더니 '흥미롭다'는 반응이었어요. 시나리오 개발 단계부터 오정완, 신철 두 분과 고민을 나눴어요. 완성된 시나리오를 보낸 그날 답변이 왔습니다. 너무 재밌다고, 같이 하고 싶다고.

강제규는 〈은행나무 침대〉가 "임자를 잘 만난 영화"라고 표현한다.

신철과 오정완 대표가 큰 힘이 됐어요. 당시의 전반적인 정서를 고려할 때 많은 제작자가 〈은행나무 침대〉를 제작했을까? 저는 그렇지 않다고 봐요. 컴퓨터그래픽이 숙련되어 있지 않았기 때문에 모험을 걸기 힘들었죠. 자칫 완성도가 떨어지면 우스꽝스러운 결과를 낳을 수 있는 가능성이 높았기 때문에 우려도 컸어요.

신씨네는 일찍이 〈구미호〉를 통해 표현의 영역에서 한국영화 테크놀로지의 새로운 발전을 시도했다. 《키노》의 1996년 2월호 〈일천 년의 사랑을 찾아 SFX와 함께 돌아오다〉의 한 대목이다.

〈구미호〉의 컴퓨터그래픽은 실패였다고 자인하면서도 다시 시도하고 있다. 신씨네는 시행착오를 감수해서 감독의 상상력에 주어

강제규 姜帝圭(1962~)
"표현의 확장을 위해서는 다양한 실험을 해야 합니다. 시행착오가 있더라도 결국, 우리 것이 되는 거예요."

중앙대 연극영화과 졸업 후 〈누가 용의 발톱을 보았는가〉(강우석, 1991), 〈장미의 나날〉(곽지균, 1994), 〈게임의 법칙〉(장현수, 1994) 등 시나리오를 쓰는 작가로 활동했다. 틈틈이 구상했던 〈은행나무 침대〉의 시나리오가 오정완의 눈에 띄어 신씨네에서 연출가로 데뷔했다. 컴퓨터그래픽이 적극적으로 사용된 판타지 장르는 한국에서 성공한 사례가 없었는데, 〈은행나무 침대〉는 〈투캅스 2〉에 이어 1996년 한국영화 흥행 순위 2위를 차지했다. 이후 '강제규필름'을 창립하고 〈쉬리〉(1999)를 만들어 한국형 블록버스터의 개념을 시장에 안착시키며 한국영화계가 산업으로 들어서는 데에 결정적인 역할을 했다. 〈태극기 휘날리며〉(2003)로 천만 영화를 달성한 후 한동안 할리우드에서 차기작을 준비했다. 다시 한국으로 돌아와 장동건·오다기리 조 주연의 〈마이웨이〉(2011)를 만들었고, 눈물샘을 자극하는 가족드라마 〈장수상회〉(2015)로 변화를 꾀하기도 했다.

지는 한계를 넓혀 나가는 것이 중요한 의미를 가진다고 믿기 때문이다. 그래서 장비에 투자하고 내부에 '신씨네 컴퓨터그래픽'을 설립하고 CG 학원을 운영하면서 두 번째 시도를 준비해 왔다.

〈은행나무 침대〉를 위해 신씨네는 일신창업투자금융의 투자를 받았다. 충무로에서 '금융자본'으로 영화를 만든 첫 번째 사례였다. 신철은 일신창투에서 투자 받은 데에는 사연이 있었다고 회고한다.

〈구미호〉 한다고 컴퓨터그래픽 기계 막 사고, 부하 직원의 나쁜 꾐에 넘어가 어음을 잘못 써서 빚이 감당할 수 없게 불어났어요. 재정 상태를 확실하게 파악했어야 했는데 경영에 대한 감각이 없다 보니까 …. 〈은행나무 침대〉 시작할 때부터 쫓겨나고, 쫓겨나고, 사무실을 굉장히 많이 옮겼어요. '(신철) 쟤한테 제작비를 투자했다가는 어떻게 될지 모른다'고 해서 충무로에서 돈을 구할 수가 없는 상태였어요. 결국, 돈을 구할 수 있는 곳이 일신창투였어요.

일신창투에서 〈은행나무 침대〉의 투자를 담당했던 이는 현재 나이너스엔터테인먼트의 대표이사로 있는 김승범이다.

그 당시에 영화 제작비 평균이 6~8억 정도였어요. 〈은행나무 침대〉는 12억 7천인가로 초기 예산이 잡혀 있었어요. 그게 초 A급 블록버스터 영화였더라고요. 우리는 전액을 투자한 게 아니라 시드머니를 투자했거든. 9억을 먼저 선투자하고 나머지 자금은 판권을 통해서 조달했어요.

　일신창투의 〈은행나무 침대〉 투자를 1996년의 가장 중요한 사건으로 언급한 《키노》의 기사에 따르면 수익 배분 조건은 다음과 같다. "해외판권만을 제작사인 신씨네가 가지고, 그 외의 모든 판권을 투자사가 가지면서 수익이 제작비를 넘어서는 순간부터 4:6으로 수익을 배분하는 조건. 그러나 제작 기간과 제작비를 초과하고 완성하여 수익 배분이 3:7로 조정되었다."

　〈은행나무 침대〉는 서울에서만 66만 명의 관객을 모으며 〈투캅스 2〉에 이어 1996년 개봉한 한국영화 중 흥행 순위 2위를 기록했다. 《씨네21》은 국내 리포트 기사로 〈은행나무 침대〉의 흥행 이유를 다루면서 "조화로운 제작 시스템의 승리"라는

김승범 金昇範(1963~)
"갈등이라는 게 영화를 통해서도 해소될 수 있는 걸 확인하고 이 일을 하겠다고 결심했어요."

국제정치를 공부하기 위해 일본 와세다대학으로 유학했다. 혼자 있는 시간이 많아 일본영화를 빌려 보면서 영화 자체에 흥미가 생겼다. 그것이 인생의 전환점이 되어 좀 더 영화와 가까운 일을 하려고 게이오대학으로 옮기면서 MBA를 취득한다. 미국계 컨설팅 회사에서 일하다 지인이 창업한 투자회사 '일신창투'로 들어가 대표를 설득, 결국 1995년에 〈은행나무 침대〉에 투자한다. 그게 성공하면서 명필름의 〈접속〉, 우노필름의 〈8월의 크리스마스〉(허진호, 1998), 〈유령〉(민병천, 1999) 등에 투자하며 한국영화의 르네상스 시대를 이끈다. '한국영상투자개발'을 차려 투자와 함께 배급에도 관여하게 된다. 1999년에 회사를 나와 '튜브엔터테인먼트'를 설립한다. 〈툼 레이더〉(사이먼 웨스트, 2001), 〈밀리언 달러 베이비〉(클린트 이스트우드, 2004) 등 외화를 수입·배급하는 한편으로 〈성냥팔이 소녀의 재림〉(장선우, 2002)의 제작에 참여하고 〈튜브〉(백운학, 2003), 〈내츄럴 시티〉(민병천, 2003) 등의 블록버스터를 배급했다.

표현을 썼다. "비상한 흥행 영화에는 무언가 비상한 이유가 있다. 〈은행나무 침대〉의 경우 '시스템의 승리'로 요약된다. 영화한 편을 만드는 데 필요한 각종 요소가 조화롭게 최선을 다하고 있는 것"이라면서 '기획이 살아 있다', '멜로와 스릴러는 영원한 흥행 장르', '뼈대와 살집을 갖춘 시나리오', '스타 진용의 앙상블', '유기적인 시각효과' 등의 소제목을 달아 분야별로 꼼꼼하게 분석했다.[3]

이 기사에는 빠졌지만, 또 하나 주목해야 할 요소 중 하나가 당시에는 생소했던 '책임 프로듀서executive producer'라는 개념이었다. 그 역할은 당시 투자를 담당했던 김승범이 맡았다.

책임 프로듀서가 없었던 시대였는데 우연히 제가 맡았던 거죠. 책임 프로듀서는 영화가 만들어질 수 있게끔 자금을 조달해 오고 완성된 영화를 전제로 판매를 극대화하는 일을 백업하는 존재라고 할 수 있죠. 제작자는 실제로 영화를 만드는 사람인데 책임 프로듀서 역할까지 도맡았던 거죠. 제가 책임 프로듀서 역할을 맡으면서 신철 사장님은 제작에만 집중할 수 있었죠. 투자자라는 직함을 들고 와서 책임 프로듀서 역할을 했고 결과적으로 좋은 결과를 낳게 되면서 〈은행나무 침대〉는 한국영화가 산업화하는 데 중요한 계기를 마련했다고 볼 수 있죠.

이은은 〈은행나무 침대〉에 관해 "한국영화산업의 정확한 시작"이라고 의미를 부여했다.

〈결혼이야기〉가 트렌드와 마케팅적인 측면에서 새로운 시스템을 모색했다면, 〈은행나무 침대〉는 토착자본에서 금융자본으로 이행되면서 산업화의 문을 본격적으로 열었다는 점에서 의미가 커요.

김승범은 투자 대상으로서의 영화라는 관점에서 〈은행나무 침대〉의 성과를 높이 평가한다.

제가 창투사에 처음 입사할 때만 해도 영화는 서비스업으로 되어 있어 제조업이 아니면 규정상 투자가 불가능했어요. 1990년대 초반에 영화계가 힘을 써 준*제조업 형태로 업종이 변하면서 투자가 가능해졌어요. 금융자본으로서 영화에 투자한 게 〈은행나무 침대〉가 처음이었는데 투자 대상이 될 수 있다는 걸 증명했잖아요. 그때부터 창투사의 적극적인 투자가 이뤄졌어요.

《키노》는 앞서 언급한 기사에서 "일신창투의 〈은행나무 침대〉 전액 지원을 계기로 금융자본의 영화제작 참여가 줄을 이었다"고, 《씨네21》은 "주류 상업영화가 나아갈 길을 제시한 모범적인 예"라고 마무리했다. 그리고 강제규는 〈은행나무 침대〉를 개봉한 그해 《씨네21》의 〈한국영화산업 파워 50〉에 데뷔작으로 당당히 이름을 올렸다. 기사는 "천 년 동안의 사랑이라는 순애보를 촬영, 편집, 특수효과로 매끈하게 뽑아냈다. (중략) 두 번째 작품을 〈은행나무 침대〉 복제품이 아닌 창의적인 작품으로 승부를 걸어 성공하면 앞으로 상당 기간 동안 한국 장르영화의 물꼬를 터 나갈 인물이 될 것으로 전망"했다. 실제로 두 번째 작품 〈쉬리〉(1999)로 한국형 블록버스터의 새로운 역사를 썼고 〈태극기 휘날리며〉(2004)로 천만 영화에 등극하는 등 강제규는 강우석과 함께 한국영화산업을 이끈 가장 중요한 연출자가 되었다.

한국영화가 달라졌다
: 신新 제작자의 시대

명필름의 심재명 대표는 1990년대를 일러 "제작자의 시대"라고 평가한다. "그 이전의 제작자와 개념과 역할이 완전하게 다른 제작자들이 등장했던 게 1990년대입니다. 바로 1990년대 제작자들의 활약이 한국영화의 르네상스를 이끌지 않았나 싶어요." 그러면서 1990년대 제작자의 특징을 이렇게 설명한다.

돈만 대고 영화를 잘 만들 수 있는 환경만을 마련하는 것이 아니라 영화의 시작부터 끝까지 통솔하고 견인해 나가는 것. 감독의 가능성과 재능을 파악하여 어떤 이야기와 잘 맞을 것인지 매치하고, 그것을 패키징함으로써 해당 영화가 궁극적으로 무엇을 성취할지를 분석하여 그 결과까지도 책임지는 게 1990년대 제작자들의 역할이었어요.

심재명이 언급한 '1990년대 제작자'들의 역할은 기획영화로 대변되는 1세대 프로듀서와 그들에게 영향받은 신진 프로듀서로 구별하여 말할 수 있다. 1세대 프로듀서들이 기획 개념을 제시하여 영화를 만든다는 것의 방식을 새롭게 제시했다면, 그다음에 주목받은 프로듀서·제작자들은 기획영화의 한계를 넘어 새로운 장르와 소재 및 테크놀로지의 작품에 도전했다. 그렇게 새롭게 주목받은 인물이 심재명, 이은, 차승재 같은 제작자와 〈접속〉(1997), 〈텔미썸딩〉(1999)을 제작·연출한 장윤현이다.

황기성사단은 1995년 가장 많은 관객을 동원한 한국영화 〈닥터봉〉으로 〈접시꽃 당신〉과 〈행복은 성적순이 아니잖아요〉 이후 오랜만에 흥행의 맛을 보았다. 그러나 〈닥터봉〉의 흥행을 바라보는 영화계의 시선은 그리 호의적이지 않았다. 《씨네21》은 〈닥터봉〉의 흥행에 맞춰 리포트 기사 〈한국영화 어디로 가는가〉를 통해 박스오피스 수치와는 다른 현장의 목소리를 전

심재명 沈栽明(1963~)
"엔터테인먼트적인 요소를 지향하지만, 영화라는 매체가 가지고 있는 사회적인 기능도 고민하고 반영해요."

출판사를 다니던 중 신문에서 영화 광고 카피라이터를 뽑는다는 모집 공고를 보고 '서울극장' 기획실에 입사해 1988년부터 영화 일을 시작했다. 1992년에는 영화마케팅사 '명기획'을 차려 영화를 전문적으로 알리는 홍보 작업을 했다. 제작으로 영역을 확장해 '명필름'을 설립, 창립작으로 〈코르셋〉(정병각, 1996)을 만들었다. 기대치를 밑도는 성과에도 두 번째 작품 〈접속〉이 젊은 세대의 감수성을 자극하며 신드롬에 가까운 반응을 얻었다. 김지운의 〈조용한 가족〉(1998), 박찬욱의 〈공동경비구역 J.S.A〉(2000), 임상수의 〈그때 그사람들〉(2004), 임순례의 〈우리 생애 최고의 순간〉(2008) 등 감독의 개성을 살린 영화들로 시장에 어필해 신뢰를 얻었다. 1990년대 중후반부터 시장의 변화를 함께 선도했던 제작사들이 갈수록 힘을 잃는 상황에서도 명필름은 여전히 브랜드파워를 유지하고 있다.

했다. "짜임새 면에서 보면 〈닥터봉〉은 새로운 부분이 없는 것 같다. (중략) 관객의 반응은 엇갈린다. 한석규가 잘한다, 꼬마가 귀엽다, 영화가 깔끔하다는 반응이 나오는 것은 두 스타가 만나서 해피 엔딩을 이루는 이야기 전개가 즐길 만했다는 이야기다. 그러나 코미디 〈미스터 맘마〉와 미국영화 〈시애틀의 잠 못 이루는 밤〉(노라 에프론, 1993) 등에서 모티브를 가져오고 〈마누라 죽이기〉 등에서 장면들을 마구 베낀 혐의가 짙다."

　기사를 쓴 김영진 기자는 이에 대해 다음과 같이 진단하며 앞으로 한국영화가, 한국영화산업이 나아갈 길을 제시했다.

사회 분위기가 변했고, 영화산업도 변했다. 대기업 중심으로 재편되는 영화산업은 과거보다 더 장르적 상상력을 요구한다. 실제로 이제 제작자, 기획자, 감독들은 관객의 취향에 관한 두툼한 자료와 그 취향을 반영할 수 있는 아이디어를 중요시한다. 관객 대상은 누구이며 이야기는 어떤 장르인가라는 것이 문제인 것이다. 이는 한국영화산업이 진정한 의미의 산업화를 이루기 위해 건너가지 않으면 안 되는 과제이기도 하다.

　심재명은 황기성사단과 〈행복은 성적순이 아니잖아요〉 때부터 맺은 인연을 바탕으로 〈닥터봉〉에도 참여했다. 크레딧에는 마케팅(홍보)으로 명기획 이름을 올렸지만, 연출자로 이광훈 감독을 추천한 것도 심재명이었다. 황기성이 말하는 당시 상황이다.

시나리오를 주면서 마케팅을 맡기고 싶다고 했지. 시나리오를 보더니 재밌대, 하겠대. 감독도 결정해야 하는데 (심)재명이 보고 데뷔를 준비하는 감독 몇 명만 알아봐 달라고 했어요. 젊은 애라서 나보다는 접촉이 많을 테니까. 그중 이광훈이 인기 방송드라마 연출부 퍼스트를 했다고 그래. 그래서 이광훈과 연락해서 나를 만나게 해 달라고 했지.

이춘연은 심재명의 진가를 이렇게 설명한다.

세련된 마케팅, 선진화된 홍보라고 할까? 심재명은 관객들에게 감각적으로 다가가 한국영화에 크게 이바지한 사람이야. 그걸 바탕으로 해서 관객들이 원하는 바가 무엇인지를 계속 발견해. 그러다 보면 영화에 목이 마르다고. 그 목마름을 자기가 직접 제작하면서 해결하고 있는 아주 큰 기획자이자 제작자라고 생각해.

이렇듯 심재명을 향한 영화인의 신뢰는 대단했다. 명필름을 공동운영하는 이은도 같은 의견을 보탠다.

저는 제작적인 측면에서, 심재명 씨는 마케팅적인 측면에서 힘을 합쳐 함께 제작자가 됐어요. 파이낸싱이 가능했던 건 독립영화에서 제작 경험이 풍부한 저보다 상업영화 신에서 성과를 낸 심재명 씨에 대한 신뢰 때문이었어요.

이은의 말처럼 마케팅 전문회사 명기획을 운영하던 심재명은 제작사 명필름을 차리고 첫 작품 〈코르셋〉을 준비하며 삼성 영상사업단의 투자를 받았다.

〈코르셋〉이 제작되던 1996년은 대기업의 한국영화 투자가 본격화하던 때였다. 삼성은 전액 투자했던 〈돈을 갖고 튀어라〉(김상진, 1995)로 수익이 발생하자, 이 영화를 제작한 차승재가 대표로 있었던 우노필름과 이례적으로 편당 계약이 아닌 3년 계약을 맺어 〈깡패수업〉(김상진, 1996), 〈비트〉(김성수, 1997) 등을 지원했다. 씨네2000은 대우와 전속에 가까운 개념으로 제휴를 맺어 〈지독한 사랑〉(이명세, 1996), 〈그들만의 세상〉(임종재, 1996)을 제작했다. 비디오 입도선매와 합작의 형태로 영화제작에 참여했던 SKC는 〈박봉곤 가출사건〉에, 현대 계열의 금강기획은 이광훈의 〈패자부활전〉(1997)에, 진로그룹 산하의 케이블방송 GTV는 박철수 필름의 〈학생부군신위〉(박철수, 1996)와 강제규가 대표를 맡고 있는 영화발전소의 〈지상만가〉(김희철, 1997)에 제작비를 전액 지원했다. 또한, 1995년 미국 드림웍스에 영화 제작비를 투자하며 영화업에 뛰어든 제일제당은 〈인샬라〉(이민용, 1996), 〈바리케이드〉(윤인호, 1997) 등을 제작했다.

이에 《씨네21》은 특집기사 〈《결혼이야기》에서 〈개같은 날의 오후〉까지, 대기업 영화 성적표〉를 마련, 대기업의 한국영화 투자의 허와 실을 살폈다. "대기업의 충무로 진출이 한국영화의 획일화와 상업화를 부추긴다는 소문이 파다하다"는 문장으로 시작하는 기사는 "흔히 로맨틱코미디, 코믹액션이라는 유행 장르에 손쉽게 편승하려 했던 대기업들의 몇몇 실패담들이 영화를 고르는 대기업의 안목을 반성하게 만드는 기미도 보인다"고 부작용을 지적하는 한편으로, "1993년 강우석의 〈투캅스〉 성공 이후 젊은 감독들과 제작자들이 주축이 된 독립프로덕션 시스템은 대기업 자본의 충무로 유입 창구 노릇을 톡톡히 해 왔다. 대기업이 인정하는 능력 있는 감독이나 제작자는 대기업이 비용을 대 프로덕션을 설립할 수도 있었다. 이들의 기획력이 '푸짐한' 제작비와 손잡으면서, 점차 다양한 장르의 완성도 높은 영화들이 늘고 있다"고 긍정적인 면도 부각했다.

심재명과 이은의 명필름이 바로 후자의 경우였는데, 창립작 〈코르셋〉은 의욕과 다르게 만족할 만한 완성도의 작품은 아니었다.

뚱뚱한 여자의 자아 발견을 상업적으로 풀어 보자였어요. 다소 위험한 기획이었죠. 제대로 만들어 볼 욕심에 무모하게 열심히는 했지만, 실제 영화의 완성도나 결과는 미흡했어요.

심재명은 그 원인을 경험 부족으로 진단한다.

상업영화의 완성도를 높이는 것이 얼마나 어려운 일인가. 투자사와 의견을 조율해 수용하고, 여기서 나온 결과를 감독과 소통하여 다시 조율하는 과정에서 중심을 잡아야 할 제작자의 역할이 정말 크다는 걸 몸으로 부딪치며 배우게 된 셈이죠.

심재명과 이은이 명필름을 설립하고 〈코르셋〉을 준비하던 즈음에, 장윤현은 헝가리에서 영화 유학을 마치고 한국으로 돌아왔다. 장윤현과 이은은 민중영화를 만들던 독립영화집단 '장산곶매'에서 5·18 광주민주화운동을 배경으로 한 〈오! 꿈의 나라〉를 공동연출했던 영화적 동지였다. 당시 그들이 경험한 한국 사회는 집단을 이뤄 생각을 나누고 교감하는 시대였다. 유학에서 돌아온 장윤현의 눈에 한국 사회는 이전과는 완전히 달라져 있었다.

개인과 개인이 소통하는 시대로 완전히 변했더라고요. 과거에는 여러 사람의 생각이 매체를 통과해야 중요한 발언이 되었다면 이제는 PC통신을 통해 개인의 생각이 바로 여론이 되더라고요. 이걸 소재로 택해서 굉장히 개인적이고 사적인 이야기를 해야겠다, 그래야 공감이 크겠다. 그래서 멜로드라마를 선택했어요.

그 멜로드라마가 〈접속〉이었다.

단상처럼 다섯 페이지 정도의 글을 써서 심재명 씨에게 보여 줬어요. 분명히 성공한다, 1990년대의 〈겨울나그네〉(곽지균, 1986)가 될 수 있다, 열심히 개발하라고 독촉했어요.

장윤현은 "기획의 포인트를 잡아내는 안목이 뛰어난" 심재명의 감을 믿었다. "대중적으로 어떻게 소통할까? 극 중 주인공들이 현실에서 서로 만나지 않는 설정이라 새롭고 실험적인 이야기를 어떻게 익숙한 멜로로 가져갈까? 이를 통해 감독이 말하고자 하는 희망을 어떻게 제시할까? 세 가지에 포인트를 두고 감독은 물론 조명주, 김은정 작가가 머리를 맞대고 시나리오를 발전시켜 나갔어요"라고 이은은 설명한다.

아닌 게 아니라, 극장주를 대상으로 영화를 시사하자 새로운 멜로에 적응하지 못하는 반응들이 나왔다. 〈접속〉의 투자자로 참여했던 김승범이 말하는 그날의 상황이다.

동숭아트홀 빌려서 가장 먼저 시사했거든. 영화 끝나니까 극장에 아무도 없어. 다 도망갔어. 뭐 저런 영화가 다 있느냐며 극장주들이 안 좋게 봤어요. 심지어 어떤 제작자는 마지막 장면을 다시 찍어야겠대. 명색이 멜로영화인데 둘이 키스는커녕 손도 한 번 안 잡냐? 그래서 다 모여서 회의한 거야. 아무리 그래도 그렇지, PC통신 하다가 처음 만난 날 어떻게 안아? 논리의 비약도 그런 게 없어요. 만에 하나 그거 때문에 흥행이 안 되더라도 영화의 문맥상 바

장윤현 張允炫(1967~)

"사람들 만나는 게 즐거워 영화를 했어요. 감독으로든, 제작자로든, 자주 만날 수 있으면 좋은 거죠."

한양대 영화동아리 '소나기'에서 활동했다. 대학교 2학년 때 만든 40분 분량의 단편 〈인재를 위하여〉(1987)가 1980년대 최고의 독립영화라는 평가를 받았다. 장산곶매에서 〈오! 꿈의 나라〉, 〈파업전야〉 등의 작업에 참여한 후 사회주의국가에서 영화 공부를 하고 싶다는 생각에 헝가리 유학길에 올랐다. 6개월 만에 귀국, PC통신 문화를 접하고 〈접속〉의 아이디어를 떠올렸다. 장산곶매에서 함께한 이은의 명필름에서 제작과 기획을 담당한 이 영화는, 기존의 문법과 다른 멜로영화라는 평과 함께 서울 관객 67만 명을 모았다. 자신이 하고 싶은 영화를 더 자유롭게 만들고자 1998년 구본한 대표와 '쿠앤쿠필름'을 설립했다. 여기서 두 번째 영화 〈텔미썸딩〉을 연출하고 〈연풍연가〉(박대영, 1998), 〈꽃섬〉(송일곤, 2001), 〈라이어〉(김경형, 2004), 〈알포인트〉(공수창, 2004) 등 동료 감독의 작품을 제작했다. 2005년에는 시네마서비스에서 부사장 직함을 달았다.

꿀 수는 없다고 해서 기존의 결말로 강행해서 갔다고.

　이건 꽤 놀라운 결정이다. 제작자와 창작자가 아니라 투자자의 입에서 이런 얘기가 나왔다는 게 말이다. 보통 투자자라고 하면 기존 흥행 영화의 공식을 따라 안전하게 수익을 추구하지, 새로운 소재, 실험적인 시도와 같은 불분명한 데이터에 투자를 '강행'하는 경우가 극히 적기 때문이다. 그런 이유로 〈접속〉은 명필름과 〈코르셋〉으로 인연을 맺었던 삼성영상사업단을 비롯하여 대기업 투자자들로부터 모두 투자를 거절당했다. 그 대안으로 〈은행나무 침대〉의 성과가 있는 일신창투를 찾아갔다. 이에 대해 심재명은 "〈결혼이야기〉는 삼성을, 〈은행나무 침대〉는 일신창투를 만나 성공했던 것처럼 새로운 영화는 새로운 자본을 만나 빛을 보고는 해요"라고 개인적인 의견을 밝힌다.

1990년대 초반에 출범한 대기업의 영상사업단은 비디오 판권 사업으로 영화에 자본을 넣고 관련된 부가 사업을 펼치는 등 규모가 큰 조직이었어요. (일신창투와 같은) 금융자본은 자본의 수익률에 충실한 집단이라 조직도 슬림하고 커뮤니케이션도 간소한 편이었어요. 투자 심사와 관련해 최종 의사 결정권자가 다이렉트로 의견을 조율하는 등 결정도 굉장히 빨랐고요.

　심재명의 말에 김승범은 "명필름이 양질의 자본을 받기 위해 노력을 많이 해 줬기 때문"이라고 공을 돌린다.

〈접속〉은 중간에 캐스팅이 몇 번 엎어졌어요. 작가 한 분은 스물일곱 번을 각색하다가 지긋지긋하다고 도망을 갔어요. 다행인지, 불행인지 시간이 많았어요. 그러다 보니까 프리프로덕션이 굉장히 잘돼서 그에 맞춰 영화가 완벽하게 나왔어요. 우리는 그 사이에 이은 사장님과 함께 표준 예산서를 만들었어요. 투자의 개념은 서로 계약을 통해 약속하는 것이기 때문에 외국의 예산서를 가져다가 우리 현실에 맞게 고쳤어요. 그렇게 해서 제작비가 투명하게 관리되고 투자사와 제작사가 신뢰 관계 속에 작업을 이어갈 수 있었어요.

개봉 전 시사회에서 제기된 부정적인 시선과 달리, 〈접속〉은 서울 관객 67만 명을 동원하며 1997년 박스오피스 전체 4위이자 한국영화 1위를 기록하는 대성공을 거뒀다. 영화를 만든 주체는 물론이고 한국 영화계에도 〈접속〉은 기록할 만한 성과였다.

투자사와 제작사에 기존의 한국영화와 달라도 잘될 수 있다는 생각을 심어 줬다고 생각해요. 그와 같은 흐름이 2000년대 초반까지 이어진 걸 보면 〈접속〉은 변화의 시작점에 있는 영화가 아니었나 싶어요.

장윤현이 내린 자평에 대해, 변영주 감독은 '웰메이드'로 정리한다.

한국영화계에 가장 필요한 건 웰메이드 영화라는 걸 선언한 작품이에요. 이런 영화를 만들면 관객들이 좋아하고 산업이 커진다는 걸 보여 줬어요.

장윤현이 〈접속〉을 작업하고 개봉하던 때에 변영주는 최초로 일본

군 위안부 할머니의 목소리를 담은 다큐멘터리 〈낮은 목소리-아시아에서 여성으로 산다는 것〉(1995), 〈낮은 목소리 2〉(1997)를 만들어 극장 개봉까지 이루는 성과를 냈다. 금융자본의 투자를 받아 메이저 제작사에서 만든 '대중영화'와 제작비를 자체 조달해 자주상영 방식으로 관객이 있으면 어디서라도 작품을 트는 '독립영화'라는 차이가 있었지만, 장윤현과 변영주 두 감독의 뿌리는 같았다. 대학원 시험을 치르면서 만난 이은을 따라 장산곶매에 들어가 장윤현에게 영화가 무엇인지를 배웠던 변영주는 이후 다큐멘터리 공동체 '푸른영상'에서 〈아시아에서 여성으로 산다는 것〉(1993)을 연출했고 '기록영화제작소 보임'을 차려 〈낮은 목소리〉 시리즈를 완성했다. 변영주는 당시를 재미있었던 시기로 기억한다.

1996년을 전후해 재밌는 일이 많았어요. 장윤현 감독처럼 1세대 독립영화인들이 충무로에서 다양한 시도를 했죠. 저는 〈낮은 목소리〉로 동숭씨네마텍에서 〈돼지가 우물에 빠진 날〉(1996)의 홍상수 감독과 〈네온속으로 노을지다〉(1995)의 이현승 감독과 관객과의 대화를 했어요. 상업영화와 독립영화가 서로 뜨거운 피를 교환하는 시기가 막 시작된 거예요.

〈낮은 목소리 3-숨결〉(1999)까지, 10년 가까이 〈낮은 목소리〉 3부작에 공을 들였던 변영주는 좋은영화가 제작에 참여하고 시네마서비스가 배급을 맡았던 극영화 〈밀애〉(2002)를 작업하며 또 다른 행보를 시작했다. 이에 대해 주변에서 "변절했다", "극영화 감독하려고 독립영화를 이용했냐?" 등의 여러 얘기가 있었다고 하는데, 변영주는 "다른 작품을 만들고 싶어 극영화라는 방식을 택했던 거지 영화를 만드는 일에는 변함이 없었다"고 항변한다.

영화란 결국 공동창작이란 점에서 상업영화와 독립영화, 극영화와 다큐멘터리, 블록버스터와 저예산 등의 구분은 큰 의미가 없다. 변영주의 다음 발언은 1990년대 중반을 넘어서면서 한국영화가 괄목할 만한 성장을 보였던 배경의 핵심이 무엇인지를 다시금 확인시켜 준다.

영화란 모두가 힘을 몰아 주는 누군가에 의해 만들어지는 것이에요. 어디에서 작업하든, 장르가 무엇이든, 제작비가 얼마나 들어갔든, 영화를 만든다는 건 누군가의 책임 하에 총력전을 벌이는 거예

변영주邊永柱(1966~)

"감독이라는 자체가 혜택이에요. 영화로만 보답하는 게 아니라 도움되는 일이 있다면 무엇이든 하려고요."

이화여자대학교 4학년 2학기 때 '여성학연구' 수업을 듣다가 과제로 리포트 대신 8mm 단편을 만들어 제출했다. 그때 영화를 하겠다고 결심했다. 중앙대학교 대학원 입학시험을 치다 만난 이은과의 인연으로 장산곶매에 들어가 영화에 관해 많은 것을 익혔다. 1989년에 여성영상집단 '바리터' 창단 멤버가 되어 김소영 감독의 〈작은 풀에도 이름 있으니〉(1990), 〈우리네 아이들〉(1990)에서 촬영을 맡았다. 1993년에 〈아시아에서 여성으로 산다는 것〉을 만들어 주목받았고, 1995년에는 〈낮은 목소리-아시아에서 여성으로 산다는 것〉이 다큐멘터리 최초로 한국에서 극장 개봉했다. 그리고 같은 해 10월 〈낮은 목소리-아시아에서 여성으로 산다는 것〉으로 제4회 일본 야마가타 다큐멘터리 영화제에서 오가와 신스케상을 받았다. 〈낮은 목소리 3-숨결〉(1999)을 만든 후에는 장편 극영화 〈밀애〉(2002), 〈발레교습소〉(2003), 〈화차〉(2011)를 연출했다. 현재 강풀의 웹툰 원작 〈조명가게〉를 준비 중이다.

요. 이전에 보지 못했던 새로운 영화가 등장한 건 제작자의 힘이에
요. 감독을 만들어 내고, 감독의 영화를 기획해 내고, 감독의 영화
를 지켜 줬던 제작자, 그런 새로운 제작자들의 출현이야말로 1990
년대 한국영화의 가장 놀라운 점이라고 생각해요.

전성시대를 맞이하다
: 한국영화 점유율 40퍼센트의 시대

〈접속〉이후 2000년을 전후한 명필름의 제작 필모그래피는 명
작의 연속이다. 〈조용한 가족〉(김지운, 1998), 〈해피엔드〉(정지우,
1999), 〈공동경비구역 J.S.A〉(박찬욱, 2000), 〈와이키키 브라더스〉(임
순례, 2001) 등 1990년대를 넘어 한국영화사의 올 타임 대표작일
뿐 아니라, 전 세계적으로 한국영화를 알리는 데에 중요한 역
할을 한 감독들의 작품이라는 점에서도 특별한 의미가 있다.
당시 이 정도의 작품성과 흥행성을 갖춘 작품들을 제작하여
한국영화계에 건강한 영향을 미친 제작사를 더 꼽으라면 단연
우노필름이다.

우노필름의 수장 차승재는 영화와 전혀 관련 없는 생활을
하다가 대학교 때 친구 김태균(〈박봉곤 가출사건〉, 〈화산고〉(2001),
〈늑대의 유혹〉(2004) 등 연출)이 한국영화아카데미KAFA 4기로 입
학한 것이 계기가 되어 우연히 영화계에 들어왔다.

1990년대 초반에 직업을 잃은 적이 있어요. 놀고 있으니까 아카데

미 친구들이 같이 일하자고 제의했어요. 그래서 아카데미 1기 출신의 장현수 감독 데뷔작 〈걸어서 하늘까지〉(1992)에서 제작부장을 하게 됐어요.

연이어 이명세 감독의 〈남자는 괴로워〉(1995)까지, 현장을 경험한 차승재를 눈여겨본 건 신씨네였다. 구세대의 주먹구구식 제작 방식에서 벗어나 체계적인 시스템을 구축하기 위해서는 제작 현장을 컨트롤하고 예산을 굴릴 수 있는 사람이 필요했는데, 그게 차승재였다. 그를 향한 구애(?)는 유인택이 가장 적극적이었다.

〈결혼이야기〉 때 제의했어요. 그때는 거절했어요. 그러다가 〈너에게 나를 보낸다〉 때 받아들이더라고요.

차승재는 유인택, 신철 등 1세대 프로듀서 출신들과 주로 작업하며 그들로부터 영화제작의 많은 것을 배우고 받아들였다.

우노필름을 운영하면서 여러 편의 작품을 만들 수 있는 시스템을 만들었어요. 그건 신철 선배의 아이디어에서 영향받은 거예요. 당시 대부분의 영화사는 한 편을 만들고 나서 그다음 영화를 준비했는데, 신씨네는 '인하우스 프로덕션'이라 불리는 스튜디오 시스템을 도입해 여러 편을 동시에 진행했어요. 그러기 위해서는 프로듀서가 상당히 크리에이티브가 있어야 하고 결정 권한도 가져야 한다, 이런 구조를 만들어 우노필름을 운영하려 했어요.

"실질적인 운영은 그렇게 안 됐지만"이라고 차승재는 말하지만, 우노필름이 제작한 작품의 면면은 화려하다. 창립작 〈돈을 갖고 튀어라〉는 코믹 연출에 재능을 가진 김상진 감독의 데뷔작이었다. 허영만의 만화 원작을 김성수 감독이 연출한 〈비트〉는 한국 청춘영화의 대표작 지위에 오르며 배우 정우성의 꽃길을 열어 줬다. 허진호 감독의 〈8월의 크리스마스〉(1998)는 색다른 감성의 멜로영화로 찬사를 받았고, 〈처녀들의 저녁식사〉(1998)를 통해 임상수라는 문제적 감독을 배출했다. 그리고 우노필름에서 〈모텔 선인장〉(박기용, 1997)의 조감독을, 〈유령〉(민병천, 1999)의 작가를 거친 봉준호는 〈플란다스의 개〉(2000)를 통해 연출자로 데뷔했다.

우노필름이 활발하게 영화를 제작하던 시기는 IMF로 사회 전반이 휘청하던 때였다. 다음은 영화 월간지 《프리미어》의

차승재 車勝宰(1960~)

"내가 제작한 영화란 무엇이냐. 사회적 인식을 바탕으로 그 안에서 재미를 찾는 것이었어요."

영화와 무관한 일을 하다가 영화를 하는 친구들의 제의로 〈걸어서 하늘까지〉의 제작부장을 맡았다. 단 한 번의 외도로 생각했지만, 아버지 장례식에 온 친구들의 상당수가 영화와 관련한 일을 하는 것을 보면서 영화를 직업적 터전으로 삼기로 결심했다. 신씨네에 스카우트되어 〈101번째 프로포즈〉의 프로듀서를, 기획시대에서 〈너에게 나를 보낸다〉의 제작 지휘를 맡은 후에 독립하여 '우노필름'을 설립했다. 창립작 〈돈을 갖고 튀어라〉와 두 번째 작품 〈깡패수업〉이 많은 관객의 사랑을 받으면서 프로듀서로서의 능력을 인정받았다. 그의 제작 안목이 절정에 이른 건 '(주)싸이더스'로 회사명을 변경한 후 2003년이었다. 장준환 감독의 〈지구를 지켜라!〉는 흥행에 실패했어도 독특한 상상력의 영화로, 봉준호 감독의 〈살인의 추억〉은 사회성 짙은 메시지에 재미까지 담아내어 싸이더스의 전성시대를 이끌었다.

1998년 1월호 〈IMF 시대의 한국영화〉 기사의 주요 내용이다.

1997년에 개봉한 한국영화는 57편이다. 작년에 비해 10.8퍼센트가 감소한 편수이다. (중략) 내년에는 이보다 적은 약 40에서 50편 정도, 심하게는 30편 정도가 제작될 것이라는 예상이 일반적이다. 심지어 일부 언론에서는 이런 식이라면 한국전쟁 이후, 37편이 제작되었던 1957년 이후 40년 만에 최대의 위기를 맞게 될 것이라는 극단적인 예상까지 하고 있다. 충무로 토착자본은 물론이고 제작비 대부분을 지원하던 대기업들이 몸을 사리기 때문에 상황은 더욱 악화할 것이라는 얘기다.

그러나 비관적인 전망과 달리, 1998년에 개봉한 한국영화는 46편이었다. 심지어 한국영화 흥행 베스트 10 중 30만 이상을 동원한 한국영화가 7편이나 나와 한국영화의 시장점유율도 25.1퍼센트로 상승했다.[5] IMF 여파로 영화산업에 뛰어들었던 대기업들이 하나둘 빠져나가는 상황에서 한국영화의 점유율이 늘어나자, 배급 판도가 급격하게 변화하기 시작했다. 《씨네21》은 2000년 1월 넷째 주의 기획기사 〈보이지 않는 손들의 전쟁〉에서 당시 배급 상황을 '시네마서비스 vs 제일제당 vs 튜브, 배급 전쟁 2000'으로 압축했다.

대기업과 금융자본이 영화 쪽에 유입되고, 유통 구조가 '업자' 주도에서 '회사'로 형태가 바뀌고, 멀티플렉스의 출현과 와이드 릴리즈 방식의 개봉으로 극장이 상영작을 고르는 상황이 되면서, 배급회사 간 좋은 작품을 입도선매하려는 움직임이 경쟁적으로 펼쳐졌다. 배급사 입장에서는 꾸준하게 좋은 작품을 만든 제작사를 주목할 수밖에 없었는데, 이때 명필름이나 우노 필름 같은 곳이 이들의 전략적인 동반자로 부상했다. 제일제당 은 명필름의 〈섬〉(김기덕, 2000), 〈공동경비구역 J.S.A〉, 강제규필 름의 〈단적비연수〉(박제현, 2000) 등에 더해 우노필름(과 주식회사 로 변경한 싸이더스)의 〈행복한 장의사〉(장문일, 2000), 〈봄날은 간 다〉(허진호, 2001), 〈무사〉(김성수, 2001)에 제작비를 투자했다.

당시 최대 배급사인 강우석의 시네마서비스는 100억 원짜 리 '차승재 펀드'에 20억 원을 대기로 합의했다. 이를 기사로 다룬 《씨네21》은 제목을 '강우석-차승재, 악수'[6]로 뽑았다. 강 우석은 배급할 영화의 안정적인 확보, 차승재는 우노필름의 프 로듀서 독립 외에 제작 자본의 기반 구축이라는 이해관계가 맞아떨어진 결과였다. 일신창투는 김승범을 대표로 하는 '한 국영상투자개발'을 설립해 배급 시장에 뛰어들며 우노필름의 〈모텔 선인장〉, 〈8월의 크리스마스〉, 〈유령〉 세 편에 투자한다. 그리고 김승범은 일신창투를 나와 튜브엔터테인먼트를 차리 면서 배급을 전면에 내걸고 '전쟁'에 뛰어들었다.

배급 경쟁이 심해졌다는 건 유통 구조가 잡혔다는 얘기이 다. 그 의미를 차승재는 이렇게 분석한다.

계약의 신뢰성이 확보됐다는 거 하나. 자금 조달의 집행과 정산의 투명성이 가능해졌다는 거 또 하나. 그럼으로써 유통 시스템이 확 립됐다는 거, 그게 산업화의 중요한 배경이에요. 영화시장의 파이 가 커진 건 한국영화를 통해서 얻은 이익이 서너 배 이상 커졌다는 데서 영향을 받은 거니까요.

　그의 말처럼 1999년의 한국영화 제작 편수는 50편이었고, 관객 점유율은 40퍼센트에 가까운 36.7퍼센트를 기록했다. 전년에 비해 4편 늘어난 수치이지만, 점유율은 95퍼센트 이상 증가한 것으로, 이는 1987년 할리우드 직배 영화가 허용된 이후 한국영화로는 최고 수치였다.

　그해 한국과 해외 작품을 통틀어 최다 관객을 동원한 영화는 〈쉬리〉였다. 서울 관객 기준 245만 명을 동원하며, 200만 관객을 모은 〈타이타닉〉(제임스 캐머런, 1997)을 넘어섰다. 〈쉬리〉 외에 〈주유소 습격사건〉과 〈인정사정 볼것 없다〉(이명세, 1999), 그리고 〈텔미썸딩〉이 전국 70만 관객을 넘어서며, 1999년 흥행 베스트 10에 무려 네 편의 한국영화가 이름을 올렸다. 수치만 좋아진 것이 아니라 영화의 완성도 면에서도 뛰어난 작품이 다수 발표되면서 〈해피엔드〉, 〈여고괴담 두번째 이야기〉(김태용·민규동, 1999), 〈간첩 리철진〉(장진, 1999), 〈태양은 없다〉(김성수, 1998), 〈세기말〉(송능한, 1999), 〈유령〉 등이 각종 매체에서 선정하는 1999년의 베스트 영화에 선정되었다.

　언급한 작품들은 영화 자체의 성과를 넘어 한국영화산업의 자장 안에서도 각각 의미가 있다. 〈쉬리〉는 한국형 블록버스터의 시발이 된 작품으로, 순 제작비 23억과 마케팅비 7억 원은 당시 기준으로는 천문학적인 액수였다. 또한, 와이드 릴리즈 방식으로 서울에서만 20개 관이 넘는 극장에서 개봉하는 등 전국 관객 582만을 기록하며 한국영화산업의 양적 팽창을 주도했다. 〈인정사정 볼것 없다〉와 〈유령〉은 1999년 7월 31일 같은 날 개봉했다. 여름 시장이라는 극장가의 대목에서 한국영화 기대작들이 동시개봉하는 경우는 없었다. 그것이 가능해진 건 한국영화를 동시에 다양하게 수용할 수 있는 멀티플렉스가 새로운 극장 형태로 등장하고 스크린 수가 늘었기 때문이다.

이런 배경이 맞물리면서 1999년의 한국영화는 유례없이 다양한 장르의 작품을 선보였다. 그중에는 시리즈물의 가능성을 확인한 〈여고괴담 두번째 이야기〉와 개봉 후 여성의 욕망에 대한 남성의 반응을 두고 찬반 논란이 가열됐던 치정극 〈해피엔드〉가 있었다. 지금이야 '여고괴담'은 한국영화를 대표하는 시리즈물로 30년 가까이 장수하고 있지만, 〈여고괴담〉(박기형, 1998) 제작 당시만 해도 공포영화에 대한 충무로의 반응은 호의적이지 않았다. 〈여고괴담〉 시리즈가 세상에 나오는 데에 산파 역할을 했던 씨네2000의 제작자 이춘연의 말이다.

오기민이가 〈여고괴담〉 시나리오를 보여 주겠다고 가지고 왔어. 2년 넘게 이 대본을 들고 다녔대. 이런 게 되겠냐고 다 던졌다는 거야.

〈여고괴담〉이 숱하게 거절당한 이유를 오기민은 이렇게 설명한다.

〈여고괴담〉이 나오기까지 하이틴물이 10여 년간 없었고 공포영화는 그보다 더 오랫동안 없었고. 이런 상황에서 여자고등학교를 배경으로 하는 귀신영화를 찍는다? 그런 걸 왜 하니? 그런 분위기였어요.

그러나 이춘연은 〈여고괴담〉의 제목을 보는 순간 느낌이 왔다.

세상에 전설 없는 학교 없고, 귀신 얘기 하나 없는 학교 없잖아. 특히 오래된 학교는 더 그렇고. 〈여고괴담〉 시나리오를 보면서 나는 공포라기보다 예쁘다고 생각했어. 그러니까, 예쁘고 무서운 거였지.

오기민은 〈여고괴담〉 후에 영화사 봄과 함께 〈장화, 홍련〉 (김지운, 2003)도 제작해 〈여고괴담〉의 흥행 기록을 깨기도 했다. 오기민은 상업적인 선택에서 공포물에 관심을 가졌다고 밝힌다. 두 작품은 전통적인 의미의 공포영화는 아니에요. 시장전략적인 측면이 있어요. 〈여고괴담〉은 학교에서 벌어지는 선생님과 학생

오기민 吳基民 (1961~)
"처음부터 〈여고괴담〉은 될 거라는 확신이 있었어요. 시리즈로 갈 수 있다고 생각했어요."

영화에 관한 공부를 따로 하지 않았다. '노동자문화예술운동연합'에서 노동자 대상의 영화 상영과 토론 활동을 하고, 정부가 막은 〈닫힌 교문을 열며〉(이재구 외, 1991)의 필름을 일본에서 들여오는 역할을 했다. 이를 계기로 영화를 제작하고 싶다는 생각을 한다. 장산곶매와 김동원 감독이 대표로 있는 '푸른영상'에 잠시 몸담았다가 정성일, 김홍준, 미디액트 소장을 지낸 김명준 등을 만나 영화에 대한 지식을 익히면서 프로듀서에 관심을 두게 되었다. 이명세 감독의 〈첫사랑〉(1993)을 제작한 '삼호필름메들리', 영화사 'LIM' 등을 거친 후 씨네2000에 프로듀서로 참여하여 〈여고괴담〉, 〈여고괴담 두번째 이야기〉를 기획·제작했다. 차승재 대표의 투자로 '마술피리'를 차려 창립작으로 〈고양이를 부탁해〉를 만들었다. 〈장화, 홍련〉의 성공 후 정훈탁 대표의 제안으로 매니지먼트 기반의 '아이필름'에 합류해 대표직을 역임했다.

들 사이의 폭력에 대한 문제를 얘기하고 싶었어요. 〈장화, 홍련〉은 원래 정재은 감독이 〈고양이를 부탁해〉(2001)를 끝내고 나서 사극으로 가고 싶다며 가져온 아이템이었어요. 나는 현대물로 가야 한다, 정재은 감독은 사극이 아니면 굳이 할 필요 없다, 해서 제가 하는 거로 정리가 됐어요. 공포물의 틀을 빌려서 연출한다면 상업적으로 풀릴 수 있겠다고 판단했어요.

그렇다고 오기민의 마술피리가 시장분석에 기반한 흥행성과 상업성만을 따져 필모그래피를 꾸린 건 아니다. 흥행에는 별 재미를 못 봤지만 시간이 지날수록 진가를 드러내는 〈고양이를 부탁해〉와 〈여고괴담 두번째 이야기〉에 대해, 오기민은 "안될 것 같은 영화들이 있어요. 근데 진짜로 하고 싶은 영화들이 있죠"라며 거시적인 안목의 제작관觀을 드러낸다.

〈고양이를 부탁해〉는 콘셉트가 분명한 영화가 아니었어요. 영화가 안 좋다는 의미와는 다른 건데 그런 작품이 상업적인 성공을 거둔 예는 별로 없죠. 흥행이 안 되더라도 최소한 어느 선에서는 막아야 한다는 건 있었죠. 〈여고괴담 두번째 이야기〉는 상업적인 데에 포인트를 둬야 할지, 차별된 시리즈라는 걸 부각해야 할지 그게 고민이었어요. 결국, 후자에 방점을 두고 기획을 좀 더 과감하게 했죠.

〈고양이를 부탁해〉, 〈여고괴담 두번째 이야기〉 등에 관해 "충무로에서 자리를 잡고 다음 단계로 넘어가는 데에 굉장히 힘이 됐던 작품들"이라고 남다른 애정을 드러내는 오기민의 제작 마인드는 차승재에게 영향받은 바가 크다.

우노필름에서 벌어지고 있는 활발한 느낌이 좋았어요. 그 느낌과 만나 보고 싶다는 생각이 컸어요. 마술피리를 차리게 된 것도 차승재 대표가 투자를 해 줘서예요.

1990년대 한국영화산업이 단기간의 현상에 그치지 않고 할리우드와 맞먹을 정도의 영향력을 갖추는 지금에 이르기까지 지속성을 유지할 수 있었던 건, 오기민이 차승재에게서 받았다는 그 느낌, 좋은 한국영화 만들기라는 공통의 목표 아래 서로 배우고 협력해야 할 대상이라는 동업자 정신이 작용했던 탓이다. 오기민의 말이다.

저나 비슷한 시기에 충무로에 들어왔던 사람들의 생각은 똑같았어요. 영화를 해서 큰 이익을 얻기보다 좋은 영화를 만들자는 거였어요. 좋은 영화라는 개념이 추상적이긴 해요. 더 구체적으로 말한다면 이전 세대가 만들던 영화와는 다르게 가자는 거였어요. 제작 방식에 대한 것부터 영화 내용에 관한 것까지, 기존 질서와는 안녕을 고하면서 새로운 에너지를 만들 수 있었던 거죠.

지금은 감독으로 더 활발히 활동하고 있는 김조광수 청년필름 대표는 '6월 민주항쟁'의 경험을 1990년대 한국영화의 변화의 원동력으로 지목한다.

386이라고 불리는 세대가 한국영화계에서 다이내믹한 활동을 벌일 수 있었던 가장 큰 이유는 1987년의 6월 민주항쟁을 겪었기 때문이에요. 우리 세대는 크게 승리한 경험이 있어서 뭐든 할 수 있을 것 같은 자신감이 있었어요. 한국영화는 미국영화를 뛰어넘을 수 없어, 이전에 영화를 하셨던 분들이 그어 놓은 선을 우리는 뛰어넘은 거죠.

청년필름은 한양대, 경희대, 서울대, 서울예전 대학생들이 대학영화운동과 영상제작을 위해 만든 '영화제작소 청년'을 모태로 한다. 독립영화 집단이 충무로에 진출한 유일한 사례로 꼽히는데, 창립작으로 〈해피엔드〉를 준비했다. '불륜'을 소재로 한 작품에 노출 장면까지 있다 보니 캐스팅에서부터 난항을 겪었다. 신생 회사가 겪는 어려움이었는데, 명필름에서 관심을 가져 합작 형태로 만들게 되었다. 그때 김조광수는 명필름이 충무로에서 갖는 브랜드파워를 실감했다.

명필름과 합작하면서 얻은 플러스 요인이 많았어요. 저희 단독으로 준비할 때에는 예술영화로 인식하던 시나리오를 명필름이 들어오니까 상업영화로 봐 주더라고요. 상업영화로 봐 준다는 건 흥행할 가능성이 높은 영화라는 의미였어요. 명필름이 해 놓은 성과들이 곧 브랜드였고, 그에 대한 선호가 투자부터 배우 캐스팅까지 연결되었던 거죠. 영화산업 안에서 상업적인 성공을 했던 회사냐 아니냐는 굉장히 중요한 판단 근거였어요.

〈해피엔드〉로 흥행은 물론 작품성까지 인정받으면서 김조광수는 청년필름의 브랜드를 드러낼 수 있는 작품들을 연이어 발표했다. 여성적인 감성이 돋보이는 〈와니와 준하〉(2001), 박찬옥 감독의 인상적인 데뷔작 〈질투는 나의 힘〉(2003), 유아인의 존재를 처음 알린 〈우리에게 내일은 없다〉(노동석, 2006) 등 김조광수는 이 작품들을 일러 "시장성 있는 독립영화, 독립영화 같은 상업영화"라는 표현을 썼다.

자본으로부터 자유로운 예산 구조를 갖추고 있고 상업영화처럼 매끈하지는 않아도 관객이 쉽게 따라갈 수 있는, 그리고 재미를 느낄 수 있는 영화를 만들고 싶었어요.

1990년대는 제작자가 만들고 싶은 영화가 곧 제작사의 브

김조광수 金趙光秀(1965~)
"상업영화도, 저예산 예술영화도 꾸준하게 하려면 두 가지 성공 사례를 모두 보여 줘야 했어요."
한양대 연극영화과 출신이다. '전국대학생대표자협의회', '한국대학총학생회연합'의 문화국에서 민중운동을 하다가 정지우, 김용균 감독의 권유로 '영화제작소 청년'의 대표로 활동한다. 이곳을 나와 1996년부터 1997년까지 '동숭아트센터'와 '아레나이'에서 영화 홍보 일을 했다. 1997년에 '청년필름'을 설립하여 명필름과 합작, 〈해피엔드〉를 만들어 제작자로 성공적인 출발을 했다. 여기서 경험을 얻어 두 번째 작품 〈와니와 준하〉(김용균, 2001)는 청년필름 단독으로 제작했다. 〈질투는 나의 힘〉(박찬옥, 2002), 〈귀여워〉(김수현, 2004), 〈후회하지 않아〉(이송희일, 2006)와 같은 저예산영화, 〈분홍신〉(김용균, 2005), 〈조선명탐정〉 시리즈(김석윤, 2011·2014·2017) 같은 상업영화를 넘나들며 다양한 작품을 제작했다. 제작자로 활동하던 중 단편 〈소년, 소년을 만나다〉(2008)를 연출하며 감독 생활도 이어 가고 있다. 장편 연출작으로 〈두 번의 결혼식과 한 번의 장례식〉(2012)과 〈메이드 인 루프탑〉(2021)이 있다.

랜드가 되는 시대였다. 예컨대 〈결혼이야기〉·〈은행나무 침대〉의 신씨네는 예전에 볼 수 없었던 '새로움'으로, 〈투캅스〉·〈공공의 적〉의 시네마서비스는 맘껏 웃으면서도 현실을 날카롭게 꼬집는 '전복'으로, 〈아름다운 청년 전태일〉(박광수, 1995) · 〈이재수의 난〉(박광수, 1999)의 기획시대는 대작을 두려워하지 않는 '도전'으로, 〈접속〉·〈해피엔드〉의 명필름은 기존 장르를 다시 보게 하는 '파격'으로, 〈8월의 크리스마스〉·〈플란다스의 개〉의 우노필름은 연출자의 개성이 시장 흥행에 우선하는 '실험'으로, 〈여고괴담〉의 씨네2000은 20년 넘게 시리즈를 지속한 '전통'으로, 〈고양이를 부탁해〉·〈여고괴담 두번째 이야기〉의 마술피리는 흥행 시장과 타협하지 않는 '패기'로 제작사의 색깔을 만들어 시장에 브랜드를 각인시켰다.

　한국영화가 1990년대 후반에 맞이한 시장점유율 40퍼센트의 시대는 특정한 몇몇 영화의 선전으로 단기간에 만들어진 것이 아니다. 새롭게 충무로의 주류로 자리잡은 이들이 기존 질서에서 취할 건 취하고 버릴 건 버리면서 시스템을 재정비하고 도전 정신으로 무장한 채, 실패와 성공의 경험을 역사로 쌓아 산업의 형태로 이뤄 낸 모두의 성과였다. 그것은 한 챕터의 마무리이자 새로운 시작의 전조였다. 1990년대는 한국영화를 바라보는 한국 관객의 신뢰를 회복한 시대였다. 2000년대의 한국영화는 이제 한국을 넘어 세계의 주목을 받게 된다. 그리고 다양한 군소 제작사의 시대에서 몇몇 대기업이 제작부터 배급까지 장악하는 독과점의 시기에 직면한다.

지금의 한국영화에 이르다
: 불완전성이라는 동력

변영주는 1990년대의 한국영화를 이끈 힘을 '불완전성'이라는
한 단어로 정리한다.

명백한 답안지가 없어요, 이런 영화도, 저런 영화도 튀어나와 어떤
영화는 잘되고, 또 어떤 영화는 망해요. 그런 불완전성이 한국영화
를 다양하게 만들었다고 생각해요.

다시 말해, 성공한 영화를 따라 특정 요소를 반복하는 것이
아니라 시장에서 어떤 반응이 나올지 몰라도 도전을 감행하는
역동성이 1990년대의 한국영화를 다양하게 이끈 원동력이었
다는 것이다. 그에 따른 결과로 영화에 자본이 몰리고 대기업
이 영화사업에 진출하면서 한국영화산업의 성격은 1990년대
와 또 다른 변화를 겪게 된다.

유인택은 당시 한국영화사상 가장 많은 제작비인 110억 원
이 투입된 〈성냥팔이 소녀의 재림〉(장선우, 2002)을 준비하면서
변화하는 시대를 체감했다.

제작자의 시대는 가는구나. 이제 투자자의 시대구나. 투자자가 제
작자를 자르는 시대가 왔구나.

그렇게 생각하게 된 이유는, 영화를 준비하는 과정에서 장

선우와의 오랜 관계가 행여 감독을 지휘하는 데에 문제로 작용할까 봐 "지휘 라인에서 빠지고 외곽 지원만 맡아 달라"는 요청을 받았기 때문이다. 유인택은 이를 이렇게 비판한다.

자본이 창의적인 그룹을 자꾸 컨트롤하기 위해 시스템화하는 것, 이거는 아니라는 거예요. 창의력을 발휘할 수 있는 여건을 마련해 줘야 하는데 그걸 관리·감독하다 보면 그동안 한국영화가 보여 준 새로움이 사라지는 거죠.

한국영화가 지닌 다양성과 새로움이 시험대에 오른 건 CGV를 필두로 메가박스와 롯데시네마 등의 멀티플렉스가 기존의 극장문화를 완전히 대체하면서다. 現재 동국대학교 경영전문대학원 교수이자 2000년에 CJ엔터테인먼트 대표를 역임했던 이강복은 한동안 영화사업에 주춤했던 제일제당이 CJ엔터테인먼트로 다시 한국영화에 관심을 갖게 된 가장 중요한 배경으로 'CGV의 성공'을 꼽는다.

거기서 '현금흐름cash flow'의 여유가 생기니까 본격적으로 영화사업을 해 보자는 결정을 내리게 됐죠. 영화가 콘텐츠의 왕이라는 인식에서 미디어 사업으로 확장하려면 영화부터 해야 한다는 내부의 공감대가 있었어요. 한국영화에 투자하는 것을 넘어 직접 제작하고 배급까지 하는 시스템을 갖춰 나갔던 거죠.

CJ엔터테인먼트의 공격적인 행보에 쇼박스와 롯데엔터테인먼트 역시 발을 맞추면서 이들 대기업을 바라보는 한국영화계 내부의 시선은 경계 일색이었다. 강우석은 "영화에 투자하고, 영화를 제작하는 입장에서 영화인이냐 아니냐의 차이는, 흥행을 하지 못하더라도 명분 있는 영화를 만들 수 있느냐 없느냐에 있다고 봐요. 대기업 같은 외부 자본은 그 점에 있어 취약점이 있지 않나" 하는 우려를 드러냈다. 명필름의 이은은 강제규필름과 합병한 MK픽처스로 우회상장한 이유를 멀티플렉스 자본에 대항한 움직임에서 찾았다.

그와는 다른 성격의 자본이 필요했어요. 상장사를 통한 경영으로 자금을 확보해 펀드를 만들고 건강하게 배급해야겠다는 차원이었습니다.

영화를 돈 버는 수단으로만 대하지 않고 예술로 인식하는 영화인과, 수익 구조를 중요하게 생각해 자사 제작 영화와 거대 예산의 블록버스터에 신경 쓰는 대기업의 힘겨루기 양상은 산업적인 측면에서 일방적인 승부로 흘러갔다. 자본의 규모도 그렇거니와, 멀티플렉스 같은 하드웨어까지 갖추고 제작을 하는 대기업에 맞서 한정된 예산으로 영화를 만드는 제작사의 대결은 애초부터 기울어진 운동장이었다. 그러나 예술의 측면에서 한국영화는 1990년대에 형성된 한국영화의 장점, 즉 예측을 불허하는 전개의 새로움, 소재와 장르의 다양성이 지금까지 이어지며 숱한 한국영화 위기론 속에서도 K-무비라는 브랜드로 세계 속에 확고한 명성을 쌓았다.

이렇듯 한국영화는 1990년대 이후 하나의 산업 형태로 자리잡으면서 구세대와 신세대 간에, 충무로 내부 출신과 외부 출신 간에 '예술이냐, 상품이냐'로 영화를 바라보는 관점에 차이를 보이며 형태를 달리해 줄다리기를 이어 온 게 사실이다. 대기업 계열 영화사의 주도로 시스템이 갖추어지기는 했어도 모두를 만족시킬 수는 없는 구조이기 때문에 개선을 요구하는 목소리는 지금도 이어지고 있다. 그렇게 한국영화산업은 불완전성의 형태 속에 새로운 길을 찾고, 위기도 겪고, 서로 협력하고, 갈등하고, 화해하는 과정을 반복하며 새로운 기준을 모색해 왔다. 이에 대해 차승재는 "실패든 성공이든 제대로만 하면 큰 덩어리 안에서는 다 도움이 돼요"라고 정리한다.

나의 성공, 나의 실패가 아니라 우리 영화계가 이룬 역사라는 사고방식, 저는 영화산업 전체의 건강한 단면이라고 생각해요. 산업은 일단 역사가 형성되면 스스로 중심을 잡는 속성이 있거든요. 시대가 바뀌면 가치가 바뀌는 거예요. 그 시대 안에서 어떤 가치를 도출할 것인가, 거기서 다시 제대로 된 방향을 만들면 되는 거예요.

결핍은 새로운 욕망을 불러일으키기 마련이다. 1990년대에 불어닥친 한국영화의 새로운 바람은 제대로 된 한국영화를 만들자는 프로듀서 세대의 욕망에 바탕을 두고 있다. 그 욕망의 가치가 진화하여 지금의 한국영화를 완성하였다. 그리고 지금 더 나은 한국영화를 향한 또 다른 욕망이 새로운 빅뱅을 꿈꾸며 어디선가 꿈틀거리고 있다.

미주

1 〈누가 한국영화를 이끄는가-한국영화산업 파워 50〉, 《씨네21》 51호, 1996년 5월 7일.
2 〈누가 한국영화를 이끄는가-한국영화산업 파워 50〉, 《씨네21》 51호, 1996년 5월 7일.
3 〈(Report) 〈은행나무 침대〉 흥행, 이유 있다〉, 《씨네21》 59호, 1996년 7월 2일.
4 〈[특집] 충무로 대기업은 지금-돈으로 '질'을 살 수는 없다〉, 《씨네21》 45호, 1996년 3월 26일.
5 〈[Retro (17)] 한국영화 경제학 열 개의 사건-대기업 퇴조, 배급 판도의 급격한 변화〉, 《키노》 48호, 1999년 1/2월호 참조.
6 〈100억짜리 '차승재 펀드'에 시네마서비스 20억 원 투자키로〉, 《씨네21》 234호, 2000년 1월 4일.

안방극장 경쟁의 본격적인 막이 오르다
: 비디오산업

| 이수연 |

1990년대 초등학생(대부분은 '국민학생'이었을 것이다)들은 '호환·마마·전쟁'보다 불법비디오가 더 무서운 것이라고 알고 자랐다. 사실 그 메시지를 전달하고자 보여 준 영상이 더 위험해 보이지만, 그런 것은 중요하지 않았다. 그 경고 영상이 지나가고 난 뒤에 나올 신나는 만화영화를 볼 생각에 그저 가슴 두근거리고 있었을 테니까. 그러나 꼭 당시 초등학생뿐만 아니라, 1990년대를 기억하는 사람이라면 누구나 한 번쯤 그렇게 기대감에 두근거리며 비디오를 본 경험이 있지 않을까?

지금은 대부분 사라지고 없지만, 1990년대 동네에서는 아주 흔하게 '비디오 대여점'이라는 것을 볼 수 있었다. 각종 영화와 애니메이션 포스터들이 입구에 덕지덕지 붙어 있는 가게들이 1980년대 말부터 하나씩 보이기 시작하더니, 1990년을 넘어서면서 오늘날의 편의점만큼이나 많은 대여점이 생겨났다. 그렇게 비디오 대여점이 많았음에도 최신 흥행작을 보려면 잡지나 신문을 통해 '이번 주 출시 예정작'을 미리 파악하고 대여점에 예약을 걸어 놔야 했을 정도로 비디오는 당시 대다수 가정의 보편적인 여가문화 중 하나였다. 좀 더 쉽게 설명하자면, 1990년대 비디오 대여점이란 물리적인 시공간 속에 위치한 '넷플릭스'(사실 넷플릭스도 비디오 대여 사업으로 시작되었다)였다. 지금이야 집에서 리모콘 버튼 하나만

누르면 바로 OTT와 VOD 서비스로 전 세계의 미디어 콘텐츠를 감상할 수 있지만, 그런 것이 전무했던 시절 '안방극장'을 책임지고 있었던 것은 비디오였다. 이제부터 1990년대 최고 호황을 누리다가 사라진 비디오산업에 대해 좀 더 알아보자.

비디오 시장의 규모

비디오 시장의 성장사를 알아보기 위해서는, 그 기반이 된 컬러TV와 VCR 제조업의 성장부터 들여다볼 필요가 있다. 1960년대부터 미국·일본에서 컬러TV 수상기를 생산하고 그에 맞춘 컬러방송 송신에 열을 올리기 시작하면서, 대부분의 수익을 수출에 의존하던 국내의 전자제품 제조업체들도 이 대열에 동참하려는 움직임을 보였다. 그렇게 1970년대 중반부터 금성(지금의 LG전자), 삼성, 대한전선(이후 '대우전자'에 합병), 한국나쇼날, 아남 등에서 수출용 컬러TV가 생산되었으며, 아직 국내 보급은 이루어지지 않았다. 그러던 중 1970년대 후반 미국이 수입품 규제를 강화하여 자국 경제를 지키는 정책을 펴면서 컬러TV의 수출이 어려워질 것으로 예상되자, 기업과 정부로서는 어떻게든 재고를 유통시킬 방법을 찾아야 했다. 1979년 1월, 정부는 먼저 '수출의무화' 정책으로 묶여 있던 컬러TV의 국내 보급을 허용했다. 이에 맞춰 기업들은 컬러TV 수상기 출고가를 낮췄다. 여기에 1986년 아시안게임·1988년 서울올림픽 개최로 가정에서 생생하게 전 세계적 이벤트를 즐기려는 소비 욕구가 더해지면서, 1980년대 초부터 컬러TV는 전국 가정에 불티나게 팔려 나갔다.

한편 1975년 소니SONY에서는 시중에 가정용 VCR을 선보였다.

이 새로운 전자제품은 공개되자마자 선풍적인 반응을 이끌어 냈고, '비디오혁명'이라 표현될 정도로 뉴미디어에 대한 열기가 전 세계적으로 드높아졌다. 한국에서도 금성·대우·삼성이 주축이 되어 VCR 생산에 박차를 가했다. 여기에 정책도 빠르게 대응했다. 1981년 4월 '음반에 관한 법률'을 개정하여 '음반'의 정의(제2조)에 "공중에 공할 목적으로 음악, 연극 등의 연예물 또는 오락물 기타 음이 녹음되어 있거나, 영상과 음이 함께 녹화되어 재생될 수 있는 물체"라고 비디오를 포함시켰다.

그렇게 1980년대에 들어서면 컬러TV와 VCR이 빠른 속도로 국내 시장에 보급되어, 1987년 1월 통계에서 전국 컬러TV 보급률이 52.4 퍼센트, VCR 보급률이 13퍼센트에 이르렀다. 그러나 플레이어가 있어도 그에 맞는 콘텐츠가 없다면 거품은 금방 꺼질 수밖에 없다. 따라서 플레이어의 지속적인 판매와 그에 따르는 부가적인 수익을 얻고자(사실 초기 비디오산업에서는 VCR 시장보다 비디오카세트 제조 시장의 경쟁이 더 치열했다), 금성·대우·삼성이 콘텐츠 산업에도 발을 들여놓게 되었다. 당시 대기업들은 계열사 또는 제휴사를 통해 비디오를 제작·판매했는데, 이들의 관계도는 대략 **표1**과 같다.

여기에 콘텐츠 시장의 경쟁에 더 불을 지피는 일이 발생한다. 바로 1985년에 이루어진 제1차 한미영화협상을 통해 한국의 외화

---

* 지금은 「영화 및 비디오물의 진흥에 관한 법률」(2006년 4월 28일 제정)로 비디오물을 영화와 함께 묶어 법령으로 관리하고 있지만, 처음 비디오가 도입되었을 때에는 「음반에 관한 법률」(음반법)에 속해 있었다. 이후 「음반 및 비디오물에 관한 법률」(1991년 3월 8일 제정)로 그 명칭이 바뀌었다가, "영화 및 비디오물의 질적 향상을 도모하고, 영상산업의 진흥을 촉진"한다는 목적으로, 비디오물을 단순히 영상매체에 대한 부가적 생산물이 아닌 그 자체를 하나의 영상매체로 인정하게 되면서 「영화 및 비디오물의 진흥에 관한 법률」(영비법)이 탄생하게 되었다.

표 1 비디오 제조 · 유통업 현황(~90년대 초까지)

구분	관련 회사	기능	비고
삼성	새한미디어	비디오테이프 제작	1977년 삼성 이병철 회장의 차남 이창희가 대표로 있는 '새한전자'의 계열사로, 영상물 관련 사업(특히 비디오테이프 제작)을 담당하기 위해 1979년에 설립함
	스타맥스	비디오영상물 제작 · 유통	1984년 설립된 회사로 외면적으로는 《중앙일보》의 계열사이지만, 실제로는 삼성의 지원을 받아 운영되었으며 삼성에서 계약한 작품들을 주로 출시함. 이로 인해 1993년 '위장계열사'로 의심받아 '중점관리대상'이 됨
	삼화 비디오 프로덕션	비디오영상물 제작 · 유통	1980년 9월 설립(대표 신현택), 1981년 음반법 개정 당시 비디오 제작 업체로 등록된 초기 5개 업체 중 하나. 삼성에서 출시되는 비디오물을 제작 · 유통
금성	금성 마그네테크	비디오테이프 제작 · 유통	1985년 본격적인 PE테이프 생산을 위해 합병된 럭키금성 마그네테크가 1986년 4월 분리되면서 금성 마그네테크가 됨. 1988년 'F-88 프로젝트'에 따라 다시 금성사로 흡수 합병되어 사업부 형태로 남아 있다가, 1991년 비디오영상물 제작 관련 업무를 모두 '미디아트'로 일원화함
	삼영프로덕션	비디오영상물 제작 · 유통	비디오영상물 제작 업체로, 유통은 금성 마그네테크에서 담당. 1990년 금성 허신구 회장의 동생 허승표 대표에게 인수되어 '미디아트'로 업체명을 변경하고 금성의 영상 제작 관련 업무 일체를 담당하게 됨
대우	세신영상	비디오영상물 제작 · 유통	삼화프로덕션과 마찬가지로 1981년 음반법 개정 때 비디오물 제작 업체로 등록된 초기 5개 업체 중 하나
	우일영상	비디오영상물 유통	대우에서 출시한 비디오영상물을 유통하기 위해 설립된 업체. 1994년부터는 직접 한국영화를 제작하기 시작했는데, 그 첫 작품이 〈커피 카피 코피〉
	동우영상	비디오영상물 제작	대우의 비디오산업 계열사로 1990년대 초 설립. 동우영상 설립 이후 비디오물 제작은 동우영상이, 유통은 우일영상이 맡는 식으로 분업이 이루어짐
선경 (SKC)	서륭프로덕션	비디오영상물 제작 · 유통	1988년 SKC의 비디오물을 제작 · 유통하기 위해 설립(대표 이백천)된 방계회사. '더빙 전문업체'로도 유명함

※ 당시 신문 기사를 기초로 정리한 것으로, 1990년대 후반이 되면 각 기업의 계열사 분리와 합병, 미국 비디오 회사들과의 제휴 등으로 전체적인 관계도가 변화한다. 이와 관련한 내용은 〈표 2〉 참조

시장이 개방된 것이다. 한국영화계는 이 개방 조치에 거세게 저항했고, 직배를 시도하던 미국 영화사들은 비디오 시장으로 방향을 돌렸다. 한국영화계와 달리, 성장세에 비해 이를 충족시킬 만한 콘텐츠가 부족했던 비디오업계는 앞다투어 미국 영화사들과 제휴를 맺었고, 1988년부터는 오래된 명작부터 최신 흥행작에 이르기까지 미국영화를 무더기로 들여오기 시작했다.

영상녹화재생기VTR를 생산하며 테이프도 함께 판매하고 있는 재벌 그룹사들은 과열 경쟁을 벌이며 미국영화사와 제휴, 한꺼번에 50~1백 편씩 영화를 대량 수입하고 있다. … 미국의 MGM-UA사와 제휴한 대우는 〈바람과 함께 사라지다〉, 〈벤허〉, 〈삼손과 데릴라〉 등 30~40편을 한꺼번에 들여다 '세신'을 통해 복제·판매하고 있다. 또 삼성은 〈햄릿〉, 〈백경〉, 〈로미오와 줄리엣〉 등 30여 편을 수입, '삼화'를 통해 팔고 있다.

비디오회사들의 미국영화사 잡기는 과열 경쟁을 벌여 캐논사의 경우에는 국내 2개 사에 파이프라인을 대놓고 있다. 금성사와 세경이 이들 회사. 금성은 계열사 '삼영'을 통해 〈채털리 부인의 사랑〉, 〈파이널미션〉, 〈백야의 탈출〉, 〈그로잉업〉 등 40~50편을 들여왔으며 세경은 캐논사 보유 영화 가운데 〈디어헌터〉, 〈마타하리〉, 〈사하라〉 등 2백 편을 골라 120만 달러에 계약했다는 소문이다. 비디오영화 붐이 일자 레코드사들도 뛰어들어 지구비디오사에서는 최근 서부극 시리즈로 〈하이눈〉, 〈리오그란데〉, 〈자니기타〉 등을 판매하고 있다.*

---

* 《경향신문》, 1988년 1월 26일자 16면 기사.

국내 비디오업계가 미국 영화사의 진출을 두려워하지 않은 데에는 여러 가지 이유가 있겠지만, 가장 큰 이유는 '대량 복제가 가능'한 비디오 매체가 가진 특성 때문이다. 당시 영화제작사가 영화 한 편으로 수익을 내기 위해서는 오로지 '극장 상영'에 의존할 수밖에 없었다. 지금처럼 한 편의 영화가 멀티플렉스를 통해 다수의 스크린을 확보한 채 상영될 수 없었기 때문에, 처음 개봉 시 장기상영으로 흥행하지 못하면 이후 재상영이 진행된다 하더라도 크게 수익을 내기가 어려웠다. 그러나 비디오는 달랐다. 대량 복제를 통해 한 편의 영화로 몇 백만 개의 테이프를 만들어 전국 비디오 숍에서 동시에 판매할 수 있었다.

또한 비디오영상물 생산에서 생기는 부가적인 수익(비디오테이프 판매) 역시 대기업들에게는 큰 이익이 되었다. 다시 말해, 당시 국내 비디오업계에 부족한 것은 비디오테이프 안에 담길 콘텐츠뿐이었다. 미국 회사가 직접 배급을 한다고 하더라도, 수백만 개의 비디오를 미국에서 만들어 비행기에 싣고 올 수는 없었다. 게다가 국내에서 생산되는 비디오테이프의 품질이 이미 국제적 표준에 도달해 있었기 때문에, 굳이 그럴 필요도 없었다. 결국 비디오의 생산은 국내 비디오 제조업체에 의존할 수밖에 없었고, 이 과정에서 대기업들은 전혀 손해를 볼 일이 없었던 것이다. 그 결과, **표2**와 같은 대기업-외국 직배사 간 제휴 및 계약 관계가 맺어졌으며, 이를 통해 외국 직배사가 거둔 매출액은 **표3**과 같다.

게다가 TV 방송에서도 새로 제작되는 콘텐츠들을 비디오로 출시하면서, 1990년대에 들어서면 비디오 시장은 그 어느 때보다도 다양성을 갖춘 콘텐츠의 장으로 자리 잡게 된다. 이때까지의 국내

표 2 **외국 메이저사의 진출 현황 및 국내사 제휴 관계(1998년 기준)**

직배사	설립일	국가/ 진출 형태	판매 형태	위탁 판매사	제휴사	계약 형태	계약 시기	복제 대행사
CIC	1988년 3월 9일 (대표 박동준)	영국 직접배급 (영화: UIP 직배)	위탁판매 서울·인천 직판 ('92.7~'96.12)	(주)디지탈 미디어	새한미디어	타이틀별 개런티 (연간 계약)	1994년 7월	삼화프로덕션
20세기폭스	1988년 8월 19일 (대표 김정상)	미국 직접배급	위탁판매	우일영상	(주)대우	미니멈 개런티 (연간 개런티)	1988년	동우영상
콜럼비아 트라이스타	1990년 10월 8일 (대표 권혁조)	미국 직접배급	위탁판매	우일영상	(주)대우	미니멈 개런티 (연간 개런티)	1990년	동우영상 세신영상
월트디즈니 (브에나비스타)	1993년 1월 21일 (대표 브레드 로버트 채프먼)	미국 직접배급	위탁판매	스타맥스	삼성영상 사업단	미니멈 개런티 (연간 개런티)	1994년 2월	삼화프로덕션
워너브라더스	1989년 12월 15일 (대표 남장희)	미국 계약배급	로열티 계약	스타맥스	삼성영상 사업단	로열티	1996년 4월	신영인더스트리

※ SKC는 워너와 MGM-UA 영화를 로열티 방식으로 출시하였으나 각각 삼성과 대우로 넘기고, 1997년에는 이미 계약된 영화들만을 처리하면서 사업에서 철수를 준비 중이었음
※ 출처: 정보통신정책연구원, 〈컨텐츠산업의 현황과 정책과제〉, 1998, 171쪽

표 3 **외국 직배사 로열티 및 매출액(1991~1998)**

단위: 백만 원

구분		1991	1992	1993	1994	1995	1996	1997	1998
CIC	로열티	3,818	6,694	7,364	10,014	7,467	8,084	7,801	3,702
	매출액	9,267	10,948	16,695	17,633	18,251	21,986	16,258	9,301
워너홈비디오	로열티	3,698	6,013	5,145	7,006	9,740	6,916	7,227	6,220
	매출액	8,585	12,020	11,562	14,011	17,758	11,792	12,045	10,427
콜럼비아 트라이스타	로열티	-	2,468	10,344	7,952	6,735	6,414	5,992	8,794
	매출액	-	12,054	17,605	13,253	11,450	13,851	11,985	14,664
브에나비스타	로열티	-	1,227	740	3,826	6,903	10,311	7,764	5,036
	매출액	-	2,045	2,265	10,582	15,007	20,714	17,213	16,788
폭스 비디오	로열티	-	-	-	5,259	2,319	3,323	3,933	5,887
	매출액	-	-	687	10,518	6,637	10,949	6,394	14,804
계	로열티	7,516	16,402	23,593	34,057	33,164	35,048	32,717	29,639
	매출액	18,212	37,067	48,814	65,997	69,063	79,292	63,795	65,984
국내 비디오 제작사 총 매출액		123,300	92,367	99,182	133,788	106,888	120,245	124,094	51,353

※ 출처: 문화관광부, 〈통계로 보는 문화산업〉, 1999, 65쪽과 69쪽 통계표 편집

비디오 제작업계의 현황을 정리하면 표4와 같다.

이렇게 1980년대 초부터 꾸준한 성장을 보인 비디오산업은 1990년대 중반에 정점을 찍고, 이후 DVD · 블루레이Blue-Ray · 온라인 다운로드 · IPTV · 온라인 스트리밍에 차례로 조금씩 자리를

표4 대기업 비디오 시장 진출 현황(1998년 기준)

기업명	계열사	설립 연도	참여 형태	제휴사	복제프로덕션	관련사업
대우	우일영상	1988	유통(렌탈 · 셀스루), 직판	콜럼비아 트라이스타, FOX	동우영상, 세신영상	대우 영상사업단 영화수입배급
	세음미디어	1993	유통(렌탈), 직판	MGM, 시네마트	동우영상, 세신영상	음반, 극장사업
삼성	스타맥스	1984	유통(렌탈 · 셀스루), 직판, 대리점	브에나비스타, 워너, 스타맥스	신영 인더스트리, 은하프로덕션	1997년 8월 드림박스 통합 극장사업
선경	SKC	1984	유통(렌탈 · 셀스루), 대리점 1997년 철수	MBC, SKC	서륭프로덕션	영화제작 · 배급 게임산업 1998년 홈비디오 사업 철수
새한	디지탈미디어	1994	유통(렌탈), 직판	CIC, 영성 프로덕션, 디지털미디어	신영 인더스트리	영화, 방송프로그램 제작, 음반
동아 수출공사	영성 프로덕션	1991	유통(렌탈)	영성 프로덕션	영성 프로덕션	디지털미디어에 위탁 판매대행
제일 제당	CJ엔터테인먼트	1995	유통(셀스루), 직판	브에나비스타, CIC	삼화 프로덕션	영화제작 · 배급 극장사업, 음반
현대	현대방송, 금강기획	1996	유통(셀스루), 직판 1998년 사업철수	비디오플러스	동성 프로덕션	영화제작, 극장사업 음반
코오롱	코오롱 영상사업단 (KVC)	1995	교육용 비디오 유통 (셀스루), 직판	KVC, KCC	신영 인더스트리	캐릭터사업

※ 출처: 영상산업신문; 문화관광부, 〈국내 비디오물산업 유통실태분석 및 유통 구조 개선방안 연구〉, 1998, 17쪽에서 재인용

내주다가 2010년 한국영화 〈초능력자〉(김민석, 2010)의 VHS 발매를 마지막으로 국내 부가시장에서 완전히 사라졌다. VCR의 국내 보급부터(1982) 비디오 시장이 쇠퇴를 보인 2000년까지의 비디오산업 상황을 수치로 정리해 보면 **표 5**와 같다.

표 5 국내 비디오산업 시장규모 현황(1982~2000)

연도	보급 대수(천 대) /보급율(%)	비디오 숍 (개)	총 출시 편수(편)	제작사 수* (개)	시장규모 제작&배급**(억 원)
1982	54,000(8.9)	300	424	33	23
1985	780,000(8.8)	8,240	1,206	45	120
1988	2,210,000(21.2)	18,322	1,673	77	780
1990	3,830,000(36)	25,099	2,789	144	1,850
1991	5,150,000(45)	31,749	2,400	163	1,760
1992	6,450,000(57)	34,083	2,494	169	2,500
1993	8,050,000(76)	35,670	2,530	195	2,797
1994	8,290,000(80)	35,510	2,455	234	2,817
1995	8,540,000(85)	31,529	2,559	266	2,676
1996	9,030,000(87)	26,450	2,025	247	2,719
1997	10,400,000(90)	22,000	2,010	250	2,305
1998	10,670,000(92)	16,366	1,642	305	2,200
1999	10,900,000(94)	15,550	1,636	515	2,180
2000	11,000,000(95)	12,000	1,465	771	2,052

※ 출처: 《영상산업신문》; 양건석, 〈해외제작 영상물의 수입과 유통과정에 대한 고찰〉, 동국대학교 신문방송학과 석사학위논문, 1998, 6쪽; 신숙, 〈비디오 대여시장에서 영화 흥행요인에 관한 연구〉, 추계예술대학교 문화산업대학원 석사학위논문, 2005, 12쪽에서 재인용

* 제작사 수는 보고서마다 제시하는 수치가 달라 당시 비디오·비디오/음반 제작사 수를 더한 값으로 대체하였다. 또한 1995년 이후 감소하던 비디오 제작사들이 1998년부터 다시 급증하는 것을 확인할 수 있는데, 이는 DVD라는 새로운 매체가 등장하며 생긴 현상으로 보인다

** 시장규모는 비디오 제작 및 배급을 통한 매출액만을 산정한 것으로, 대여시장의 매출액 규모는 이보다 훨씬 더 크지만 대부분의 통계에서 추정치만을 제시하고 있어 여기서는 제외하였다

1993~2000년 비디오 흥행작들

1992년 1월, YMCA의 '건전 비디오문화를 연구하는 시민의 모임'(건비연)이 1991년 12월 개설한 '비디오경영자교육'을 수료한 비디오 숍 경영자 15명이 주축이 되어 '으뜸과 버금'(대표 박상호)을 발족했다. 이후 '으뜸과 버금'을 통해 인연을 맺은 박상호와 권영호가 1994년 4월 문을 연 비디오 대여점 '영화마을'은 비디오 대여·반납을 관리하기 위해 '경영박사'라는 컴퓨터 프로그램을 사용했다. 때문에 전국의 비디오 대여량과 회전율 등이 각 작품별로 매주 집계되는 것이 가능했는데(영화마을은 1996년 통계에 따르면 전국에 260개의 체인이 있었는데, 1998년에는 508개까지 가맹점이 늘어났다), 이렇게 정확하고 빠른 통계는 아직 영화산업에서도 이루어지지 않은 것이었다. 이들은 이렇게 모은 정보를 매주 신문과 잡지 등을 통해 발표했으며, 연말이 되면 한 해 비디오 대여 순위 통계를 내기도 했다. **표6**은 이 통계를 기초로 한 것이다.

표6 비디오 대여 순위(1993~2000)

순위	1993	1994	1995	1996
1	나홀로 집에 2	해리슨 포드의 도망자	쇼생크 탈출	다이하드 3
2	패트리어트 게임	투캅스	레옹	나쁜 녀석들
3	보디가드	데몰리션 맨	고공침투	언더씨즈 2
4	클리프 행어	사선에서	트루라이즈	저지드래드
5	스니커즈	스트라이킹 디스턴스	포레스트 검프	옥보단
6	어퓨 굿 맨	쥬라기 공원	긴급명령	어쌔신
7	시스터 액트	펠리칸 브리프	가을의 전설	쎄븐
8	후크	취권 2	폭로	개같은 날의 오후
9	에일리언 3	못말리는 람보	너에게 나를 보낸다	성룡의 썬더볼드

10	언더시즈	쿨러닝	스페셜리스트	크림슨 타이드
11	원초적 본능	미세스 다웃파이어	성룡의 홍번구	은행나무 침대
12	마지막 액션 히어로	슬리버	마스크	폴리스 스토리 4
13	얼 라이브	겟 어웨이	터미널 스피드	워터월드
14	라스트 모히칸	백발마녀전	마누라 죽이기	데스 페라도
15	파워 오브 원	리얼 맥코이	스피드	쥬만지
16	결혼이야기	비터문	스타게이트	돈을 갖고 튀어라
17	파 앤드 어웨이	대도무문	뱀파이어와의 인터뷰	투캅스 2
18	신용문객잔	떠오르는 태양	펄프 픽션	네트
19	중안조	마스크	의뢰인	스피시즈
20	드라큘라	베토벤 2	이연걸의 탈출	서든데쓰

순위	1997	1998	1999	2000
1	인디펜던스 데이	에어 포스 원	에너미 오브 스테이트	주유소 습격사건
2	롱키스 굿나잇	컨스피러시	쉬리	미이라
3	더 록	페이스 오프	라이언 일병 구하기	007 언리미티드
4	데이라잇	자칼	러쉬아워	경찰서를 털어라
5	랜섬	타이타닉	리쎌웨폰 4	식스 센스
6	트위스터	맨 인 블랙	네고시에이터	반칙왕
7	볼케이노	접속	처녀들의 저녁식사	엔드 오브 데이즈
8	체인 리액션	피스 메이커	블레이드	스타워즈 에피소드 I
9	미션 임파서블	성룡의 CIA	007 네버다이	와일드 와일드 웨스트
10	글리머 맨	LA 컨피덴셜	비상계엄	타잔
11	나이스 가이	에이리언 4	트루먼쇼	딥 블루 시
12	섀도우 프로그램	편지	아마겟돈	동감
13	제리 맥과이어	지 아이 제인	식스데이 세븐나잇	거짓말
14	데블스 오운	이보다 더 좋을 수는 없다	스테이크 아이즈	해피 엔드
15	타임 투 킬	스타쉽 트루퍼스	메리에겐 뭔가 특별한 것이 있다	나인 야드
16	로미오와 줄리엣	머더 1600	8미리	텔미썸딩
17	깡패수업	머니토크	약속	본 콜렉터
18	비트	창	미술관 옆 동물원	로미오 머스트 다이
19	히트	도망자 2	스크림	러브레터
20	LA 2013	조용한 가족	유브 갓 메일	스크림 3

비디오 창작 극영화 - 아동물 & 성인물

'비디오 창작 극영화'란 말 그대로 비디오 대여·판매를 목적으로
만들어진 극영화를 가리킨다. 영화진흥위원회의 1990년《한국영
화연감》에 따르면, 국내에서 최초로 제작된 비디오영화는 1988년
8월 대영프로덕션이 출시한 〈산머루〉(김영한, 1988)이다. 이어 같은
해 〈매화〉(이운철, 1988), 〈나녀목〉(김기영, 1989), 〈뜸북골 분녀〉(박용준,
1989) 등이 출시되었고, 그 다음 해인 1989년에는 비디오 창작 극
영화 편수가 급증하여 총 103편이 공연윤리위원회(공륜)의 심의
를 통과하였다. 여기에서 굳이 '심의를 통과했다'라고 표현한 이
유는 실제로 제작된 편수를 알 수 없기 때문이다. 아마도 그보다
더 많은 수의 작품이 공륜 심의에 제출되었고, 그중 103편만 심의
를 통과한 것으로 보인다. 현재 정확한 제작 편수는 파악하기 힘

표7 국내 비디오 제작물 심의 현황(1993~2000)

	1993	1994	1995	1996	1997	1998	1999	2000
극영화	68	65	74	50	63	55	33	8
창작 극영화	142	186	147	237	246	247	437	453
창작 기획물	142	-	81	42	10	-	-	-
만화영화	25	4	11	37	18	32	21	14
스포츠물	3	-	8	8	2	-	-	-
교재	92	-	273	151	134	73	64	19
기타 교양물	95	311	240	212	246	229	278	320
계	567	566	834	737	709	636	833	814

※ 출처: 공연윤리위원회,《1993년도~1996년도 심의백서》; 한국공연예술진흥협의회,《1997년도~1998년
도 심의연감》; 영상물등급위원회,《1999년도~2000년도 심의연감》각각 연도별 비디오 심의 통계를 취
합함
※ 1994년, 1998년, 1999년, 2000년 통계에서 창작 기획물·스포츠물은 '기타 교양물' 수치에 합산되었다.
마찬가지로 1994년 통계에서 교재는 기타 교양물 수치에 합산되었다

들지만, 한 해 사이에 4편에서 100편 이상으로 비디오영화 제작이 급증한 데에는 나름의 이유가 있다(**표7** 참조).

앞서 서술한 '비디오산업 현황'을 통해서도 알 수 있듯이, 당시 비디오 시장은 대기업이 완전히 장악하고 있었다. 중소 제작업체들도 속속 등장하기는 했으나, 비디오 시장에서 수익 면에서나 공급량 면에서 가장 큰 비중을 차지하던 외화는 이미 대기업에서만 제작·유통되고 있었기 때문에 중소 업체들이 살아남기 위해서는 새로운 콘텐츠를 찾아야 했다. 그래서 찾아낸 방법이 직접 영화를 제작하는 것이었다. 그렇다면 왜 성인영화였을까? 이에 대한 답을 줄 수 있는 글이 있다.

초창기였던 88년 〈뜸뿍골 분녀〉, 〈산머루〉, 〈씨내림〉 등의 작품은 제목이 주는 이미지 면에서도 신선한 느낌을 주고 실상 영화 내용도 외설 시비가 일 정도로 심한(?) 장면은 없다. 또 줄거리가 재미있고 없음은 논외로 치고 영화의 예술적인 면을 다소나마 보이려는 흔적이 군데군데 엿보였다. 그 후 나온 비디오영화는 〈제2의 정사〉, 〈뜨거운 여자〉, 〈매춘 25시〉, 〈찬란한 욕정〉, 〈현지처의 정사〉라는 제명부터 도색필름 냄새를 강하게 풍기면서 당위성 없는 정사 장면과 성행위 나열로 일관, 영화 전체의 3분의 1을 차지하는 베드신을 제외하면 줄거리도 제대로 갖춰지지 않은 영화가 주종을 이뤘다. 따라서 자율적으로 제작사에 맡겼던 공륜이 성범죄를 유발시키고 성도덕의 타락을 유도하고 있다고 보고 자체 검열을 강화하게 되는 결과를 낳게 했다. (중략)
이런 결과가 초래된 것은 자본력이 딸리는 중소 PD가 독립된 스튜디오를 가지고 장기간 한 작품에 투자하여 승부를 내는 정상적인 영화제작 작업을 못하고 있기 때문으로 풀이된다. 계속 자금을 회전시키지 않으면 살아남을 수 없기 때문에 한 달에 여러 작품을 제작해야 하는 어려움이 뒤따르고 있는 것이 현실이다.

따라서 중소 PD는 하청업자들에게 시나리오를 맡겨 단기간 (12~15일) 안에 한 작품을 만들게 하고 있다. 하청업자들은 짧은 시간에 영화를 만드는 능력(?)을 가지고 있다. 값싼 개런티로 감독과 배우를 쓰고 한 감독과 배우를 동시에 여러 작품에 참여시켜 제작비를 절감하고 있다. 하청을 주어서 제작하는 어느 군소 PD 사장은 "어쩔 수 없이 하청업자들에게 제작을 맡기고 있지만 수요자들이 원하는 영화를 만들지 못하고 있다. 이는 제작 여건이 나쁜 데도 이유가 있지만 더 큰 이유는 수요자들이 어떤 영화를 원하는지 모르고 비슷한 소재를 가지고 계속 반복해서 영화를 만들기 때문이다"라고 어려움을 토로하고 있다.*

엇비슷한 성인물이 양산되었던 1990년과 1991년 동안 잠시 주춤하는 듯했던 비디오 창작 극영화 시장은 1992년을 기점으로 다시 엄청난 증가를 보인다. 영화진흥위원회 1993년 《한국영화연감》에서는 이를 "직배사의 진출로 외화 판권 확보가 어려워진 데다가 흥행성 있는 극장용 영화의 판권 구입도 어려워졌기 때문"으로 분석하고 있다. VCR 보급률이 80퍼센트에 육박하고 비디오 시

---

* 이승열, 〈기획특집 1: 중소 프로덕션의 비디오영화 제작 현황과 전망〉, 《비디오플라자》, 1990년 9월호, 138~139쪽.

장 자체의 규모는 커졌지만, 여전히 공급할 콘텐츠가 부족한 상황에서 결국 중소 비디오 프로덕션들은 창작 극영화로 눈을 돌릴 수밖에 없었던 것이다.

여기에 더해 성인물 일변도이던 비디오 창작 극영화 시장에 아동물이 가세하기 시작했다. 1989년에는 단 3편의 아동영화(〈강시 콩시팡팡시〉, 〈순돌이와 팔도아이〉, 〈순돌이와 도토리야구단〉)만이 제작되었는데, 제목에서도 알 수 있듯이 당시의 유명 아역 배우를 내세워 1980년대 후반 국내에서 유행했던 액션 활극, 스포츠물 등의 장르를 차용해 만든 작품들이었다. 그런데 1990년대에 들어서면 아동영화의 흐름이 코미디언 중심으로 바뀐다. KBS에서 방영된 〈유머1번지〉와 1987년부터 방영되던 〈쇼 비디오 자키〉 등 텔레비전 코미디 프로그램들이 대중적으로 많은 인기를 얻으면서, 해당 프로그램에 등장했던 캐릭터와 유행어에다 일본 '특촬물'의 장르적 양식이나 소재를 더한 아동물들이 대거 제작되었다. 단연 독보적인 스타는 심형래였는데, TV 코미디 프로그램에 등장했던 '영구'(〈유머1번지〉 '영구야 영구야')와 '포졸'(〈유머1번지〉 '변방의 북소리') 캐릭터를 활용한 시리즈들이 연이어 나왔고, 그 외에도 이창훈(〈한바탕 웃음으로〉 '봉숭아학당'의 맹구), 임하룡(〈유머1번지〉 '추억의 책가방'의 임해룡), 김정식(〈쇼 비디오 자키〉 '도시의 천사들'의 밥풀떼기) 등이 자신들의 코미디 캐릭터를 주인공으로 한 시리즈에 출연하였다(**표8** 참조).

그러나 코미디언을 주인공으로 한 아동영화의 인기는 그리 오래가지 않았다. 일단 종합유선방송 시대가 열리며 비디오에 대한 열기 자체가 식은 것이 제일 큰 이유겠으나, 디즈니와 일본 애

표 8 비디오 창작극 영화 장르 경향

	1989	1990	1991	1992	1993
아동물	3	26	35	38	64
성인물	100	68	41	95	197
기타	-	-	-	3	15
총 편수	103	97	76	136	276

※ 출처: 최민재, 〈한국영화산업의 구조변동에 관한 연구: 영화시장 개방 이후를 중심으로〉, 성균관대학교
신문방송학과 대학원, 석사학위논문, 1995, 78쪽

니메이션이라는 강력한 경쟁 상대의 등장도 무시할 수 없다. 사실 이 시기는 아직 일본 문화개방(1998)이 이루어지기 전이었으나, 아동물에서는 공공연하게 일본 아동영화와 애니메이션이 수입·유통되고 있었다. 1989년 대영팬더의 〈지구방위대 후뢰시맨〉은 누가 봐도 일본 특촬물을 번역·더빙한 것이었지만 시중에 당당히 유통되었고, 심지어 아이들 사이에서 선풍적인 인기를 끌었다. 또한 1991년 대원동화는 일본 애니메이션 〈드래곤볼〉을 비디오로 출시해 빅히트를 기록했고, ˙ 이에 힘을 받아 대원미디어 산하 출판사를 설립했다. 그렇게 1992년부터 '도서출판 대원'(현재는 대원C.I.)에서는 일본만화를 수입·출간한 후 대중에게 어느 정도 알려지고 나면, 해당 작품의 애니메이션을 비디오로 출시하는 시스템을 만들어 갔다. 1992년《슬램덩크》단행본을 출간, 1994년에는 애니메이션 〈슬램덩크〉를 비디오로 출시하여 양쪽 시장 모두

˙ 일본 애니메이션 〈드래곤볼〉의 단행본 만화 《드래곤볼》은 서울문화사를 통해 출간되었지만, 당시 서울문화사가 비디오산업에 진출하지 않았기 때문에 애니메이션의 비디오 출시는 대원미디어에서 하게 된 것으로 보인다. 1996년 서울문화사는 독자적으로 비디오산업에 뛰어들고자 했으나, 이미 비디오산업은 사양길에 들어섰다고 판단하여 실현되지 않은 듯하다.

에서 흥행에 성공하자, 대원미디어는 실사 아동영화 제작을 축소하는 대신,** 만화 · 애니메이션 관련 사업에 더 많은 비중을 두기 시작했다.

한편 이러한 변화는 성인비디오영화 시장에서도 일어났다. 바로 〈젖소부인 바람났네〉(김인수, 1995)라는 비디오영화가 혜성처럼 등장한 것이다. 이 영화의 주연을 맡았던 배우 진도희는 에로비디오 배우들에게는 금단의 영역과도 같았던 공중파 TV 토크쇼에 나와 인터뷰를 할 정도로 큰 인기와 관심을 모았다. 이때부터 성인비디오영화 시장에 '스타'들이 등장하기 시작했다. 〈젖소부인 바람났네〉를 제작했던 한시네마타운에 진도희라는 스타가 있었다면, 이와 양대 산맥을 이루던 유호프로덕션에서는 주민희 · 박은선 · 이민지 · 박양희 · 소비아라는 일명 '에로스타 5인방'이 등장했다. 두 제작사는 스타들을 앞세워 회사의 간판이 될 시리즈들을 연이어 출시했다. 에로계 스타 배우의 등장과 '자유와 개방, 젊음'을 강조하는 사회적 분위기가 맞물려 성인비디오영화에 대한 관심이 높아지고, 매출도 자연스레 증가했다. 그리고 증가하는 수요만큼 제작사의 수도 급증하면서 성인비디오영화 시장의 경쟁이 더욱 치열해졌다. 다양한 '부인' 시리즈들이 등장했고, 유명 영화와 드라마 제목을 패러디한 작품들도 쏟아져 나왔다. 이때까지의 성인비디오영화 시장의 흐름을 정리하면 **표9**와 같다.

** 대원미디어에서 실사 아동영화 제작을 완전히 중단한 것은 아니다. 1992년 이후 한동안 실사 영화 제작이 이루어지지 않았으나, 1998년 다시 재개하여 〈지구용사 벡터맨〉과 같은 특촬물을 제작하기도 했다.

표 9 한국 에로비디오 변천사 개요

	태동기	성장기	전성기	매체 전환기
시기	1980년대 후반 (1988~1990)	1990년대 전반 (1991~1994)	1990년대 후반 (1995~1999)	2000년대 초반 (2000~2003)
시대 배경	· 비디오(VCR) 등장~ 제3의 스크린혁명, 셀프미디어 · 영화업계 의무제작 편수 폐지	· 음비법 개정 시행('91) · 대기업 중견사와 외국 직배사 진출 · 비디오 심의등급 4단계 도입 · VCR 보급률 80퍼센트	· 중소프로덕션 과당 경쟁 체제 · IMF 불황기 · 영상물등급위원회 발족 · 영상업계 구조조정기	· 디지털비디오(DVD) 시장 성장기 · 인터넷 성인사이트 오픈 러시 및 모바일 성인 시장 확대
특징	· 순수에로물 시대 · 유호프로덕션과 시 네타운 양강 체제	· 본격 에로 시리즈화 · 에로덕션의 메이저 탄생 – 유호프로덕션 +한시네마타운+무비 뱅크 3강 체제	· 에로스타 본격 등장 · 소프트코어 포르노 정착 · 제목 패러디 중심 · 유호프로덕션+씨네 프로+클릭 3강 체제	· 소프트코어 포르노 전성기 · 에로시장 확대 및 에 로 제작사 난립의 춘 추전국시대 전개
전체 비디오 시장규모	1,000억	1,400억	2,700억	1,500억
에로비디오 시장규모	100억	250억	450억	120억
출시 편수 (연간)	100편	275편	400편	300편
제작사 수	30개 사	20개 사	30개 사	20개 사
비디오 숍 수	18,000개	34,000개	26,000개	10,000개
평균 판매량	7,000장	8,000장	10,000장	3,000장
시장점유율	10퍼센트	15퍼센트	20퍼센트	10퍼센트

※ 유병호, 〈한국 에로비디오의 변천과 발전방향에 관한 연구〉, 명지대학교 문화정보석사 학위논문, 2003, 26쪽과 35쪽에
서 재인용

• • •

지금까지 1990년대 호황을 누렸던 비디오산업을 간략하게 정리해
보았다. 처음 VCR이라는 가정용 비디오 플레이어의 판매를 위해
시작된 대기업의 미디어산업 진출은, 곧 그 플레이어의 효용가치
를 높이기 위한 콘텐츠 확보 경쟁으로 이어졌고, 결과적으로 대기

업이 영화산업에 진출하게 되는 계기를 마련했다.

또한, 처음 TV가 각 가정에 보급되었을 때 텔레비전에 관객을 뺏겼다고 비통해했던 영화계도 비디오의 도입에는 크게 저항하지 않았다. 비디오는 영화의 부가시장이 될 수 있음을 영화인들도 공감했기 때문일 것이다. 그리고 비디오산업이 성장하는 가운데 관객들에게도 '영화'라는 미디어를 바라보는 시각에 변화가 일어났다. 비디오가 등장한 뒤, 사람들은 비디오로 집에서 편하게 볼 수 있는 영화 또는 비디오로 소장하고 싶은 영화와 극장에 가서 꼭 봐야 하는 영화에 대한 자기만의 기준을 세우기 시작했다. 이렇게 세워진 기준은 쉽고 빠른 온라인 다운로드와 OTT 전성시대가 온 오늘날에도 여전히 유효하게 적용되고 있는 듯하다. 그런 점에서 1990년대 비디오산업에 대한 이야기는 아주 먼 과거의 일인 것 같지만, 사실 오늘날까지도 이어지고 있는 아주 가까운 이야기이다.

1990년대 영화시장의 규모와 흥행작들

| 이수연 |

연도별 전국 극장 수, 입장 인원 및 수입액(1990~2000)

년도	전국 인구수(명)	극장 수				입장 인원수(명)	입장 매상액(원)
		전체	개봉관	재상영관	소극장		
1990	42,869,283	789	149	96	544	53,459,280	139,098,398,807
1991	43,295,704	762	156	84	522	52,196,654	158,359,237,054
1992	43,747,962	712	165	77	470	47,110,475	163,510,591,255
1993	44,194,628	640	169	66	405	48,230,788	178,971,074,542
1994	44,641,540	629	187	63	379	48,353,326	188,335,393,650
1995	45,092,991	577	195	49	333	45,130,424	192,604,862,954
1996	45,524,681	511	191	37	283	42,268,260	204,079,526,945
1997	45,953,580	497	206	29	262	47,523,655	238,445,918,212
1998	46,286,503	507	215	21	271	50,170,654	258,359,173,151
1999	46,616,677	588	-	-	-	54,721,308	286,213,898,124
2000	47,008,111	720	-	-	-	64,620,732	346,013,952,272

※ '전국 인구수' 통계는 국가통계포털 KOSIS의 "주요 인구지표" 통계를 참고하여 작성하였다. 그 외 지표는 영화진흥위원회에서 발간한 1991~2001년 《한국영화연감》의 통계자료를 참고한 것이다
※ 1999년부터 멀티플렉스가 들어서면서 개봉관·재상영관·소극장 별 극장 수 통계 대신에 스크린 수 통계로 전환됨

연도별(1990~1999) 흥행 TOP 10(서울 지역 기준)

1990년

순위	한국영화		외국영화		
	제명	관객 수(명)	제명	국가	관객 수(명)
1	장군의 아들	678,946	사랑과 영혼	미국	563,533
2	남부군	324,169	귀여운 여인	미국	395,371
3	추락하는 것은 날개가 있다	312,684	다이하드 2	미국	387,533
4	물위를 걷는 여자	137,089	해리가 샐리를 만났을 때	미국	383,320
5	짚시애마	118,700	죽은 시인의 사회	미국	381,925
6	물의 나라	73,686	지존무상	홍콩	373,370
7	비오는 날의 수채화	64,538	빽 투 더 퓨처 2	미국	368,740
8	애마부인 4	64,485	로보캅 2	미국	367,005
9	있잖아요 비밀이에요	56,229	마루타	홍콩	339,087
10	그래 가끔 하늘을 보자	53,292	정전자	홍콩	309,121

※ 〈해리가 샐리를 만났을 때〉, 〈지존무상〉은 1989년도 이월 상영된 총 관객 수임
※ 〈사랑과 영혼〉, 〈다이하드 2〉는 각각 1991년으로 이월 상영

1991년

순위	한국영화		외국영화		
	제명	관객 수(명)	제명	국가	관객 수(명)
1	장군의 아들 2	357,697	사랑과 영혼	미국	1,119,732*
2	나의 사랑 나의 신부	187,116	늑대와 춤을	미국	984,978
3	사의 찬미	183,760	터미네이터 2	미국	919,444
4	잃어버린 너	179,859	나홀로 집에	미국	869,820
5	젊은 날의 초상	174,886	의적 로빈후드	미국	475,528
6	은마는 오지 않는다	170,922	용형호제 2	홍콩	403,802
7	수잔브링크의 아리랑	163,991	다이하드 2	미국	385,003**
8	낙타는 따로 울지 않는다	151,126	황비홍	홍콩	343,521
9	아그네스를 위하여	126,392	종횡사해	홍콩	281,555
10	돈아돈아돈아	84,651	양들의 침묵	미국	281,133

※ 〈사랑과 영혼〉과 〈다이하드 2〉는 1990년도에서 이월 상영된 것으로, 총 관객 수는 각각 〈사랑과 영혼〉 1,683,263명, 〈다이하드 2〉 772,536명을 기록함

1992년

순위	한국영화		외국영화		
	제명	관객 수(명)	제명	국가	관객 수(명)
1	결혼이야기	526,052	원초적 본능	미국	970,180
2	미스터 맘마	227,294	미녀와 야수	미국	590,904
3	경마장 가는 길	179,802	마지막 보이스카웃	미국	547,281
4	하얀전쟁	176,851	인어공주	미국	433,309
5	장군의 아들 3	162,600	동방불패	홍콩	359,463
6	우리사랑 이대로	119,983	에이리언 3	미국	349,150
7	시라소니	83,996	연인	프랑스	337,233
8	아래층 여자와 위층 남자	72,787	유니버셜 솔저	미국	308,429
9	천국의 계단	70,761	리쎌웨폰 3	미국	301,877
10	명자 아끼꼬 쏘냐	55,733	인도차이나	프랑스	300,865

1993년

순위	한국영화		외국영화		
	제명	관객 수(명)	제명	국가	관객 수(명)
1	서편제	1,035,741	클리프 행어	미국	1,118,583
2	그여자 그남자	217,605	쥬라기 공원	미국	1,063,352
3	그대안의 블루	153,184	보디가드	미국	747,238
4	가슴달린 남자	128,334	알라딘	미국	647,266
5	투캅스	90,736	나홀로 집에 2	미국	545,225
6	101번째 프로포즈	82,913	도망자	미국	477,814
7	사랑하고 싶은 여자 & 결혼하고 싶은 여자	69,743	피아노	호주	461,783
8	화엄경	40,229	데몰리션 맨	미국	317,577
9	살어리랏다	40,229	라스트 모히칸	미국	315,404
10	아담이 눈뜰때	31,267	씨스터 액트	미국	303,990

※ 〈투캅스〉는 1994년으로 이월 상영

1994년

순위	한국영화		외국영화		
	제명	관객 수(명)	제명	국가	관객 수(명)
1	투캅스	860,433	라이온킹	미국	920,948
2	너에게 나를 보낸다	381,578	트루 라이즈	미국	874,664
3	세상밖으로	252,609	스피드	미국	874,225
4	태백산맥	227,813	쉰들러 리스트	미국	847,259
5	블루시걸	202,751	포레스트 검프	미국	561,090
6	구미호	174,797	피아노	호주	475,870
7	그섬에 가고싶다	147,310	미세스 다웃파이어	미국	468,229
8	게임의 법칙	133,872	컬러 오브 나이트	미국	439,391
9	마누라 죽이기	70,078	데몰리션 맨	미국	387,460
10	장미의 나날	68,033	스페셜리스트	미국	384,981

※ 〈마누라 죽이기〉와 〈포레스트 검프〉는 1995년으로 이월 상영

1995년

순위	한국영화		외국영화		
	제명	관객 수(명)	제명	국가	관객 수(명)
1	닥터봉	376,443	다이하드 3	미국	979,666
2	마누라 죽이기	344,900	포레스트 검프	미국	705,143
3	테러리스트	320,919	레옹	프랑스 미국	606,875
4	개같은 날의 오후	274,568	브레이브 하트	미국	500,798
5	아름다운 청년 전태일	235,935	스타게이트	미국	461,093
6	손톱	131,969	프렌치 키스	미국	398,027
7	돈을 갖고 튀어라	117,894	세븐	미국	394,034
8	총잡이	110,743	뱀파이어와의 인터뷰	미국	354,718
9	헤어드레서	105,863	쇼 걸	미국	329,697
10	누가 나를 미치게 하는가	103,768	터미널 스피드	미국	319,575

※ 〈돈을 갖고 튀어라〉는 1996년으로 이월 상영

1996년

순위	한국영화		외국영화		
	제명	관객 수(명)	제명	국가	관객 수(명)
1	투캅스 2	636,047	인디펜던스 데이	미국	923,223
2	은행나무 침대	452,580	더 록	미국	906,676
3	꽃잎	213,979	미션 임파서블	미국	622,237
4	귀천도	200,570	쥬만지	미국	540,402
5	박봉곤 가출사건	170,328	이레이저	미국	516,721
6	돈을 갖고 튀어라	167,108	트위스터	미국	442,048
7	리허설	160,141	히트	미국	412,819
8	본투킬	132,261	랜섬	미국	410,657
9	코르셋	114,777	007 골든아이	영국 미국	355,498
10	보스	101,078	월트디즈니의 노틀담의 꼽추	미국	340,485

※ 〈랜섬〉은 1997년으로 이월 상영

1997년

순위	한국영화		외국영화		
	제명	관객 수(명)	제명	국가	관객 수(명)
1	접속	674,933	쥬라기 공원: 잃어버린 세계	미국	1,001,279
2	편지	603,701	콘에어	미국	979,100
3	노는계집 창	411,591	제5원소	프랑스	857,752
4	비트	349,781	페이스 오프	미국	716,107
5	할렐루야	310,920	에어 포스 원	미국	663,415
6	넘버 3	297,617	맨 인 블랙	미국	662,106
7	고스트 맘마	257,688	랜섬	미국	508,244
8	깡패수업	176,757	로미오와 줄리엣	미국	491,435
9	체인지	167,235	제리 맥과이어	미국	448,393
10	초록 물고기	163,655	데이라잇	미국	434,099

※ 〈편지〉는 1998년으로 이월 상영

1998년

순위	한국영화		외국영화		
	제명	관객 수(명)	제명	국가	관객 수(명)
1	편지	724,747	타이타닉	미국	1,971,780
2	약속	661,174	아마겟돈	미국	1,170,252
3	여고괴담	621,032	뮬란	미국	771,194
4	8월의 크리스마스	422,930	딥 임팩트	미국	637,387
5	퇴마록	419,201	라이언 일병 구하기	미국	593,681
6	조용한 가족	343,946	에일리언 4	미국	571,751
7	정사	304,666	007 네버다이	영국 미국	479,621
8	처녀들의 저녁식사	290,502	리쎌 웨폰 4	미국	446,851
9	미술관 옆 동물원	170,230	고질라	미국	409,262
10	찜	168,813	시티 오브 엔젤	미국	395,806

1999년

순위	한국영화		외국영화		
	제명	관객 수(명)	제명	국가	관객 수(명)
1	쉬리	2,448,399	미이라	미국	1,114,916
2	주유소 습격사건	905,500	매트릭스	미국	897,882
3	텔미썸딩	685,935	식스센스	미국	797,761
4	인정사정 볼것 없다	664,861	스타워즈: 에피소드 1 보이지 않는 위험	미국	746,654
5	해피엔드	413,998	타잔	미국	726,542
6	자귀모	362,935	러브레터	일본	599,350
7	유령	347,965	셰익스피어 인 러브	미국	502,079
8	링	332,354	엔드 오브 데이즈	미국	427,105
9	태양은 없다	329,778	와일드 와일드 웨스트	미국	407,309
10	용가리	317,306	007 언리미티드	영국 미국	365,542

단행본

김동호 외, 《한국영화 정책사》, 나남출판, 2005.

김미현 외, 《한국영화 배급사 연구》, 영화진흥위원회, 2003.

김미현 편, 《한국영화사: 개화기부터 개화기까지》, 커뮤니케이션북스, 2006.

김휴종, 《영화 〈쉬리〉, 그 성공의 경영학》, 삼성경제연구소, 1999.

서울독립영화제 엮음, 《21세기의 독립영화(서울독립영화제 40주년)》, 한국독립영화협회,
    2014.

서울영상집단 엮음, 《변방에서 중심으로》, 시각과언어, 1996.

정성일 대담, 《임권택이 임권택을 말하다 2》, 현실문화연구, 2003.

㈜영화사 백두대간·동숭아트센터, 《예술영화전용관 동숭씨네마텍 1주년 기념 백서》,
    1996.

진보적 미디어운동 연구센터 프리즘, 《영화운동의 역사: 구경거리에서 해방의 무기로》, 서
    울출판미디어, 2002.

한국영상자료원 편, 《한국영화사공부 1960~1979》, 도서출판 이채, 2004.

_____. 《한국영화사공부 1980~1990》, 도서출판 이채, 2005.

한국영상자료원, 《한국영화 100선−청춘의 십자로에서 피에타까지》, 한국영상자료원, 2013.

한국영상자료원·전주국제영화제 엮음, 《위대한 유산: 태흥영화 1984-2004》, 한국영상자
    료원, 2022.

한국영화100년기념사업추진위원회, 《한국영화 100년 100경》, 돌베개, 2019.

황동미 외, 《한국 영화산업 구조 분석》, 영화진흥위원회, 2001.

Steve Neale, *Genre and Hollywood*, Routledge, 2000.

Young-a Park, *Unexpected Alliances: Independent Filmmakers, the State, and the Film In-
    dustry in Postauthoritarian South Korea*, Stanford : Stanford University Press, 2014.

논설과 논문

권미정, 〈90년대 한국영화의 제작 방식 연구〉, 동국대학교 연극영화학과 석사논문, 1995.

김동현, 〈독립영화와 표현의 자유: 영화심의제도와의 갈등사례를 중심으로〉, 성공회대 문화대학원 석사학위논문, 2014.

김명준, 〈헌법재판소 판결 이후 독립영화의 현지점, 가까운 미래〉, 《제3회 서울단편영화제 세미나 자료집》, 삼성영상사업단, 1996.

_____, 〈한독협은 어떻게 '조직적' 협회가 될 수 있을까? 협회의 조직발전을 위한 개인적 제언〉, 《독립영화》 1호, 한국독립영화협회, 1999.

김소영, 〈단편영화 그 열린 가능성을 위해〉, 《제1회 서울단편여화제 세미나 자료집: 짧은 영화 깊은 대화》, 삼성 나이세스, 1994.

김지하, 〈한국 실험영화의 문화적 형성 과정 연구〉, 홍익대학교 대학원 박사학위논문, 2012.

김익상·김승경, 〈1990년대 기획영화 탄생의 배경과 요인 연구〉, 《씨네포럼》 27호, 2017.

_____, 〈한국영화 디지털 VFX의 시작: 〈퇴마록〉을 중심으로〉, 《문학과 영상》 20권 3호, 2019.

서성희, 〈한국 기획영화에 관한 연구〉, 《영화연구》 33호, 2007.

송정원, 〈같은 방향의 소통을 거부하는 매체, '십만원 영화제'의 가능성〉, 《독립영화》 1호, 한국독립영화협회, 1999.

오정훈, 〈인디포럼 98 '나 독립영화야': 슬로건에 대한 짧은 설명〉, 《인디포럼 '98: 나! 독립영화야!!》, 인디포럼 사무국, 1998.

이미경, 〈영화운동의 제도화와 갈등적 협력: 한국독립영화협회 설립 이후 영화운동의 변화〉, 전북대학교 대학원 사회학과 박사학위논문, 2014.

홍효숙, 〈독립영화, 그 영원한 비무장지대를 위해〉, 《제2회 서울단편영화제 세미나 자료집》, 삼성영상사업단, 1995.

신문 및 잡지

김경례, 〈관객들의 직배 인지도 및 영화 관람 태도 앙케이트〉, 《스크린》, 1992년 3월호.

김명환, 「「아메리칸 드림」 제작 뜨거운 논란〉, 《조선일보》, 1990년 2월 10일.

김미선·이우경, 〈'92 영화계 이런 일, 저런 일〉, 《로드쇼》, 1992년 12월호.

김창석, 〈극장, 이대로는 안 된다〉, 《씨네21》 15호, 1995년 8월 1일.

김태균, 〈젊은 영화 세대의 독립 제작〉, 《영화》, 1990년 1월호.

문혜주, 〈1990년대 한국영화를 전망한다〉, 《스크린》, 1990년 1월호.

서은희, 《《어머니, 당신의 아들》로 또다시 파급된 소형영화의 영화법 적용 문제〉, 《스크린》, 1991년 6월호.

성하훈, 〈한국영화운동 40년 ⑥〉, 《오마이뉴스》, 2020년 2월 25일.

_____, 〈한국영화운동 40년 ⑱〉, 《오마이뉴스》, 2020년 10월 12일.

_____, 〈한국영화운동 40년 ⑮〉, 《오마이뉴스》, 2020년 8월 7일.

_____, 〈한국영화운동 40년 ⑱〉, 《오마이뉴스》, 2020년 10월 12일.

_____, 〈한국영화운동 40년〉, 《오마이뉴스》, 2022년 7월 29일.

신영희, 〈사전제작지원 당선된 〈가슴에 돋는 칼로 슬픔을 자르고〉 결과 번복 사태〉, 《스크린》, 1991년 6월호.

_____, 〈새 영화진흥법, 그 핵심에 주목하라!〉, 《스크린》, 1992년 10월호.

신철·최윤희 대담, 〈'주먹구구'로는 더 이상 안 된다!〉, 《로드쇼》, 1991년 1월호.

이경기, 〈문화의 씨름판 마련이 앞으로 할 일〉, 《스크린》, 1990년 3월호.

이상복, 〈케이블TV 보는 가구 10년새 23배로〉, 《중앙일보》, 2005년 2월 28일.

이연호, 〈한국영화를 지키기 위하여〉, 《키노》, 1996년 2월호.

이영진, 〈관객의 뜻과 함께 우직하게 간다〉, 《씨네21》 743호, 2010년 3월 9일.

이효인·이용배 대담, 〈90년 최대의 성과 〈파업전야〉의 반성과 전망〉, 《로드쇼》, 1990년 12월호.

임권택 외, 〈한국영화 속의 검열〉, 《스크린》, 1991년 9월호.

정기영, 〈'한국형 블록버스터'의 산업적 가능성〉, 《스크린》, 1999년 5월호.

편집부, 〈케이블TV란 무엇인가〉, 《로드쇼》, 1993년 7월호.

〈10만원으로 멋진 영화 만든 사람 모여라〉, 《동아일보》, 1999년 11월 9일.

〈100억짜리 '차승재 펀드'에 시네마서비스 20억 원 투자키로〉, 《씨네21》 234호, 2000년 1월 4일.

〈관객 수만명 심의 거친 '파업전야'〉, 《한겨레》, 1990년 4월 22일.

〈국내 소개 안 된 좋은 영화 가득〉, 《한겨레》, 1991년 2월 3일.

〈국내외 명작영화 비평감상-'영화공간 1895' 해설·강의 등 곁들여〉, 《한겨레》, 1990년 9월 23일.

〈긴급좌담: 영화 사전심의 위헌결정 이후 '검열' 차꼬 풀린 한국영화 도약맞아〉, 《한겨레》, 1996년 10월 7일.

〈누가 한국영화를 이끄는가-한국영화산업 파워 50〉, 《씨네21》 51호, 1996년 5월 7일.

〈단편영화 감상기회 늘어〉, 《경향신문》, 1996년 6월 15일.

〈단편영화시대 열린다〉, 《한겨레》, 1994년 11월 11일.

〈독립영화협 대표 김동원 감독 "관객과 친숙한 '독립영화' 위해 노력"〉, 《동아일보》, 1998년 9월 23일.

〈시네마키드〉, 《동아일보》, 1997년 5월 23일.

〈시네마테크들 뭉쳤다〉, 《씨네21》 103호, 1997년 5월 27일.

〈시네마테크 시대 열린다〉, 《씨네21》 24호, 1995년 10월 17일.

〈시인보다 낯설게, 예술영화관 '광장'을 시작하면서〉, 《키노》, 1995년 12월호.

〈'씨앙씨에' 공연법 위반-원작외화 상영 등 무산〉, 《경향신문》, 1994년 3월 18일.

〈영화공간 1895 '24시간 영화학교' 개설〉, 《한겨레》, 1991년 12월 8일.

〈영화 사전심의 위헌〉, 《한겨레》, 1996년 10월 5일.

〈예술혼 새출구 '영화모임' 급증〉, 《조선일보》, 1991년 10월 15일.

《은행나무 침대》 흥행, 이유 있다〉, 《씨네21》 59호, 1996년 7월 2일.

〈젊은 영화인들 새 기구 결성: 제도권 밖 6개 단체 '독립영화협의회' 출범〉, 《한겨레》, 1990
    년 2월 3일.

〈정부, 기업 외면 속 홀로서기〉, 《경향신문》, 1995년 10월 21일.

《쥬라기...》 같은 SFX영화 만든다〉, 《조선일보》, 1993년 10월 22일.

〈첫 '검인' 예술영화전용관〉, 《씨네21》 93호, 1997년 3월 18일.

〈충무로 대기업은 지금-돈으로 '질'을 살 수는 없다〉, 《씨네21》 45호, 1996년 3월 26일.

〈컴퓨터그래픽으로 한국미 형상화〉, 《조선일보》, 1994년 1월 8일.

〈피터 그리너웨이 작품세계 조명〉, 《경향신문》, 1996년 12월 24일.

〈한국 씨네마떼끄 운동사〉, 《씨네필》 4호, 1994년 10월 18일.

〈한국의 30대-직장 내 소모임 활동〉, 《한겨레》, 1993년 12월 21일.

〈한국영화 경제학 열 개의 사건-대기업 퇴조, 배급 판도의 급격한 변화〉, 《키노》 1999년
    1/2월호.

찾아보기

영화

용어 · 단체

1990년대 한국영화

2022년 12월 31일 초판 1쇄 발행

지은이 | 김형석 김경욱 장병원 김혜선 이도훈 정종화 김익상 허남웅
엮은이 | 한국영상자료원
펴낸이 | 노경인 · 김주영

펴낸곳 | 도서출판 앨피
출판등록 | 2004년 11월 23일 제2011-000087호
주소 | 우)07275 서울시 영등포구 영등포로 5길 19(양평동 2가, 동아프라임밸리) 1202-1호
전화 | 02-336-2776 팩스 | 0505-115-0525
블로그 | bolg.naver.com/lpbook12
전자우편 | lpbook12@naver.com

ISBN 979-11-92647-05-0 03680